21世纪高职高专精品教材·旅游类

旅游法规教程

（第二版）

杨朝晖 主 编
曹 勇 陈 筱 副主编

Lüyou Fagui Jiaocheng

东北财经大学出版社
Dongbei University of Finance & Economics Press
大连

图书在版编目（CIP）数据

旅游法规教程 / 杨朝晖主编 .—2 版 .—大连 ：东北财经大学出版社，2014. 2
（21 世纪高职高专精品教材 · 旅游类）
ISBN 978-7-5654-1436-7

Ⅰ. 旅…　Ⅱ. 杨…　Ⅲ. 旅游业-法规-中国-高等职业教育-教材　Ⅳ. D922. 296

中国版本图书馆 CIP 数据核字（2014）第 018134 号

东北财经大学出版社出版
（大连市黑石礁尖山街 217 号　邮政编码　116025）
教学支持：（0411）84710309
营 销 部：（0411）84710711
总 编 室：（0411）84710523
网　　址：http：//www. dufep. cn
读者信箱：dufep @ dufe. edu. cn

大连力佳印务有限公司印刷　　东北财经大学出版社发行

幅面尺寸：185mm×260mm　　字数：419 千字　　印张：18 1/2
2014 年 2 月第 2 版　　2014 年 2 月第 2 次印刷

责任编辑：张旭凤　王　斌　　责任校对：王　娟
封面设计：张智波　　版式设计：钟福建

ISBN 978-7-5654-1436-7
定价：29. 00 元

第二版前言

2009年12月1日，《国务院关于加快发展旅游业的意见》发布，在旅游法制建设方面指出要抓紧旅游综合立法，加快制定旅游市场监管、资源保护、从业规范等专项法规，不断完善相关法律法规。旅游法制建设工作由此得到新的发展契机。2013年，《国民旅游休闲纲要》和《中华人民共和国旅游法》的出台，为旅游业长期而深入地发展提供了制度性保障，预示着中国旅游业将有巨大的腾飞。

在旅行社管理方面，2009年1月21日，国务院第47次常务会议通过了《旅行社条例》，自2009年5月1日起施行，从而取代了《旅行社管理条例》。同年5月3日，《旅行社条例实施细则》配套施行，对旅行社管理措施和方法作出了更为细化的规定。2010年，国家旅游局和中国保险监督管理委员会联合发布了《旅行社责任保险管理办法》，自2010年2月1日起施行。国家旅游局2001年5月15日发布的《旅行社投保旅行社责任保险规定》同时废止。

在旅游饭店管理方面，2009年2月28日，第十一届全国人大常委会第七次会议通过了《中华人民共和国食品安全法》。2009年8月，中国旅游饭店业协会对《中国旅游饭店行业规范》进行了修订。虽然该规范只是行业规范，但是对饭店业的规范服务和经营管理起到重要的调整作用。2010年10月18日，国家质检总局、国家标准化管理委员会发布了新版《旅游饭店星级的划分与评定》(GB/T14308-2010)，并由国家旅游局制定了配套的实施办法。

在旅游投诉方面，2008年6月6日国家旅游局废止了部分规章制度，其中1991年6月1日由国家旅游局公布的《旅游投诉暂行规定》被废止，由《旅行社质量保证金赔偿暂行办法》、《旅行社管理条例实施细则》代替。2010年1月4日，国家旅游局通过了《旅游投诉处理办法》，自2010年7月1日起施行，针对旅游纠纷问题的处理作出了相关的规定。《旅行社质量保证金暂行规定》及其实施细则、《旅行社质量保证金赔偿暂行办法》同时废止。

在出入境方面，2012年6月30日，第十一届全国人大常委会通过了《中华人民共和国出境入境管理法》，并自2013年7月1日起施行。

在消费者权益保护方面，2013年10月25日，第十二届全国人大常委会第五次会议审议并通过了《消费者权益保护法》修正案，并自2014年3月15日起施行。这是自1993年《消费者权益保护法》实施二十年以来的第一次大修订。

2013年4月25日，第十二届全国人大常委会第二次会议通过了《中华人民共和国旅游法》，自2013年10月1日起施行。它具有划时代的意义，标志着中国的旅游法律体系基本形成。

此次教材的修订正是为了体现旅游业发展的最新动态和立法新进程。除此之外，我们还在形式体例方面作了新的改进。考虑到高职院校学生学习的特点和教师灵活组织教学的需要，针对法律实务的特色，设计和提供了多元化的教学情境，章前有知识结构图表、案例导入，正文中穿插“以案说法”、“法规速递”、“行业广角”、“国际视域”、“知识链接”、“法律小讲坛”等生动有趣的学习栏目，章后有本章小结、自测题，文风活泼新颖，语言通俗简明。本书兼具理论性、实用性和操作性，可以作为高等职业院校旅游和酒店管理类专业的教材，也可以作为各种考试培训教材或饭店经营管理人员的参考书。

本书由杨朝晖担任主编，曹勇、陈筱担任副主编，负责大纲制定和统稿定稿工作。内容编写分工如下：杨朝晖（武汉职业技术学院）编写第1、2、3、7、8章和附录；曹勇（重庆文理学院）、梁俊华（武汉民政职业技术学院）共同编写第4章；杨朝晖和陈筱（江汉大学）共同编写第5章；杨华（重庆工商职业学院）编写第6章；陈筱编写第9章；曹勇编写第10章；谭杰倪（重庆城市管理职业学院）编写第11章；梁俊华编写第12章。

本书自出版以来深受到广大院校师生的青睐，在此深表感谢，并希望本书修订后能够获得一如既往的支持。在此次教材的修订过程中，我们得到了东北财经大学出版社张旭凤女士的热情帮助，并提供了宝贵的意见和建议，在此表示诚挚的谢意！

编　者

2014年1月

目 录

第1章 旅游法概述

知识结构图表

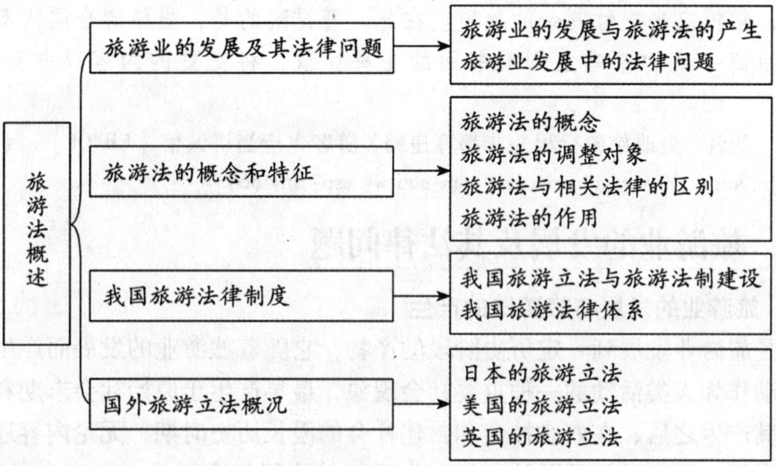

学习目标

通过本章学习，了解旅游业发展过程中产生的法律问题，掌握旅游法的概念、特征和作用，了解我国的旅游立法状况及其法制建设，掌握我国的旅游法律体系，简要了解国外旅游立法概况。

案例导入

更改旅游行程并非都算违约，游客也应当讲诚信

2008年暑假，某旅行社承接了一个学校15名教师（由张老师负责）去浙江宁波、普陀山二日游业务。双方约定：团费为每人450元，共计6 750元，出团前先支付50%，余款在旅游结束后支付。

在旅行途中，因海上台风，导游经与旅游团负责人张老师协商之后，将应去普陀山的行程取消，改为游宁波市区景点，同时，将未支付的50%的团费（3 375元）减为2 000元。后来的游览行程一切顺利。回到上海后，当旅行社向学校要余下的2 000元团费时被拒绝了。学校的理由是：旅行社本应带学校老师去游览普陀山，却未能成行，导游的行为属于擅自改变行程，旅行社构成违约。为此，学校不但不准备再付余款，而且还要旅行社赔偿有关损失。旅行社据理力争，与学校发生纠纷。

问题：旅行社更改行程是否构成违约？导游的行为是否属于擅自改变行程？

案例分析：

首先，旅行社已与游客约定去普陀山，但未能成行，确实属于违约。但这一行为是由于台风导致停航所致，故依据我国《合同法》第一百一十七条："因不可抗力不能履行合同的，根据不可抗力的影响，部分或者全部免除责任，但法律另有规定的除外。当事人迟延履行后发生不可抗力的，不能免除责任。本法所称不可抗力，是指不能预见、不能避免并不能克服的客观情况。"旅行社可以免除违约责任。

其次，导游的行为是否属于擅自改变行程呢？根据案情，导游是在与该校负责带队的张老师协商后改变行程的，是双方协商一致的结果，不存在旅行社和导游擅自改变行程的问题。因此，学校应当支付剩余的款项。在此，需提醒的是，当旅游合同的双方变更约定时，应当在协商一致的基础上形成书面的变更协议，将变更的内容以书面的方式明确下来。

资料来源　佚名．更改旅游行程并非都算违约，游客也应当讲诚信［EB/OL］．（2010-10-11）［2013-12-26］．http：//www. gdtourismlaw. com/ebnews. asp？id=364.

1.1　旅游业的发展及其法律问题

1.1.1　旅游业的发展与旅游法的产生

旅游法是旅游业发展到一定历史阶段的产物，它随着旅游业的发展而产生和发展。

旅游活动作为人类活动的一种重要社会现象，最早产生于原始社会末期和奴隶社会的形成时期。其产生之后，在奴隶社会和封建社会的漫长历史时期，无论内容还是形式都在不断地向前发展，既有日趋活跃的以经济为目的的旅行经商活动，也产生了如公务旅行、宗教旅行、观光旅行、消遣旅行、文化和修学旅行等旅游活动形式。然而，奴隶社会和封建社会的旅游活动仍然是分散的和个别的，不可能形成、最终也没有形成一个产业门类。

进入近代以后，随着资本主义生产关系的确立和工业革命的兴起，社会生产力和阶级关系发生了巨大变化。社会经济的迅速发展，资产阶级财富的积累及工人阶级带薪假日的出现，为旅游活动的发展奠定了基础，为更多的人外出旅游提供了机会和条件。但是，由于大多数人没有外出旅游的经验，特别是对远距离的出境游更是陌生，需要有机构提供帮助，这一需要导致了一个新的经济领域——旅游业的产生。19 世纪 40 年代，在英国出现了专门从事旅游活动的组织者和经营机构——旅行社，标志着人类的旅游活动进入一个新的历史阶段，也标志着旅游业的诞生。

此后，在欧洲和北美相继出现了许多类似的旅游经营组织，它们极大地推动了旅游业的发展。此时，旅游活动的规模和范围扩大了，旅游活动的内容和形式丰富了，使得旅游者与旅游服务行业之间的关系日趋复杂。一些注重法制的国家，试图用法律手段解决在旅游活动中产生的矛盾和纠纷，然而专门调整社会旅游经济关系的法律在这时还未出现，但一个新的产业门类的应运而生为旅游业的产生和发展创造了条件。

第二次世界大战结束以后，全球局势相对稳定，各国都致力于本国的经济建设，世界经济和社会状况不断出现新的进展，加之科学技术的重大突破，这些发展变化都对第二次世界大战以后旅游业的发展起了很大的推动作用。特别是20世纪60年代，旅游业成为世界上发展势头最为强劲并且持久不衰的产业，在世界经济中扮演着越来越重要的角色。据统计，在第二次世界大战以后的半个世纪中，全世界国际旅游收入总额从初期的年约21亿美元增长到年逾4 000亿美元，约占全世界国际贸易总额的10%；全世界国际旅游人次也从初期的年约2 530万人次发展到年逾5亿人次。旅游业由于创汇率高、投资回报高、提供就业机会多、能带动相关产业发展、促进文化交流等特点，已被越来越多的国家所重视，各国纷纷采取有力措施促进本国旅游业的发展。进入20世纪90年代，旅游业的发展速度已高居全球产业之首，成为世界上最大的产业。

然而，旅游业的发展也给社会带来了一些消极的影响，如各国在旅游资源开发利用过程中的失误造成了对资源、环境、生态的破坏，国际、国内旅游企业间的无序竞争、利益冲突等，使旅游活动中的矛盾、冲突、纠纷增多且复杂化。如何处理好旅游活动与生态环境保护之间、旅游者与旅游经营者之间、旅游经营者之间、国际旅游业之间以及旅游业的发展与政治、经济、文化之间等一系列错综复杂的社会关系呢？许多国家和政府，特别是旅游发达国家已经逐步认识到通过法律手段来规范和调整上述社会关系的迫切性和重要性。因此，旅游业的发展导致旅游法的产生，旅游立法成为旅游业向前发展的迫切要求。

可见，旅游法植根于旅游活动的发展过程中。在此过程中形成的各种社会关系、矛盾和纠纷是各种旅游法律关系赖以产生的社会基础。它是客观的，不以人的意志为转移。但它达到一定发展阶段后必然会对上层建筑提出立法要求。各国政府基于对这种客观规律性的认识而不断作出努力是旅游法产生的主观基础。因此，可以得出结论：旅游法是旅游活动发展的必然产物，它符合部门法产生的一般要求，是调整旅游社会关系的主要法律。

1.1.2 旅游业发展中的法律问题

纵观各国旅游发展实践，出现频率最高、对旅游业发展影响最大、各国政府和旅游实业界关注最多的问题主要有以下几个方面：

①旅游业发展的法律环境问题。诸如特定国家的旅游立法和执法活动，旅游方面的国际条约或公约的实施，一国旅游者或旅游企业在另一国的待遇等都属于旅游法律环境问题。

②旅游者合法权益保护问题。例如，各国国内法和国际法对旅游者合法权益的范围及享用条件等方面的规定，政府为保护旅游者合法权益而采取的措施及其效果，旅游者合法权益受到侵害时的对策等。

③旅游资源、环境、生态的保护问题。例如，各国旅游资源开发利用和保护的现状，立法和行政上采取的措施，国际社会对属于人类共同遗产的重要旅游资源所进行的保护等。

④旅游企业经营中的法律问题。这类问题几乎普遍存在于旅游业务的各环节。例如，旅游企业应如何根据合同为旅游者提供服务，旅游企业对旅游者人身和财产造成的损害在法律上属于什么性质，侵害事件发生后旅游企业应承担何种法律责任。

⑤旅游业发展中的智力成果保护问题。智力成果权既是旅游企业的一项重要的法律权利，又是其财产的重要组成部分。在旅游业经营中涉及专利、商标、专有技术、管理经验、商号名称、服务标记等各种形式的智力成果。智力成果权对旅游业的重要性已经引起

并将继续引起政府和实业界的关注。依法保护智力成果权，抵制和制裁知识侵权行为，是促进旅游业发展不可缺少的手段。

⑥旅游业经营中的税收问题。税收是国家以政权作为后盾对国民收入进行再分配的行为，是国家对国民经济进行宏观调控的重要手段。旅游业经营中也必然涉及税收问题。征税具有经济和法律双重意义，对旅游业发展会产生重要影响，因此也是旅游法律问题研究的重要内容。

⑦旅游发展中的犯罪问题。旅游业发展一方面对社会经济文化产生积极的促进作用，另一方面也会带来一定的负面影响。旅游业发展与犯罪的关系已经引起人们的关注。尽管尚不能断然肯定旅游业发展会引起犯罪的增加，但至少可以认为两者之间存在较为密切的联系。那么，研究这种联系机制，研究与旅游业发展有关的社会犯罪现象的规律，保护社会安定，保护旅游者和当地居民人身及财产安全，促进旅游业健康成长无疑是十分必要的。

⑧旅游国际合作问题。无论是政府间的还是行业或企业间的合作，都会涉及一系列国内法或国际法问题。其中较为重要的有国家主权问题、国际法律权利义务的实现问题、国际旅游合作中的法律责任问题。

⑨旅游争议解决问题。既然在旅游发展中各种纠纷是难以杜绝的，就必须认真研究它们产生的原因、产生和发展规律、解决这些争议应适用的法律和各种具体的解决办法。

法律小讲坛 1-1 旅游合同陷阱

旅游合同陷阱是旅游经营者（主要是旅行社）利用自己的专业优势，故意在旅游合同中对保护旅游者权益的条款进行弱化，通过含糊其辞、易产生歧义的用语来诱骗旅游者，或是签订根本不具有有效性的合同。通过对调查问卷数据的分析和实地走访，在现行旅游市场中存在的合同陷阱问题主要表现在三个方面（如图 1-1 所示）。

第一，由于旅行社单方面掌握着旅游合同制定的主动权，对合同中涉及旅游者权益的条款规定不明确或没有规定，从而导致其服务缩水。

第二，旅行社在旅游合同中玩文字游戏，用模棱两可的、不规范的、易产生歧义的语言、文字等标识，使旅游者误解。

第三，旅游合同自身的有效性也存在问题。在旅游者参加旅行社组织的旅游活动中，即使与旅行社签订了旅游合同，但如果旅行社无证经营、超越其经营范围或是违反国家相关规定，仍会因为合同自身的有效性存在疑问，致使旅游者无法成功地运用法律维权。

资料来源　杨婧宇，陆阳，倪娜．论旅游合同陷阱及其法律对策［G］//杨富斌，等．旅游法论丛（第一辑）．北京：中国旅游出版社，2005：78-90.

1.2 旅游法的概念和特征

1.2.1 旅游法的概念

旅游法是调整旅游活动领域中各种社会关系的法律规范的总称。

旅游法有广义和狭义之分。广义的旅游法是一个法律法规体系，它是由国家制定或认

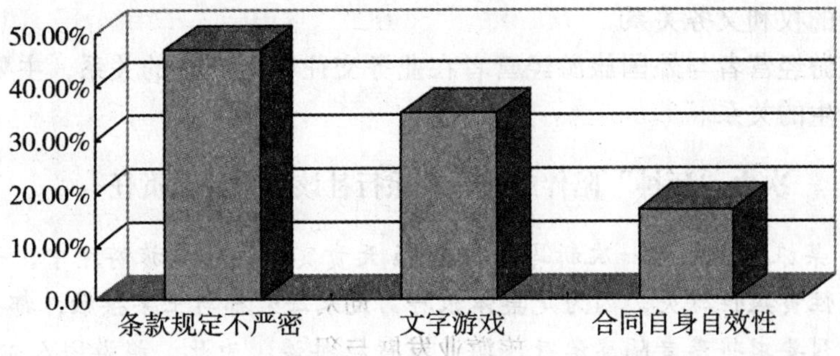

图1–1　旅游合同陷阱

可的调整旅游活动中产生的各种社会关系的法律法规的总称。狭义的旅游法是指旅游基本法，即规定一国发展旅游事业的根本宗旨、根本原则和旅游活动各主体根本权利义务的法律。在我国，广义的旅游法包括全国人民代表大会制定的旅游法律、国务院制定的旅游行政法规、国家旅游行政主管部门制定的部门规章、地方旅游法规以及我国政府缔结、承认的国际旅游公约和规章等。狭义的旅游法是指《中华人民共和国旅游法》。

1.2.2　旅游法的调整对象

不同的部门法各有其特定的调整对象，即调整特定的社会关系，解决特定的社会矛盾。法律正是通过对这些特定的社会关系所进行的规范性调整，实现国家相应的管理意图。由于各种法律规范所确认、调整的社会关系和具体规定的权利义务不同，因而法律关系也有不同的种类。例如，国家行政机关相互之间或国家行政机关与公民、法人之间基于行政法规形成的行政法律关系；公民之间或公民与集体、国家之间，由于财产关系和人身关系，基于民法而形成的民事法律关系；犯罪人因做出侵害他人人身或财产行为，基于刑法而形成的国家或被害人同罪犯之间的刑事法律关系等。

旅游法是调整旅游活动领域中各种社会关系的法律规范的总和。旅游法的调整对象，主要是指在旅游活动中（包括旅游管理、经营、参观游览等与旅游有关的活动）形成的带有旅游或体现旅游活动特点的社会关系。在旅游业的发展中，需要由法律调整的特定社会关系有：

①国家行政管理部门与旅游经营者之间的关系，主要包括旅游、工商、税务、外汇、物价等行政主管部门与旅游经营者之间的关系。

②国家行政管理部门之间的关系，主要包括旅游行政管理部门与工商、文物、建设、外汇、电影电视等行政管理部门之间的关系。

③国家行政管理部门与旅游者之间的关系，主要包括旅游行政管理部门与旅游者之间的关系，工商、公安、海关、园林等行政管理部门与旅游者之间的关系。

④上下级行政管理部门之间的关系，如各级旅游行政管理部门之间的关系。

⑤旅游经营者相互之间、旅游经营者与相关部门之间的关系，既包括旅行社、住宿业、旅游车船公司等相互之间的关系，也包括民航、铁路、园林、工艺美术等部门与旅游经营者基于平等的主体地位而产生的经济关系。

⑥旅游经营者与旅游者之间的关系，包括旅游者在住宿、游览、餐饮、购物、乘坐交通工具、参加娱乐活动等环节与旅游经营者之间产生的权利义务关系。这也是一种基于民

事主体而产生的权利义务关系。

⑦中国旅游经营者与外国旅游经营者在业务交往中所产生的关系，主要包括中外合资、合作而产生的关系。

以案说法 1-1 一次由“死神”陪伴的旅行，旅行社该承担什么责任

2009 年，某旅行社组织一次新马泰港澳 15 天贵宾旅游团。旅游途中，一名游客王某被诊断为传染性黄疸性肝炎。因为是集体旅游，大家每天都与王某接触，都存在被传染的危险，游客强烈要求将患者隔离治疗，均遭旅行社推诿。为此，旅游团人心惶惶。随后，王某病情加重最终客死异乡。游客们对旅行社不进行出国体检，对游客身体健康不负责任的行为深感不满。一次本该愉快的出境游竟成了“死神”陪伴的旅行。为此，所有游客异常愤怒，向旅行社提出精神损害赔偿。

问题：(1) 旅行社是否构成违约?

(2) 旅行社应当承担什么责任?

案例分析：

本案中，依据我国《旅行社条例》第三十九条：“旅行社对可能危及旅游者人身、财产安全的事项，应当向旅游者作出真实的说明和明确的警示，并采取防止危害发生的必要措施。发生危及旅游者人身安全的情形的，旅行社及其委派的导游人员、领队人员应当采取必要的处置措施并及时报告旅游行政管理部门；在境外发生的，还应当及时报告中华人民共和国驻该国使领馆、相关驻外机构、当地警方。”旅行社违反了三项法定义务：

(1) 旅行社违反了担保义务。旅行社本应保证旅游团出境旅游没有人身上的威胁，即保证集体活动的游客没有传染病源，但是旅行社没有依法为王某进行体检，以致王某带病出游，威胁到其他游客的人身安全。

(2) 旅行社违反了防止危害发生的义务。在旅游过程中发现王某身带传染病源以后，旅行社理应认识到传染病源的危害性，并及时将王某送至医院治疗，并与其他游客隔离开来。但旅行社没有采取合理的防止传染病扩散的措施。

(3) 对王某而言，旅行社应当在确知其生病影响身体健康之后，及时采取就医就诊等措施帮助其治疗。旅行社显然也违反了此项法定义务。

从上述内容可以看出，旅行社违反法定义务的行为，也构成旅行社的违约行为。

在我国现行法律规定中，违约责任的后果一般是承担补偿性的损害赔偿责任，对于精神损害赔偿在违约责任中难以得到支持。故本案中旅行社不承担精神损害赔偿责任，但应当承担补偿性的损害赔偿责任。

资料来源　佚名. 一次由“死神”陪伴的旅行，旅行社该承担什么责任［EB/OL］.（2010-10-20）［2013-12-30］. http://www.gdtourismlaw.com/ebnews.asp?id=376.

1.2.3 旅游法与相关法律的区别

旅游法是调整旅游社会关系的法律规范的总称。旅游法是各国法律体系中的一个组成部分，也是一个独立的法律部门。法律体系由许多相互区别而又相互联系的法律部门结合起来的有机整体。通常把调整同一类社会关系的法律规范归并为一个法律部门。各个法律部门的划分主要是由它们所调整的不同社会关系决定的。

1）旅游法与宪法的区别

各国的宪法都是该国的根本大法，是国家的总章程。宪法的内容规定了各国的社会制度和国家制度的根本原则。旅游法必须遵循和不得违反宪法的各项规定，而应该把宪法的各项根本规定在旅行游览领域中加以具体化，用以调整各种旅游社会关系。

2）旅游法与行政法的区别

从一定意义上讲，旅游法同行政法是相互区别又相互联系的。

从旅游法同行政法的联系看，许多行政法规同旅游法规都是从不同角度去调整同一社会关系，是用不同的方法去规范合法的旅游行为，或者去处分违法的旅游行为。比如，按照旅行社审批、登记、年检的管理规定，成立新的旅行社，须持旅游行政管理部门的批准文件和颁发的《旅行社业务经营许可证》到工商行政管理部门办理登记注册。没有上述批准文件和许可证的，工商行政管理机关不予受理。又如，旅行社在业务经营中假冒其他旅行社的注册商标、品牌和质量认证标志的，由工商、旅游行政管理部门依照《中华人民共和国商标法》和《中华人民共和国反不正当竞争法》等有关法律法规处罚。

从旅游法同行政法的区别看，在调整对象和调整方法方面又有不同之处。行政法是关于国家行政管理活动的法律规范的总称，调整着整个国家的行政管理活动，包括政治、经济、文化、教育、科学、卫生、国防、外交等方面的行政活动；旅游法则仅仅调整旅游社会关系。行政法采用行政程序，以命令、指示、批复等行政手段调整上下级之间的行政隶属关系；旅游法则多采取规定、通知、函复、调解、仲裁、审理等程序规范旅游合法行为和处理旅游违法行为。

3）旅游法与刑法的区别

旅游法同刑法也是相互联系、相互区别的。

从旅游法同刑法的联系看，许多违反旅游法的行为，如果情节恶劣、后果严重，便成为触犯刑律的犯罪行为。正因为这样，一些旅游法规明确规定了严重违法旅游法规要追究刑事责任的条款。比如，《旅行社经理资格认证管理规定》明确指出："私自出售、转让、伪造旅行社经理人员资格证书者，由旅游行政管理部门注销或没收其资格证书。有非法所得的，没收其非法所得。触犯刑律的，由司法机关追究其法律责任。"

从旅游法同刑法的区别看，刑法是关于犯罪和刑罚的法律规范的总称，是用刑罚的方法同犯罪分子作斗争，任务是保卫国家政权和社会制度。旅游法的任务则主要是调整旅游社会关系，维护旅游社会秩序。所以，刑法和旅游法所调整的社会关系的内容和方法有明显区别。

1.2.4　旅游法的作用

旅游法对促进国际旅游活动以及旅游业的发展发挥了重要的作用，概括起来大致表现在以下几个方面：

1）规定旅游法各主体的权利、义务和责任

旅游法对各主体权利、义务和责任的规定主要有两个作用：一是划定它们的应为、可为和勿为，为其提供一个法律允许的活动范围；二是将这些规定作为一种衡量标准，判断各主体的行为是否合法有效。在旅游活动领域中，凡属合法有效的行为，其主体都会在法律的保护下顺利实现其利益和目标；反之，凡属违法无效的行为，法律将不予保护，而且如果这种行为侵犯了其他主体的合法权益，法律将会给予必要的制裁。

2）为旅游的发展创设良好的法律环境

由于旅游法明确规定了各主体的权利、义务和责任，使各主体在法律允许的范围内从事自己的活动，各享其权，各尽其责，各得其利，从而保证了旅游活动的正常秩序，为旅游的发展创设了一个良好的法律环境。

3）丰富了部门法体系

无论各国是否有系统的旅游立法计划，仅凭各国政府出于对旅游立法活动客观必要性的认识而制定旅游法律法规这一点，就可以使调整旅游社会关系的各种法律规范在事实上形成一个相对独立的新的法律部门，在事实上丰富了各国的法律体系，即在传统的刑法、民法、商法、经济法、行政法等部门法之外又增加了一个旅游法。在国际法中也在逐渐形成一个发展中的新分支——国际旅游法，从而使法律体系得以丰富和发展。

行业广角 1-1 2011 年十大旅游突发事件

事件一："3·11"日本大地震及核辐射

日本大地震以及海啸、核辐射事件发生后，各国赴日游客锐减，中国赴日旅游一度暂停，直至国家旅游局发布《中国游客赴日旅游安全提示调整通知》后，赴日旅游才重新启动。2011 年 9 月，日本放宽了中国个人赴日旅游的签证条件。10 月份之后，中国赴日旅游恢复增长。

事件二：埃及局势动荡

2011 年，由于埃及局势动荡，中国赴埃及游客大幅减少。1 月 28 日埃及发生大规模游行示威活动，部分游客被困滞留。我国外交、公安、旅游、民航等部门合作，派遣 8 架次航班接回包括港澳台同胞在内的中国游客 1 848 人。

事件三：温州动车事故

2011 年 7 月 23 日甬温线动车追尾事故后，部分动车线路暂时停运，部分游客由原来选择动车、高铁旅游改为选择飞机，京沪高铁游产品也受到一定影响。事故后，铁路部门展开了一系列安全检查工作。

事件四：泰国洪灾

持续数月的洪灾导致泰国遭受重大损失，也使得旅游业损失惨重。中国赴泰国旅游一度暂停。随着洪水消退，赴泰旅游于 2011 年 12 月重启。

事件五：台湾阿里山小火车事故

2011 年 4 月 27 日，台湾嘉义阿里山森林小火车发生意外，造成 5 名大陆游客死亡、百余人受伤。两岸旅游业界合作处理事故善后工作，并且做好旅游安全工作。小火车停驶半年后在 10 月底恢复运营，并且落实旅游安全管控。

事件六：台风影响海南国庆旅游

2011 年"十一"黄金周前后，海南省连续遭遇热带风暴"海棠"、强台风"纳沙"和强热带风暴"尼格"袭击，对游客出行造成影响。

事件七：台风"梅花"影响沿海旅游

2011 年第 9 号强台风"梅花"影响浙江、上海、福建、山东、辽宁等省，沿海数十万人转移，景区关闭、航班取消、旅行社暂停团队行程，沿海一线各旅游岛屿撤出数万名游客。

事件八：北京大雾导致航班取消延误

2011年12月初，受大雾天气影响，北京首都机场取消了数百架次航班，众多航班延误，数万游客受到影响。

事件九：江苏宜兴竹海景区滑道事故

2011年8月13日，江苏宜兴竹海景区发生滑道事故，造成4名游客遇难、24名游客受伤。

事件十：飓风“雅斯”登陆影响澳洲旅游

2011年春节期间，强飓风“雅斯”在澳大利亚东部昆士兰州海岸登陆，大量中国游客受到影响，由于机场关闭，部分游客短暂被困凯恩斯。

资料来源　佚名．回顾2011年十大旅游突发事件，旅游安全保障最受关注［EB/OL］．（2012-01-05）［2013-12-30］．http：//zjnews. zjol. com. cn/05zjnews/system/2012/01/05/018124176. shtml.

1.3 我国旅游法律制度

1.3.1 我国旅游立法与旅游法制建设

1）旅游立法的概念

立法又称法的制定，是指国家机关依照其职权范围，通过一定程序制定、修改、废止法律规范的活动。它既包括拥有立法权的国家机关的立法活动，又包括被授权的其他国家机关制定从属于法律的规范性法律文件的活动。

旅游立法是由国家立法机关制定、修改、废止旅游法律法规的活动，是国家加强对旅游事业管理的手段。旅游立法就其范围而言，不仅包含旅游基本法，而且涉及调整旅游社会关系的一系列法律、法规；它不仅是法律法规的制定活动，而且包含对原有法规进行修改和废止的活动。

2）旅游立法的程序

旅游立法程序是指有旅游立法权的国家机关制定旅游法律、法规的工作次序。它包括制定、修改、废止和解释法律的工作程序。

在我国，根据有关法律法规规定，制定法律的程序通常包括提出法律议案、审议法律草案、通过法律和公布法律四个步骤。我国《旅游法》的制定也按上述程序进行。

根据国务院《行政法规制定暂行条例》、国务院办公厅《关于改进行政法规发布工作的通知》、国家旅游局《关于法规、规章制定和发布办法》，制定旅游行政法规的工作程序应该包括：制订立法计划；法规、规章的起草；法规、规章的审议；法规、规章的通过与备案。

3）旅游立法体制

根据我国法律规定，拥有立法权的机关主要包括：

(1) 全国人民代表大会及其常务委员会

它根据宪法规定行使国家立法权，是专门的国家立法机关。只有全国人大及其常委会才有权制定法律。

（2）国务院

根据宪法规定，国务院有权根据宪法和法律制定旅游行政法规，发布有关决定和命令。国务院发布的决定和命令属于规范性文件的，同样具有行政法规的效力。

（3）国务院旅游行政主管部门

根据法律规定，国务院旅游行政主管部门可以在本部门的权限内，发布命令、指示和规章。

（4）地方国家机关

根据宪法和有关法律规定，省、自治区、直辖市以及省级人民政府所在地的市和经国务院批准的较大市的人民代表大会及其常务委员会，在不与宪法、法律、行政法规相抵触的情况下，有权制定地方旅游法规，在本地区实施。地方国家权力机关及其常设机关和地方国家行政机关还有权分别发布决议、决定和命令，其中属于规范性文件的，同样具有地方法规的效力。

（5）民族自治地方的国家权力机关

根据宪法规定，民族自治地方的人民代表大会有权依照当地民族的政治、经济和文化特点，制定自治条例和单行条例，但必须报请上一级人民代表大会批准后方能生效。

除了上述立法机关外，香港特别行政区和澳门特别行政区还享有单独的立法权。

从我国的旅游立法体系来看，宪法由全国人民代表大会制定；旅游基本法即《中华人民共和国旅游法》和单行法律由全国人大常委会制定；旅游行政法规由国务院根据宪法和有关法律制定；旅游部门规章由国务院有关部、委、局制定；地方性旅游法规依据法规的级别、使用的区域，分别由法律规定的地方权力机关、地方行政机关制定，如图1-2所示。

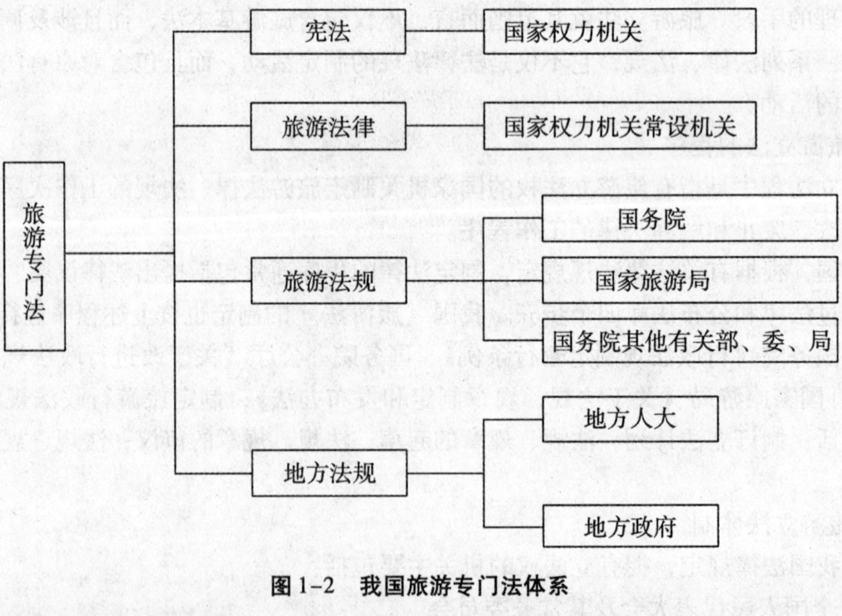

图1-2　我国旅游专门法体系

资料来源　杨富斌，韩玉灵，王天星．旅游法论丛（第一辑）［M］．北京：中国旅游出版社，2005.

4）旅游法律法规的效力

旅游法律法规在宪法的指引下，逐步建立起各个层次的旅游专门法体系。由于旅游立法机关层次的不同，它们所制定的法律法规的效力也是不同的。在我国，旅游法律法规的效力由高到低依次为宪法、旅游基本法、行政法规、地方性法规。旅游基本法是旅游业的大法，它规范旅游业发展的基本问题，由国家立法机关的常设机关制定，属于国家二级法的范畴；旅游法规，指国务院以国务院令的形式颁布的规范性文件，以及以部门令的形式颁布的规范性文件，当然这两种规范性文件的法律效力是不同的；地方性法规主要是指地方立法机关制定的规范性文件以及在此基础上制定的地方政府部门规章。其相互关系是：宪法是依据，依据宪法制定法律法规；应当以国家法律、法规为制定地方旅游法规、规章的依据，不能出现越位现象。

5）我国旅游法制建设

新中国成立以后很长一段时间里，我国的旅游工作主要以接待一些社会主义国家的友好人士和少数外国旅游者为主，国家旅游法制建设基本上是一片空白，仅有一些基础性文件间接地对旅游接待工作提出了一定的要求。自1978年改革开放以来，旅游业作为我国一个新型产业，其经济地位日益突显出来。为适应新时期旅游业发展的需要，加强对旅游业发展的指导、监督和管理，旅游法制建设也被提到重要议事日程上来。从总体上看，1978年以来我国旅游法制建设大体经历了三个不同时期。

（1）法制建设的起步期（1978—1989年）

这一时期是我国旅游业作为产业起步并逐渐得到发展的时期。旅游法制建设工作的主要特征表现为：旅游业处于初始阶段，国家必须从宏观调控的高度为旅游业的发展理顺关系，并从各个具体环节对旅游业进行扶持。同时，旅游业的发展态势要求以立法的形式对旅游活动的行为准则进行规制。

1985年国务院发布了我国第一个旅游业单项法规《旅行社管理暂行条例》，它标志着我国旅游法制建设的新突破。旅游管理部门也开始制定旅游行业的行政法规，具体地规范旅游活动。随后，《中华人民共和国环境保护法》、《中华人民共和国文物保护法》、《风景名胜区管理暂行条例》、《旅游业治安管理办法》等一系列涉及旅游业的法律法规出台，为这个时期的旅游业发展起到了重要的协调、制约和保障作用。1985—1989年，各级政府为旅游业制定和发布了120余件规范性文件，其中由省、自治区、直辖市人民政府制定和发布的地方政府旅游规章16件；由省、自治区、直辖市旅游行政管理部门制定和发布的规范性文件105件。这些规章和规范性文件，很多都是围绕旅游管理体制改革展开的，它以法规的形式明确了旅游行政管理部门的行业管理职能。这一阶段各地方政府还加强了对旅行社、导游以及旅游饭店的管理，规范了外地旅游办事机构的设立和运作，依法促进了旅游从业人员素质培训和教育等工作，并将旅游业管理工作纳入了法制轨道。

（2）法制建设的发展期（1990—1998年）

这一时期我国旅游法制建设的总体特征是：中国旅游业已基本上完成了基础建设，即将转入快速发展时期。在国际国内旅游业发展的新形势下，旅游法制建设在更为广泛的领域和层次上取得了进展，依法治旅、依法兴旅已成为这个时期的发展需要。

1990年国家旅游局经国务院批准，下发了《关于进一步清理整顿旅行社意见的通知》，制定颁布了《旅游安全管理暂行办法》、《关于在国外设立旅游经营机构的暂行管理办法》等相关法规文件和部门规章。1991 年，国务院以国发〔1991〕8 号文件的形式转发了国家旅游局起草的《关于加强旅游行业管理若干问题的请示》，为实现旅游全行业管理上轨道提供了政策依据。同年，国家旅游局还初步完成了《中华人民共和国旅游法》和《中华人民共和国旅游法实施细则》送审稿。

这一时期，随着《里约环境与发展宣言》、《21 世纪议程》、《生物多样性公约》、《关于旅游业的 21 世纪议程》、《可持续旅游发展宪章》、《可持续旅游发展行动计划》等国际性重要文件的陆续面世，可持续发展观对旅游业产生了革命性的影响，对中国旅游业的发展及旅游法制建设的方向提出了新要求。结合新形势、新要求，国家旅游局从安全管理、加强对旅行社的质量管理、加强对旅游资源的管理、加强旅游区环境保护、加强旅游市场管理和旅游发展规划管理诸多方面入手，以可持续发展观为指导，进一步加大了对旅游业发展各个层面的管理力度。

(3) 法制建设的完善期（1999 年以后）

经过 20 多年的探索和实践，一条符合中国国情的旅游业发展道路已经基本形成。随着中国加入世界贸易组织、社会主义市场经济体制的不断完善以及旅游业作为国民经济新增长点地位的确定，旅游业走上了理性、科学的发展轨道。旅游立法和执法工作成效显著，旅游法制体系基本形成，中国旅游法制建设正逐步走向健康完善的新时期。

1999 年国家旅游局发布了《旅游发展规划管理暂行办法》，促进了中国旅游业可持续性发展。2000 年国务院办公厅发布了《国务院办公厅转发国家旅游局等部门关于进一步发展假日旅游若干意见的通知》，这是新形势下指导国内假日旅游发展的纲领性文件；2001 年又下发了《国务院关于进一步加快旅游业发展的通知》，这对我国旅游宏观综合性立法提供了极为重要的依据；2002 年颁布了《中国公民出国旅游管理办法》，它标志着我国对出国旅游的管理手段和管理方式实现了从行政管理向法制管理的转变。在此基础上，国家旅游局与相关部门还清理和废除了一批与 WTO 原则相违背的规章制度。

为了适应 WTO 行业规范要求，各地根据国务院的政策、法规和国家旅游局的规章制度，结合各自实际又相应出台或修订了一批地方性法规和规章制度。截止到 2003 年，除港澳台地区以外，全国已有 27 个省、自治区、直辖市颁布了地方性旅游法规。

近五年来，旅游法律法规的建设又有了新的进展和突破。在旅行社管理方面，2009 年 1 月 21 日，国务院第 47 次常务会议通过了《旅行社条例》，自 2009 年 5 月 1 日起施行，从而取代了《旅行社管理条例》。同年 5 月 3 日，《旅行社条例实施细则》配套施行，对旅行社管理措施和方法作出了更为细化的规定。2010 年，国家旅游局和中国保险监督管理委员会联合发布了《旅行社责任保险管理办法》，自 2010 年 2 月 1 日起施行。

在旅游饭店管理方面，2009 年 2 月 28 日，第十一届全国人民代表大会常务委员会第七次会议通过了《中华人民共和国食品安全法》。2009 年 8 月，中国旅游饭店业协会对《中国旅游饭店行业规范》进行了修订。虽然该规范只是行业规范，但是对饭店业的规范服务和经营管理起到重要的调整作用。2010 年 10 月 18 日，国家质检总局、国家标准化管理委员会发布了新版《旅游饭店星级的划分与评定》（GB/T14308-2010），并由国家旅游局制定了配套的实施办法。

在旅游投诉方面，2008 年 6 月 6 日，国家旅游局作出废止部分规章的决定，其中 1991 年 6 月 1 日由国家旅游局公布的《旅游投诉暂行规定》被废止，由《旅行社质量保证金赔偿暂行办法》（国家旅游局第 7 号令）、《旅行社管理条例实施细则》（国家旅游局第 16 号令）代替。2010 年 1 月 4 日，国家旅游局通过了《旅游投诉处理办法》，自 2010 年 7 月 1 日起施行，针对旅游纠纷问题的处理作出了相关规定。

在出入境方面，2012 年 6 月 30 日，第十一届全国人大常委会通过了《中华人民共和国出境入境管理法》，并自 2013 年 7 月 1 日起施行。

在消费者权益保护方面，2013 年 10 月 25 日，第十二届全国人大五次会议审议并通过了《消费者权益保护法》修正案，并自 2014 年 3 月 15 日起施行。这是自 1993 年《消费者权益保护法》实施 20 年以来的第一次大修订。

最具有划时代意义的旅游法制史上的立法大事是旅游基本法出台。2013 年 4 月 25 日，第十二届全国人大常委会第二次会议通过了《中华人民共和国旅游法》，自 2013 年 10 月 1 日起施行。它标志着中国的旅游法律体系基本形成并日益成熟。

中国旅游业的法制建设，经过上述三个不同时期的探索与实践，基本形成了一整套较为完善的法律法规体系，为我国旅游事业的健康发展提供了有力的法律保障。

纵观旅游业发展的不同阶段，我国旅游法制建设呈现出不同的特征，概括起来主要表现在：

①旅游法律规范的内容由计划经济向市场经济转轨，旅游法律位阶有所提升，突出表现在由一开始对某些方面作较为具体的规定，逐步转向规范市场准入、市场秩序、经营规则、旅游者合法权益的保护等，并且逐渐以行政法规或者部门规章等规范性文件形式加以规定。

②旅游法律规范的范围由单一发展到综合、由传统领域向新兴领域拓展，且在某些领域渐成体系。例如，作为旅游业龙头的旅行社业，现已形成旅行社市场准入、企业管理、导游员和领队人员管理、出境旅游管理以及包括质量保障、保险保障等内容在内的较为健全的体系。

③地方法制建设取得突破性进展，突出表现在立法的丰富性，内容涉及旅游法律关系的方方面面。这些立法无疑对地方旅游业的发展作出了重要贡献。

④旅游法的立法工作受到广泛关注，取得重大突破。进入 21 世纪，我国旅游业发展跨入一个新的阶段。伴随旅游业的快速发展，旅游市场日益多元化，旅游法律纠纷多样化、旅游投诉尖锐化。旅游乱象纷呈，例如零负团费、强迫购物、景区门票随意涨价、导游无薪酬收回扣、旅游途中的不文明行为、旅游旺季景区人满为患、旅游者投诉无门、各地一日游混乱等。因此，社会各界对旅游基本法的呼声日益高涨，旅游基本法的制定已是大势所趋，不容回避。

为保障旅游者和旅游经营者的合法权益，规范旅游市场秩序，保护和合理利用旅游资源，促进旅游业持续健康发展，2013 年 4 月 25 日，第十二届全国人大常委会第二次会议通过了《中华人民共和国旅游法》（简称《旅游法》），自 2013 年 10 月 1 日起施行。《旅游法》分总则、旅游者、旅游规划和促进、旅游经营、旅游服务合同、旅游安全、旅游监督管理、旅游纠纷处理、法律责任、附则共 10 章 112 条。《旅游法》的出台，有利于转变旅游发展方式、调整旅游产业和产品结构；有利于规范旅游市场秩序、保护旅游者和旅游经营者合法权益；有利于协调行业管理关系、促进旅游业及相关行业发展。《旅游法》在提升法律层级，增强法律规范的权威性、系统性，完善我国旅游法律制度、促进旅游业持续健康发展等方面具有重大意义。

法律小讲坛 1-2 随团旅行维权五大招

第一招：应选择有品牌保证的旅行社

旅游者选择旅行社时，首先应对旅行社资质进行审视，看是否有营业执照和经营许可证等。其次应选择有品牌保证的大社，一些小旅行社尽管价格相对便宜，但风险也大。

第二招：签订规范的书面合同

目前旅游市场竞争日趋激烈，少数旅行社受利益驱使，不讲企业信誉，欺骗旅游者现象较多，主要手段是钻合同的空子，利用文字游戏在旅游行程、航班、酒店、景点等合同约定内容上打擦边球，诱使游客上当。如果没有签订旅游合同，消费者合法权益很难得到保障。

国家旅游局已印发《国内旅游组团合同范本》和《出境旅游合同范本》，对费用、退团、转团、合同变更以及甲乙双方的权利、义务都有明确规定。合同中未明确的内容，可以通过签订补充条款来实现。补充条款对旅游行程、价格、违约责任要作明确约定，并附上相应的条件、标准的明细说明。

第三招：买东西要小心鉴别

消费者在购买商品时要小心鉴别，辨明真伪，防止上当受骗。

第四招：权益受损先协商、后投诉、再诉讼

游客遇到旅游服务质量问题，可先与旅行社协商解决，也可立即去当地旅游质量监督部门投诉；如果已旅行归来，可到组团社所在地旅游质监所递交投诉状或向法院提起诉讼。

第五招：遭遇侵权时应当及时举报和保全证据

如遇到旅行社侵权或违约，应当及时举报和保全证据。要打赢官司，就必须懂得如何收集和保存证据：首先，应妥善保存一切能够证明侵权者与消费者之间存在民事法律关系的物证书证；其次，权益受到侵害后，应当采用录音、录像、拍照等方式在第一时间记录下损害事实，必要时申请鉴定机构对受损情况进行鉴定；最后，应及时联系目击证人，请证人对损害事实的发生作出客观说明。

收集证据的内容包括反映当事人法律关系形成、发展的证据材料，如旅游合同、商品的购货发票、接受服务的票据等；反映损害事实存在的证据包括有产品质量问题的商品、标的物检验鉴定结论、伤残鉴定书及证明经济损失情况的材料，如损失清单、医药费单据等。

1.3.2 我国旅游法律体系

中国目前有两类法律法规调整着旅游社会关系：第一类是通用性的法律法规，如《中华人民共和国合同法》等。尽管这些法律从立法意图上不是专门针对旅游社会关系制定的，但事实上它所提供的法律原则和规定也适用于旅游事业。第二类则是专门性的旅游法律法规。这种旅游专门立法的原因是在旅游活动领域存在着某些不同于一般经济或社会关系的特殊的权利义务，仅用通用性法律的一般原则和规定，不足以调整这些特殊关系。

改革开放以后，我国旅游业迅猛发展，已经成为国民经济新的增长点，国家和旅游主管部门十分重视对旅游的立法和法制建设，到目前为止，我国已逐步建立起规范的旅游法律体系，主要涉及以下几个层次：

1）宪法

宪法是我国的根本大法，是一切法律制定的依据。

2）旅游基本法

旅游基本法即《中华人民共和国旅游法》，是各级各类旅游立法的渊源和依据。旅游基本法的地位和作用不仅对于旅游法律体系的建立和发展具有非常重要的意义，而且对于我国旅游业的整体发展也具有规范和指导意义。《旅游法》确立了旅游综合协调、市场联合执法、投诉受理、安全综合管理四个机制，建立了旅游公共服务、旅游编制和规划评价、旅游发展和促进三大体系，突出了以人为本理念，明确了旅游者的权利义务。这在各国旅游立法中也是一大亮点。《旅游法》采取综合立法模式，设计行政、经济、民事三大方面，在规范旅游活动、经营活动领域呈现出诸多亮点。

3）国务院旅游行政法规

目前，国务院针对旅游业专门制定了一系列的行政法规。1985 年 5 月 11 日，国务院颁布了《旅行社管理暂行条例》，这是我国旅游法制建设史上第一个行政法规。1996 年 10 月 15 日，国务院发布了《旅行社管理条例》，对《旅行社管理暂行条例》作了较大修改。2009 年 2 月 20 日，国务院第 550 号令又发布了《旅行社条例》，自 2009 年 5 月 1 日起施行，《旅行社管理条例》同时废止。

1987 年 11 月 30 日，经国务院批准，国家旅游局发布了《导游人员管理暂行规定》，该规定为我国导游队伍的建设和健康发展提供了法律依据。为了规范导游活动，保障旅游者和导游人员的合法权益，1999 年 5 月 14 日，国务院修订发布了《导游人员管理条例》，并于 2009 年 10 月 1 日起实施。

1997 年 7 月 1 日，国家旅游局、公安部经国务院批复，联合发布了《中国公民自费出国旅游管理暂行办法》，并于 2002 年 7 月 1 日起施行。这是我国又一部行政法规，它标志着我国公民自费出国旅游的开始。

1985 年 6 月，国务院颁布了《风景名胜区管理暂行条例》。2006 年 9 月 6 日，国务院第 149 次常务会议通过了《风景名胜区条例》，自 2006 年 12 月 1 日起施行。

4）地方的旅游管理条例

改革开放以来，我国各地的党委、政府、人大都很重视旅游业的发展。有的地方旅游业已成为当地的龙头产业之一，然而随着旅游业的快速发展，旅游市场关系日趋复杂，许多不尽如人意的问题不断出现，旅游者合法权益得不到有效保护，严重影响了地方旅游形象。各地方人大、政府对旅游立法工作高度重视，到 2002 年年底全国已有 20 多个省、自治区、直辖市出台了旅游管理条例，见表 1–1。

表 1-1　　　　我国地方旅游法规一览表

序号	省份	法规名称	立法时间	施行时间
1	海南省	旅游管理条例	1995. 6. 22	1995. 8. 8
2	重庆市	旅游管理条例	1996. 1. 12	1996. 6. 1
3	河南省	旅游管理条例	1996. 7. 27	1996. 10. 1
4	河北省	旅游管理条例	1996. 9. 11	1996. 9. 11
5	山东省	旅游管理条例	1996. 10. 14	1996. 10. 14
6	湖南省	旅游管理条例	1997. 7. 4	1997. 6. 1
7	云南省	旅游管理条例	1997. 5. 28	1997. 5. 28
8	四川省	旅游管理条例	1997. 10. 17	1997. 10. 17
9	辽宁省	旅游管理条例	1997. 11. 29	1998. 1. 1
10	广西壮族自治区	旅游管理条例	1998. 4. 25	1998. 4. 25
11	陕西省	旅游管理条例	1998. 8. 22	1998. 8. 22
12	新疆维吾尔自治区	旅游管理条例	1998. 9. 25	1999. 1. 1
13	湖北省	旅游管理条例	1999. 1. 22	1999. 1. 22
14	安徽省	旅游管理条例	1999. 3. 26	1999. 5. 1
15	北京市	旅游管理条例	1999. 3. 30	1999. 6. 1
16	内蒙古自治区	旅游管理条例	1999. 9. 24	1999. 9. 24
17	贵州省	旅游管理条例	1999. 9. 25	2000. 1. 1
18	江西省	旅游管理条例	1999. 12. 23	2000. 2. 1
19	甘肃省	旅游管理条例	2000. 1. 14	2000. 1. 14
20	江苏省	旅游管理条例	2000. 10. 17	2000. 12. 1
21	黑龙江省	旅游管理条例	2000. 10. 20	2000. 12. 1
22	浙江省	旅游管理条例	2000. 12. 28	2000. 12. 28
23	宁夏回族自治区	旅游管理条例	2001. 11. 8	2002. 1. 1
24	广东省	旅游管理条例	2002. 1. 25	2002. 4. 1
25	福建省	旅游管理条例	2002. 3. 28	2002. 5. 1
26	西藏自治区	旅游管理条例	2002. 7. 26	2002. 10. 1
27	山西省	旅游管理条例	2002. 9. 28	2002. 12. 1

资料来源　杨富斌，韩玉灵，王天星. 旅游法论丛（第一辑）［M］. 北京：中国旅游出版社，2005.

这些地方旅游管理条例，一般都对本地旅游资源的开发和保护、旅游经营和管理、旅游者的权利和义务、旅游主管部门的职能等作出明确规定，同时还有对违反条例的有关行为给予具体处罚的规定。条例的制定和颁布，使得地方各级旅游部门和旅游经营单位依法治旅、守法经营的意识大大增强。同时，地方性旅游管理条例的出台，也使全国性的旅游法规建立在比较坚实的基础上。

5）旅游部门规章

旅游部门规章是由国家旅游行政管理部门制定的一些规定和技术性规范，已经制定并实施的主要有：

①旅行社管理方面的规章。

主要有国家旅游局发布的《旅行社条例实施细则》、《旅行社质量保证金存取管理办法》、《中外合资经营旅行社试点经营出境旅游业务监管暂行办法》、《旅行社服务质量赔偿标准》等。

②导游人员管理方面的规章。

主要有国家旅游局发布的《导游人员管理实施办法》、《出境旅游领队人员管理办法》、《导游人员等级考核评定管理办法（试行）》、《导游员职业等级标准》、《导游证管理办法》等。

③旅游饭店管理方面的规章。

主要有国务院批准由公安部发布的《旅馆业治安管理办法》，国家旅游局发布的《〈旅游饭店星级的划分与评定〉（GB/T14308-2010）实施办法》等。

④出境旅游管理方面的规章。

主要有国家旅游局制定的《旅行社出境旅游服务质量》，还有国家旅游局联合其他部门共同发布的《边境旅游暂行管理办法》、《大陆居民赴台湾地区旅游管理办法》等。

⑤旅游安全管理和保险方面的规章。

主要有国家旅游局发布的《旅游安全管理暂行办法》、《旅游安全管理暂行办法实施细则》、《重大旅游安全事故报告制度试行办法》，以及国家旅游局与中国保监会联合发布的《旅行社责任保险管理办法》等。

⑥旅游资源保护方面的规章。

主要有《旅游区（点）质量等级的划分与评定》、《旅游资源保护暂行办法》等。

⑦旅游纠纷方面的规章。

主要有国家旅游局发布的《旅游投诉处理办法》。

6）其他部门相关法律法规

其他部门相关法律法规是指通用性法律法规。旅游业的发展离不开相关行业的协调与配合。我国规范民事活动、经济活动或行政行为的许多法律法规对旅游业的发展和旅游企业的经营均有指导作用，与前面提到的不同层次的旅游专门法一起共同构成旅游法律体系，如《刑法》、《民法通则》、《合同法》、《公司法》、《消费者权益保护法》、《反不正当竞争法》、《价格法》、《出入境管理法》、《保险法》、《食品安全法》、《文物保护法》、《民事诉讼法》等，都在不同程度上对旅游社会关系起到了调整作用。

以案说法 1-2 “考斯特”车变成了“三菱”中巴

江阴A旅行社与云南B旅行社签订了旅游接待合同，约定由A旅行社支付给B旅行社45 000元预付款，B旅行社作为接待社负责安排14人的贵宾团在云南三地的游览活动。

根据合同约定：市内游览的交通工具为八成新的进口“考斯特”车。但在旅游过程中，西双版纳的C地接社均安排的是“三菱”中巴车，游客对此提出异议。后西双版纳C地接社及时调整用车，加之导游员提供的优质服务，使得客人在西双版纳愉快地完成了游览。但到达丽江后，丽江D地接社坚持用“三菱”中巴车，并且导游员张某提供的服务不符合标准，擅自甩团，地接社为了表示歉意而安排的“晚宴”实际上只不过是平时的团队餐，这一系列事情引起了客人的强烈不满。

客人为此几经投诉，并表示在有关部门没有作出处理意见之前，将拒绝支付所有团费。A旅行社认为B旅行社没有完全履行旅行合同，又缺乏与其他地接社的协调能力，B旅行社应对此事负全责。

案例分析：

本案中引起客人投诉的原因主要有两个：一是云南的地接社没有按照约定履行合同，用“三菱”中巴车代替合同中约定的八成新“考斯特”车；二是丽江的导游员张某提供的导游服务不符合行业标准，擅自终止导游活动。本案的焦点问题是B旅行社是否应承担违约责任。

本案中，旅行社一方无疑是违反了合同约定，应承担违约责任。问题是应当由哪家旅行社对旅游者承担责任。旅游行业中，为保证旅游活动的顺利进行，通常组团社会与旅游目的地的某个旅行社签订接待合同。以本案为例，A与B签订云南境内的地接合同，B再与各地区的旅行社签订地接合同，如西双版纳的C旅行社、丽江的D旅行社等。

在此案例中存在多种合同，从性质上来看，旅游者与A旅行社之间的合同是一般意义上的旅游合同，A旅行社与B旅行社、B旅行社与C旅行社或D旅行社的合同分别属于委托合同。从旅游法律关系的角度来看，A旅行社和旅游者是旅游合同的当事人，B旅行社、C旅行社、D旅行社都是A旅行社的辅助者。基于合同相对性的原则，A旅行社应当向旅游者提供符合约定的服务，否则应承担违约责任。因此，无论其他旅行社任何一方造成的违约，都应当由A旅行社首先向旅游者承担责任，然后根据委托合同向其他方主张。

从本案例中可以得到以下启示：

第一，合同的当事人双方在订立合同后，应根据合同的约定，按照诚实信用原则严格履行合同。

第二，旅行社在经营过程中要了解法律的有关规定，明确自身的权利和义务。

第三，旅行社应加强工作人员的职业道德教育。

资料来源　国家旅游局质量监督管理所．旅游服务案例分析［M］．北京：中国旅游出版社，2007.

1.4　国外旅游立法概况

纵观世界各国，尤其是旅游较发达国家的旅游立法活动及其产物，旅游法律法规主要有两种情况：

一是调整旅游活动的规定见于通用性的法律法规之中，例如，德国的民法典、南斯拉夫的债务关系等。其中有些国家的立法者认为，旅游活动用通用性法律的一般规定足以调整，未必需要专门针对旅游进行系统立法。

二是专门就旅游事业制定法律法规。在旅游业较发达的国家，政府多已意识到，仅靠借用其他法律中的原则性规定，不足以有效地调整旅游活动中的社会关系。因为旅游活动有其不同于一般经济活动、社会文化活动的特殊性。这些特殊性在法律上的反映，就是旅游社会关系的主体在法律上权利、义务、责任的某些特点，而这些特点必须在法律规定中体现出来。在专门制定的旅游法律法规中又可分为两类：第一类是确定一个国家旅游事业发展根本方针的旅游基本法；第二类是针对旅游企业经营或旅游发展中某些具体问题而制定的专门法律法规。

以下我们重点介绍几个典型国家的旅游立法概况。

1.4.1　日本的旅游立法

第二次世界大战后，日本的旅游业随着经济的复苏而发展起来。为了促进旅游各行业和交通运输发展，以及旅游资源开发和保护，提高旅游服务质量，旅游法制建设迅速发展，日本政府建立了以“旅游基本法”为支撑，76 件法律法规与之相配套的相对完备的旅游法律体系。它包括旅游基本法、旅行业法以及与旅游相关的法律在内的一系列法律，主要有：

1）旅游基本法

1963 年，为适应发展日本观光业发展的要求，确立旅行观光业在国民经济中的地位，国会通过并颁行了《旅游基本法》。该法规定了日本发展旅游事业的基本方针，明确了对旅游者的保护、旅游设施的配备、行政机关及有关旅游的团体等内容。

2）旅行业法

1952 年，日本政府颁布《旅行联络法》，规定对旅游商人进行注册登记，进行必要的监督。

1972 年，日本政府又制定了《旅行业法》，取代过去的《旅行联络法》，减少其中有关管理的内容，增加了关于交易的内容，在旅游业种类、交易形式、旅游业务、各营业部门的设置、契约条款的认可和达成交易的书面交付等方面，都作出了明确而具体的规定。

1995 年，日本国会对《旅行业法》进行修改，批准通过了《日本旅行业法修改草案》，于 1996 年 4 月 1 日施行。其修改的内容包括：修改注册登记制度、改善营业保证金制度、改善旅行社等的业务工作、加强旅行社协会的指导权限。

除此之外，日本还制定了一系列针对旅游企业、旅游协会、旅游从业人员、民间资金的使用和旅游资源的立法，如《国际观光饭店整备法》、《翻译导游法》、《国际观光振兴会法》、《综合疗养地域整修法》、《利用民间资金整修旅游设施临时措置法》、《标准旅行业约款》等。

3）与旅游相关的法律

为了适应旅游活动和旅游业发展的需要，日本一些与旅游相关的行业也制定了相应的法律，如《历史古迹名胜天然纪念物保护法》、《国立公园保护法》、《重要美术作品保护法》、《国际旅游温泉法》、《出入国境管理法令》、《进入国内检疫法》、《自然公园法》等。

1.4.2　美国的旅游立法

美国政府对发展旅游事业十分重视，并制定了一系列法律法规，包括旅游基本法和各种单行旅游法规。

1）美国旅游基本法

1979年5月，美国政府颁布了旅游基本法——《全国旅游政策法》。该法共设三编，从国家发展旅游业的作用、设立全国旅游政策委员会的政策、旅游资源的保护、旅行游览发展公司的政策、旅游者的政策五个方面作出了规定。

2）旅游单行法规

美国政府制定各种旅游单行法规，从多方面保证旅游事业的健康稳定发展。这些旅游单行法规包括保护公园和游览地的法律，旅游资源开发、利用和游览地的环境保护的具体规定，关于食宿业方面的法律，关于旅行社业的法律等。此外，与旅游有关的行业也有单行法规，如运输业法、商业法等，从不同方面保证了美国旅游业的发展。

1.4.3 英国的旅游立法

作为英美法系的英国，判例法在立法中占有较大比例，而且形成和建立了较为完备的调整纵向法律关系和横向法律关系的旅游法律体系。1969年，英国颁布实施了旨在促进英国旅游业发展的《英国旅游发展法》；1985年，英国制定了《旅行批发商条例》和《旅行代理人条例》，并根据欧盟的相关法令颁布了《关于包价旅行、包价度假、包价旅游的规定》。此外，英国还在旅游饭店、导游管理、旅游景区的开发和保护等方面作出了规定。

本章小结

本章主要介绍旅游业发展过程中旅游法的产生及存在的法律问题，重点分析了旅游法的概念、特征和作用；同时描述了中国旅游立法状况和旅游法制建设的进程，突出论述了中国的旅游法律体系。最后简要介绍典型国家旅游立法的概况，使学生能了解更丰富的旅游立法资料。

主要概念

旅游法　旅游立法　旅游法律体系

选择题

1. 立法是指国家机关依照其职权范围，通过一定程序(　　)法律规范的活动。

A. 制定　　B. 修改　　C. 废止

2. 我国旅游法律体系是(　　)的法律法规。

A. 一类多层次　　B. 两类多层次　　C. 多类多层次

3. 国务院颁布的(　　)是我国旅游法制建设史上第一个行政法规。

A.《旅行社管理条例》　　B.《中国公民自费出国旅游管理暂行办法》

C.《旅行社管理暂行条例》

判断题

1. 旅游法是一个多元化、多层次的法律法规体系。　　(　　)

2. 旅游法与行政法有相同的调整对象和调整方法。（ ）

简答题

1. 简述旅游法的概念和特征。
2. 简述旅游法的调整对象。
3. 简述旅游法的作用。
4. 简述我国的旅游立法。
5. 简述我国的旅游法律体系。

讨论题

请互相讨论生活中常见的旅游纠纷，并谈谈如果你遇到此类问题会如何处理。

案例分析题

游客李某到某景区游览时，因不慎在景区的一个冰洞摔断腿，遂与景区就赔偿责任发生纠纷。景区认为自己不应承担责任，其理由是：景区已在冰洞门口处放置了一个提示牌，上面有“小心路滑，注意安全”的警示，因此景区已经尽到告知义务，况且李某是个成年人，自己应该知道冰洞的危险性，所以不应承担责任。李某则辩称，虽然冰洞门口确实有一个提示牌，但是牌子太小且放在暗处，一般游客很难注意到，并且，这种提示非常概括笼统，并没有明确地说明冰洞路面有冰，不宜穿高跟鞋等等，所以自己摔断腿的责任，主要应由景区负责。双方各持己见，互不相让。后经法院调查，李某的陈述是真实的。

请问：本案例中，何方应对此事故承担主要责任，应当承担哪些责任？

实训题

请同学们调查或搜集资料了解《中华人民共和国旅游法》实施对旅游业的影响。

第2章　旅游法律关系

知识结构图表

- 旅游法律关系
  - 旅游法律关系概述
    - 法律关系和旅游法律关系的概念与特征
    - 法律关系和旅游法律关系的构成
    - 我国旅游业中的法律关系分析
  - 旅游行政法律关系
    - 行政法律关系概述
    - 旅游行政管理部门及其职权
    - 旅游者及其基本权利和义务
    - 旅游经营者及其基本权利和义务
  - 旅游民事法律关系
    - 民事法律关系概述
    - 旅游民事法律关系的产生、变更与消灭
    - 旅游活动中的民事法律行为
    - 旅游活动中的民事代理
  - 旅游法律关系的保护
    - 旅游法律关系保护的机构
    - 旅游法律关系保护的措施
    - 旅游活动中的法律责任

学习目标

通过本章学习，掌握旅游法律关系的概念、特征和构成要素，学会分析我国旅游业中存在的法律关系，尤其是旅游行政法律关系和旅游民事法律关系，懂得我国旅游法律关系是如何被保护的。

案例导入

游客不听导游提醒导致受伤纠纷

张某参加了由甲旅行社组织去贵阳的旅游活动。在游玩贵阳天星桥景区时，导游小任一再提醒大家"走路不看景，看景不走路"，并要求游客在一些淌水的石板路上行走时，别因为景色太美而取景拍照，石板滑，容易摔跤。张某舍不得放弃美景，不但自己拍照，还招呼其他游客也来取景拍照。在让出取景点往后退时，一脚踏空，被石板撞击后，痛得不能行走。导游小任立即想法将张某背出景区，送医院检查，得知骨裂。张某不能再继续后面的游程，要求甲旅行社赔偿损失。

案例分析：

（1）导游小任事前事后作了一系列处理，尽了一个导游人员的责任。《导游人员管理条例》第十四条规定：导游人员在引导旅游者旅行、游览过程中，应当就可能发生危及旅游者人身、财物安全的情况，向旅游者作出真实说明和明确警示，并按照旅行社的要求采取防止危害发生的措施。从这一导游人员义务的规定来说，导游小任尽了自己的职责。

（2）骨裂造成游客张某部分旅游景点没去成，甲旅行社返还部分景点门票费用，但从性质上讲这是"返退"，而不是赔偿。

（3）旅行社不能从质量保证金中支付赔偿金。根据《旅行社质量保证金赔偿办法》及试行标准规定，旅游者在旅游期间发生人身、财物意外事故不属于适用范围，应该由旅行社投保旅行社责任保险的保险公司按旅行社责任保险合同有关规定予以赔偿。

资料来源　佚名．游客不听导游提醒导致受伤纠纷［EB/OL］（2009-6-22）［2013-12-30］．http：//www.ct148.com.cn/eShowNews.asp? id=169.

2.1　旅游法律关系概述

2.1.1　法律关系和旅游法律关系的概念与特征

1）法律关系的概念和特征

法律关系是法律规范在调整人们行为的过程中形成的权利、义务关系。法律关系是社会关系的一种特殊形态，与一般的社会关系相比，有三个最重要的特征。

（1）法律关系是以法律为前提而产生的社会关系

在社会生活中，人们之间不可避免地要发生多方面的联系，产生各种社会关系。如果没有法律规定，那么人们之间的关系，就不具有法律关系的性质。例如，经济关系、政治关系、道德关系、家庭关系、友谊关系等，就不具备法律上的权利、义务的性质。因此，法律关系是法律调整社会关系而出现的一种状态。法律规定是法律关系产生的基础。没有法律的存在，就不可能形成与之相应的法律关系。

（2）法律关系是以法律上的权利、义务为内容而形成的社会关系

法律关系是法律在调整人们行为过程中所形成的一种权利、义务关系，是法律在实际生活中的具体体现。也就是说，只有在人们按照（或违反）法律规定进行活动，形成具体的权利、义务关系时，才构成某种特定的法律关系。一般来说，法律规范本身并不产生具体的法律关系。法律关系与其他社会关系的重要区别，就在于它是法律化的社会关系，当事人之间按照法律或约定分别享有一定的权利或承担一定的义务，以权利和义务为内容连接人们之间的关系。法律调整社会关系的基本方式是设置一定的行为模式，从而把人们的行为纳入法制的轨道上来。

（3）法律关系是以国家强制力作为保障手段的社会关系

在法律规范中，一个人可以做什么、不得做什么和必须做什么的行为模式反映的是国家意志，体现了国家对各种行为的态度。某种社会关系一旦被纳入法律调整的范围之内，即成为法律关系，就意味着它受到国家的保障，不得任意违反或破坏。例如，合同关系一

旦依法成立，任何一方不得自行变更或解除。如果当事人一方不经对方同意，擅自变更或解除，对方就有权请求合同主管机关或人民法院责令其履行合同并赔偿损失。

2）旅游法律关系的概念和特征

旅游法律关系是指由旅游法律规范所确认和调整的、在旅游活动中所形成的当事人之间的权利、义务关系。旅游法律关系除了具有法律关系的一般特征之外，还表现为广泛性。旅游法律关系无论从其主体范围，还是从权利、义务范围看，都是十分广泛的。这种广泛性的特点是由旅游活动和旅游业务的综合性决定的。从旅游活动和旅游业务的主体来看，既有旅游者、旅游企业，又有政府的旅游主管机构和其他有关主管机构，还有各类旅游组织。这些主体之间，既有横向的平等主体之间的关系，又有纵向的管理与被管理之间的关系。从旅游活动和旅游业务的内容看，既有观光游览、度假，又有专业或专题性质的旅游项目；既有本国政府旅游主管机构对旅游企业的成立、经营进行规定、指导和检查监督，又有国际旅游组织对各国旅游政策、旅游规划和旅游法律、法规的制定、实施进行协调，还有国内或国际仲裁机构对发生在旅游活动和旅游业务各参加者之间的消费者争议或商事纠纷进行调解和裁决。上述所有当事人及其活动中涉及的权利、义务关系，都要由调整旅游关系的各种法律，包括国内法和国际法作出规定。

旅游法律关系尽管内容丰富，范围广泛，却非杂乱无章。旅游法律关系以旅游为主线，从旅游活动的固有特点和自身规律出发，将旅游活动的参加者及其权利、义务统一起来，而形成旅游法律关系的特点。

2.1.2 法律关系和旅游法律关系的构成

1）法律关系的构成

任何法律关系都是由主体、客体和内容三个要素构成的。

（1）法律关系的主体

法律关系的主体是指法律关系的参加者，即在法律关系中享有权利和承担义务的人，又称为权利主体和义务主体。法律上所称的“人”主要包括自然人和法人。法律关系主体参加法律关系有资格的限制，在法学上称为权利能力和行为能力。

（2）法律关系的客体

法律关系的客体是指权利和义务所指向的对象，又称权利客体和义务客体。它是将法律关系主体间的权利和义务联系在一起的中介，没有法律关系的客体作为中介，就不可能形成法律关系。因此，客体是构成任何法律关系都必须具备的一个要素。

法律关系客体主要包括几类：

①物。法律上所说的物包括一切可以称为财产权利对象的自然之物和人造之物。

②行为。在法律关系客体的意义上，行为指的是权利和义务所指向的作为和不作为。

③智力成果。作为客体的智力成果指的是人们在智力活动中所创造的精神财富，其表现形式有科学发明、工业设计、专利、商标和服务标记、专有技术等。

④人身权益。包括人格利益和身份利益，是人格权和身份权的客体。

（3）法律关系的内容

法律关系的内容是指法律关系主体间在一定条件下依照法律或约定所享有的权利和承担的义务，是人们之间利益的获得或付出的状态。对权利、义务可以从不同的角度，按照不同的标准进行分类。根据权利和义务所体现的社会内容的重要性，可以把权利义务分为基本的权利义务和普通的权利义务；根据权利和义务的适用范围不同，可以把权利义务分为一般的权利义务和特殊的权利义务。

2）旅游法律关系的构成

同法律关系一样，任何一项具体的旅游法律关系都是由主体、客体和内容三个要素构成的，如图2–1所示。缺少其中一个要素，都不能构成旅游法律关系。一个要素变更，原来的法律关系也随之改变。

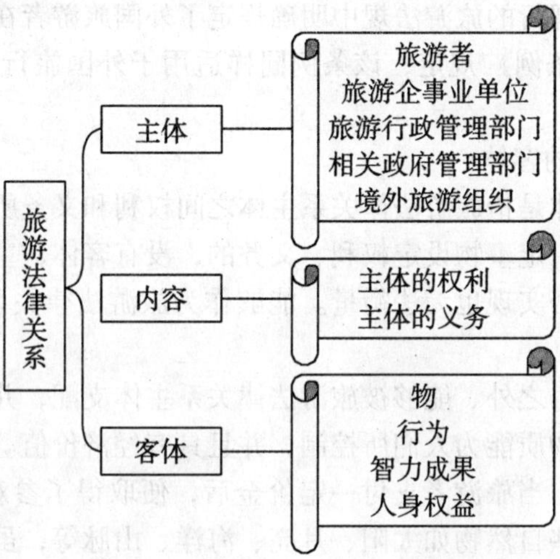

图2–1 旅游法律关系的构成要素

（1）旅游法律关系的主体

旅游法律关系的主体是指参加旅游活动，依法享有旅游权利和承担旅游义务的当事人。在旅游法律关系中必须有两个或两个以上的当事人，旅游法律关系方能成立。而且，旅游法律关系的主体必须具有旅游法律关系主体的资格且具备相应的权利能力和行为能力。

在我国，按照有关旅游法律、法规的规定，能够作为旅游法律关系主体的当事人有下列几类：

①旅游者。旅游者是暂时离开常驻地达24小时以上，在异国他乡进行食、住、行、游、购、娱等活动，以求得物质和精神享受的人。旅游者包括国内旅游者和境外旅游者。旅游者是自然人，是旅游接待国本国或外国的公民。作为公民，旅游者具有一定的权利能力和行为能力，能够依法享受服务，承担义务。外国旅游者的法律地位，通常由其所到各国根据国际法上外国人法律地位的一般原则，在其国内法中加以规定，有时也通过双边或多边条约加以规定。对于外国旅游者，我国一般是按照国际惯例，在特定范围内给予其互惠的国民待遇。

②旅游企事业单位。包括旅行社、旅游饭店、旅游交通运输部门、旅游服务公司以及旅游资源管理部门，此外还有为旅游者提供各种服务的餐饮、商业、娱乐、邮电、银行等行业。旅游企事业单位一般应具备法人资格，能够独立享有民事权利、承担民事义务，在

其经营范围和职责范围内开展旅游服务活动。

③旅游行政管理部门。主要包括国家旅游局和地方各级旅游局，国家旅游局是国务院主管全国旅游行业的部门。

④与旅游事业密切相关的政府管理部门。包括工商、公安、税务、海关等政府管理部门，可以依照各自的权限管理旅游方面的事务。

⑤境外旅游组织。境外旅游者来中国或到内地旅游以及中国旅游者到境外旅游，必然需要我国旅游组织同境外旅游组织的协商和联系，因而境外旅游组织便成为我国旅游法律关系的主体。我国一些现行的旅游法规中明确规定了外国旅游者在我国旅游法律关系中的主体地位，如《旅行社条例》规定，该条例同样适用于外国旅行社在中国境内设立的长驻机构。

（2）旅游法律关系的客体

旅游法律关系的客体是指旅游法律关系主体之间权利和义务所指向的对象，也称为标的。通常主体都是围绕一定事物设定权利、义务的，没有客体，主体的权利、义务就会失去目标，权利、义务是否实现也无法衡量。能够作为旅游法律关系的客体的有物、行为、智力成果和人身权益等。

①物。指存在于人身之外、能够被旅游法律关系主体支配，并能产生一定物质利益的物质财富。这些物品或物质能为人们所控制，并且具有经济价值。例如，旅游资源、旅游基础设施、旅游商品等，当旅游者支付一定价金后，便取得了参观权、使用权或所有权。这里特别说明一下，一些自然物如太阳、月亮、海洋、山脉等，虽然其本身不能为主体支配，不能作为客体，但在一定条件下，这些物质的产生、运动、变化的现象可以转化为能为人们支配的旅游景观，如泰山日出、黄山云、钱塘潮等，这些景观则可作为客体，而且这类客体又是旅游法律关系的极为重要的客体。作为旅游法律关系客体的物十分繁多，可以有以下几类：旅游景观（如旅游景区、景点）、旅游设施（旅游酒店、车辆）、旅游商品（如地方特产）、货币或有价证券、旅游者的物品等。

②行为。作为旅游法律关系客体的行为可以分为作为和不作为。旅游法律关系中的行为大部分属于作为，如服务行为、管理行为等。服务行为指旅游业职工利用资源或设施为旅游者提供的一系列分工合作的劳务活动，如翻译、导游服务、组织游览以及各种代理服务。管理行为指各级旅游行政管理部门、旅游经营单位内部行使与担负的与旅游职能相适应的管理活动。

旅游法律、法规也有一些不作为的规定，如原《旅行社管理条例》第十二条规定："经营人员未经旅行社同意，不得披露、使用或允许他人使用其所掌握的旅行社商业秘密。"这里对经营人员披露旅行社秘密行为的抑制，就是一种不作为。

③智力成果。在法律关系客体中，智力成果的表现形式有科学发明、工业设计、专利、商标和服务标记、专有技术等。如旅游企业的注册商标（包括商品和服务）、标记、某一项管理方案等，都属于精神财富，其所有权的使用和转让是有偿的。特定的非物质财富也可作为旅游法律关系的客体。

④人身权益。人身权益是和人身不可分离的权益，它是不直接具有财产内容但和财产有着密切联系的利益，包括名誉、荣誉、姓名、名称、生命健康、智力成果中的人身利

益等。

旅游法律关系的客体可能是单一客体，表现为主体间权利、义务共同指向的对象是单一的，如旅行社接受旅游者委托，为其代购国际机票，也可能是复合客体，表现为主体间权利、义务共同指向的对象不是单一的，如旅行社与旅游者签订旅游合同，除得到相应的服务（行为）外，还要通过旅游设施（物）满足其旅游需求，这种客体具有交互性的特点。

以案说法 2–1 旅游服务行为可以成为旅游法律关系的客体

某国际旅行社接待一个香港服装业者前往贵州旅游，委派导游员陈某为旅游团的全程陪同导游员。旅游团行至安顺时，在参观了当地蜡染厂后，对蜡染工艺产生了浓厚的兴趣，于是向导游员陈某提出，希望利用第二天上午自由活动时间，请陈某协助联系蜡染厂，安排一次蜡染工艺座谈会，如需费用，可由旅游团支付。导游员陈某拟第二天上午访友，故对安排座谈会不感兴趣，遂以行程计划无此项内容，且联系安排座谈会不属于导游职责为由予以拒绝。旅游团再三向导游员陈某反映，请其予以协助，但陈某仍然不允。为此，旅游团客人十分不满。旅游结束后，旅游团投诉旅游行政管理部门，并在港报上披露此事，对内地导游人员的"职责"提出质疑，造成了极其恶劣的影响。

案例分析：

作为导游人员，提供周到、细致的服务是职业的必然要求。本案中，陈某因个人私事而拒绝游客提出的合理要求，不愿安排蜡染工艺座谈会，使得香港服装业旅游团游客在旅游过程中失去了本可以得到的接触蜡染工艺的机会，陈某的做法是欠妥当的。由此可以看出其旅游服务行为不能尽如人意，游客的不满也是因其服务行为而引起的。在本案中，旅游服务行为就是双方权利义务所指向的对象，即旅游法律关系的客体。

资料来源 裴春秀．旅游法实例说［M］．长沙：湖南人民出版社，2004.

(3) 旅游法律关系的内容

旅游法律关系的内容指旅游法律关系的主体依法享有的权利和承担的义务，反映着旅游法律关系主体的具体关系，决定着旅游法律关系的实质。

旅游法律关系主体依法享有的权利，是指旅游法律关系主体依法享有的某种权能或利益。旅游法律关系主体依法承担的义务，是指旅游法律关系主体依法承担的某种必须履行的责任，表现为负有义务者必须依法按权利享有者的要求做出某种行为或不做出某种行为。例如，旅行社在收取旅游者支付的费用后，必须按约定组织旅游者旅行游览，为旅游者提供相应服务，不得擅自改变旅游路线、增加费用、减少活动项目；负有义务者不履行或不适当履行义务，要受到法律制裁。

以案说法 2–2 旅游权利和旅游义务同在

洛阳某旅行社接待了 JBW–9710 日本团，委派导游员谢某为全陪随团服务，谢某为牟取回扣，向客人建议将原定餐食改为"洛阳水席"，并进行了言过其实的夸张宣传，当客人询问是否需要增加费用时，谢某答复水席标准不会超过原定餐饮标准。但当客人面对"洛阳水席"的汤汤水水时，发觉与谢某宣传的不相符，连呼上当。第二日，谢某又向游客宣布，因"水席"标准超过原定标准故需加收少量餐费。对此，部分团员表示不满，但因已食用了“水席”，不得不交出超支餐费。

事后，游客投诉该旅行社。谢某则称，为了使客人品尝地方风味，做了夸张的宣传，但动机是好的，而客人食用“水席”加收餐费理所当然，并无不妥。

案例分析：

本案中，谢某违背了诚信原则，误导消费者食用“洛阳水席”，在承诺不超过原定餐饮标准后，提供质低价次的汤汤水水，这是明显的欺诈行为。然而谢某并未就此打住，在第二天又以餐饮超标为由，加收费用。谢某依法收取必要费用是其权利，但同时谢某负有保证给游客提供与所支付费用相称的服务，谢某不履行义务就是侵犯他人的权利。

资料来源　裴春秀．旅游法实例说［M］．长沙：湖南人民出版社，2004.

2.1.3　我国旅游业中的法律关系分析

由于我国旅游法律规范所确认、调整的对象即社会关系不同，以及旅游法律规范具体规定的权利义务不同，因而法律关系也有不同的种类。我国旅游业中的法律关系主要表现为三种。

1）旅游行政管理法律关系

在旅游活动和旅游业务中，存在许多旅游行政管理法律关系。这种关系中，双方的地位并不是平等的，而是一种管理与被管理、监督与被监督的关系。这种关系在性质上是一种纵向的法律关系，一方更多地表现为权利而另一方更多地表现为义务。当前，我国大量的旅游法律法规的表现形式为旅游行政法规和部门规章，它们主要调整的对象包括：国家行政管理部门与旅游经营者之间的关系；国家行政管理部门与旅游者之间的关系；国家行政管理部门之间的关系；上下级行政管理部门之间的关系等等。例如，旅游行政管理部门有权对旅游经营者的经营项目、服务质量、收费标准、外汇结算、财务制度等进行必要的管理、检查、指导和监督，却不需要承担对等义务。旅游经营单位有义务向政府税务主管机构纳税而无要求回报的权利。这种旅游行政管理部门与旅游经营者之间的管理与被管理、监督与被监督的关系就是旅游行政管理法律关系。又如，旅行社在业务经营中假冒其他旅行社的注册商标、品牌和质量认证标志的，由工商、旅游行政管理部门依照有关法律、法规处罚。这种关系也属于旅游行政管理法律关系。

2）旅游民事法律关系

在旅游活动和旅游业务中，也大量存在旅游民事法律关系。这种关系中，当事人的法律地位是平等的，权利义务也是对等的，民事主体遵循平等互利、等价有偿和诚实信用的原则。这种关系在性质上是一种横向的法律关系，主要由民事法律、法规来调整。旅游民事法律关系主要存在于旅游经营者相互之间、旅游经营者与相关部门之间；旅游经营者与旅游者之间；中国旅游经营者与外国旅游经营者之间。例如，旅行社中组团社与接团社之间会发生从团队收取的旅游收入按一定比例分配的经济关系，旅游饭店之间联号经营提取管理费用及使用专有的管理模式和缴纳管理费用所形成的权利义务关系，旅游交通中铁路、公路、水路联运形成的“一条龙”服务和利益分配的权利义务关系等等。这种旅游经营者之间的平等互利和等价有偿的权利义务关系就是旅游民事法律关系。又如，旅游者和旅行社之间签订旅游合同，旅游者因支付了一定的旅游费用而成为旅游消费的权利享有者，旅游经营单位因获得一定的旅游收入而成为旅游供应的义务承担者。旅游者和旅游经营者之间形成的平等的旅游权利和旅游义务关系也属于旅游民事法律关系。

3）旅游刑事法律关系

许多违反旅游法的行为，如果情节恶劣、后果严重，便成为触犯刑律的犯罪行为。正因为这样，一些旅游法规明确规定了严重违反旅游法规要追究刑事责任的条款。例如，《旅行社经理资格认证管理规定》明确指出："私自出售、转让、伪造旅行社经理人员资格证书者，由旅游行政管理部门注销或没收其资格证书。有非法所得的，没收其非法所得。触犯刑律的，由司法机关追究其刑事责任。"这种受到刑法调整的旅游者和旅游经营者与国家之间的社会关系属于旅游刑事法律关系。

2.2　旅游行政法律关系

2.2.1　行政法律关系概述

1）行政法律关系的概念

行政法是调整行政关系的法律规范的总称，或者说是有关行政权配置、运行以及对行政权进行监督的法律规范系统。行政法律关系是指经行政法规范调整的，因实现国家行政职能、实施行政权而发生的行政主体之间、行政主体与行政相对人之间以及行政主体与其他国家机关、社会组织和公民之间的权利与义务关系。

2）行政法律关系的特征

与法律关系相比，行政法律关系具有下列重要特征：

①行政法律关系主体身份的多样性和行政主体的恒定性；

②行政法律关系类型的丰富性和专业性；

③行政法律关系主体权利义务的对应性和不对等性；

④行政法律关系中国家权力的不可处分性和个体权利运行的有限性；

⑤行政法律关系设定的灵活性与及时性。

3）行政法律关系的构成

任何行政法律关系均由主体、内容和客体三要素构成。行政法律关系主体是指行政法律关系中享有权利和承担义务的组织和个人，包括行政主体、行政相对人以及对行政的监督主体。行政法律关系的内容指行政法律关系主体之间的权利和义务，不同类型的行政法律关系的主体之间的权利和义务各不相同。行政法律关系客体指行政法律关系主体的权利、义务共同指向的对象，包括物、人身、行为和智力成果。

2.2.2　旅游行政管理部门及其职权

1）旅游行政管理部门的概念

行政机关是指依宪法或行政组织法的规定而设置的行使国家行政职能、执行法律、组织和管理国家行政事务的国家机关。行政机关依法行使国家行政权，其特点有三：有独立的组织；有一定的组成人员；国家拨给一定的经费。

旅游行政管理部门是我国各级政府管理旅游行业的行政机关。旅游行政管理部门作为政府管理旅游业的行政机关，应当依法行政，在法律规定的范围内对旅游业行使管理权。旅游行政管理部门的特征是：行使国家行政权；机构设置、权利义务的内容来源于相关法律规定；是独立的组织；有明确编制和固定的工作人员；以国家拨款作为其主要经济来源。

2）旅游行政管理部门的设置

我国旅游行政管理部门可以分为两类：中央行政机关，即国家旅游行政管理部门；地方行政机关，即地方旅游行政管理部门。

（1）国家旅游行政管理部门

旅游行政管理部门具有成为旅游法律关系主体的资格，其法律依据是国家法律、法规的规定，或者通过法律、法规的授权。我国《宪法》第八十九条第三、四款规定："国务院规定各部和委员会的任务和职责，统一领导各部和委员会的工作，并且领导不属于各部和委员会的全国性行政工作。""统一领导全国地方各级国家行政机关的工作，规定中央和各省、自治区、直辖市的国家行政机关的职权划分。"《国务院组织法》第十一条规定："国务院可以根据工作需要和精简的原则，设立若干直属机构主管各项专门业务，设立若干办事机构协助总理办理专门事项。"据此，我国设立了国家旅游局。它是国务院的直属机构，是国务院管理旅游业的职能部门。国务院颁发的《旅行社管理条例》第四条规定："国务院旅游行政主管部门负责全国旅行社的监督管理工作。县级以上地方人民政府管理旅游工作的部门按照职责负责本行政区域内旅行社的监督管理工作。"另外，经国务院授权，由国家旅游局会同外交部、公安部、海关总署等部门逐个审批开放边境旅游的地区。

（2）地方各级旅游行政管理部门

1985 年 1 月，国务院批转的国家旅游局《关于当前旅游体制改革几个问题的报告》中指出：各省、自治区、直辖市可根据国际、国内旅游发展的需要设置旅游局，统管本地区的旅游工作；经济特区和省以下的市、县，如需设立旅游行政管理部门，要本着精简的原则，因地制宜，不搞一个模式。由此，各省、自治区、直辖市都先后设立了旅游行政管理部门，当时的 14 个计划单列市也设立了旅游局。

（3）国家旅游行政管理部门与地方旅游行政管理部门的关系

我国《地方各级人民代表大会和地方各级人民政府组织法》第五十七条规定："各省、自治区、直辖市人民政府的各工作部门，受人民政府的统一领导，并且受国务院主管部门的领导和业务指导。"1991 年 2 月 12 日，国务院批转的《国家旅游局关于加强旅游行业管理若干问题请示的通知》中指出："各级旅游行政管理部门要在统一领导、分级管理的原则下，加强旅游全行业管理。"据此，省、自治区、直辖市旅游局均向同级人民政府负责，并接受国家旅游局的领导和业务指导，二者主要是业务上的指导和被指导的关系。省级旅游行政管理部门与地、县级旅游行政管理部门的关系与此相同。

3）旅游行政管理部门的职权

从旅游法律、法规的规定看，旅游行政管理部门的职权既是国家赋予旅游行政机关的管理权力，又是旅游行政机关应对国家履行的管理义务。

（1）国家旅游局的主要职责

1998 年 5 月，我国根据国务院有关机构设置的规定设置了国家旅游局。根据国务院规定的国家旅游局的职责，国家旅游局设置了 6 个职能司（局），即办公室、政策法规司、旅游促进与国际联络司、规划发展与财务司、质量规范与管理司、人事劳动教育司。

国家旅游局作为国务院主管旅游业的直属机构，主要职责是：

①研究拟定旅游业发展的方针、政策和规划，拟定旅游业管理的行政法规、规章并监督实施。

②研究拟定国际旅游市场开发战略，组织国家旅游整体形象的对外宣传和重大促销活动，组织、指导重要旅游产品的开发，指导驻外办事处的市场开发工作。

③培育和完善国内旅游市场，研究拟定并指导实施发展国内旅游的战略措施，指导地方旅游工作。

④组织旅游资源的普查工作，指导重点旅游区域的规划和开发建设，组织、指导旅游统计工作。

⑤拟定各类旅游景区景点、度假区及旅游住宿、旅行社、旅游车船和特种旅游项目的设施标准和服务标准并组织实施，审批经营国际旅游业务的旅行社，组织和指导旅游设施定点工作。

⑥研究拟定出国旅游，赴香港、澳门特别行政区和台湾地区旅游及边境旅游政策并组织实施；审批外国在我国境内和香港、澳门特别行政区及台湾地区在内地设立的旅游机构；负责旅游涉外及香港、澳门特别行政区和台湾地区事务，代表国家签订国际旅游协定，指导旅游对外交流与合作。

⑦监督检查旅游市场秩序和服务质量，受理旅游者投诉，维护旅游者的合法权益。

⑧指导旅游教育、培训工作，制定旅游从业人员的职业资格制度和等级制度并指导实施，管理局属院校的业务工作。

⑨负责局机关及在京直属单位的党群工作。

⑩承办国务院交办的其他事项。

（2）省、自治区、直辖市旅游行政管理部门的职责

各省、自治区、直辖市人民政府批准设立的地方旅游行政管理部门，是省、自治区、直辖市政府主管旅游业的职能部门，向同级人民政府负责。当地人民政府可根据本地旅游业发展的需要规定其职责。

行业广角 2–1

旅游行政主管机构是旅游法律关系的重要主体之一。这类机构的设置在各国不尽相同。根据世界旅游组织提供的资料，世界各国的旅游行政主管机构大致分为五种模式，见表 2–1。

表 2–1 目前世界各国的旅游行政管理模式

管理模式	采用的主要国家	特点
旅游委员会模式	保加利亚、前苏联、美国	实施跨职能部门的统一领导
旅游部模式	菲律宾、尼泊尔、叙利亚、埃及、塞内加尔、墨西哥、牙买加、巴哈马、罗马尼亚、意大利、卢森堡等 20 多个国家	在行政上将旅游管理职能设立为直属内阁的一个部级机构。由部级专业职能部门归口管理，强调专业化与综合性

续表

管理模式	采用的主要国家	特点
混合职能模式	马来西亚、巴基斯坦、印度、斯里兰卡、肯尼亚、法国、西班牙、日本、韩国、荷兰	将旅游管理职能和政府其他职能结合在一个机构里，以协调行业合作。该模式主要有两种情况：一种是混合职能部；另一种是在其他职能部下设旅游主管机构
旅游局模式	中国、朝鲜、巴巴多斯等十几个国家和地区	旅游局在行政级别上略低于部，但直属国务院（内阁），单一行使旅游管理职能。它由副部级专业职能部门归口管理，强调专业化
非中央机构模式	伊拉克、爱尔兰等30多个国家和地区	最高旅游行政主管机构不属于政府部门序列。它主要发挥行业协作组织作用，突出行业自主管理

2.2.3 旅游者及其基本权利和义务

旅游者是指暂时离开常住地达24小时以上，在异地他乡进行食、住、行、游、购、娱等活动，以求得物质和精神享受的人。旅游者包括国际旅游者和国内旅游者。国际旅游者主要是指到目的地国家旅行游览的外国人。在我国，国际旅游者除外国人之外，还包括来祖国大陆旅行游览的华侨、香港同胞、澳门同胞、台湾同胞以及外籍华人。国内旅游者主要是指参加国内旅行游览的本国公民，也包括去国外旅行游览的本国公民。

1）旅游者的基本权利

旅游者是旅游业赖以生存和发展的重要因素，是旅游法律关系中重要的主体，其所享有的权利和承担的义务是国家根据其在法律上的地位，通过相关的法律、法规规定的，是我国宪法和法律、法规规定的有关权利在旅游活动中的延伸。旅游者作为消费者参加旅游活动，享有《消费者权益保护法》中所规定的权利，包括安全保障权、知悉真情权、自主选择权、公平交易权、获得赔偿权、依法结社权、获取知识权、获得尊重权和监督批评权等。除此之外，综观各国法律和有关国际条约，旅游者作为特定的民事法律关系的主体，还享有其他的合法权益，包括自由旅行权、逗留权、享受医疗权、自由缔约权、寻求法律救济权、残疾人的旅游权、旅游者替代权、时间浪费请求权等。

2）旅游者的基本义务

旅游消费者在旅游活动中遵纪守法是其最基本的义务。此外，旅游消费者还应履行如下义务：

①不得从事危害国家安全、损害社会公共利益、破坏社会公共秩序的行为；

②支付接受旅游服务所应偿付的合理费用，遵守与旅游企业之间签订的旅游合同，违反合同应当承担相应责任；

③禁止赌博、嫖娼、吸毒、观看和传播淫秽物品及从事其他犯罪活动；

④爱护旅游资源，保护旅游设施；

⑤到异国他乡游览观光，在领略异邦风景、民俗，陶冶情操的同时，也应当尊重当地

人民的感情。

2.2.4 旅游经营者及其基本权利和义务

旅游经营者主要指旅行社、饭店、车（船）公司、商店、游乐场所、旅游点等旅游经营单位。旅游经营者以自己依法注册登记的经营范围，通过开展业务经营，享有旅游权利，承担旅游义务。

1）旅游经营者的权利

①旅游经营者最基本的权利是在法律允许的范围内的自主经营权。作为这一权利的直接结果，它们可以自行处分、使用其财产，不受旅游行政主管机构的不必要的制约。

②旅游经营者可以在其业务范围内自由缔结各种商务合同，包括与旅游者或其他有关企业之间的合同。

③旅游经营者有权保护自己的合法权利和利益，在其合法权益受损害时有权申请主管部门予以解决。

2）旅游经营者的义务

①实体性义务。在经营过程中，旅游经营者需遵守有关旅游业的各种法律、法规，主要包括工商行政、合同、财政金融、卫生、进出口、税务等方面的法律、法规，履行一定的实体性义务，进行合法经营。

②程序性义务。旅游经营者必须按照各种审批和登记手续履行程序性义务。

③对旅游者的义务。旅游经营者应当尊重旅游者、保护旅游者的合法权益，遵守与旅游者之间的合同。当其行为造成旅游者损失时，应当承担损害赔偿责任。

行业广角 2-2 要对旅游消费侵权说“不”

随着人们生活水平的提高，旅游消费越来越成为广大消费者的选择。针对消费者投诉的热点，消协曾发布过旅游消费警示，但目前旅游投诉仍居高不下，有不少旅游者在旅游过程中合法权益受到侵害，乘兴而去，败兴而归。投诉的主要问题是诱购或强购物品，旅游价格混乱，旅游景点和时间缩水，住宿、就餐质量、交通工具不达标准等。为此，消协再次提醒广大消费者，对这些侵权现象有权说“不”。

1. 对廉价旅游广告说“不”。现在一些旅行社为了吸引游客，在广告宣传中报价很低，甚至只收取来回的交通费。消协提醒旅游者一是千万不要被廉价的旅游广告所迷惑，不能只看价廉，廉价的广告背后往往有景点缩水、时间缩水、降低服务质量、强买强卖等行为。二是建议旅游者不能只看价格选择旅行社，一定要选择有资质资格、规模比较大、管理比较规范、服务完善的旅行社。

2. 对购物“陷阱”说“不”。旅游购物一定要谨慎，旅游者应注意辨别商品真伪和质量，价格要货比三家，不要急于成交。旅游景点内的商品一般价格都较高，不要轻易购买。购买的商品要保存好质量保证书及发票，一旦发现质量问题，以利交涉，减少损失。尽量不要在旅游景点购买珠宝钻石、家电、茶叶、化妆品，购买当地的土特产时还要注意是否过了保质期。

3. 对口述旅游合同、约定说“不”。有些游客在旅游前与旅行社口头约定旅游的相关事宜，可出现违约行为时又无据可查，真是有苦难言。消协建议游客在出行前一定要与旅行社签订完整的、详细的、科学的书面合同。合同的内容应包括：（1）旅行的时间和行程安排；（2）所乘交通工具及档次（飞机要写清航空公司、航班时间、飞机型号；火车要写清是硬座、硬卧还是软卧，是否空调车；轮船，要明确坐的是几等舱等）；（3）旅行的吃、住档次和标准。另外，对旅行社自行制定的不公平格式合同可以拒签。

4. 对忍气吞声说“不”。在旅游过程中，一旦旅游者的合法权益受到损害，一定要拿起法律武器维护自己的合法权益，不要忍气吞声。当你的合法权益受到侵害时，可到当地消费者协会、旅游质检所投诉，也可向相关的行政部门申诉，甚至可向法院起诉以维护自身的合法权益。

资料来源　佚名．要对旅游消费侵权说“不”［EB/OL］．（2009-05-21）［2013-12-31］．http：//www.ct148.com.cn/eShowNews.asp？id=201.

2.3 旅游民事法律关系

2.3.1 民事法律关系概述

1）民事法律关系的概念

民法是调整平等主体的公民之间、法人之间、公民和法人之间的财产关系和人身关系的法律规范的总称。民事法律关系是平等主体之间发生的、符合民事法律规范的、以权利义务为内容的社会关系，是民法对平等主体之间的人身关系和财产关系加以调整的结果。

2）民事法律关系的特征

民事法律关系具有以下特征：

①民事法律关系的主体地位平等，以此区别于行政法律关系和刑事法律关系。由主体的地位平等所决定，民事法律关系中的权利义务一般是对等的。通常情况下，一方取得权利必须以承担相应的义务为前提，不允许只享受权利而不承担义务，或只承担义务而不享受权利，否则，就违反了民事法律关系的主体地位平等的要求。

②民事法律关系主要根据当事人的意志发生。民事法律关系的这种特点，是民法贯彻意思自治原则的体现。相反，行政法律关系和刑事法律关系，都不取决于当事人的意志，而是根据法律的规定发生的。

③民事法律关系的保障措施具有补偿性。由于民事法律关系的当事人地位平等，因此，一方不能惩罚另一方，惩罚只能存在于主体地位不平等的法律关系中（如刑事法律关系和行政法律关系）。在民事法律关系被破坏时，民事责任也只是补偿受害人的损失，一旦涉及惩罚，就脱离了民法的范围而进入行政法或刑法的领域。

3）民事法律关系中的基本原则

在民事法律关系中，民事主体遵循以下基本原则：①民事主体地位平等原则；②自愿原则；③公平原则；④等价有偿原则；⑤诚实信用原则；⑥禁止权利滥用原则。

2.3.2 旅游民事法律关系的产生、变更与消灭

1）民事法律事实

（1）民事法律事实的概念

法律关系总是处于不断的变化发展之中，引起法律关系产生、变更和消灭的前提条件是法律事实。民事法律事实是符合民法规范，能够引起民事法律关系发生、变更和消灭的

客观现象。

例如，旅游者在旅游目的地每日常规的起居、用餐等活动，一般不被认为是法律事实。因旅游者自身的原因而发生的轻微疾患，也不被认为是法律事实。但如果由于旅馆提供不符合卫生标准的餐饮导致旅游者食物中毒或者由于旅游过程中遇特大洪水造成旅游者财物受损，则可被认为属于法律事实。前者可引起侵权责任的法律后果，后者可能导致保险公司对旅游者损害的保险赔偿责任。

（2）民事法律事实的特征

①法律事实是一种客观现象。没有表现为客观现象的主观意识，不是法律事实。例如，内心存在订立合同的意思，却未表示出来，这种内心意思不能使合同成立。

②作为法律事实的客观现象必须同一定的法律效果相联系，能够引起民事法律关系的发生、变更和消灭。并非一切客观情况都可以作为法律事实，日出日落、闲谈，不能引起任何法律效果，因而不是法律事实；而人的出生、死亡、成年等，能够引起一定的法律效果，因而是法律事实。

③作为法律事实的客观现象必须符合民法的规定。客观现象能否作为法律事实，是由民法规定的。违反民法规定的客观现象，不是法律事实。

（3）民事法律事实的分类

民事法律事实根据是否与当事人的意志有关，可以分为事件和行为两大类。

①事件指与当事人的主观意志无关而能够引起民事法律关系发生、变更和消灭的客观现象。人的自然死亡、自然灾害、战争等，均为人力不能抗拒的客观现象，皆为事件。例如，伊拉克战争导致境外旅行商退团；大型泥石流的发生导致旅行社与旅游者签订的合同终止。

②行为指与当事人的意志有关而能够引起法律关系产生、变更和消灭的人的自觉活动和行为。例如，旅游团队办理住店手续、离店手续，前者是法律关系产生，后者是法律关系终止。行为的主要特征是人通过外部表现出来的、有意识的或有意志的、能产生一定法律后果的活动。

在旅游活动中，事件固然是引起法律关系产生、变更和终止的因素，但是更为重要的是人的行为。根据行为的内容与形式是否符合法律规定，行为可以分为合法行为和不合法行为；根据当事人行为的活动方式不同，行为可分为作为（积极行为）和不作为（消极行为），如图 2-2 所示。

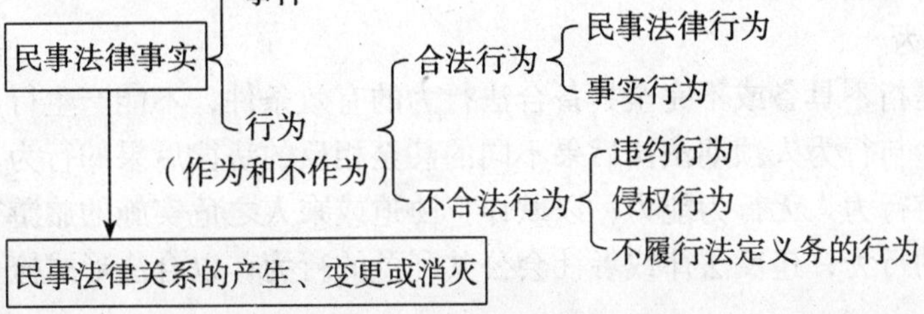

图 2-2　民事法律事实的分类

2）旅游民事法律关系的产生、变更与消灭

旅游法律关系的产生，是指因某种法律事实使旅游法律关系主体之间形成权利、义务关系。例如，某旅行社与旅游者签订合同的行为，使旅行社和旅游者之间形成一定的权利、义务关系。这种旅游法律关系受国家法律保护和监督。

旅游法律关系的变更，是指因某种法律事实的存在，使已经形成的旅游法律关系主体、客体或权利、义务发生改变。例如，旅行社在组织旅游活动时，改变与旅游者约定的旅游线路、交通方式、住宿条件等，则会引起双方权利和义务的变更。旅游法律关系的变更通常受到严格限制。除不可抗力或主体间实现协商取得一致以外，一般不得随意改变，否则要承担相应的法律责任。

旅游法律关系的消灭，是指因某种法律事实的存在，使主体双方的权利、义务消灭。例如，双方当事人按照旅游合同规定履行了全部义务后，合同即消灭。

2.3.3 旅游活动中的民事法律行为

1）合法行为

民事法律行为是公民或者法人设立、变更和终止民事权利和民事义务的合法行为。法律行为又称合法行为，它是指人的行为内容和方式都符合法律规定的要求，并受到法律的确认和保护，具有法律效力。合法行为的特征为：合法行为以旅游法律关系主体的真实意思表示为基本要素，行为的内容、形式符合法律的规定。法律规定是检验合法行为的唯一标准，这也是一切合法行为的本质特征。只有合法行为才能得到国家法律的确认和保护，产生旅游法律关系主体预期的法律后果。例如，服务行为是旅游合同的重要标的，若经营者在合同中为旅游者提供的是色情服务或其他法律禁止的内容，则合同无效，经营者不仅不能实现订立合同的目的，还要承担相应的责任。

合法行为的有效条件包括：

①旅游行为人具有相应的行为能力，行为人的行为能力要与旅游法律行为相适应。例如，旅游者的精神状态和智力发育正常，可以进行法律允许的活动；经营者所从事的经营符合其业务范围并与业务活动性质相适应。

②旅游行为人的意思表示真实。只有意思表示与其真实意思表示相一致才能发生法律效力。

③旅游行为不违反法律或社会公共利益。这主要是指行为必须符合法律规定的形式。旅游法律行为可采用口头、书面、推定、默示等形式，若旅游法律、法规对行为的表现形式有规定，应符合法律规定。

2）无效行为

无效行为是指不具备或不完全具备合法行为的有效条件，不能产生行为人预期的法律后果，而是产生与行为人预期法律后果不同的甚至相反的法律后果的行为。确认无效行为的依据是：旅游行为人无行为能力；以欺诈、胁迫或乘人之危实施的旅游行为；恶意串通损害他人利益的行为；违反法律或者社会公共利益的行为；以合法形式掩盖非法目的的行为等等。

3）可变更或可撤销行为

可变更或可撤销行为，是指行为人对行为的内容有重大误解或显失公平，当事人有权请求人民法院或仲裁机关予以变更或撤销的行为。确认可变更或可撤销行为的依据是：行为人对行为的内容有重大误解或者该行为后果显失公平。旅游行为被确认为无效或被撤销后，为保护旅游者的合法权益，根据不同情况，通常是采取返还旅游价款，赔偿旅游损失，没收非法所得为国家、集体所有等方法进行处理。

4）旅游中附条件或附期限的法律行为

旅游中附条件的法律行为，是指在旅游法律行为中规定一定的条件，并且把该条件的成就与否作为确定旅游法律关系主体权利义务发生法律效力与否的根据的法律行为。例如，甲单位与旅游汽车公司约定，若周日天晴，便租用该公司两辆旅游车赴某地旅游，“周日天晴”便是条件。条件是一种特定的法律事实，可以是自然现象，也可以是行为。条件必须是合法的，不能违反法律和社会公共利益。旅游活动中常见的有延缓条件和解除条件两种。

此外，实践中旅游法律关系主体有时会在旅游行为中指明一定期限，该期限的到来，便成为产生或终止旅游法律关系的前提，此谓旅游中附期限的法律行为。例如，某商人同饭店签订客房租赁合同，定于明年1月1日起租，期限届至，租约生效，这就是附期限的旅游法律行为。

旅游中附条件或附期限的法律行为一旦成立，对旅游法律关系主体便具有约束力。对于附条件的法律行为，双方当事人不得为自己利益恶意促成或阻碍所附条件成就。恶意阻碍条件成就，视为条件成就；恶意促成所附条件成就，视为没有成就；对于所附条件是违法或不能发生的，则认定该行为无效。对于附期限的法律行为，在所附期限到来之前，双方均不得为损害对方因期限到来而得到利益的行为，否则应负赔偿责任。

2.3.4　旅游活动中的民事代理

1）代理的含义和特征

代理人在代理的权限内以被代理人的名义同第三人实施法律行为，所产生的权利、义务由被代理人承担，称作代理。其中，代替他人实施法律行为的人称为代理人；由他人代替自己实施法律行为的人称为被代理人；与代理人实施法律行为的人称为第三人，如图2-3所示。

代理的特征表现为：代理人是代替被代理人实施法律行为；代理人以被代理人名义进行代理活动；代理人在代理的权限内进行代理活动；代理人在代理的权限内可以独立为意思表示；代理行为所产生的法律后果由被代理人承担。

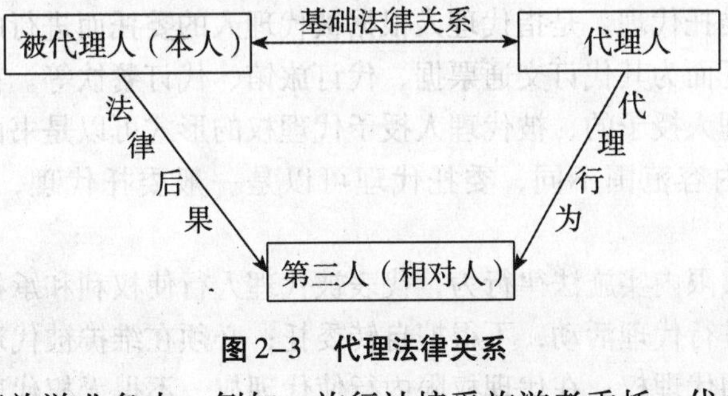

图2-3　代理法律关系

代理广泛运用于旅游业务中。例如，旅行社接受旅游者委托，代办入境、出境及签证手续，代购、代订国内外交通客票，代为托运或提取行李物品，代订客房、餐饮、物品等等；旅游饭店接受住店客人委托，代订出租汽车，代寄邮件物品，代购生活用品等。旅游者虽然也可通过自身的旅游法律行为实现其旅游愿望，但在受到时间、专业知识、环境以及其他条件限制的特殊情况下，通过旅行社的代理活动能更好地实现旅游愿望。旅游中的代理，是民法规定的代理制度在旅游业中的应用。

2）旅游代理行为的有效要件

旅游代理行为有效是指代理行为能直接导致被代理人与第三人之间的旅游权利与旅游义务的确立、变更或终止。这种代理行为除了必须具备旅游法律行为的有效要件外，还必须具备以下几个方面的条件：

①旅游代理人必须事先取得代理权。代理权可以是根据被代理人的委托而取得，也可以是根据法律、法规的规定或有权机关的指定而取得。例如，在旅行社的委托代办业务中，国内的业务要填写委托单，海外的业务要有受委托的国际电报、传真或其他函件，作为取得委托代理权的根据。

②旅游代理人必须在代理权限内独立地以自己的意思表示进行代理活动。例如，旅行社要按旅游者授权的范围，以自己的旅游法律行为为旅游者安排约定等级和约定时间的客房、汽车和交通票据，而不能进行代理权限以外的行为。

③旅游代理人的代理活动必须以被代理人的名义进行，并符合被代理人的利益，所产生的旅游权利和旅游义务均由被代理人享有或承担。例如，为旅游者代办入境、出境及签证手续，代办旅行证件等，都是以被代理人的名义进行的，所办证件归旅游者使用，所需办证费用也由旅游者承担。

对于违背上述各项条件的所谓的“代理”行为，是无效的代理行为。例如，未经授权的“代理”行为、超越代理权的“代理”行为、代理权终止以后的“代理”行为、滥用代理权的行为等，给第三人或被代理人造成损失的，由代理人自己承担赔偿责任。例如，旅行社超越委托多订客房，其超出代理权限多订房间的费用由旅行社自行承担。

3）旅游活动中的代理权的行使

根据我国法律规定，代理人取得代理权的根据是被代理人的委托、法律的规定、人民法院或指定机关的指定。由于代理关系发生的根据不同，代理分为委托代理、法定代理和指定代理。在旅游活动中，代理主要表现为委托代理。

旅游活动中的委托代理，是指代理人根据被代理人的委托而进行的代理。例如，旅行社基于旅游者的委托而为其代订交通票据、代订旅馆、代订餐饮等。在委托代理中，代理人的代理权是被代理人授予的，被代理人授予代理权的形式可以是书面的，也可以是口头的；根据代理权的内容范围不同，委托代理可以是一般委托代理，也可以是特别委托代理。

代理人在代理权限内实施法律行为，代表被代理人行使权利和承担义务，应正确行使代理权，做到亲自进行代理活动，不得擅自转委托；必须在维护被代理人利益的前提下行使代理权，不得滥用代理权；在代理权限内行使代理权，不得无权代理，不得接受正当报酬以外的其他利益。

4）旅游活动中代理权的终止

代理作为一种法律关系，因一定法律事实的出现而终止。由于代理权发生的根据不同和代理的种类不同，引起代理终止的原因事实也不同。

旅游中的委托代理，因下列情形之一的出现而终止：代理期间届满或代理事务完成，是委托代理终止最常见的原因；被代理人取消委托或代理人辞去委托；作为被代理人或代理人的法人终止；代理人死亡以及代理人丧失行为能力。

2.4　旅游法律关系的保护

旅游法律关系的保护是指国家机关监督旅游法律关系的主体正确行使权利、切实履行义务并对侵犯旅游法律关系主体合法权利或不履行法定义务的行为追究法律责任的活动。

2.4.1　旅游法律关系保护的机构

1）国家旅游行政管理机关

国家各级旅游行政管理机关是管理旅游业的政府职能部门。它有权依据旅游法规，在其职责范围内，运用奖励或处罚的方法保护旅游法律关系。

2）相关的国家行政管理机关

工商、公安、税务、卫生等管理部门可以依法对旅游活动主体作出奖励或处罚的决定。

3）司法机关

人民检察院或人民法院根据法律的规定，分别对在旅游活动中触犯法律者，行使检察权和审判权。各级法院还可以对旅游活动的民事法律行为作出判决。

2.4.2　旅游法律关系保护的措施

国家机关主要通过立法活动、行政管理活动和司法活动，采取行政措施、民事措施和刑事措施，监督旅游法律关系主体正确行使权利、切实履行义务，并对侵犯旅游法律关系主体合法权利或不履行法定义务的行为追究法律责任。

1）行政措施

行政措施主要包括奖励的方法和处罚的方法。对于模范遵守国家法律、法规，对旅游业作出显著贡献的，由行政管理机关予以奖励；对于违反国家法律、法规的，可以给予处罚。

2）民事措施

民事措施是指判令有过错的一方承担相应的民事责任。在旅游法律关系的保护中，判令当事人支付违约金和赔偿金是经常采取的措施。

3）刑事措施

刑事措施是指对于构成犯罪的依法追究刑事责任。

2.4.3　旅游活动中的法律责任

1）法律责任的概念和特征

法律责任是指因违反了法定义务或契约义务，或不当行使法律权利、权力所产生的，由行为人承担的不利后果。

法律责任是社会责任的一种，它与其他社会责任（如政治责任、道义责任等）有密切联系，但是法律责任与其他社会责任有原则性区别。法律责任的特点在于：

①法律责任首先表示一种因违反法律上的义务（包括违约等）关系而形成的责任关系，它是以法律义务的存在为前提的。

②法律责任还表示为一种责任方式，即承担不利后果。法律责任方式是由法律规定的，它通常有两种，即补偿与制裁。

③法律责任具有内在逻辑性，法律责任是由违法行为引起的，两者之间存在着因果关系。

④法律责任的追究是由国家强制力实施或潜在保证的。

2）承担法律责任的前提条件

承担法律责任，其前提条件是必须有违法行为。违法行为的构成须同时具备以下几个方面的条件：

（1）主体

主体指违法主体或者承担法律责任的主体。根据我国法律、法规的规定，公民中年满18周岁的成年人，具有完全的责任能力，可以独立地进行各项活动，并且承担法律责任。未成年人和不能辨认或不能控制自己行为的精神病人，其活动及其责任应区别不同情况，由其代理人或监护人负责。

（2）过错

过错是指行为人决定其行为并承担法律责任的主观心理状态（故意或过失）。故意或过失在不同的法律领域中具有不同的意义。在刑事法律领域，行为人故意或过失的心理状态是判定其主观恶性的重要依据，也是区别罪与非罪、此罪与彼罪、罪轻罪重的重要依据。在民事法律领域，故意或过失是构成一般侵权行为的要素。在行政法律领域，实行过错推定的方法。一般而言，只要行为人实施了违法行为就视其为主观有过错，不必再深究其主观因素了，法律另有规定的除外。这是承担法律责任的主观要件。

（3）违法行为

违法行为是指违反法律所规定的义务、超越权利的界限行使权利以及侵权行为的总称。一般认为违法行为包括犯罪行为和一般违法行为。通常情况下，违法行为是法律责任产生的前提，没有违法行为就没有法律责任。违法行为可以分为作为和不作为两种。例如，按照我国《商标法》和《旅行社条例》的规定，国家保护注册商标、品牌和质量认证标志的专用权，因此假冒其他旅行社的注册商标、品牌和质量认证标志的行为就是以作为的形式、侵犯他人权益的违法行为。再如，按照我国《旅行社办理旅游意外保险暂行规定》的要求，旅行社在组织团队旅游时，为保护旅游者的利益，应代旅游者向保险公司支付保险费，一旦旅游者在旅游期间发生意外事故，可以按照合同约定由承保的保险公司向旅游者支付保险金。旅行社未为旅游者办理旅游意外保险，就是以不作为的形式侵犯了旅游者权利的违法行为。

（4）损害事实

损害事实是指受到的损失和伤害的事实，包括对人身的、财产的、精神的（或三方面兼有的）的损害或伤害。损害应当具有确定性，而且必须根据社会的一般观念和公众意识予以认定。这是承担法律责任的客观要件。

（5）因果关系

因果关系是指违法行为与损害事实之间的因果关系。违法行为是损害事实出现的原因，损害事实是违法行为引起的必然结果。法律归责原则上要求证明违法行为与损害事实之间存在着内在的因果联系。

3）法律责任的分类

根据违法行为所违反的法律的性质，法律责任主要可以分为行政责任、民事责任和刑事责任三种。

（1）旅游行政责任

旅游行政责任是指行为人实施了违反旅游行政法规的行为，尚未构成犯罪，由旅游或其他行政管理部门追究而必须承担的法律责任。按照执行机关的不同，行政性的强制措施可以分为行政处罚和行政处分两种。这两种行政强制措施可以适用于追究单位违法的行政责任，也可以适用于追究个人违法的行政责任。

旅游行政处罚是旅游行政管理机关和其他行政管理机关对于违反旅游或其他行政管理法律、法规的人给予的行政制裁。旅游行政处罚的种类主要有违反旅游管理的处罚，违反治安管理的处罚，违反工商、行政、金融等管理的处罚，违反旅游资源保护管理的处罚。此外，在旅游活动和旅游经营管理活动中，违反消防管理、食品卫生管理、外汇管理等行为，情节轻微、尚未构成犯罪的，也会依法受到行政处罚。

旅游行政处罚的形式主要有：①警告；②通报批评；③责令限期整改；④停业整顿；⑤吊销旅游经营许可证；⑥降低等级，取消星级；⑦暂停涉外经营定点资格，取消涉外经营定点资格；⑧扣留导游证和导游证书，收回导游证和导游证书，吊销导游证书；⑨没收经理资格证书，注销经理资格；⑩建议或会同工商行政管理机关吊销营业执照等。

旅游责任中的行政处分是根据旅游法律、法规和其他有关法律、法规，由旅游行政管理机关、旅游企业事业单位根据行政隶属关系，对犯有轻微违法失职行为，尚不构成刑事处分的工作人员的法律制裁。根据《国务院关于国家行政机关工作人员的奖惩暂行规定》和《企业职工奖惩条例》的规定，对国家行政机关工作人员和职工的行政处分形式有下列几种：警告、记过、记大过、降级、降职、撤职、留用察看、开除。

（2）旅游民事责任

旅游民事责任指在旅游活动中，行为人因违反旅游法律、法规从事不法行为，或者不履行合同义务，从而侵犯了对方的民事权利或者使对方的民事权利得不到实现，依法应承担的法律责任。

民事责任具有自身的特点：①民事责任是违反民事法律规范所应承担的法律责任。②它是违约或违法行为人对受害人承担的一种法律责任。③它主要是一种财产责任。④它的责任范围与所造成的损失或损害的大小相适应，一般具有补偿与恢复原状的性质。

根据我国《民法通则》的规定，承担民事责任的方式主要有：停止侵害，排除妨碍，返还财产，支付违约金，恢复原状，消除影响，恢复名誉，赔礼道歉，赔偿损失等。上述各种方式，既可单独适用，也可合并适用。特别是因侵权而致人损害时，在责令行为人承担其他民事责任的同时，均可请求赔偿损失。

（3）旅游刑事责任

旅游刑事责任是指行为人实施了违反旅游法律、法规或其他有关法律、法规的行为，情节严重构成犯罪，必须承担刑法规定的法律责任。与其他法律责任相比，刑事责任具有严厉性的特点。由于刑事违法行为的性质和其所造成的严重危害性，决定了刑事责任在各种法律责任中是最严重的责任。例如，我国《旅行社条例》规定："旅行社违反本条例的规定，损害旅游者合法权益的，应当承担相应的民事责任；构成犯罪的，依法追究刑事责任。"《旅行社经理资格认证管理规定》规定："私自出借、转让、伪造旅行社经理人员资格证书触犯刑律的，由司法机关追究其刑事责任。"《评定旅游（涉外）饭店星级的规定》规定："对违反本规定条款，情节严重，构成犯罪的，依法追究法律责任。"有关边境旅游的法规中有关于"伪造、涂改、冒用、转让出入证件，情节严重，构成犯罪的，依法追究刑事责任"的规定等。

按照我国刑法的规定，刑罚分为主刑和附加刑。主刑有管制、拘役、有期徒刑、无期徒刑、死刑五种。附加刑有罚金、剥夺政治权利和没收财产三种。主刑独立适用。附加刑可在判处主刑时附加适用，但有时也可独立适用。例如，对于旅游经营单位利用业务上的便利进行投机倒把、走私贩私、行贿受贿等犯罪行为，可以独立使用罚金的刑罚。

我国刑法规定刑事责任还可以分为财产刑和非财产刑两类。财产刑是指罚金和没收财产，包括剥夺犯罪人的部分和全部财产。非财产刑包括自由刑、生命刑和政治权利刑。自由刑包括管制、拘役、有期徒刑和无期徒刑，是剥夺犯罪人的人身自由，强迫其改造，使之不再危害社会的刑罚。生命刑即死刑，是剥夺犯罪人的生命。政治权利刑是剥夺犯罪人一定时间或终身的政治权利。此外，对于外国人在我国的犯罪行为，我国刑罚还规定了驱逐出境的刑罚。

以案说法 2-3　服务标准已下降，赔偿差额理应当

孙小姐等 25 名游客与某旅行社签订了旅游合同，参加该旅行社组织的"桂林 4 日游"。双方在合同中约定，游客每人交纳团费 1 350 元，旅行社提供"空调旅游大巴"，住宿标准为"双人标准间、独立卫生间"等，但没有约定违约责任。在旅游过程中，旅行社多处违反合同约定，将承诺的"双人标准间、独立卫生间"换成了"四人普通间、公共卫生间"等。

孙小姐等 25 名游客认为旅行社违反合同约定，私自降低了服务标准，使她们的合法权益受到侵害，要求旅行社赔偿损失，具体数额为每人团费的一半即 675 元。而旅行社则辩称由于恰逢旅游旺季，旅游目的地接待能力有限，旅行社凭借以往关系才解决了交通住宿问题，否则孙小姐等游客可能要露宿街头了。所以，降低交通、住宿标准是因为恰逢旅游旺季所致，属于不可抗力，因此拒绝赔偿。

案例分析：

按照我国《合同法》的规定，不可抗力是指不能预见、不能避免的，并且不能克服的客观情况，而旅行社是专门为游客提供旅游服务的经营企业，旅游目的地在旅游旺季的接待能力应该在旅行社的掌握之中。所以，旅行社对这 25 名游客服务标准的降低是有过错的，其违约事实清楚，因此旅行社的辩称不合法，应该承担赔偿责任。

孙小姐等游客的赔偿要求是合法的，但赔偿数额不会得到旅游投诉机关的支持。《旅行社质量保证金赔偿暂行标准》第六条规定："旅行社安排的旅游活动及服务档次与协议不符，造成游客损失，应当退还游客合同金额与实际花费的差额，并赔偿同额违约金。"本案在实际处理中，经过旅游质监部门查实：旅行社安排的交通工具差额每人40元，住宿标准每人差额60元，因此，旅游质监部门责令旅行社赔偿孙小姐等25名游客每人100元，并支付每人同额违约金100元，旅行社共赔偿25位游客5 000元。

资料来源　高校旅游教材编委会．旅游法规案例精选与解析［M］．北京：中国旅游出版社，2004.

本章小结

本章主要分析旅游法律关系的概念、特征及我国旅游业中的法律关系，尤其是旅游行政法律关系和旅游民事法律关系的构成，论述旅游民事法律关系的产生、变更与消灭，以及旅游活动中的民事法律行为和代理行为，最后介绍旅游法律关系保护的机构、措施和法律责任的承担。

主要概念

法律关系　旅游法律关系　法律关系主体　法律关系客体　法律关系内容　行政法律关系　民事法律关系　民事法律事实　代理

选择题

1. 旅游法律关系的构成要素包括(　　)。

A. 主体　　B. 客体　　C. 事实　　D. 内容

2. 代理人在代理权限内以被代理人的名义同第三人实施法律行为，所产生的权利义务由(　　)承担。

A. 代理人　　B. 被代理人　　C. 第三人　　D. 代理人和被代理人

3. 根据违法行为所违反的法律的性质，法律责任可以分为(　　)。

A. 行政责任　　B. 民事责任　　C. 刑事责任　　D. 道德责任

判断题

1. 任何法律关系都是由主体、客体和内容三个要素构成的。　(　　)

2. 任何法律关系主体的地位都是平等的。　(　　)

3. 在法律关系客体的意义上，行为指的是权利和义务所指向的作为。　(　　)

4. 当事人之间的民事法律关系根据法律的有关规定就能够产生。　(　　)

5. 代理人在代理的权限内以代理人的名义同第三人实施法律行为，所产生的权利义务由代理人承担。　(　　)

简答题

1. 简述旅游法律关系的概念和特征。

2. 简述旅游法律关系的三大构成要素。

3. 简述旅游法律事实的概念和种类。

4. 简述旅游民事法律行为的有效要件。

讨论题

1. 试比较旅游行政法律关系和民事法律关系的区别。

2. 试举例说明旅游法律关系的产生、变更和终止。

案例分析题

餐厅工作失误，旅游者用餐不洁

某单位15位员工假期参加某旅行社组织的到某地旅游的活动，旅行社安排旅游团住宿在A宾馆。旅游活动开始后的第二天，大家用过晚餐后，有一位旅游者呕吐并有腹泻，腹部绞痛难忍，旅行社及时将其送入医院。随后，除一位旅游者在外用餐外，另外13位旅游者均出现不同程度的呕吐和腹泻现象，经医院检查确诊为急性肠炎。卫生防疫部门对旅游团就餐的宾馆进行了检查，将造成旅游者集体呕吐和腹泻的原因确定为：餐厅提供的食物，不符合卫生标准，细菌严重招标。为此，旅游团的行程被迫延迟。事后，A宾馆负责人承认旅游者集体呕吐和腹泻是由于其工作失误所致，同意并保证承担由此产生的旅游损失费用和治疗费用。但是，旅游者回来之后很长时间，A宾馆一直没有兑现赔偿承诺。旅游者认为，宾馆是由旅行社安排的，所以旅行社应当赔偿由于就餐食物不洁造成的损失。旅行社认为，造成旅游者集体食物中毒的事故是A宾馆工作失误所致，旅行社也是受害者，不应对旅游者进行赔付。双方不能达成一致意见。于是，旅游者向旅游质量监督管理部门投诉。

问题：(1) 分析此案例中的旅游法律关系。

(2) 旅游者用餐不洁，责任该由谁来负？

实训题

请同学们查阅资料并在课堂交流旅游法律关系保护的措施和方法。

第3章　旅游合同法律制度

知识结构图表

- 旅游合同法律制度
  - 旅游合同概述
    - 旅游合同的概念
    - 旅游合同的法律特征
    - 旅游合同的作用
    - 旅游合同与合同法
  - 旅游合同的订立
    - 旅游合同的订立原则
    - 旅游合同的订立程序
    - 旅游合同的内容
    - 旅游合同的形式
    - 旅游合同订立的主体资格
  - 旅游合同的效力
    - 合同生效
    - 无效旅游合同
    - 可撤销旅游合同
    - 合同无效和合同被撤销的法律后果
  - 旅游合同的履行
    - 合同的履行
    - 履行旅游合同的原则
  - 旅游合同的变更、转让、终止和解除
    - 旅游合同的变更
    - 旅游合同的转让
    - 旅游合同的终止
    - 旅游合同的解除
  - 旅游合同的违约责任
    - 违约责任的概念
    - 违约责任的严格责任原则
    - 违约责任的承担方式
    - 不可抗力
  - 旅游格式条款和旅游格式合同
    - 格式条款和格式合同的概念
    - 格式条款提供者的责任
    - 格式条款无效的条件
    - 格式条款的解释
    - 旅游格式合同的管理和规制

学习目标

通过本章学习，认识合同及旅游合同的概念和法律特征，掌握旅游合同订立的原则、程序、内容和形式，了解旅游合同的效力、履行、变更、转让、终止、解除以及违约责任的法律规定，懂得旅游格式合同的利弊及其管理的相关理论。

案例导入

游客未履行减损义务案

2009 年 2 月 6 日至 11 日，李某等 18 名旅游者参加山西某旅行社组织的云南四飞六日游。按合同约定应于 2 月 10 日乘飞机从西双版纳返回昆明，但由于大雾和雷电天气，预订航班被取消。旅行社为了确保 2 月 11 日准时乘上昆明至北京的航班，拟改乘大巴赶回昆明。经与旅游者协商未达成一致，旅游者坚决按原约定乘机返昆明，由此滞留西双版纳 4 天，直到 2 月 15 日，旅行社设法买到机票后才返程。李某等旅游者为此将旅行社告上法庭，要求旅行社承担违约责任，并支付他们滞留西双版纳期间的食宿费用及误工费。

问题：(1) 该旅行社是否违约？应否承担违约责任？为什么？

(2) 旅游者的要求是否合理？应如何处理这起纠纷？

案例分析：

我国《合同法》第一百一十七条规定：因不可抗力不能履行合同的，根据不可抗力的影响，部分或者全部免除责任，但法律另有规定的除外。当事人延迟履行后发生不可抗力的，不能免除责任。《合同法》第一百一十九条规定：一方当事人违约后，对方应当采取适当措施防止损失的扩大；没有采取适当措施致使损失扩大的，不得就扩大的损失要求赔偿。本案中，预订航班取消乃不可抗力的因素所致，旅行社因此而不能履约可以免责。李某等游客本可以积极配合旅行社的安排，尽量减少损失，但却执意要求旅行社按原计划履约，导致增加了食宿费用的支出，此种做法不可取也不会得到法律的支持。由于旅行社违约是不可抗力导致，这是法定免责事由，因此旅行社不承担违约责任；而游客滞留西双版纳的费用是因其不履行减损义务导致，因此不能向旅行社主张赔偿滞留西双版纳期间的食宿费用及误工费。

资料来源　王志雄．旅游法规案例教程 [M]．北京：北京大学出版社，2012.

3.1　旅游合同概述

3.1.1　旅游合同的概念

合同，是双方当事人意思表示一致的协议。我国《合同法》第二条规定："本法所称合同，是平等主体的自然人、法人、其他组织之间设立、变更、终止民事权利义务关系的协议。"在旅游过程中，旅游业的经营者和旅游者同属于有平等地位的民事主体，旅游经营者提供服务的过程中，双方需要订立合同明确彼此间的权利义务关系，这就是旅游合同。

旅游合同有狭义和广义之分。狭义的旅游合同指旅游者与旅游经营者关于旅游者支付有关费用，由旅游经营者提供各种旅游条件及相应服务的协议。广义的旅游合同指旅游经营者提供旅游服务、旅游者支付旅游费用的合同，以及为提供旅游服务而形成的旅游合同关系，包括旅游者与旅行社，旅行社与旅行社，旅行社与旅游住宿、餐饮、运输及其他服务业经营者的合同关系。德国和南斯拉夫旅游法律都规定了广义的旅游合同。我国统一合同法征求意见稿第四稿规定的旅游合同和日本旅游法规定的旅游合同均是狭义的旅游合同。本书采用狭义的旅游合同概念。

3.1.2 旅游合同的法律特征

旅游合同是合同中的一个类别，具有合同的一般性，同时又具有特殊性。由于不同的旅游者其要求极不一致，各种旅游经营者提供的旅游产品、旅游服务内容也千差万别，因此旅游合同也就表现为多种多样不同的类型。而且旅游活动是综合性的活动，旅游合同是集多种标的于一体的一揽子合同，因此，旅游合同具有复杂性。概括起来，旅游合同具有以下几个法律特征：

1）旅游合同是特定的民事主体之间意思表示一致的民事法律行为

旅游合同是一种民事法律行为。旅游合同以意思表示为出发点，并且按意思表示的内容赋予法律效果，因而是一种民事法律行为。这些民事法律行为涉及面广，既包括旅游经营者为游客提供餐饮、住宿、交通、游览、购物、娱乐等综合性服务，又包括游客支付费用、遵守规则等各种行为。旅游合同的民事主体具有特定性。旅游合同的一方是旅游经营者即旅行社。根据《旅行社条例》的规定，在我国能够经营旅游业务的只能是旅行社，即以营利为目的，从事旅游业务的企业。旅行社必须经国家旅游行政主管部门批准并在工商行政管理部门依法登记后，才具有法人资格来经营旅行社业务。旅行者分为国内旅行社和国际旅行社，依法只有国际旅行社才可以签订涉外旅游合同。旅游合同的另一方是旅游者。旅游者是暂时离开常驻地达24小时以上，在异国他乡进行食、住、行、游、购、娱等活动，以求得物质和精神享受的人。

2）旅游合同的内容是旅行游览业务活动中双方约定的旅游权利和义务

旅游合同的内容是合同的核心部分，是合同得以成立并具有法律约束力所不可缺少的，也是当事人权利义务的体现。旅游合同的内容主要表现为旅游社提供旅游服务，旅游者支付旅游费用。旅游合同属于双务合同。旅游者与旅行社设立以旅游权利和旅游义务为内容的旅游合同，从而使旅游者的吃、住、行、游、购、娱等活动均通过合同形式进行。经合同双方当事人同意，可以依法设立、变更和终止民事权利义务。

3）旅游合同的客体是主体为实现一定的旅游活动目的而约定的旅游权利和旅游义务所指向的事物

旅游合同双方因旅游权利和旅游义务而联结起来，又因共同指向的客体而使权利和义务得以实现。旅游合同的客体主要是旅游社提供的服务。旅行社所经营的业务，包括为旅游者代办出入境手续，招徕、接待旅游者，为旅游者提供食宿等有偿服务，具有综合性、有形性和无形性相结合以及跨地域的特征，有别于一般的服务行为。

3.1.3 旅游合同的作用

旅游合同是记载旅游双方或多方当事人之间权利义务关系的协议，在旅游活动中起到至关重要的作用，具体表现为以下几个方面：

1）旅游合同能为旅游活动当事人的权利提供法律保障

旅游合同一般以书面形式作出，是双方当事人合意的结果。一方的权利应得到法律的维护，同时也应履行相应的义务，如果一方违约或侵权，则应根据合同的内容承担相应的法律责任。

2）旅游合同能为维护社会整体旅游秩序提供法律保障

旅游事业是一项由旅游业相关部门共同组成的综合性经济事业，同时又是一项跨地区、跨国度的紧密联系的统一整体。旅游合同将各方面的协作关系有机地联系起来，使得交通、娱乐、购物、住宿等各个环节有序运作，从而使旅游合同的各项旅游内容得以顺利完成。

3）旅游合同能为旅游纠纷处理提供法律依据

旅游合同规定旅游双方当事人权利，又约束其违法行为，旅游合同一旦订立，且合同内容符合法律规定，双方当事人就有严格遵守的义务。一方当事人违反旅游合同的约定就是对他方权利的侵犯，他方提起诉讼的依据便是双方签订的旅游合同。

3.1.4 旅游合同与合同法

在我国《合同法》颁布之前，旅游合同主要由《民法通则》来调整，而不适用《经济合同法》。在《合同法》颁布以后，旅游合同由于缺乏典型性而没有在《合同法》中列名，它不属于有名合同，而是无名合同。然而，旅游合同同样适用于《合同法》。《合同法》第一百二十四条规定："本法分则或者其他法律没有明文规定的合同，适用本法总则的规定，并可以参照本法分则或者其他法律最相类似的规定。"依据此规定，对于在旅游活动中发生的合同法律问题可以适用《合同法》总则的规定，并可以参照《合同法》分则或其他法律最相类似的规定，如《合同法》分则中的"运输合同"、"租赁合同"、"委托合同"、"保管合同"、"居间合同"等都是旅游合同可以参照适用的合同法律规定。

当然，旅游过程中存在诸多不可预见因素，很多旅游服务中的现实问题在现行法律制度中没有明确的规范。而有名合同的详细规定可以为旅游合同纠纷的解决提供更具体、更有针对性的法律依据。如果仅仅把通用性的原则作为解决纷争的法律依据，对普通旅游者而言要想准确把握其内涵非常之难，同时也给不法旅行社提供了法律空子。

令人欣喜的是，近几年我国在对旅游合同的规制方面新出台了《旅行社条例》和《旅游法》，对旅游服务合同有了更具体明确的规定。这些旅游专门性法规和以上所述通用性法规相结合，为旅游者合法权益的保护和旅行社的经营管理提供了更明确的法律依据，为旅游市场的健康、有序和稳定发展提供了强有力的保障。

3.2 旅游合同的订立

3.2.1 旅游合同的订立原则

旅游合同订立的基本原则是合同当事人在合同活动中应当遵守的基本准则，也是人民法院、仲裁机构在审理、仲裁合同纠纷时应当遵循的原则。《合同法》第三条和第八条的内容都是关于合同订立基本原则的规定，主要有以下几个原则：

1）平等原则

《合同法》第三条规定："合同当事人的法律地位平等，一方不得将自己的意志强加给另一方。"平等原则要求旅游合同双方当事人必须遵守以下几点：第一，在订立合同时，任何一方无权强制他人服从自己的意志；第二，合同依法成立后，对当事人双方产生平等的约束力，不允许任何一方享有特权；第三，因合同而产生纠纷时，当事人平等地受法律的保护；第四，合同当事人一方没有处罚或惩罚对方当事人的权利。

2）自愿原则

《合同法》第四条规定："当事人依法享有自愿订立合同的权利，任何单位和个人不得非法干预。"合同自愿原则主要包括缔约自愿、合同实现的手段和目的自愿、选择合同形式的自愿、变更或解除合同的自愿、合同争议解决方式的自愿。任何违背当事人意志的合同内容都是无效的或者是可以撤销的。

合同自愿是一项基本原则，但是合同自愿也不是绝对的。任何自由都要受到必要的限制，合同也不例外。这些限制表现在：一是缔约的限制，即给一部分当事人施加必须缔结某种合同的义务，主要是对一些从事公共服务事业的当事人提出的要求。二是强制性规范的限制，即法律设定一些强制性的规范，任何当事人都不得排斥这些规范的适用。例如，限制垄断的规定。

3）公平原则

《合同法》第五条规定："当事人应当遵循公平原则确定各方的权利和义务。"公平原则是法律最基本的价值取向，法律的基本目标就是在公平与正义的基础上建立社会秩序。公平原则要求合同当事人应当根据公平、正义的观念确定各方的权利和义务，各方当事人都应当在不侵害他人合法权益的基础上实现自己的利益，不得滥用自己的权利。公平原则在旅游合同中，主要体现在旅行社与旅游者权利义务的合理分担上。旅行社不可以利用自身优势，在旅游合同中以格式条款的方式，扩大旅行社的权利，加重旅游者的义务。在出现旅游合同纠纷时，旅游者不得提出不合理的赔偿要求，损害旅行社的权益。

4）诚实信用原则

《合同法》第六条规定："当事人行使权利、履行义务应当遵循诚实信用原则。"在民法中，诚实信用通常被誉为"帝王原则"。在旅游合同的所有环节中都适用诚实信用原则。在旅游合同签订之前，旅游广告的发布必须遵循诚实信用原则。在旅游合同签订之后，旅行社和旅游者都应为履行合同积极创造条件，做好准备工作；在发生不可抗力时，要及时通知对方，尽可能减少对方的损失；如果出现违约情形，应主动承担违约责任。在旅游合同的履行过程中，旅行社应当严格按照旅游合同的约定，遵守旅游计划，不折不扣地向旅游者提供全部服务，告知旅游者注意事项。旅游合同履行完毕，旅行社和旅游者仍然必须遵守诚实信用原则，承担起相关的随附义务。

5）遵守法律和维护道德原则

《合同法》第七条规定："当事人订立、履行合同，应当遵守法律、行政法规，遵守社会公德，不得扰乱社会经济秩序，损害社会公共利益。"此原则是对自愿原则的限制和补充。合同活动中的自愿原则是以遵守法律、法规，尊重社会公德，不损害社会公共利益为前提的。

6）合同对当事人具有法律约束力原则

《合同法》第八条规定："依法成立的合同，对当事人具有法律约束力。当事人应当按照约定履行自己的义务，不得擅自变更或解除合同。""依法成立的合同，受法律保护。"这个原则是指合同一旦成立，即对合同当事人产生约束力。合同当事人应当按照合同约定履行义务，非依法律规定或者经对方当事人同意，不得随意变更或解除合同。依法成立的合同受法律保护；反之，不是依法成立的合同，则不受法律保护。同样，当事人根据依法成立的合同约定行使权利、履行义务的行为，任何单位和个人不得非法干涉。

3.2.2 旅游合同的订立程序

订立合同的程序，实质上是双方当事人依法就旅游合同的主要条款经过协商达成一致的过程。这种协商一致的过程，分为要约和承诺两个阶段。《合同法》第十三条规定："当事人订立合同，采取要约、承诺方式。"

1）要约

(1) 要约的概念

所谓要约，是指要约人希望和他人订立合同的意思表示。由此可见，要约是一种意思表示而不是一种民事法律行为，即要约仅仅是表达了要约人单方面希望与他人订立合同的愿望。如果该要约没有得到受要约人的承诺，则不能产生要约人所期望的法律效果；但是要约又具有一定的法律意义，即要约一经发出，即具有法律上的意义，也就是说，该要约一旦得到要约人的承诺，该要约就产生法律效果。

(2) 要约的条件

要约作为表达希望与他人订立合同的一种意思表示，必须具备特定的条件。按照《合同法》第十四条的规定，要约必须具备以下两个条件：第一，内容具体确定。要约内容的"具体确定"，是指要约的内容必须包含要约人所希望订立合同的基本条款，如果受要约人表示同意，合同即告成立。第二，表明经受要约人承诺，要约人即受该意思表示约束。要约作为表达希望与他人订立合同的一种意思表示，其内容已经包含了可以得到履行的合同成立所需要具备的基本条件。在此情况下，如果受要约人表示接受此项要约，则双方达成了订立合同的合意，合同也即告成立。例如，旅行社为招徕游客，向某公司发出一份线路宣传品，如果这份旅游线路宣传品中包含了旅游行程（包括交通工具、游览景点、住宿标准、餐饮标准等）安排、旅游价格、违约责任等，则应视为要约，即其内容是具体确定的，如果该公司表示接受该要约，双方即可达成订立合同的合意，而旅行社就要受该要约的约束。

(3) 要约邀请及其特点

所谓要约邀请，又称要约引诱，是指希望他人向自己发出要约的意思表示。由此可见，要约邀请具有以下两个特点：第一，要约邀请是一种意思表示，即通过要约邀请将自己内在的希望他人向自己发出要约的意思表达出来。第二，要约邀请是希望他人向自己发出要约的意思表示。要约邀请作为一种意思表示，表达的内容是希望他人向自己发出要约。这是要约邀请与要约的本质区别。

由于要约和要约邀请都是发生在订立合同过程中的一种意思表示，而且两者之间在法律上具有不同的意义，所以区分要约和要约邀请的界限，明确要约邀请的范围和种类，对于合同实践具有重要的意义。

2）承诺

(1) 承诺的概念

所谓承诺，是指受要约人同意要约的意思表示。

(2) 承诺的条件

一般认为，一项有效的承诺，必须符合以下条件：第一，承诺必须由受要约人向要约人作出。第二，承诺必须是对要约明确表示同意的意思表示。第三，承诺必须在要约有效的期限内作出。第四，承诺的内容必须与要约的内容相一致。

(3) 承诺作出的方式

《合同法》第二十二条规定："承诺应当以通知的方式作出，但根据交易习惯或者要约表明可以通过行为作出承诺的除外。"

由此可见，承诺应当以通知即明示的方式作出，缄默或者不作出某种行为不视为承诺。所谓明示的方式，是指受要约人以语言、文字或者其他直接表达意思的方式作出表示同意要约这一内在意思的形式。但是，根据《合同法》的规定，下列两种情况可以例外：第一，根据交易习惯。第二，根据要约的要求。

3.2.3　旅游合同的内容

所谓合同的内容，是指当事人之间就设立、变更或者终止权利义务关系表示一致的意思。合同内容通常也被称为合同条款。

按照当事人意思自治的原则，合同内容由当事人自主协商确定，法律一般不予干预。《合同法》第十二条中规定："合同的内容由当事人约定。"但是，为了示范较完备的合同条款，《合同法》第十二条对合同的主要条款做了规定，主要包括：

1) 当事人的名称或者姓名和住所

这是合同必备的首要条款。当事人是合同权利义务的承受者，没有当事人，合同的权利义务就失去了存在的意义，给付和受领给付便无从谈起，因此，订立合同必须有当事人这一条款。当事人由其名称或姓名及住所加以特定化、固定化，所以，具体合同条款的草拟必须写清当事人的姓名或名称和住所。

2) 标的

标的是合同法律关系的客体，即合同当事人之间权利义务所指向的对象。合同不规定标的，就会失去目的和意义，合同就不可能成立。标的不仅是所有合同必须具备的条款，而且必须是确定的、具体明确的。合同的种类很多，合同的标的也多种多样。例如，货物、货币、工程项目和劳务等。在旅游合同中，合同的标的主要是旅游经营者提供的旅游服务行为。

3) 数量和质量

标的的数量和质量是确定合同标的的具体条件，当事人必须要明确；否则，当事人的权利义务就无法确定。数量是指以数字方式和计量单位方式对合同标的进行具体的确定。质量是指以成分、含量、纯度、尺寸、精密度、性能等来表示的合同标的内在素质和外观形象的优劣状况。在大多数合同中，数量是必备条款。同时，合同中也应对质量问题尽可能地规定细致、准确和清楚。国家有强制性规定标准的，必须按照规定标准执行，如果有其他质量标准的，应尽可能约定其适用的标准。旅游合同标的数量和质量，是确定合同标的特征的重要因素，也是旅游合同履行的尺度和标准。例如，旅游合同中的质量，是以国家制定的旅行社服务标准、导游服务标准来检验旅游服务质量。

4) 价款或酬金

价款或酬金，有时也称价金，是指一方当事人履行义务时另一方当事人以货币形式支付的代价。在合同的标的为物时，取得标的物所应当支付的代价为价款；在合同的标的为行为时，获得行为服务所应当支付的代价为报酬。在旅游合同中应当明确规定价款或酬金的数额，包括单价和总价，以及计算标准、结算方式和程序等。价款或酬金标准一般由当事人根据旅游市场供需行情协商确定，但国家和旅游部门有规定的，必须严格按规定办事。

5）履行期限、地点和方式

履行期限，是指当事人履行合同义务的起止时间。旅游合同的履行期限是当事人双方履行旅游合同义务的时间界限，是确定旅游合同是否按时履行或迟延履行的客观标准，是一方当事人要求对方当事人履行义务的时间依据。在旅游合同规定的期限内，当事人必须严格按照旅游合同的规定履行义务，实现权利。到期不履行即为逾期，就要承担法律责任。

履行地点，是指当事人在什么地方履行合同义务和接受履行合同义务。履行地点是发生纠纷后确定法院管辖的依据，因此应当规定得明确具体。

履行方式，是指当事人采取什么样的方法履行自己在合同中的义务。合同的标的不同，则履行合同的方式也不同。例如，价款或者报酬的支付方式、结算方式等，可采用现金结算、转账结算、异地转账结算、委托收款等。

6）违约责任

违约责任，是指合同当事人不履行或者不完全履行合同约定的义务所引起的法律后果，即应当承担的法律责任。当事人承担违约责任的方式，主要有支付违约金和赔偿金两种。在旅游合同中规定违约责任，其目的是维护旅游合同的严肃性，督促当事人切实履行旅游合同，增强当事人履行旅游合同的责任心。

7）解决争议的方法

解决争议的方法，是指当事人之间在履行合同过程中发生了争议之后，通过什么样的办法来处理争议。争议的解决方法有两种：一是诉讼解决，即通过向人民法院起诉由人民法院依法裁判解决争议。二是非诉讼解决。非诉讼解决又有三种方式：一是由双方当事人通过友好协商的方式解决；二是由双方当事人邀请第三人主持调解，解决争议；三是由双方当事人事先或事后约定由仲裁机构仲裁解决争议。我国法律规定，如果当事人选择了仲裁的方式解决争议，就不能再向人民法院起诉。

法规速递 3-1《旅行社条例》中关于旅游合同的规定

第二十八条　旅行社为旅游者提供服务，应当与旅游者签订旅游合同并载明下列事项：

（一）旅行社的名称及其经营范围、地址、联系电话和旅行社业务经营许可证编号；

（二）旅行社经办人的姓名、联系电话；

（三）签约地点和日期；

（四）旅游行程的出发地、途经地和目的地；

（五）旅游行程中交通、住宿、餐饮服务安排及其标准；

（六）旅行社统一安排的游览项目的具体内容及时间；

（七）旅游者自由活动的时间和次数；

（八）旅游者应当交纳的旅游费用及交纳方式；

（九）旅行社安排的购物次数、停留时间及购物场所的名称；

（十）需要旅游者另行付费的游览项目及价格；

（十一）解除或者变更合同的条件和提前通知的期限；

（十二）违反合同的纠纷解决机制及应当承担的责任；

（十三）旅游服务监督、投诉电话；

（十四）双方协商一致的其他内容。

第二十九条 旅行社在与旅游者签订旅游合同时，应当对旅游合同的具体内容作出真实、准确、完整的说明。

旅行社和旅游者签订的旅游合同约定不明确或者对格式条款的理解发生争议的，应当按照通常理解予以解释；对格式条款有两种以上解释的，应当作出有利于旅游者的解释；格式条款和非格式条款不一致的，应当采用非格式条款。

3.2.4 旅游合同的形式

所谓合同的形式，又称合同的方式，是指当事人之间订立的合同的方式，即当事人采用合同形式来表现所订立合同的内容。《合同法》第十条第一款规定："当事人订立合同，有书面形式、口头形式和其他形式。"

1）口头形式

口头形式，是指当事人只用口头语言为意思表示订立合同，而不用文字表达协议内容的合同形式。凡当事人无约定、法律未规定须采用特定形式的合同，均可采用口头形式，当发生争议时当事人必须举证证明合同的存在及合同关系的内容。所以，对于不能及时清结的合同和标的数额较大的合同，不宜采用这种形式。

2）书面形式

书面形式，是指以文字表现当事人所订合同的形式。《合同法》第十一条规定："书面形式是指合同书、信件以及数据电文（包括电报、电传、传真、电子数据交换和电子邮件）等可以有形地表现所载内容的形式。"

书面形式的最大优点是合同有据可查，发生纠纷时容易举证，便于分清责任。因此，对于关系复杂的合同、重要的合同，最好采用书面形式。

3）其他形式

其他形式，是指口头形式、书面形式以外的合同形式。其他形式是指推定形式和默示形式。所谓推定形式，是指当事人并不直接用书面或者口头形式进行意思表示，而是通过实施某种行为来做意思表示。例如，饭店客房租赁合同期满时，承租人和出租人都没有提出合同终止的问题，而且承租人继续支付租金，出租方也继续接受租金，从这种行为中可以推定出租人已经同意延长该客房租赁合同的租赁期。所谓默示形式，是指当事人采用沉默的方式进行意思表示，也就是以默认的方式对合同表示认可。

3.2.5 旅游合同订立的主体资格

旅游合同的当事人可以是自然人，也可以是法人或非法人组织。根据法律规定，对自然人而言，无民事行为能力的自然人不具有订立合同的行为能力，限制民事行为能力的人，具有订立与其能力相适应的合同的能力。法人及非法人组织具有民事权利能力和民事行为能力，它们也具有订立合同的主体资格，可在其核准登记的范围内订立合同或在其目的范围内订立合同。

1）旅游者

①具有完全行为能力的旅游者（年满18周岁以上和16周岁以上不满18周岁，以自己的劳动收入为主要来源的人），可以独立与旅游企业签订旅游合同。

②限制民事行为能力的旅游者（10周岁以上不满18周岁和不能完全辨认自己行为能力的精神病人），可以独立与旅游企业订立与其年龄、智力或者精神健康状况相适应的旅游合同，其他旅游合同由其法定代理人代理，或者征得其法定代理人同意。

③无民事行为能力的旅游者（不满10周岁和不能辨认自己行为的精神病人），由他们的法定代理人代理订立旅游合同。

2）旅游企业

①依法取得营业执照的旅游企业，在其经营范围内有权与旅游者或其他旅游企业订立合同（如旅游交通部门、旅游饭店、旅游景点等）。

②经营对外招徕并接待或只经营接待外国人、华侨、港澳台同胞来中国、归国或回内地旅游的旅行社有权签订来华旅游合同。

3）代理人

旅游合同的当事人可以委托代理人订立合同。代理人代订合同，要有授权委托书，并且在授权范围内有权独立与旅游企业签订旅游合同。

3.3 旅游合同的效力

3.3.1 合同生效

旅游合同的效力是指旅游合同的法律约束力。旅游合同生效是指已经成立的合同在当事人之间产生了一定的法律约束力，即法律效力。《合同法》第八条规定："依法成立的合同，对当事人具有法律约束力。当事人应当按照约定履行自己的义务，不得擅自变更或解除合同。"

合法有效的合同受法律的保护，能够产生当事人预期的法律后果。合同生效的条件主要有以下几个方面：第一，主体合法（行为人具有相应的行为能力）；第二，当事人的意思表示真实；第三，内容合法（不违反法律或社会公共利益）；第四，形式或程序合法。合同生效除了具备上述一般有效条件外，在特殊情况下，还须具备特别有效要件，才能产生法律效力，如法律、行政法规规定，合同应当办理批准、登记手续才生效的，应依照其规定。

依法成立的合同自成立时起生效。合同成立和合同生效是密切联系的，但它们是两个不同的概念。合同成立是当事人意思表示一致，达成合意，充分体现和尊重当事人的意志自由。但是合同成立并不等于合同生效。法律规定了合同生效的条件，如果已经成立的合同不具备合同生效的条件，则该合同不能生效，不能对合同当事人产生法律约束力。

3.3.2 无效旅游合同

1）无效旅游合同的概念

无效旅游合同是指已经成立但欠缺法定的有效条件而被确认为无效的旅游合同。

无效旅游合同具有以下特点：

①无效旅游合同具有违法性；

②不能产生当事人订立合同时的预期效果；

③无效旅游合同自始无效。

2）无效旅游合同的几种情形

我国《合同法》第五十二条规定：有下列情形之一的，合同无效：

①一方以欺诈、胁迫的手段订立合同，损害国家利益；

②恶意串通，损害国家、集体或者第三人利益；

③以合法形式掩盖非法目的；

④损害社会公共利益；

⑤违反法律、行政法规的强制性规定。

除了上述无效合同外，我国《合同法》第五十三条还规定："合同中的下列免责条款无效：造成对方人身伤害的；因故意或者重大过失造成对方财产损失的。"

3.3.3 可撤销旅游合同

1）可撤销旅游合同的概念

可撤销旅游合同是指当事人的意思表示有缺陷，当事人有权请求人民法院或仲裁机构变更或者撤销的旅游合同。

2）可撤销旅游合同的特点

可撤销旅游合同的特点如下：

①意思表示不真实；

②合同是否撤销由当事人自己决定；

③合同在未经撤销前是有效的。

可撤销合同和无效合同是不相同的。虽然两者都是自始无效，并产生恢复原状的效力，但两者是有区别的，主要表现在：

①可撤销合同主要是意思表示不真实的合同，无效合同则是违反法律强制性规定或损害社会公共利益的合同。因此，法律赋予可撤销合同中当事人有撤销权，并自主决定是否撤销合同，法院不强制干涉。而无效合同中的当事人无自主选择权，法院可依职权强行干预。

②可撤销合同在被撤销前是有效的，而且当事人可以不撤销合同而要求变更合同使之继续有效，但无效合同则当然无效。

③可撤销合同中撤销权人所拥有的撤销权，法律对之有除斥期间的规定，而无效合同是没有期限规定的。

3）可撤销旅游合同的情形

根据《合同法》第五十四条的规定，可撤销旅游合同包括以下几种情形：

（1）因重大误解订立的旅游合同

这类合同是指当事人对合同的性质、对方当事人以及标的等重大事项缺乏了解，或者了解不正确，发生了错误的认识而签订的旅游合同。重大误解一般具有以下特征：第一，误解人本身有过错，因过错而导致重大误解；第二，必须是对合同内容的重大误解，一般也不会导致合同的解除；第三，误解影响到当事人所享有的权利和所承担的义务；第四，误解与合同订立之间存在因果关系，即正是由于对合同内容的重大误解才导致了合同的成立。

（2）显失公平订立的合同

这类合同是指一方当事人利用优势或利用对方急需或无经验，致使双方的权利义务关系明显违反平等互利、等价交换原则的旅游合同。

显失公平的旅游合同应具备三个条件：一是对一方当事人有重大不利；二是不利一方不是出于真正自愿；三是这种不利为法律所不允许。显失公平旅游合同的签订有两种情况：一种是乘人之需而显失公平；另一种是因条件苛刻而显失公平。这种合同一经争议，应予撤销。

3.3.4 合同无效和合同被撤销的法律后果

《合同法》第五十六条规定："无效的合同或者被撤销的合同自始没有法律约束力。合同部分无效，不影响其他部分效力的，其他部分仍然有效。"第五十七条规定："合同无效、被撤销或者终止的，不影响合同中独立存在的有关解决争议方法的条款的效力。"

《合同法》第五十八条规定，无效合同和可撤销合同的法律后果通常有以下三种情况：

1）返还财产

合同无效或被撤销后，当事人因该合同取得的财产，应当返还给原所有权人；不能返还或者没有必要返还的，取得财产的一方应当折价补偿。

2）赔偿损失

一方当事人有过错的，应当赔偿对方因此所受到的损失；双方都有过错的，应当按各自过错的程度承担相应的责任。

3）追缴财产

当事人恶意串通，损害国家、集体或第三人利益的，因此取得的财产收归国家所有或者返还给集体、第三人。

以案说法 3-1 效力待定旅游合同案

2010 年暑期，湖南长沙范先生刚满 14 岁的儿子小范瞒着父母，和两个好朋友相约去一家旅行社报了一个去三亚的旅行团，并签了书面旅游合同，按报价交了 1 000 多元的团费。出团前三天范先生知晓了此事后，认为小范马上就要读初三，准备参加中考了，想要他利用暑假期间参加培训班，补习功课，而且孩子还小，没有亲人陪同恐怕不安全，于是不同意他去。但当范先生找到旅行社要求退还团费时，该旅行社却坚决不同意退费，双方遂起纠纷。

问题：（1）本案中，旅行社和小范的合同效力如何？

（2）范先生要求退还团费是否合法？

案例分析：

本案中，小范刚满 14 岁，属限制民事行为能力人，不能独立签订旅游合同，除非其父母追认该行为，否则，该旅行合同归于无效。由于范先生不同意儿子出去旅行，因此小范与旅行社订立的旅游合同无效，旅行社应返还小范缴纳的团费。

资料来源　王志雄．旅游法规案例教程［M］．北京：北京大学出版社，2012.

3.4　旅游合同的履行

3.4.1　合同的履行

合同的履行是指合同双方当事人按照合同中约定的内容，全面完成各自承担的义务，从而使合同当事人实现订立合同的目的。如果合同双方当事人都全面履行了合同约定的义务，称为合同的全部履行；只履行了部分义务称为合同的部分履行；如果合同双方都未履行自己的义务称为合同未履行。合同的履行是《合同法》中一个极为重要的问题。合同的订立是前提，合同的履行是关键。

3.4.2　履行旅游合同的原则

合同当事人在履行合同的过程中要遵循基本的原则。按照《合同法》的规定，合同履行应遵循以下原则：

1）全面履行原则

《合同法》第六十条规定："当事人应当按照约定全面履行自己的义务。"所谓全面履行原则，是指合同双方当事人完全按照合同约定的标的、数量、质量、品种、价款、履行地点、履行期限、履行方式以及包装、结算等要求履行义务。全面履行原则是判定合同当事人是否全面履行合同义务以及当事人是否存在违约事实以及是否承担违约责任的重要法律准则。

一般来说，正确全面履行包括三个方面的内容：一是按照合同约定的标的履行。未按合同约定的品质交付的，属于履行中的违约。二是按照合同约定的数量、质量、品种等全面履行，不能只履行部分，另一部分不履行。三是履行合同的主体、时间、地点和方式都必须适当。凡法律规定或合同约定不能由他人代为履行的，则不能由他人代为履行。履行的时间、地点和方式也不得随意变更，未经对方同意，擅自变更履行时间、地点和方式即构成违约，应承担相应的法律责任。

以案说法3-2　未按约定提供服务，应承担法律责任

四川某旅行社在媒体刊登了赴天山旅游的广告，有两名游客认为该旅行社系大社，服务质量可以信赖，所以两人交了费用后，就等待出发。而旅行社将行程一再拖延，最后，该旅行社发给两位游客两张车票，并告诉其到新疆后，有手持标志牌的导游接站，一切由其安排。

在行程中，由于地接社导游擅自主张，将游程压缩了一天，致使游客在天山游览时疲劳过度病倒。当游客提出当地旅行社应承担责任时，该社负责人推托说是四川某旅行社代办一切手续，应由组团社负责。游客回川后，向四川某旅行社讨还公道，四川某旅行社却以已将这两名游客转团给其他社为由，认为自己不负责任。

案例分析：

在本案中，两地旅行社均存在违约行为，没有按照刊登的赴天山旅游广告的内容和合同的约定提供服务。《旅行社管理条例》规定：旅行社因不能成团，将已签约的旅游者转让给其他旅行社出团时，须征得旅游者书面同意。未经旅游者书面同意，擅自将旅游者转让给其他旅行社的，转让的旅行社应承担相应的责任。在征得游客同意后，仍必须保持原有的服务项目和服务质量。

本案中，四川某旅行社存在以下事实：一是擅自更改出团日期，该旅行社不是及时组团出发，而是一拖再拖。二是该旅行社在未征得两游客同意的情况下，发给两张车票，实际上已转让给新疆某旅行社。而地接社导游又擅自更改行程，将游程压缩一天，致使游客被累病。根据相关旅游法规，两家旅行社均负违约损害赔偿责任。游客向四川某旅行社讨还公道，是符合法律规定的。至于四川某旅行社和新疆某地接社谁的责任更大，不影响游客索赔请求权的行使。

资料来源　裴春秀．旅游法实例说［M］．长沙：湖南人民出版社，2004.

2）诚实信用原则

《合同法》第六十条第二款规定："当事人应当遵循诚实信用原则，根据合同的性质、目的和交易习惯履行通知、协助、保密等义务。"这就是诚实信用原则。诚实信用原则是现代市场交易的"帝王原则"，它不仅是合同订立的基本原则，也是合同履行的基本原则。合同依法成立后，当事人除了应当按照约定全面履行合同义务外，更重要的是强调当事人应当履行依据诚实信用原则所产生的义务。在履行合同的过程中，各方当事人除自己全面履行合同外，还要积极为对方履行合同创造必要的条件，提供必要的方便，不得为对方履行合同设置障碍；在履行义务前，应及时通知对方，以便对方做好接受履行的准备；当发生不可抗力或其他原因，造成合同不能履行或者不能按时履行时，也应及时通知对方，以便采取相应措施，避免或减少损失；交付标的物时，应如实告知对方相关注意事项，标的物有瑕疵的也应如实告知。总之，双方在合同履行中都应恪守信用，诚实无欺。

有些事项合同中虽然没有约定，或者约定不明确，但是按照诚实信用原则或者根据交易习惯，当事人负有通知、协作、保密等义务的，当事人也应当履行。这既是诚实信用原则在履行合同中的体现，也是合同当事人应承担的随附义务。

3）协助履行原则

协助履行原则，是指当事人不仅要适当履行自己所负的合同义务，而且基于诚实信用原则在对方当事人履行合同义务时要积极协助，提供条件和方便，配合对方完成履行行为。

合同的履行如果只有义务人履行的行为，没有权利人的接受行为，是难以保证合同正确履行的。协助履行是诚实信用原则在合同履行方面的体现。一般认为，协助履行原则包括以下内容：第一，义务人履行义务，权利人主动受领；第二，权利人要为义务人创造条件，提供方便；第三，在履行合同中，双方当事人应加强联系，及时沟通，发现影响合同履行的情况，应及时通知对方，采取必要的措施，排除影响合同履行的因素，避免或减少损失。

4）经济合理原则

当事人订立合同通常情况下都是为了实现一定的经济目的，使双方都有利可图。在合同谈判时，双方是对手，但在合同履行时，双方应是交易的伙伴，任何一方在谋求自己最大利益的同时应当尽量减少对方的支出，使双方付出最小的成本，取得最大的合同利益。这主要体现在变更合同时和发生纠纷时，双方都应遵循经济合理原则，将损失尽量减少到最小限度。

3.5 旅游合同的变更、转让、终止和解除

3.5.1 旅游合同的变更

1）旅游合同变更的概念

《合同法》第七十七条规定："当事人协商一致，可以变更合同。"变更合同，是指合同成立之后，尚未履行完毕之前，由合同当事人双方依法对原合同的内容所进行的修改。合同变更包括以下内容：

①合同变更发生在合同成立之后到合同没有完全履行之前。这里的没有完全履行之前包括合同订立之后根本没有履行和没有完全履行以前的期间，如果合同没有成立或者合同已经履行完毕，就不会发生合同变更的情形。

②合同变更是对已经成立的合同部分内容的变动或者修改，如果是对合同的全部内容进行变动或修改，就不属于合同的变更，而是重新协商订立合同。

③合同变更须经当事人协商一致。根据当事人意思自治原则，合同是双方当事人协商一致的结果，合同成立并生效后，任何一方当事人均不能随意变更。

④有些合同的变更须经批准。《合同法》第七十七条第二款规定："法律、行政法规规定变更合同应当办理批准、登记等手续的，依照其规定。"这就是说，经过当事人协商一致，可以变更合同。但是，依照法律、行政法规规定，变更合同应当办理批准、登记手续的，还应当依据法律、行政法规的规定办理手续。这一方面体现了合同当事人意思自治的原则，同时又体现了对某些合同实行必要的国家干预原则。

2）当事人对合同变更的内容约定不明确的处理

《合同法》第七十八条规定："当事人对合同变更的内容约定不明确的，推定为未变更。"因为变更后的合同权利义务只有明确，才能履行并产生法律上的约束力。如果变更后的合同权利义务不明确，则无法履行，不利于法律保护当事人的权益。对此，《合同法》规定"推定为未变更"，也就是说，法律不予认可双方当事人内容不明确的变更，对双方当事人不产生法律上的约束力。

以案说法3-3 游客途中遇险，导游有权应变

2002年11月上旬，武汉某保险公司组织员工到武夷山风景名胜区进行观光旅游，按照合同约定，由当地某旅行社负责接待，该旅行社安排刘某为导游员。11月5日上午，在刘某的引导下大家开始旅游活动。将近中午时，天气突然变化，下起了大雨。大部分游客见此情景，建议导游员刘某带团，返回宾馆，而刘某却称：行程是旅行社定好的，自己不能随便更改，大家没有办法，只好继续前行。等到下午17时20分左右，雨越下越大，造成个别路段积水，旅游车被困途中。导游员刘某见势不妙，借口说去找人竟然独自溜走了。众游客在风雨中苦苦等待了两个多小时，直到雨渐渐停下来，在当地有关部门的帮助下，游客才得以安全返回住所。

案例分析：

第一，《导游人员管理条例》第十三条规定："导游人员在引导旅游者旅行、游览过程中，遇有可能危及旅游者人身安全的紧急情形时，经征得多数旅游者的同意，可以调整或变更接待计划，但是应当立即报告旅行社。"第十四条规定："导游人员在引导旅游者旅行游览过程中，应当就可能发生危及旅游者人身、财产安全的情况，向旅游者作出真实说明和明确警示，并按照旅行社的要求采取防止危害发生的措施。"本案例中，导游员刘某应根据当时的天气变化，尊重大多数游客的意见，有权为避免可能发生的危险而果断变更行程，率团返回宾馆，并将当时情况立即报告给旅行社。

第二，导游人员行使调整或变更接待计划权利时，必须符合下列条件：

（1）必须是在引导旅游者旅行、游览过程中。

（2）必须是遇有可能危及旅游者人身安全的紧急情形时。

（3）必须征得多数旅游者的同意。

（4）必须立即报告旅行社。

资料来源　高校旅游教材编委会．旅游法规案例精选与解析［M］．北京：中国旅游出版社，2004.

3.5.2　旅游合同的转让

1）合同转让的概念

所谓合同转让，是指合同当事人依法将合同的全部或部分权利义务转让给他人的合法行为。其含义如下：

①合同转让是合同当事人将其享有的权利或者承担的义务全部或部分转给他人，即转让给合同当事人以外的人，也称为第三人。例如，旅行社将其根据旅游合同享有的权利或承担的义务全部或部分转让给另一家旅行社。

②合同转让不是合同内容的改变，即在合同转让中并不改变合同中所约定的权利义务，而是权利享有主体将其权利全部或部分转让给他人，或者是义务承担主体将其应承担的义务转让给他人，而作为合同内容的权利义务并不因转让而改变。例如，旅行社将其应当履行的为旅游者代订机票的义务转让给另一家旅行社，在此情形下，订机票的义务仍然应当履行，只不过履行代订机票义务的履行者因转让而发生了改变。

③合同转让属于一种合法行为，即合同转让属于《合同法》认可的行为。合同当事人只要符合《合同法》及其他有关法律、法规的规定进行转让，就不受他人干涉，其行为就受法律的保护。例如，旅行社将其依据旅游合同取得的权利或承担的义务转让给另一旅行社，只要该行为符合《旅行社条例》，即为合法行为并受法律保护。

④合同转让应当经过对方同意或者通知对方方可产生法律效力。具体来讲，《合同法》第八十条规定："债权人转让权利，应当通知债务人。未经通知，部分转移给第三人的，应当经债权人同意。"例如，某旅行社依据成立并生效的旅游合同取得了向旅游者收取旅行费用的权利，但因招徕人数不足，该旅行社可将已签约的旅游者转让给另一旅行社，由另一旅行社向旅游者收取旅行费用。但该转让权利的行为，应当通知旅游者，未经通知，该转让对旅游者不发生效力。如果某旅行社将承担的组织、安排旅游者游览的义务全部或部分转移给另一旅行社，必须得到旅游者的同意。

⑤合同涉及审批手续的，还须办理有关手续。《合同法》规定，法律、行政法规规定

转让权利或转移义务应当办理批准、登记手续的，依照其规定；否则，转让不会得到法律上的认可。

2）合同权利的转让

(1) 合同权利转让的含义

所谓合同权利的转让，是指合同中享有权利的一方当事人通过协议将自己的债权全部或部分转让给第三人的行为。

(2) 合同权利转让的限制

根据《合同法》第七十九条规定，合同转让并不是任意进行的，其转让是受一定限制的。合同权利的转让应当受到下列限制：

第一，根据合同性质不得转让的，合同权利不得转让。这主要是指具有人身性质的权利不得转让。具有人身性质的权利，属于非财产性的权利，是指债权人基于自己的人格和身份而享有的权利，包括人格权和身份权。属于这种性质的合同权利是不能转让的。

第二，按照当事人约定不得转让的，合同权利不得转让。合同是双方当事人意思表示一致的结果。如果双方当事人在合同中有合同权利不得转让的约定，债权人就不得违反该约定进行转让，否则应承担违约责任。

第三，依照法律规定不得转让的，合同权利不得转让。例如，根据法律规定转让合同必须经过批准的合同，必须经过批准方可转让；如果批准机关不予批准，债权人就不能擅自进行转让。

(3) 债权人转让债权必须履行的义务

第一，通知义务。《合同法》第八十条规定："债权人转让权利的，应当通知债务人。未经通知，该转让对债务人不发生效力。"债权人的通知应以书面为宜，并应让债务人出具收到通知的字据，以免产生争议。《合同法》规定，债权人转让权利的通知不得撤销，但经受让人同意的除外。这一规定也体现了必要的国家干预原则和当事人意思自治原则。

第二，债权人转让主债权应承担从债权的义务。《合同法》第八十一条规定："债权人转让权利的，受让人取得与债权有关的权利，但该从权利专属于债权人自身的除外。"所谓从权利，是指与主权利有关、与主权利存在从属关系的权利。例如，与债权有关的抵押权、利息债权、违约金债权、损害赔偿的请求权等。从权利一般是随主权利的转让而转让的，但属于具有人身权的权利是不能转让的。例如，人格权、身份权等是不能转让的。

第三，债权人转让权利需要办理登记的应进行登记，即根据法律、法规规定，转让权利应当办理登记、批准手续的，债权人必须履行批准、登记的义务。

3）合同义务的转让

(1) 合同义务转让的含义

所谓合同义务转让，是指合同中的债务人将自己应当履行的义务转让给第三人的行为。

(2) 债务人转让义务必须遵守的规则

第一，必须经债权人同意。《合同法》第八十四条规定："债务人将合同的义务全部或部分转移给第三人的，应当经债权人同意。"这一规定是为了保护债权人的权利。应当说明的是，债务人转移债务不同于债权人转让债权，前者必须经另一方当事人即债权人的同意，而后者只要债权人履行了通知义务即可，不必经债务人同意。

第二，新债务人应承担从债务。《合同法》第八十六条规定："债务人转移债务的，新债务人应当承担与主债务有关的从债务，但该从债务专属于原债务人自身的除外。"即从债务是随着主债务转移的。例如，担保债务就是主债务的从债务。但是，属于债务人人身性质的从债务是不能转移的。

第三，应依法办理有关手续，即根据《合同法》第八十七条的规定，债务人转移义务，法律、法规规定应当办理批准、登记手续的，应当办理批准、登记手续。

4）合同权利义务的概括转移

合同权利义务的概括转移是指合同当事人一方经过对方同意，将其债权债务一并转移给第三人，由第三人概括地接受这些债权债务。合同权利义务概括转移以后，第三人取代原合同一方当事人的地位。由于此种转移涉及合同义务的转移，因此需要取得另一方当事人的同意。

5）当事人订立合同后合并或者分立的权利义务的行使和承担

《合同法》第九十条规定："当事人订立合同后合并的，由合并后的法人或其他组织行使合同权利，履行合同义务。当事人订立合同后分立的，除债权人和债务人另有约定的以外，由分立的法人或者其他组织对合同的权利和义务享有连带债权，承担连带债务。"

3.5.3 旅游合同的终止

1）旅游合同终止的概念

旅游合同的终止，也就是旅游合同权利义务的终止，是指当事人双方终止合同关系，合同所确定的当事人之间权利义务关系消灭。

2）合同终止的法律规定

《合同法》第九十一条规定了合同的权利义务终止的情形：

①债务已经按照约定履行；

②合同解除；

③债务相互抵销；

④债务人依法将标的物提存；

⑤债权人免除债务；

⑥债权债务同归于一人；

⑦法律规定或者当事人约定终止的情形。

3）合同终止后的法定义务

《合同法》第九十二条规定："合同的权利义务终止后，当事人应当遵循诚实信用原则，根据交易习惯履行通知、协助、保密等义务。"

《合同法》第九十八条规定："合同的权利义务终止，不影响合同中结算和清理条款的效力。"

3.5.4 旅游合同的解除

1）旅游合同解除的概念

旅游合同的解除是指旅游合同订立后尚未完全履行前，合同当事人根据法律规定的条件和程序提前终止旅游合同，使合同关系归于消灭。旅游合同解除后尚未履行的，终止履行。

2）旅游合同解除的形式

旅游合同的解除有协议解除和法定解除两种形式。

（1）协议解除

协议解除是基于旅游合同当事人的意思而解除合同的一种形式，是一种双方的法律行为。《合同法》第九十三条规定："当事人协商一致，可以解除合同。"协议解除是合同自愿原则在终止合同关系中的一种运用形式。

（2）法定解除

法定解除是指合同成立后，在未履行或者履行中，当事人一方行使法定解除权而终止合同。法定解除是一种单方法律行为。《合同法》第九十四条规定了五种法定解除合同的情形：

①因不可抗力致使不能实现合同目的；

②在履行期限届满之前，当事人一方明确表示或者以自己行为表明不履行主要债务；

③当事人一方迟延履行主要债务，经催告后在合理期限内仍未履行；

④当事人一方迟延履行债务或者有其他违约行为致使不能实现合同目的；

⑤法律规定的其他情形。

3.6　旅游合同的违约责任

3.6.1　违约责任的概念

违约责任是指合同当事人一方不履行合同义务或者履行义务不符合约定时，依法应当承担的民事责任。违约责任制度的建立，对于强化当事人的合同意识，维护正常、稳定的市场秩序，保护当事人合法权益，保障社会主义市场经济的健康发展，具有重要的作用。

违约责任具有以下特点：

（1）违约责任的产生是以合同的有效存在为前提的；

（2）违约责任是合同当事人不履行债务所应当承担的责任；

（3）违约责任只能在合同当事人之间产生；

（4）违约责任可以由合同当事人自行约定。

3.6.2　违约责任的严格责任原则

在存在有效合同的前提下，并非所有违反旅游合同的行为都要承担违约责任。在民事法律中，严格责任原则是确定行为人民事责任的根据和标准，是确定民事违约责任的基础。严格责任原则的确定，对于违约责任的构成要件、损害赔偿的范围、举证责任的承担等具有重大的意义。

《合同法》第一百零七条规定："当事人一方不履行合同义务或者履行合同义务不符合约定的，应当承担继续履行、采取补救措施或者赔偿损失等违约责任。"由此规定可见，《合同法》规定的违约者责任不要求证明行为人在主观上是否存在过错，而只要行为人没有履行合同或者履行合同不符合约定，就应当承担违约责任。《合同法》采取严格责任原则，有利于促使合同当事人认真履行合同义务，以避免违约情形发生后，违约方设法证明自己主观上无过错而逃避责任。

根据《合同法》的规定，当事人承担违约责任必须同时具备以下两个条件：

①要有违约行为。违约行为是违约责任发生的客观原因。违约行为是合同当事人一方不履行合同义务或者履行合同义务不符合约定及法律规定的客观事实。履约是合同法律效力的必然要求，也是实现合同当事人所追求的经济目的的根本途径。由于当事人的违约行为导致合同债权得不到正常实现，违约一方应承担相应的违约责任。

②违约行为与损害结果之间具有因果关系。因果关系是指行为与结果之间引起与被引起的合乎逻辑的关系。如果损害结果不是违约行为所导致的，那么不负损害赔偿责任。

以案说法 3-4 旅游合同变更案

2009 年 9 月 30 日，某单位一行 30 人按照与某旅行社的合同约定，准时到达某省会城市集合，准备乘坐当日晚上 8 点的火车赴张家界旅游。晚上 8 点 20 分，旅行社工作人员匆匆赶来称，由于车票紧张，他们经过多方努力也没有购到当日车票，同时称，10 月 1 日的车票能够保证。

该单位负责人考虑到既然专门抽出时间让大家出去旅游，于是就按照旅行社提出的建议变更了合同，并顺利完成了旅游活动。返程后，该单位负责人要求旅行社承担出发前的食宿等费用时，旅行社以双方合同已经变更为由拒绝承担，于是游客向旅游质监部门进行投诉。

问题：

旅行社是否应当承担违约赔偿责任？为什么？

案例分析：

根据我国《合同法》第一百零七条的规定，当事人一方不履行合同义务或者履行合同义务不符合约定的，应当承担继续履行、采取补救措施或者赔偿损失等违约责任。本案中，双方合同变更前，因旅行社没有如期履行组织游客进行旅游的合同义务，所以旅行社应当承担继续履行或采取补救措施或赔偿损失等责任。由于旅行社没有购到协议中确定的当日车票，致使双方约定的旅游活动无法按计划进行，并且给旅游者造成食宿等直接经济损失，所以该旅游合同尽管已经变更，但旅行社仍应承担赔偿责任。

资料来源 王志雄．旅游法规案例教程［M］．北京：北京大学出版社，2012.

3.6.3 违约责任的承担方式

根据《合同法》第一百零七条规定，违约责任的形式主要有以下三种：

1）继续履行

继续履行是指在合同违约方不履行合同或者履行合同不符合约定时，另一方当事人可以要求其在合同履行期限届满后继续按照合同所约定的主要条件继续履行合同义务的行为。

在适用这种违约责任方式时，必须符合下列条件：

①当事人一方不履行合同义务或者履行合同义务不符合约定。这是适用一切违约责任方式的条件，当然也是适用继续履行的前提条件。如果在违约行为发生之前，债务人履行合同债务，属于正常的合同履行，不属于强制实际履行。

②债权人提出继续履行的权利要求。违约方违反合同后，债权人享有选择权，既可以

要求违约方继续履行，也可以不要求违约方继续履行。当然，债权人提出继续履行的要求有合理的期限，期限届满则此权利消灭。

③存在实际履行的可能。根据《合同法》第一百一十条的规定，客观上存在着实际履行的可能，是违约方承担继续履行的违约责任的必备条件。继续履行的目的是促使违约方履行原合同规定的义务，但如果因为违约方的违约使合同丧失了履行的可能性，在此情况下，强制债务人履行义务也是不可能的。继续履行的不可能有两种含义：一是事实上的不能；二是法律上的不能。在不存在继续履行的可能性的情况下，双方只能解除合同，由违约方承担赔偿损失等其他责任。

2）采取补救措施

采取补救措施是指违约方违约后，主动采取措施，对违约行为进行补救的行为，其目的在于消除、减轻因违约给对方当事人造成的损失。

3）赔偿损失

《合同法》第一百一十二条规定："当事人一方不履行合同或者履行合同义务不符合约定的，在履行义务或者采取补救措施后，对方还有其他损失的，应当赔偿损失。"赔偿损失是指违约方因不履行或不完全履行合同义务给对方造成损失时，依法或者根据合同约定应赔偿对方当事人所受损失的行为。

以案说法 3-5 适用违约金还是定金罚则，两者只可选其一

2007年4月初，某旅行社接待了一个由22人组成、计划于"五一"期间去海南四夜五天游的旅游团。经过双方协商约定，费用为每人2 300元，团费总计50 600元。先支付2 200元（100元／人）作为定金；如果任何一方违约，应按照总团费的5%向对方支付违约金。旅行社收取定金后，出具了收款单据。随后，该旅行社立即和海南地接社联系，并通报了团队情况。但因为距"五一"时间尚远，该旅行社并未和地接社确认该团。而这一年"五一"是我国政府实施的第一个黄金周，所以不管是国内团还是境外团全部爆满。得知消息后，该旅行社立即与海南地接社联系，但海南地接社以没有确认为由拒绝接待该团队。该旅行社又四处与海南的其他旅行社联系，但均被拒绝。最后，该旅行社不得已只好取消了组团，并决定给每位客人退还100元，再赔偿100元。游客还要求旅行社按照约定承担总团费5%的违约金，即2 530元（115元／人），但被旅行社拒绝了。于是游客投诉至旅游行政管理部门。

问题：游客提出要求旅行社按照约定的比例承担违约金，其要求是否有法律依据？

案例分析：

本案中，旅行社取消团队的行为确实已经构成违约，依法应当承担违约责任。因此，该旅行社在退还客人100元／人的同时，又赔偿客人100元／人，这种处理方式是完全符合法律规定的。

《合同法》第一百一十五条规定："当事人可以依照《中华人民共和国担保法》约定一方向对方给付定金作为债权的担保。债务人履行债务后，定金应当抵作价款或者收回。给付定金的一方不履行约定的债务的，无权要求返还定金；收受定金的一方不履行约定的债务的，应当双倍返还定金。"第一百一十六条规定："当事人既约定违约金，又约定定金的，一方违约时，对方可以选择适用违约金或者定金条款。”因此，在要求旅行社承担违约金或者双倍返还定金方面，游客只能选择其一，而不能同时要求旅行社承担两种方式的责任。

资料来源　佚名．适用违约金还是定金罚则，两者只可选其一［EB/OL］．(2010-10-12)［2013-12-31］．http://www.gdtourismlaw.com/ebnews.asp? id=366.

3.6.4　不可抗力

1）不可抗力的概念

《合同法》第一百一十七条规定：“本法所称不可抗力，是指不能预见、不能避免并不能克服的客观情况。”不可抗力通常分为自然现象和社会现象。自然现象有地震、水涝、洪灾等；社会现象有政治骚乱、罢工等。

2）不可抗力的构成条件

不可抗力具有严格的构成条件。根据《合同法》规定，主要有以下几个方面：

（1）不可预见性

所谓不可预见性，是指合同当事人在订立合同时对于不可抗力事件是否会发生是不可能预见的。应当指出的是，所谓不可预见，是指在当时的客观、主观条件下，该当事人是不可能预见到的。

（2）不可避免性

所谓不可避免性，是指合同当事人对于可能出现的意外情况尽管采取了及时合理的措施，但是在客观上并不能阻止这一意外情况的发生。尽管当事人在主观上作了很大的努力，但在客观上并不能阻止这一意外情况的发生。

（3）不可克服性

所谓不可克服性，是指合同当事人对于意外事件所造成的损失是不能克服的。如果意外事件造成的结果可以通过当事人的努力而得到克服，则该事件即不属于不可抗力事件。

3）不可抗力的法律后果

《合同法》第一百一十七条规定：“因不可抗力不能履行合同的，根据不可抗力的影响，部分或者全部免除责任，但法律另有规定的除外。当事人延迟履行后发生不可抗力的，不能免除责任。”可见，不可抗力作为免责事由是有时间限制的，即它只有发生在合同订立之后、履行完毕之前。如果不可抗力发生在合同订立之前或者履行之后，都不能构成不可抗力事件。此外，如果当事人延迟履行义务后发生不可抗力的，也不能成为免责事由。

4）遭遇不可抗力一方当事人的义务

《合同法》第一百一十八条规定：“当事人一方因不可抗力不能履行合同的，应当及时通知对方，以减轻可能给对方造成的损失，并且应当在合理期限内提供证明。”由此规定可知，遭遇不可抗力一方当事人具有及时通知的义务和提供证明的义务。当一方当事人遭遇不可抗力时，必须及时通知对方，并在合理的期限内提供证明，这是法定的义务。如果当事人没有履行这两项义务，则不能部分或全部免除违约责任。

3.7　旅游格式条款和旅游格式合同

3.7.1　格式条款和格式合同的概念

格式条款是当事人为了重复使用而预先拟定并在订立合同时未与对方协商的条款。在一份合同中，可以包含有格式条款和非格式条款。如果该合同的所有条款都是格式条款，那么该合同就是格式合同。

3.7.2　格式条款提供者的责任

《合同法》第三十九条第一款规定："采用格式条款订立合同的，提供格式条款的一方应当遵循公平原则确定当事人之间的权利和义务，并采取合理的方式提请对方注意免除或限制其责任的条款，按照对方的要求，对该条款予以说明。"由此可见，格式条款的提供者具有如下两项责任：

1）遵循公平原则确定当事人之间的权利和义务

所谓公平原则，是指格式条款的提供者在拟定格式条款时，应当将双方的权利义务确定得相互对等，双方当事人享有的权利和承担的义务大体相当，而不能一方只享有权利不承担义务，或者享有的权利明显大于承担的义务。如果格式条款的提供者在拟定格式条款时，确定自己享有大量的权利而只承担极少的义务，或者确定对方承担大量的义务而只享有少量的权利，这种格式条款违反公平原则，是"显失公平"的合同条款，可由人民法院或者仲裁机构予以变更或者撤销。

2）提示或者说明的义务

按照《合同法》的规定，格式条款的提供者应当采取合理的方式提请对方注意免除或限制其责任的条款，按照对方的要求，对该条款予以说明。所谓免除或者限制责任的条款，是指规定免除或者限制格式条款提供者责任的各种条件的条文。所谓合理的方式，就是指以能使对方当事人引起注意的方式提醒对方当事人考虑这些条款的含义。当对方当事人对免责条款存有疑虑时，格式条款的提供者应当予以说明。如果格式条款的提供者不尽提请对方注意和说明的义务，那么可以认为是利用提供格式条款的有利条件，将有利于自己而不利于对方的免责条款夹塞到合同中去，违背了订立合同应当遵守的诚实信用的原则。

3.7.3　格式条款无效的条件

1）格式条款无效的概念

格式条款无效是指由于格式条款中含有法律所禁止的内容，或者在订立合同时违反法律规定而导致格式条款无效的情况。

2）格式条款无效的条件

《合同法》第十四条规定："格式条款具有本法第五十二条和第五十三条规定情形的，或者提供格式条款一方免除其责任、加重对方责任、排除对方主要权利的，该条款无效。"由此可见，格式条款中含有下列内容的，该条款无效：

①具有《合同法》第五十二条规定情形之一的，合同无效。这些情形有：一方以欺诈、胁迫手段订立合同，损害国家利益；恶意串通，损害国家、集体或者第三人利益；以合法形式掩盖非法目的；损害社会公共利益；违反法律、行政法规的强制性规定。

②具有《合同法》第五十三条规定情形之一的，合同中的免责条款无效。这些情形有：造成对方人身伤害的；因故意或者重大过失造成对方财产损失的。

③提供格式条款一方当事人免除自己责任。所谓免除责任，是指格式条款中含有免责条款提供者按照通常情形应当承担的主要义务，一般与合同的标的、数量、质量、履行期限、履行地点等有关。

④加重对方责任，即指格式条款中含有通常情况下对方当事人不应当承担的义务。

⑤排除对方当事人主要权利。所谓排除对方当事人主要权利，是指格式条款中含有排除对方当事人按照通常情形应当享有的主要权利。例如，旅游者依法享有选择并接受服务的权利，如果旅游业经营者在格式合同中规定旅游者必须接受某项服务，就是排除了旅游者的主要权利，因为“选择权”是旅游者依法享有的一项主要权利。

3.7.4 格式条款的解释

1）格式条款的解释的含义

格式条款的解释，是指当事人采用格式条款订立合同后，在履行过程中因对有关条款的含义有不同的理解，应当采用何种原则进行解释。

《合同法》第四十一条规定：“对格式条款的理解发生争议的，应当按照通常理解予以解释。对格式条款有两种以上解释的，应当作出不利于提供格式条款一方的解释。”按此规定，格式条款争议的解释原则为不利于格式条款的提供者，即当事人双方对格式条款含义的理解发生争议时，应当作出不利于格式条款提供者的解释。

2）格式条款和非格式条款不一致时的采用

《合同法》第四十一条规定：“格式条款和非格式条款不一致的，应当采用非格式条款。”当事人在采用格式条款订立合同时，如果在格式条款中未能将对方合意全部表达清楚，还可以另行签订书面协议，或者对格式条款进行修改，以其他的文字代替格式条款。在这种情况下，一份合同就具有了格式条款和非格式条款两部分，即由格式条款和非格式条款构成一份完整的合同。如果当事人在履行合同的过程中，发现格式条款和非格式条款存在不一致的地方，应当采用非格式条款。因为非格式条款不是当事人一方事先拟定的，而是双方当事人在经过协商之后确定的，因而更能充分地反映和表达双方当事人的意愿。

3.7.5 旅游格式合同的管理和规制

1）旅游合同的格式化趋势

目前，旅游合同的格式化成为旅游业发展的必然趋势。旅游格式合同是指旅游社为了与不特定的多数旅游者签约时重复使用而预先拟定，旅游者对其内容只能接受不能变更的合同。在旅游业中，各旅行社与旅游者订立的合同多为格式合同的形式，个别旅游者和旅行社临时订立一个旅游合同的现象并不多见。绝大多数旅游合同是通过众多旅游者在旅行社早已制定的格式合同文本上签字而达成的。因为旅行社面临众多的旅游者，个别磋商，以不同的内容签订合同，事实上没有必要也没有可能。于是旅行社事先拟定好合同条款，作为与不特定的多数人签订合同的依据。旅游者如果同意合同内容则签约，接受旅行社提供的旅游服务，并按照合同约定支付费用；如果不同意此合同内容，这不能享受旅行社提供的旅游服务。所以，英文称格式合同为“take it or leave it”，这种现象在旅游旺季尤其突出。

2）旅游格式合同的利弊

作为现代旅游活动不可或缺的交易工具，旅游格式合同的使用具有重要的作用。它可以降低缔约成本，提高交易活动的效益；可以维护交易安全，预先分化风险；它对不特定的当事人具有公平的价值。它的使用简捷、省时、经济，体现了现代经济生活高效低耗的特点和交易迅速的要求。然而，旅游格式合同也存在明显的弊端，例如：难以充分体现当事人的真实意思表示；可能造成当事人合同利益失衡；许多实际问题在格式合同中难以充分反映等等。由于旅游格式合同是由旅行社单方面制定的，因而旅游社在旅游合同中过于保护自身利益，设置种种不公平条款，减免自身责任，增加旅游者义务；而旅游者由于缺乏专业经验、知识和谈判的技巧，其合法权益往往得不到较好的保护。

3）旅游格式合同的规制

从我国旅游格式合同使用的现状出发，旅游格式合同规制的途径主要有：

（1）立法规制

立法规制是指制定明确的法律规范来排除不当条款适用的规制方法。立法规制可从以下几个方面入手：

第一，尽快将旅游合同规定为有名合同。从理论上看，长期将旅游合同作为无名合同，会造成对旅游合同的不同认识，当事人在发生纠纷时，缺乏必要的法律支持，不利于旅游业发展。有名合同的详细规定可以为旅游合同纠纷的解决提供更具体、更有针对性的法律依据。

第二，对旅游格式合同的缔约程序和规则作出特别规定，即要求旅行社在旅游格式合同签订之前，以合理的方式，清晰明白地向旅游者说明格式条款的内容。这一缔约程序包括以下规则：其一，提示的时间必须在合同订立之前，对于在合同订立之后才知道不利于自己条款的旅游者，有权主张该条款无效。其二，提示的程度必须清晰明白，足以让旅游者明了和注意。

第三，规定诉讼中的举证责任倒置原则。在旅游格式合同中，双方当事人力量对比悬殊，这不仅导致合同的订立和履行有失公平，而且一旦发生纠纷，协商不成进入诉讼程序后，旅游者也会同样处于不利地位。所以，在诉讼中，如果旅行社不承认旅游者的诉讼请求，主张自己已经履行了法定的和约定的义务，则必须提供证据证明自己在拟定和提供格式合同的过程中，遵循了民法的一般缔约原则，尽了提示之责，并已按合同约定完全地、尽职地履行了义务。

（2）行政规制

行政规制是指行政机关依照法律对格式合同的内容进行规范，对格式合同的使用进行监督检查，从而防止格式合同不公平条款的活动。行政规制从以下几个方面入手：

①实行事前审查制。旅游格式合同在使用之前，先由旅游业经营者提交旅游业管理部门进行审核，经过批准后才能以其作为与旅游者订立合同的基础文本，否则经营者不得根据该合同提供服务。这是各国规范格式合同采用最多的一种方式。

②制定旅游格式合同范本。我们可以考虑由国家或地方旅游局参与监制旅游合同范本，规定旅游公司参考使用，防止经营者利用格式合同或格式条款侵害旅游者的合法权益。同时，对于旅行社制定的格式合同交由有关部门核准和监督。

③加强监督和行业管理，规范企业经营。旅游业管理部门应加强对旅游合同和旅游广告的管理，及时制止旅游经营者的不正当竞争行为和损害旅游者合法权益的行为。监督旅游经营者在旅游合同的订立、履行和纠纷处理中严格遵循法律、法规，不得随意扩大无效格式条款的范围，以切实维护旅游者的合法权益。

（3）司法规制

司法规制是指通过法院对格式条款合同纠纷的处理，消除格式合同中不公平条款的影响，维护合同相对人的利益。

法院对旅游格式合同进行司法规制的指导原则主要有：第一，公序良俗原则。公序良俗原则是公共秩序和善良风俗原则的合称。第二，诚实信用原则。诚实信用原则在现代民法中是最高原则，被称为“帝王原则”。

对旅游格式合同的司法规制主要有以下两个途径：

第一，旅游格式合同的解释。我们有必要通过明确的格式合同解释原则来保护作为弱势群体的旅游者的合法权益。根据《合同法》第四十一条的规定，格式条款有三种解释原则：统一解释原则、不利解释原则、非格式条款优先解释原则。

第二，旅游格式合同的效力审查。具体来说，对旅游格式合同进行效力审查可按如下步骤进行：首先，审查争议条款是否为旅游合同格式条款；其次，审查旅游格式合同中的争议条款和免责条款的效力；最后，确定旅游格式合同条款被认定无效后合同的效力。

（4）社会控制

社会控制是指消费者组织以及有关社会团体，利用其自身的社会影响及宣传舆论工具，对格式合同的使用人使用格式合同进行的社会监督。格式条款的规制不是一个简单的立法和司法层面的问题，调动社会或民间的力量有时也能有效地发挥作用。

各国格式合同的社会控制主要通过下列方式进行：一是消费者保护组织等团体积极参与格式合同条款的拟定；二是协助消费者处理与旅游经营者的格式合同的纠纷；三是对旅游经营者利用不公平格式条款损害消费者利益的，提出批评，诉诸舆论宣传；四是政府和社会有关部门应该广泛开展宣传，使旅游者能够了解相关法律政策，及时掌握保护自身合法权益的法律知识和其他知识，提高维权意识。

本章小结

本章主要介绍旅游合同的概念、特征和作用，分析旅游合同的订立、效力、履行、变更、转让、终止、解除以及违约责任等一般性的法律规定，着重论述了旅游格式合同的利弊及其管理的现实问题。

主要概念

合同　旅游合同　要约　承诺　无效旅游合同　可撤销旅游合同　合同的履行　合同的变更　合同的转让　合同的终止　合同的解除　严格责任原则　不可抗力　格式条款　格式合同

选择题

1. 合同是平等主体的自然人、法人、其他组织之间(　　)民事权利义务关系的协议。

A. 设立　　B. 变更　　C. 终止　　D. 履行

2. 当事人订立合同，有(　　)形式。

A. 书面形式　　B. 口头形式　　C. 其他

3. 旅游格式合同管理和规制的途径有(　　)。

A. 行政规制　　B. 立法规制　　C. 司法规制　　D. 社会控制

判断题

1. 旅游合同的客体是主体为实现一定的旅游活动目的而约定的旅游权利所指向的事物。(　　)

2. 依法成立的合同，对当事人具有法律约束力。当事人应当按照约定履行自己的义务，不得变更或解除合同。(　　)

3. 要约邀请是指希望他人向自己发出要约的意思表示。(　　)

4. 承诺应当以通知的方式作出，不能通过行为作出。(　　)

5. 无效的合同或者被撤销的合同自始没有法律约束力。合同部分无效，不影响其他部分效力的，其他部分仍然有效。(　　)

简答题

1. 简述旅游合同订立的原则和程序。

2. 简述旅游合同的形式和内容。

3. 合同生效需具备哪些条件？如何认定无效合同？

4. 简述合同被认定为无效合同和被撤销合同后的法律后果。

5. 简述旅游合同履行的原则。

6. 违约承担民事责任有哪些形式？

讨论题

结合我国旅游现状，讨论如何对旅游格式合同进行规制。

案例分析题

某旅行社接待香港某旅行社组织的内地观光团。按照合同约定，该旅游团在北京游览4天，其中2月11日是游览长城。该旅行社委派导游关某担任该团陪同。关某未经旅行社同意，擅自将游览长城的日期改为2月14日即离京的前一天，而将2月11日改为购物。观光团的团员对此变更曾表示异议，但关某称此变更是旅行社的安排。不料，2月13日晚天降大雪，2月14日晨该观光团赴长城时，积雪封路，只得返回。翌日，该观光团离京返港后，书面向旅游行政管理部门投诉，称该旅行社委派的导游未征得旅游者同意，擅自改变旅游行程，违反了合同约定，造成旅游观光团未能游览长城，旅行社应承担赔偿责任。该旅行社则辩称，改变旅游行程，属导游个人行为，与旅行社无关。而导游关某则辩称，造成长城未能游览，是由于大雪封路的原因，属不可抗力，依据法律规定，不承担赔偿责任。

请问：(1) 导游辩称，改变旅游行程是因为不可抗力导致的。请问此说法是否成立？

(2) 旅行社和导游是否应当承担赔偿责任？

实训题

请同学们分组到旅行社调查我国旅游格式合同运用的现状，并分析旅游格式合同的利弊。

第4章　消费者权益保护法律制度

知识结构图表

- 消费者权益保护法律制度
  - 消费者权益保护法律制度概述
    - 消费者和旅游消费者的概念
    - 消费者权益保护法的概念及调整对象
    - 消费者权益保护法的立法宗旨
    - 消费者权益保护法的基本原则
  - 旅游消费者的权利与旅游经营者的义务
    - 旅游消费者的权利
    - 旅游经营者的义务
  - 旅游消费者权益的保护
    - 旅游消费者权益保护的重要性
    - 旅游消费者权益的国内保护
    - 旅游消费者权益的国际保护
  - 损害旅游消费者权益的法律责任
    - 损害旅游消费者权益的法律责任的概念
    - 损害旅游消费者权益责任主体的确定
    - 损害旅游消费者合法权益法律责任的确定

学习目标

通过本章学习，了解消费者、旅游消费者及消费者权益保护法的概念，理解消费者权益保护法的立法宗旨和基本原则，掌握旅游消费者的权益和旅游经营者的义务、旅游消费者合法权益的国内国际保护措施、损害消费者权益的法律责任。

案例导入

旅行社的服务与合同不符承担违约责任

赵女士与某旅行社签订“海南三飞6日游”旅游合同，出发后发现“不对劲儿”了。赵女士说：原定的四星团，结果三星团混四星团，四星级标准住宿，实际住的是三星级标准酒店；合同约定只进2个购物店，结果进了4个，“额外多花了200多元购物”；合同上有“饭后赠送水果，赠送洗温泉浴”，但“赠送洗温泉浴”，竟然只是温泉酒店的房间淋浴，赠送水果也没有兑现。回到沈阳后，赵女士就把旅行社告上法庭。

赵女士认为，旅行社有明显的违约行为，把旅行社告上法庭，请求法院判令旅行社赔偿全部团费及200元购物费共6 000余元。

被告旅行社在法庭上辩称，合同上约定了进购物店的次数，是“两到三个”。关于酒店的星级，旅行社认为原告住的酒店是四星级标准，没有违约。另外，进到酒店后，摆在桌面上的就是赠送的水果，原告住的酒店就是温泉酒店，洗浴本身就是温泉洗浴，不另行安排。所以，旅行社在合同中没有违约行为，不同意赵女士的赔偿请求。

案例分析：

法院审理认为，旅行社将赵女士由四星团拼到三星团，住宿实际为三星级标准宾馆，只赠送了一宿准四星级宾馆。对此旅行社应承担违约责任。但因赵女士没有表示拒绝，并实际接受了改变的事实，故赵女士应承担所对应标准的费用，旅行社应将差额部分返还赵女士。

对于购物店由合同约定的2个增加到4个的事实，虽然旅行社有违约情节，但因赵女士所购物品均系自愿购买并用于自己消费，故对退还200元购物费的请求不予支持。法院判决旅行社赔偿赵女士宾馆住宿费用差额400元，并按照差额部分的20%计算赔偿违约金80元。

资料来源　佚名．四星酒店变成“三星”，游客状告旅行社违约［EB/OL］．（2007-10-26）［2013-12-31］．http：//travel. sohu. com/20071026/n252884354. shtml.

4.1　消费者权益保护法律制度概述

随着旅游业的迅速发展，旅游活动中存在的问题也日益突出，尤其是旅游者合法权益遭到侵害的事件时有发生，旅游者的合法权益保护问题已成为旅游业愈来愈关注的问题。国内外经验证明，如果忽视对旅游者权益的保护，则会直接影响旅游企业乃至国家旅游业的发展，甚至影响国家之间的关系。为解决这一问题，确保我国旅游业稳步、健康地向前发展，1993年10月31日，第八届全国人大常委会第四次会议通过了《中华人民共和国消费者权益保护法》（以下简称《消费者权益保护法》）。2011年10月，第十一届全国人大常委会着手研究《消费者权益保护法》的修订工作，完善消费者权益保护制度。2013年4月23日，《消费者权益保护法》修正案正式提交全国人大常委会审议。4月28日全国人大在其官方网站公布修正案（草案）全文及其说明，向社会公开征集意见。2013年8月，第十二届全国人大常委会对修正案草案二次审议稿进行了审议，并于9月6日至10月5日再次向社会公开征求意见。2013年10月25日，第十二届全国人大五次会议审议并通过了《消费者权益保护法》修正案，并自2014年3月15日起施行。

2009年1月21日，国务院第47次常务会议通过了《旅行社条例》，自2009年5月1日起施行，同年5月3日，《旅行社条例实施细则》配套施行，对旅行社管理措施和方法作出了更为细化的规定，也为确保旅游者合法权益奠定了基础。

4.1.1　消费者和旅游消费者的概念

1）消费者的概念

我国《消费者权益保护法》第二条规定：“消费者为生活消费需要购买、使用商品或接受服务，其权益受本法保护。”据此，消费者是指个人生活消费需要购买、使用商品和接受服务的自然人。消费者具有以下法律特征：

（1）消费主体主要是自然人

生活消费的主要对象是公民个人，对公民个人生活消费的保护是消费者权益保护法的保护重点。当然，单位为内部员工个人生活消费需要而购买商品或接受服务的也属于保护的对象。比如单位为了奖励员工而购买旅行社的旅游产品，仍然受消费者权益保护法的保护。

（2）消费者的消费性质属于生活消费

生活消费是指人们为了满足生活需要而消费物质产品或者消耗劳动服务的行为。生活消费包括物质产品消费，诸如购买米面以供食用，购买房屋以供居住；还包括劳动服务消费，诸如参加旅游、欣赏表演等等。生活消费与人们的日常生活息息相关，人们在进行生活消费过程中所受到的损害与生产消费相比更为直接，更需要专门的法律担当起保护的重任；而生产消费对人们生活消费的影响只是一种间接因素，因此，将其纳入其他法律进行调整。在生产消费过程中受到损害的，可以适用其他法律得到救济。

（3）消费者的消费客体是商品和服务

商品是指市场上买卖的为人们的物质生活和文化生活所需要的物品，包括成品、半成品和原料。这些物品可能是天然生长的，也可能是加工制作的；可以是动产，也可以是不动产。服务是指为方便人们日常的物质生活和文化生活而有偿做出的工作或者劳动，包括文化娱乐服务、交通运输服务、旅游服务、餐饮服务等等，涉及的范围相当广泛。但商品和服务限于法律允许的范围之列，凡法律禁止购买、使用的商品和禁止接受的服务，不能作为消费客体向消费者提供。

（4）消费者的消费对象由经营者提供

经营者作为一种社会角色，是与消费者相对应的法律主体。经营者以营利为目的向他人提供商品或者服务；消费者为满足其生活需求，通过一定的方式从经营者那里获得商品和服务。而且，消费者使用的商品或者接受的服务应当是他人生产或者提供的，没有为消费者提供商品和服务的经营者履行义务，消费者消费权利的实现也无从谈起。

（5）消费者的消费方式包括购买、使用商品和接受服务

购买、使用作为生活消费的方式，相对于商品而言，既有联系又有区别，其目的都是满足日常的物质和文化生活需要。购买是人们直接地、有偿地获得商品，取得其财产所有权的合法手段；使用是人们按照商品的性能和用途加以合理利用并将其实际消耗于生活过程中的行为。对于同一商品而言，购买者和使用者有时是一致的，有时是相分离的。接受作为生活消费的方式，相对于服务而言，是人们直接地、有偿地获得服务并将其实际消耗于生活过程之中的行为。承担服务费用的人，有时是服务的实际享受者，有时则承担服务费用而让他人实际享受。

法律小讲坛4-1

消费者在现代社会中是一个使用十分频繁的词语，含义较为宽泛，一般有狭义和广义两种解释。狭义上是指以个人消费为目的而购买或使用商品和服务的个体社会成员。而广义上的消费者，从消费内容上看，它既包括生活消费又包括工业生产消费；从消费主体上看，它既包括个体、公众，又包括社团、法人。一般来说，作为权利主体的法律意义上的消费者指狭义上的消费者。大多数国家法律所使用的“消费者”，甚至国际上消费者权益法中对消费者的解释均采用狭义概念。

2）旅游消费者的概念

旅游者作为旅游活动的重要主体，从经济学的范畴来说，首先是一名消费者。旅游消费者是指从旅游市场购买、使用旅游商品和接受服务，满足其旅游需求的个体消费者。旅游消费属于生活消费，是满足人们高层次需求，满足人的发展与享受需要的消费，包括人在旅游过程中所获得的物质产品、精神产品以及旅游服务。旅游消费只有在满足了人对衣食住等方面的基本需求，具有了相应的支付能力之后才可能产生。随着社会经济的发展以及人们生活水平的不断提高，基本生存需要在人的全部需要中所占比例将越来越小，满足个人发展和享受需要方面的消费比例会愈来愈大。旅游消费是为了提高人们的文化素质，陶冶情操，发展人的智力与体力，从而达到内涵扩大再生产的目的。因此，旅游消费者具有消费者的属性，也具有旅游者的属性。

4.1.2 消费者权益保护法的概念及调整对象

消费者权益保护法，是调整消费者为生活消费需要而购买、使用商品或者接受服务过程中，与经营者、国家机关发生的权益保护关系的法律规范的总称。它是经济法的重要部门法。从这一定义中可以看出，消费者权益保护法的调整对象包括三个方面：消费者与经营者之间的商品交换关系；国家机关与经营者之间的监督管理与被监督管理的关系；国家机关与消费者之间的保护与被保护、指导与被指导的关系。

消费者权益保护法从理论上讲有广义和狭义之分：广义的消费者权益保护法，是指所有涉及消费者权益保护的各种法律规范的总和；而狭义的消费者权益保护法，是指国家有关保护消费者权益的专门立法文件，即1993年10月31日第八届全国人大常委会第四次会议通过的、2013年10月25日第十二届全国人大常委会修订的《中华人民共和国消费者权益保护法》。我们应从广义上来理解消费者权益保护法。

4.1.3 消费者权益保护法的立法宗旨

《消费者权益保护法》第一条规定："为保护消费者的合法权益，维护社会主义经济秩序，促进社会主义市场经济的健康发展，制定本法。"根据此规定，消费者权益保护法的立法宗旨有三层含义：

1）保护消费者的合法权益

在社会生活中，损害消费者权益的问题时有发生，"假、冒、伪、劣"商品横行、服务领域管理混乱、服务质量差、收费随意等等，严重损害了消费者的利益。《消费者权益保护法》明确规定了消费者的权利、经营者的义务。政府机构和社会各方面为保护消费者的合法权益，把对消费者权益的维护纳入有法可依、有法必依、执法必严、违法必究的社会主义法制建设轨道，使消费者的合法权益切实得到保障。

2）维护社会经济秩序

在市场经济条件下，由于经营者追求利润的最大化，有些经营者会置法纪于不顾，损害消费者的权益；同时为了获得更多消费者的支持，拥有更大的市场，经营者之间又充满着激烈的竞争。总之，围绕着社会生产、交换、消费等一系列活动，经营者与消费者之间、经营者与经营者之间的行为关系，直接影响到社会经济秩序。《消费者权益保护法》通过立法手段，规范经营者的交易行为，不仅是保护消费者合法权益的需要，也是维护社会经济秩序的需要。

3）促进社会主义市场经济的健康发展

社会主义市场经济是以公有制和按劳分配为主体，以共同富裕为原则，以国家宏观调控为指导的一种现代市场经济。同时，社会主义市场经济也是法制经济。完善对消费者权益的保护，进一步规范经营者的交易行为，既是对社会主义市场经济秩序的维护，又是对经济发展的促进和保障。完善消费者权益保护制度，既是建设和巩固社会主义市场经济的重要内容，也是为社会主义市场经济的健康发展提供法律依据。

4.1.4　消费者权益保护法的基本原则

1）经营者与消费者的交易原则

经营者与消费者进行交易应遵循的原则，既是对经营者行为的原则规范，也是对市场交易基本规律的抽象和概括。根据《消费者权益保护法》第四条的规定，该原则的内容是：

①自愿原则。经营者与消费者进行交易时，要尊重消费者的意愿；建立交易关系，亦应真正出于消费者意愿。

②平等原则。这是商品经济的本质要求，指交易双方法律地位平等，不得恃强凌弱。

③公平原则。双方交易符合等价交换这一商品经济的本质要求和社会商业道德规范精神。

④诚实信用原则。双方在交易中应友好合作、实事求是、恪守信用。

2）国家保护原则

国家保护原则，就是由国家保护消费者的合法权益不受侵害的原则。国家保护原则具体体现在以下四个方面：

①国家制定保护消费者权益的政策、法律，明确消费者在社会经济生活中，特别是在与生产经营者的关系中所处的特殊法律地位，消费者所享有的权利，以及对这种地位和权利的保护措施等。

②有关国家机关负责对实际生活中发生的侵犯消费者权益的行为进行监督、查处。

③国家司法机关采取迅速、便捷的方式解决消费者与经营者发生的消费纠纷，维护消费者的利益。

④国家设立专门的保护消费者的组织机构，专门从事保护消费者权益的活动。

国家对消费者的保护主要通过以下两种途径实现：一是对经营者与消费者之间的商品交换关系作出直接的强制性规定，如明码标价、禁止搭售等；二是对与消费者有关的生产经营活动进行必要的监督管理，如对生产、销售伪劣商品进行查禁等。当然，国家在保护消费者合法权益的同时，国家也倡导文明、健康、节约资源和保护环境的消费方式，反对浪费。

3）社会保护原则

社会保护原则，即除国家对消费者提供特别保护之外，社会各界都有相应的责任、义务对消费者进行保护的原则。社会保护原则，具体体现在社会各界对损害消费者权益的行为所进行的社会监督上。例如，《消费者权益保护法》第六条规定："保护消费者的合法权益是全社会的共同责任。国家鼓励、支持一切组织和个人对损害消费者合法权益的行为进行社会监督。""大众传播媒介应当做好维护消费者合法权益的宣传，对损害消费者合法权益的行为进行舆论监督。”

需要指出的是，在消费者权益保护法中，国家保护原则属于主导地位，是核心原则。这首先表现在消费者权益保护法中，绝大部分条款是用来规定国家对消费者的保护的；其次表现在社会保护对国家保护的依赖关系上，国家保护是社会保护的强有力的后盾。

法规速递 4-1 新《消费者权益保护法》的六大亮点

亮点 1：消费者遭遇欺诈可获三倍赔偿

修改后的《消费者权益保护法》（简称《消法》）规定，经营者提供商品或者服务有欺诈行为的，应当按照消费者的要求增加赔偿其受到的损失，增加赔偿的金额为消费者购买商品的价款或者接受服务费用的三倍。同时增加规定：增加赔偿的金额不足 500 元的，为 500 元。

亮点 2：违法广告代言人有连带责任

修改后的《消法》规定，社会团体或者其他组织、个人在关系消费者生命健康商品或者服务的虚假广告或者其他虚假宣传中向消费者推荐商品或者服务，造成消费者损害的，应当与提供该商品或者服务的经营者承担连带责任。

亮点 3：销售假冒产品进入信用档案

修改后的《消法》规定，经营者不得以格式条款、通知、声明、店堂告示等方式，作出排除或者限制消费者权利、减轻或者免除经营者责任、加重消费者责任等对消费者不公平、不合理的规定。经营者向消费者提供商品或者服务，应当诚信经营。违反者除依照法律、法规规定予以处罚外，处罚机关应当记入信用档案，向社会公布。

亮点 4：消费者网购七天内有“后悔权”

修改后的《消法》确认了网购“七天无理由退货”制度，赋予买家“后悔权”。经营者自收到退回商品日起七日内返还消费者支付的商品价款，退回商品的运费由消费者承担，另有约定的除外。

亮点 5：网交平台承担先行赔付责任

修改后的《消法》提出如果在网购时出问题，在网络交易平台不能提供销售者或者服务者的真实名称、地址和有效联系方式的前提下，消费者可以直接找网络交易平台交涉，网交平台先行赔付然后再向销售者或服务者追偿。

亮点 6：经营者禁擅自泄露消费者信息

修改后的《消法》还规定，经营者及其工作人员对收集的消费者个人信息必须严格保密，不得泄露、出售或者非法向他人提供。经营者应当采取技术措施和其他必要措施，确保信息安全，防止消费者个人信息泄露、丢失。在发生或者可能发生信息泄露、丢失的情况时，应当立即采取补救措施。

资料来源　佚名．新《消费者权益保护法》的六大亮点［N］．沈阳晚报，2013-10-26.

4.2 旅游消费者的权利与旅游经营者的义务

4.2.1 旅游消费者的权利

旅游消费者的权利是旅游者权益保护的核心内容，离开了旅游消费者的权利就谈不上旅游者权益的保护问题。旅游消费者的权利是指旅游者在旅游活动过程中依法享有的各项权利。它与旅游者的旅游活动密切联系，体现在旅游活动的吃、住、行、游、购、娱等方面。根据我国《消费者权益保护法》第二章的规定，旅游消费者的基本权利主要有：

1）安全保障权

《消费者权益保护法》第七条规定：“消费者在购买、使用商品和接受服务时享有人身、财产安全不受损害的权利。”“消费者有权要求经营者提供的商品和服务，符合保障人身、财产安全的要求。”国家旅游局令第1号《旅游安全管理暂行办法》第七条规定：各级旅游行政管理部门，在当地政府的领导下，会同有关部门，对旅游安全进行管理。

安全保障权是指旅游消费者在购买、使用商品或者接受服务时，享有人身、财产安全不受侵犯的权益。为保障消费者安全权实现，消费者有权要求经营者提供的商品和服务，符合保障人身、财产安全的要求。

安全保障权包括人身安全权和财产安全权。人身安全权，具体指生命安全权和健康安全权。例如，旅游者甲参加旅游活动，因游乐场所设施不安全导致其死亡，则甲的生命权受到侵犯；旅游者乙由于餐饮不洁引起中毒，则乙的健康安全权受到侵犯。财产安全是旅游消费者顺利参加旅游活动的物质基础，也是法律保护的内容。

以案说法4-1 漂流无保障，引出人命案

刘先生一家3口参加了当地旅行社组织的苏杭四日游。第二天，旅行社安排他们参加天目溪的竹筏漂流活动。当天下午3时许，旅行社安排游客登筏，导游说了声“一切听筏工的”，便离开竹筏到下游目的地等候。刘先生一家登上了018号竹筏。由于竹筏长时间受水流冲刷，筏上长满青苔，非常滑。筏工是临时找来的民工，属无证上岗。筏工为赶时间违规抄近路，结果误入漩涡聚集的危险河段，最深处达7米。由于天气恶劣，风势很大，降雨很猛，水流湍急，竹筏剧烈摇晃，突然，刘先生女儿在竹筏旋转晃动时落入水中。刘先生急忙跃入水中，筏上乘客一面大声呼救，一面将筏上的救生圈扔给刘先生。由于风力较大，刘先生未能接到救生圈。经过大家的共同努力，他们救起了被刘先生全力托出水面的女儿，刘先生却终因体力不支而沉入水底。事发后，受害人家属钱某向法院起诉状告旅行社，请求赔偿。

案例分析：

本案中，游客在天目溪漂流期间无必要的安全保障措施，致使受害人刘某死亡，而旅游经营者在危急之中无任何救援措施，使保障安全权成为一句空话。事故发生后，经营者未及时安排寻找、打捞受害人，从而延误了救人时机，其事故责任完全应由旅行社和漂流经营者承担。国家旅游局曾颁布《漂流旅行安全管理暂行办法》，其中明确规定对漂流工具安全性能进行检验，漂流工作人员考试合格后才能准予上岗；督促漂流经营者落实企业内部的安全管理责任，制定安全保障措施和事故应急反应计划，为游客办理人身意外伤害保险等。根据《消费者权益保护法》及相关法律规定，旅行社和漂流经营者应赔偿刘先生死亡所造成的损失。

资料来源 裴春秀．旅游法实例说［M］．长沙：湖南人民出版社，2004.

2）知悉真情权

《消费者权益保护法》第八条规定："消费者享有知悉其购买、使用的商品或者接受的服务的真实情况的权利。消费者有权根据商品或服务的不同情况，要求经营者提供商品价格、产地、生产者、用途、性能、规格、等级、主要成分、生产日期、有效期限、检验合格证明、使用方法说明书、售后服务，或者服务的内容、规格、费用等有关情况。"

知悉真情权是指旅游者购买、使用商品或接受服务时，享有知悉其所购买使用的商品的真实情况的权利。旅游者有权根据商品或者服务的不同情况，要求旅游经营者按照法定的方式表明其相关内容。

旅游消费者知悉真情权的基本内涵包括：

①有权要求经营者按照法律、法规规定的方式标明商品或者服务的真实情况。诸如住宿饭店的星级标准、团队餐饮标准等等。

②有权在购买、使用商品或者接受服务时，询问和了解商品或者服务的有关情况。

③有权知悉商品和服务的真实情况。在旅游活动中，这项权利的内容是指旅游者在接受旅游服务中，旅游经营者负有为旅游者提供相关知识和真实信息的义务，诸如旅游广告的内容与提供服务的内容、景点景区的基本情况以及线路安排的情况相一致。

知悉真情权是旅游消费者的一项基本权利，其意义在于：

①充分了解商品或服务的真实情况，是消费者决定购买商品或接受服务的前提条件。对旅游者而言，产生某种消费欲望并真正实施这种行为，是建立在对有关情况有一定了解的基础上的。

②随着经济发展，旅游商品日益丰富，品种式样不断翻新，服务领域中新开发的游览项目层出不穷，比如海底婚礼、潜泳、蹦极、生存训练、漂流等等。旅游者不得不对商品或服务作必要的了解，否则无法作出比较合理的消费选择。如果旅游者不能在知悉真实情况下进行消费，就达不到真正追求消费的目的，甚至上当受骗。

③知悉真情权的实现，关键在于经营者提供的情况要真实。诚实信用是商业活动的基本原则，它要求经营者不得隐瞒商品的有关情况，不得作虚假表示，不得作令人误解的虚假宣传。就消费者提出的商品或服务的质量和使用方法等问题的询问，应当作出真实明确的答复，提供服务或商品应明码标价。因此，知情权实现与否，是对商家诚实信用的最好检验。

3）自主选择权

《消费者权益保护法》第九条规定："消费者有自主选择商品或者服务的权利。""消费者有权自主选择提供商品或服务的经营者，自主选择商品品种或者服务方式，自主决定购买或者不购买任何一种商品、接受或者不接受任何一项服务。""消费者在自主选择商品或服务时，有权进行比较、鉴别和挑选。"

自主选择权是指旅游消费者在购买商品或接受服务时，享有自主选择商品或者服务的权利。例如，旅游者在旅游活动中对旅游线路的自主选择、对旅游商品的自主选择和对自费旅游项目的自主选择等。

旅游消费者的自主选择权的内容是：旅游者有权自主选择提供商品或者服务的经营者。例如，旅游者外出旅游可选择甲社也可选择乙社为其服务；自主选择商品的品种或者服务的方式；自主决定是否购买任何一种商品，接受或者不接受任何一项服务；在选择商品或者接受服务时，有权进行比较、鉴别和挑选。

自主选择权具有以下特征：

①旅游者选择商品或者接受服务的行为必须自愿。自愿是自主选择权产生的基础。买与不买，买这种还是买那种商品，最终取决于旅游者的购买决策。因此，任何违背旅游消费者自由意志使其作出消费选择的行为，都是对旅游者自主选择权的侵害。

②自主选择权是一种相对权。旅游者自主选择商品或者服务的行为，必须是依照法律、法规，遵守社会公德，不侵害国家、集体、他人合法权益的合法行为。例如，旅游消费者不得强行要求商店出售其仅供陈列的展品；不得在挑选商品时，把经营者的商品乱扔乱抛、弄坏弄脏。

③旅游者自主选择权的行使不排除经营者向旅游者进行商品、服务的介绍和推荐。买与不买、接受与不接受取决于旅游者的自主意志，经营者的介绍、推荐行为有助于旅游者更多地了解将要购买或者接受的商品的性能和用途、服务的真实情况。但作为经营者，不得有违背消费者意愿搭售商品或者附加其他不合理条件而销售商品的行为，即经营者不得利用其经济优势，违背购买者的意愿，在销售一种商品或提供一种服务时，要求购买者以购买另一种商品或者接受另一种服务为条件，或者就商品或服务的价格、销售对象、销售地区等进行不合理的限制。

4）公平交易权

《消费者权益保护法》第十条规定："消费者享有公平交易的权利。""消费者在购买商品或者服务时，有权获得质量保障、价格合理、计量准确等公平交易条件，有权拒绝经营者的强制交易行为。"

公平交易权是指旅游消费者在购买商品或者接受服务时享有获得质量保障、价格合理、计量正确等公平交易条件的权利。

旅游消费者的公平交易权包括以下内容：

①交易行为的发生是在合理的条件下进行的；

②交易的结果可以达到旅游者参加旅游活动的预期目的；

③公平交易是交易双方协作完成的；

④公平交易的实现条件是质量保障、价格合理、计量正确以及拒绝强制交易。

这些条件符合平等、自愿、等价有偿、公平、诚实信用等市场交易的基本原则；强制交易违背旅游者意愿，理应拒绝。例如，旅游者在旅游活动中对经营者尾随追堵强行兜售纪念品的行为，可予以拒绝；旅游经营者与旅游者签订合同时应遵循市场交易的基本原则，旅游者有权享受合同约定的服务。

在旅游消费中，公平交易的核心是旅游消费者以一定的货币可以换得同等价值的旅游商品和服务，这是衡量旅游者的利益是否得到保护的重要标志。此外，衡量交易是否公平，还包括当事人对于交易是否出于自愿，有无强制性交易或者歧视性交易。例如，旅游者参加的自费旅游项目的确是按景点公开牌价付费，但旅游者之所以付费参加，是以导游员不参加就甩团的强制条件为代价的。显然，这种貌似公平交易的消费实际上是不公平的。衡量标志还应当包括旅游消费者是否得到实际上的满足或心理上的满足，以及交易双方所寻求的平衡点。交易中，一方要赚钱，一方怕花冤枉钱，双方就会讨价还价，最终形成能接受的条件完成交易，所以平衡点也是公平交易的支撑点。

5）获得赔偿权

《消费者权益保护法》第十一条规定："消费者因购买、使用商品或接受服务受到人身、财产损害的，享有依法获得赔偿的权利。"

获得赔偿权是指旅游消费者因购买、使用商品或者接受服务受到人身、财产损害的，享有依法律或合同规定向旅游企业索赔的权利。如果旅游者获得的赔偿得不到满足，有权在当地寻求可行的法律援助。享有求偿权的主体是因购买、使用商品或接受服务而受到人身、财产损害的人，即受害人，具体包括商品购买者、商品使用者、接受服务者以及第三人。通常旅游消费者因购买使用商品或接受服务而受到人身、财产的损失，可依法获得赔偿，并不需要商品生产者、销售者或提供服务者具有过错。

旅游消费者提起赔偿权的范围，通常应当包括财产损害赔偿和精神损害赔偿，损失不仅有被侵权人的财产减少，还应包括被侵权人可得利益的损失。在我国，财产损失的范围包括直接对财产造成的损失，以及因造成当事人身体上的损害而支出的费用。在直接造成财产损失的情况下，侵权人只需简单弥补旅游者所遭受的损失；造成人身伤害时，须按一定的计算方法承担损失。赔偿损失是获得赔偿权最基本、最常见的实现方式，此外，还包括恢复原状、赔礼道歉、消除影响、恢复名誉等民事责任的承担方式。

随着旅游者维权意识的提高，在旅游纠纷发生后提出精神损害赔偿已不鲜见，但能否获赔以及旅游者与经营者对精神损害赔偿的范围和数额存在着较大差异，是解决纠纷的难题。

法律小讲坛 4-2

根据最高人民法院《关于确定精神损害赔偿责任若干问题的解释》（以下简称《解释》），在旅游活动中旅游者因下列人格权遭受非法侵害，而提出赔偿精神损害的要求会得到法律保护："（一）生命权、健康权、身体权；（二）姓名权、肖像权、名誉权、荣誉权；（三）人格尊严权、人身自由权。"精神赔偿要具备 4 个条件：有损害后果；有违法侵害自然人人格和身份权益的侵权事实；侵权事实和违法后果之间有因果关系；侵权人主观上有过错，法律另有规定的除外。对于因侵权致人损害，但未造成严重后果，受害人请求赔偿精神损害的，一般不予支持，人民法院可以根据情形判令侵权人停止侵害、恢复名誉、消除影响、赔礼道歉。

此外，关于违约损害赔偿，国外有因违反合同而被法院判决赔偿精神损害的判例，但一般限于以提供安宁的享受或解除痛苦和烦恼等期待精神利益为目的的合同，例如，旅游度假服务合同、摄影录像服务合同等。我国除对美容整形服务合同未达到预期目的并造成不良后果的，以及洗印照片被丢失的，也有判决违约方赔偿精神损害的若干案例。《解释》未采纳违反合同也承担精神赔偿责任的观点，而将精神赔偿的范围限制在侵权案件类型中。

当旅游消费者与经营者进行商品交易或者接收经营者提供的服务时，旅游消费者受两方面权利的保护：其一是基于人身、财产权受到侵犯而追究的侵权责任；其二是基于违反合同约定而追究的违约责任。在侵权责任与违约责任发生竞合时，旅游消费者可以选择对自己有利的一种责任要求对方承担。

6）依法结社权

《消费者权益保护法》第十二条规定："消费者享有依法成立维护自身合法权益的社会组织的权利。"

依法结社权指旅游消费者享有依法成立维护自身合法权益的社会组织的权利。旅游消费者的结社权，来自于《宪法》第三十五条的规定，该条规定了公民有结社的自由。但是，《宪法》规定的是广泛的结社权，消费领域的结社权源自《宪法》的授权，主要是指消费者为维护自身的利益，依法组织起来，形成固定的社会团体组织，以改变单个消费者面对强势的经营者的不利地位。

结社权是《宪法》赋予公民的一项基本权利。在消费领域中，因消费者缺乏商品和服务的知识、人员分散、弱小等诸多原因，往往使他们处于不利的地位。在交易过程中，吃亏的一般都是消费者。赋予消费者有结社权，就能使消费者从分散、弱小走向集中和强大，运用团体的力量与实力雄厚的经营者相抗衡。因此，对消费者的依法结社权必须给予充分保障。目前，中国消费者协会和地方各级消费者协会就是消费者自己的组织。它在保护消费者合法权益方面发挥了积极作用。

在旅游消费领域也是如此。分散的旅游消费者在议价力量、承受能力等方面处于弱势地位，只有组织起来，才能与拥有雄厚经济实力的经营者相抗衡。随着科技的进步和经济的发展，旅游活动的内容日益丰富多彩，旅游消费的方式和层次也在不断更新，尤其是旅游活动的跨地域性，使旅游消费者越来越难以掌握商品和服务的有关知识，也越来越依赖经营者提供的介绍和说明，旅游消费者被虚假的广告、说明欺骗的概率在增大。因此，依法成立社会组织，通过有组织的活动，维护自身合法权益，既是旅游消费者的权利，也是国家鼓励全社会共同保护旅游消费者合法权益的体现。中国消费者协会和地方各级消费者协会既是我国主要的消费者组织，也是对旅游消费者合法权益进行保护的社会组织。其作用主要是：组织旅游消费者，形成对商品和服务的广泛监督，促使一些侵害旅游消费者权益的纠纷得到及时解决；充当政府和旅游消费者之间的桥梁；指导旅游消费者的消费行为，提高旅游消费者的自我保护意识。

7）获取知识权

《消费者权益保护法》第十三条规定："消费者享有获得有关消费和消费者权益保护方面的知识的权利。""消费者应当努力掌握所需商品或者服务的知识和使用技能，正确使用商品，提高自我保护意识。"

获取知识权也称接受教育权，指旅游消费者在接受旅游服务中，享有获得与旅游有关的消费知识（如服务内容及其他相关信息）以及旅游者合法权益保护方面知识的权利。获得有关知识既是知悉真情权、自主选择权等其他权利实现的重要保障，也是旅游消费者的主要权利。

消费知识一般是指有关商品、服务、市场以及消费态度、消费心理等方面的知识。最基本的消费知识应当包括：有关消费态度的知识、有关商品和服务的基础知识、有关市场的基本知识。在旅游消费中，消费知识主要体现在：正确的消费态度；有关旅游目的地的风俗、习惯、禁忌；相关法律、政策；旅游六大要素中涉及旅游消费的有关知识等内容。

旅游消费者此项权利的实现，需要旅游消费知识的教育和灌输。国家机关、社会、旅游业的经营者应开辟途径，帮助消费者实现此项权利。旅游消费者有权要求旅游行政管理部门、消费者社会组织和大众传媒，提供有关旅游消费和旅游消费者权益保护方面的知识。2003 年 3 月 1 日，由北京市旅游局与北京晚报主办，国、中、青三大旅行社承办的“前景消费课堂——明明白白出国游”，为北京晚报 2003 年 2 月 9 日开展的“告别出境游不文明行为大讨论”画上了一个圆满的句号，也开创了行政管理部门、媒体、企业联合为旅游消费者提供有关旅游消费知识的先河。

旅游消费者获取知识权利的彻底实现，还有赖于消费者自身的努力。旅消费者应提高自我保护意识，努力掌握所需商品或服务的知识和使用的技能，正确使用商品，接受服务。

8）获得尊重权

《消费者权益保护法》第十四条规定：“消费者在购买、使用商品和接受服务时，享有人格尊严、民族风俗习惯得到尊重的权利，享有个人信息依法得到保护的权利。”

获得尊重权是指旅游消费者在购买、使用商品或接受服务时，享有其人格尊严和民族风俗习惯得到尊重的权利，享有个人信息依法得到保护的权利。尊重旅游消费者的人格尊严和民族风俗习惯，保护公民的个人信息，是社会文明进步的表现，也是尊重和保障人权的重要内容。作为经营者和其他消费者应当自觉地尊重旅游消费者的人格尊严和民族风俗习惯，保护消费者的个人信息，禁止非法搜查、检查、侮辱、诽谤等，禁止未经同意泄露、出售或非法提供消费者个人信息。

从道德而言，人格尊严是指人的自尊心和自爱心。人格尊严的权利则包括生命健康权、姓名权、名誉权、荣誉权、肖像权、隐私权等，在市场交易过程中，这是公民最起码的权利。我国《宪法》和《消费者权益保护法》对于旅游消费者的人格尊严予以严格的保护，对于侵犯旅游消费者人格尊严的行为，应视不同情节给予法律制裁。

民族风俗习惯是指各民族在一定的自然环境和社会环境中相沿积久而形成的并经常重复出现的行为方式。该行为方式大量地表现在生产、居住、饮食、服饰、婚丧、节庆、娱乐、礼仪等一切物质生活和精神生活里，广泛流行的喜好、崇尚和禁忌，在不同程度上反映了各民族的历史传统和心理素质。尊重民族风俗习惯对保护不同民族的旅游消费者的合法权益，贯彻党和国家的民族政策，维护各民族团结有着重要意义。

个人信息保护已成为目前普遍困扰消费者的一个难题。有的经营者非法收集、泄露消费者身份号码、收入状况、电话号码等个人信息，有的甚至出卖这些信息牟利。要解决信息泄露问题，首先要在源头加强安全防护，不断修补网络漏洞，降低信息外泄的可行性；其次要完善个人隐私泄密的法律，对泄露、倒卖个人数据的行为追究刑事责任，减少隐私再次被传播的机会。刑法修正案、国家工商行政管理总局制定的《网络商品交易以及有关服务行为的管理暂行办法》、消费者权益保护法修正案均对此作出了规定，加强工商、工信、公安等部门的执法配合，个人信息保护问题才能得以逐步解决。

9）监督批评权

《消费者权益保护法》第十五条规定：“消费者享有对商品和服务以及保护消费者权

益工作进行监督的权利。”“消费者有权检举、控告侵害消费者权益的行为和国家机关及其工作人员在保护消费者权益工作中的违法失职行为，有权对保护消费者权益工作提出批评、建议。”

监督批评权是指旅游消费者享有对商品和服务以及保护旅游消费者权益工作进行监督的权利。监督的方式多种多样。例如，对侵害旅游消费者权益的行为进行检举和控告；通过新闻舆论和消费者保护组织对旅游经营者进行监督等。《消费者权益保护法》赋予消费者监督批评权，其目的在于保护广泛的消费者群体；同时，也有利于经营者提高服务质量，有助于相关国家机关改进工作作风。

监督批评权可具体分解为四项权能：

①检举权，指旅游消费者有权对旅游行政管理部门及其工作人员在保护旅游消费者权益工作中的违法失职行为和经营者侵犯旅游消费者合法权益的违法行为进行检举和揭发。我国各级旅游行政管理部门为便于旅游消费者实现检举权均设立了投诉电话。

②控告权，指旅游消费者对旅游行政管理部门的工作人员的违法失职行为和经营者的侵权行为，既可向司法机关起诉，也可要求行政机关处理。

③批评权，指旅游消费者有权对旅游行政管理部门工作人员在工作中的缺点和错误提出批评意见。

④建议权，指旅游消费者有权对商品和服务的价格、质量、计量、服务态度等进行监督，对有关消费者权益保护机构的各项工作，有权提出意见。

以上除了根据我国《消费者权益保护法》第二章规定的消费者所具有的一般权利外，综观世界各国法律和有关国际条约，旅游消费者还具有其他一些合法权益，如自由旅行权、逗留权、享受医疗权、自由公正地缔结旅游服务合同权、寻求法律救济权、残疾人的旅游权等等。

4.2.2 旅游经营者的义务

旅游经营者的义务，是指专门或主要经营旅游业务，直接为旅游者提供单项或多项服务的单位和个人在经营活动中依法应当履行的责任，也就是旅游经营者依法必须做出一定的行为或者抑制自己的某种行为。由于旅游消费者的权利的实现在一定程度上是通过旅游经营者履行义务来实现的，因此，一般来讲，旅游消费者的权利，就是旅游经营者的义务；反之，亦然。根据2009年5月1日起施行的国务院《旅行社条例》，旅游经营者应履行下列义务：

1）依法或按照约定履行义务

《旅行社条例》第二十六条规定：“旅行社为旅游者安排或者介绍的旅游活动不得含有违反有关法律、法规规定的内容。”第二十七条规定：“旅行社不得以低于旅游成本的报价招徕旅游者。未经旅游者同意，旅行社不得在旅游合同约定之外提供其他有偿服务。”《消费者权益保护法》第十六条规定：“经营者向消费者提供商品或服务，应当依照本法和其他有关法律、法规的规定履行义务。经营者和消费者有约定的，应当按照约定履行义务，但双方的约定不得违背法律、法规的规定。”关于旅游经营者义务的原则性、概括性的规定，具体包括以下三方面的内容：

①旅游经营者向旅游消费者提供商品或者服务，应当按照国家法律、法规的规定履行

义务。旅游经营者在商品质量方面必须依照《产品质量法》，保证货真价实，如因提供的商品质量问题造成人身伤亡、财产损失，必须承担赔偿责任；在卫生安全方面，应当依照《食品卫生法》、《药品管理法》、《化妆品卫生监督条例》的规定从事经营和履行义务；在计量保证方面，应依照《计量法》的规定，严禁缺斤短两和使用不合格的计量器具损害旅游消费者利益；在价格方面，应当依照《物价管理条例》的规定，严禁利用变相抬价、乱涨价而牟取暴利；在信息方面，应依照《商标法》、《广告法》的规定，向旅游消费者提供真实准确的信息，履行守法的义务。

②旅游经营者和旅游消费者有约定的，应当按照约定履行义务，但双方的约定不得违背法律、法规的规定。为了保护旅游业的健康发展，旅游经营者不得向旅游消费者介绍和提供法律、法规禁止的旅游项目，如含有损害国家利益和民族尊严内容的旅游项目；含有民族、种族、宗教、性别歧视内容的旅游项目；含有淫秽、迷信、赌博内容的旅游项目；含有其他被法律、法规禁止的内容的旅游项目。旅行社不得以低于旅游成本的报价招徕旅游者。未经旅游者同意，旅行社不得在旅游合同约定之外提供其他有偿服务。

③旅游经营者提供商品或服务，国家规定或者与旅游消费者的约定应承担包修、包换、包退或者其他责任的，应当按照国家规定或约定履行，不得故意拖延或者无理拒绝。

在新修订的《消费者权益保护法》第十六条中，还新增了一款作为第三款："经营者向消费者提供商品或服务，应当恪守社会公德，诚信经营，保障消费者的合法权益；不得设定不公平、不合理的交易条件，不得强制交易。"

2）听取意见和接受监督

《消费者权益保护法》第十七条规定："经营者应当吸取消费者对其提供的商品或服务的意见，接受消费者的监督。"

旅游经营者听取意见和接受监督的义务，有以下两层含义：

①旅游经营者要通过有效途径或方式接受消费者的批评和建议。例如，设立专门机构，配置专职人员收集、听取消费者的批评和建议，与消费者对话等等。

②把向旅游消费者提供商品或服务的活动置于旅游消费者有效监督之下。

实践中，一些旅行社通过问卷调查了解领队人员、导游员的服务情况，通过回访了解对旅游线路的意见，通过随团实地了解旅游活动的安排，都是主动接受监督的表现。

3）保障人身和财产安全

《旅行社条例》第三十九条规定："旅行社对可能危及旅游者人身、财产安全的事项，应当向旅游者作出真实的说明和明确的警示，并采取防止危害发生的必要措施。发生危及旅游者人身安全的情形的，旅行社及其委派的导游人员、领队人员应当采取必要的处置措施并及时报告旅游行政管理部门；在境外发生的，还应当及时报告中华人民共和国驻该国使领馆、相关驻外机构、当地警方。"据此要求旅游经营者承担如下义务：

①提供的商品和服务应当符合国家标准或者行业标准，国家标准和行业标准是国家强制性标准，必须遵守，否则应当承担相应的责任。例如，导游人员提供服务应当符合国家制定的导游服务标准等。

②对于暂时没有标准的，应保证符合人身健康、财产安全的要求。

③对可能危及人体健康和安全的商品和服务，旅游经营者要事先向旅游者作出真实的

说明和明确的警示，并标明或说明正确使用商品和接受服务的方法。

④发现提供的商品和服务有严重缺陷，即使旅游者采用正确使用方法仍可能导致危害的，应及时告知旅游者，并采取切实可行的防范措施。

此外，《消费者权益保护法》第十八条第二款规定："宾馆、商场、餐馆、银行、机场、车站、港口、影剧院等经营场所的经营者，应当对消费者尽到安全保障义务。"从而强化了一些容易发生危害旅游者安全事故的重要场所的经营者应当承担的安全保障义务。

《消费者权益保护法》第十九条规定："经营者发现其提供的商品或者服务存在缺陷，有危及人身、财产安全危险的，应当立即向有关行政部门报告和告知消费者，并采取停止销售、警示、召回、无害化处理、销毁、停止生产或者服务等措施。采取召回措施的，经营者应当承担消费者因商品被召回支出的必要费用。"旅行社、旅游景区（点）以及其他旅游经营企事业单位、个人也应在经营过程中严格遵守上述规定，保护旅游消费者的合法权益。

4）提供真实信息

《旅行社条例》第二十四条规定："旅行社向旅游者提供的旅游服务信息必须真实可靠，不得作虚假宣传。"第二十九条规定："旅行社在与旅游者签订旅游合同时，应当对旅游合同的具体内容作出真实、准确、完整的说明。旅行社和旅游者签订的旅游合同约定不明确或者对格式条款的理解发生争议的，应当按照通常理解予以解释；对格式条款有两种以上解释的，应当作出有利于旅游者的解释；格式条款和非格式条款不一致的，应当采用非格式条款。旅游经营者向旅游消费者提供真实信息，是旅游经营者遵守商业道德，尊重旅游消费者权益，促进公正交易应履行的义务。"

《消费者保护法》第二十条规定："经营者向消费者提供有关商品或服务的质量、性能、用途、有效期限等信息，应当真实、全面，不得作虚假或引人误解的宣传。经营者对消费者就其提供的商品或服务的质量和使用方法等问题提出的询问，应当作出真实、明确的答复。"第二十八条规定："采用网络、电视、电话、邮购等方式提供商品或者服务的经营者，以及提供证券、保险、银行等金融服务的经营者，应当向消费者提供经营地址、联系方式、商品或者服务的数量和质量、价款或者费用、履行期限和方式、安全注意事项和风险警示、售后服务、民事责任等信息。"

根据规定，旅游经营者提供真实信息的义务包括以下三个方面：

①旅游经营者应当向旅游消费者提供有关商品或者服务的真实信息，不得作引人误解的虚假宣传。这主要是指旅游经营者向旅游消费者提供有关商品或者服务的情况，必须与商品或者服务的真实情况相符，如具体的旅游线路和日期、餐饮和住宿标准、旅游服务价格等内容，不得使用模糊、不确定语言误导甚至欺骗旅游消费者，使其权益受损。

②旅游经营者对旅游消费者就其提供的商品或者服务的质量和使用方法等问题提出的询问，应当作真实明确的答复。现实生活中，尽管旅游经营者通过广告、商品标签等方式向旅游消费者介绍商品或服务的有关情况，但这种介绍毕竟有限，难以满足消费者对拟购商品或拟接受服务作全面细致的了解，故旅游消费者会根据情况向旅游经营者提出这样或那样的询问。对于旅游消费者的这些询问，只要不涉及自己的商业秘密，旅游经营者都应当作出真实、明确的答复，以帮助旅游消费者作出正确的选择。旅行社和旅游者签订的旅

游合同约定不明确或者对格式条款的理解发生争议的，应当按照通常理解予以解释；对格式条款有两种以上解释的，应当作出有利于旅游者的解释；格式条款和非格式条款不一致的，应当采用非格式条款。

③旅游经营者提供商品或者服务应当明码标价，不得有价格欺诈行为。所谓明码标价，是指旅游经营者对自己提供的商品或者服务，既要标明计价单位又要标明单位价格。旅游经营者在收取旅游费用时，应严格遵守国家有关价格的法律、法规和政策，执行有关旅游收费标准。旅游中增加服务项目需要加收费用的，应当事先征得旅游消费者同意。旅游经营者向旅游消费者提供真实信息，是旅游经营者遵守商业道德，尊重旅游消费者权益，促进公正交易应履行的义务。价格是否真实、合理，直接关系到旅游消费者的财产权益，故法律、法规对此要求甚为严格。

以案说法 4-2 只见总价没有明细

消费者程小姐投诉称，节假日她和朋友在人民广场的餐厅吃午饭。饭毕买单时，她对着"客户就餐消费单"傻眼了——几个菜式都没有具体的价钱，只有最后一个总价格。程小姐随即要求餐厅工作人员标明明细价格并给个说法，却被拒绝。更令程小姐气愤的是，这张只有总价格的消费单在结账后，还被餐厅方收回。

案例分析：

账单结账没有明细、错算账单算多不算少、收款"不找零"……这些"账单乱象"在节假日特别容易发生。按照规定，经营者应在结算时向消费者提供消费明细表，如实列明消费项目的名称、单价、数量和金额。如餐厅不明确出示消费单，不明确标出商品及其价格，就违反了《价格法》、《消费者权益保护法》的相关规定，侵害了消费者的知情权，消费者可向物价部门投诉。在买单时，消费者一定要对账查单，如果碍于面子，店家说多少就付多少，就会被不法商家钻空子。

资料来源 皇甫萍. 只见总价没有明细［N］. 新民晚报，2011-09-26.

5）标明真实名称和标记

《消费者权益保护法》第二十一条规定："经营者应当标明其真实名称和标记。""租赁他人柜台或场地的经营者，应当标明其真实名称和标记。"根据此条规定，旅游经营者在经营活动中必须如实地标明自己的名称或标记，而不得假冒其他经营者的名称或标记，以使旅游消费者能对其准确识别，并作出正确选择。

要求旅游经营者承担标明其真实名称和标记的义务，在旅游消费领域具有重要的法律意义。旅游消费者可以据此准确判断该旅游经营者的真实身份，一旦自己的合法权益受到旅游经营者的不法侵害，即可及时采取法律对策请求保护。同时，从另一角度看，要求旅游经营者承担标明其真实名称和标记的义务，对旅游经营者本身也不无益处，尤其是对那些市场信誉好、受旅游消费者信赖的旅游经营者，可以防止自己的名称和标记被其他旅游经营者假冒，从而有效保护自身的合法权益。

《消费者权益保护法》还特别强调，租赁他人柜台或者场地的旅游经营者，应当标明其真实名称和标记。这主要是由于租赁他人柜台或场地从事租赁经营的旅游经营者，其经营场所经常变动，不便于查找，一旦发生旅游消费者权益纠纷，旅游消费者往往投诉无门。因此，法律要求租赁他人柜台或场地的旅游经营者在租赁经营期间，必须以真实的名称或标记从事经营活动，以便旅游消费者知道其真实身份，如果发生旅游消费者权益受损情况，旅游消费者就可及时请求赔偿。

6）出具购货凭证或服务单据

《消费者权益保护法》第二十二条规定："经营者提供商品或者服务，应当依照国家有关规定或者商业惯例向消费者出具发票等购货凭证或服务单据；消费者索要购货凭证或者服务单据的，经营者必须出具。"购货凭证，是指销售者和购买者之间建立的买卖合同履行后，由销售者向购买者出具的证明合同履行的书面凭证，如销货凭证、行业专用发票、保修单、收费收据等。服务单据，是指提供服务方在提供服务方与接受服务方的服务合同履行后，由提供服务方向接受服务方出具的证明合同履行的书面凭证，如报销凭证、行业专用发票、服务卡等。

在旅游实践中，往往会发生旅游经营者和旅游消费者的纠纷事件，要处理好这些纠纷，凭证和单据是非常重要的依据。因此，旅游经营者应当按照国家有关规定或者商业惯例，向旅游消费者出具购货凭证或者服务单据；旅游消费者索要购货凭证或服务单据时，旅游经营者必须出具。

7）提供符合要求的商品或服务

《消费者权益保护法》第二十三条规定："经营者应当保证在正常使用商品或者接受服务的情况下，其提供的商品或者服务应当具有的质量、性质、用途和有效期限；但消费者在购买商品或者接受该服务前已经知道其存在瑕疵，且该瑕疵不违反法律强制性规定的除外。""经营者以广告、产品说明、实物样品或者其他方式表明商品或者服务的质量状况的，应当保证其提供的商品或者服务的实际质量与表明的质量状况相符。"

"正常使用商品或者接受服务的情况"，是指商品的使用者或服务的接受者，一般对某些商品的质量、性能、用途、期限等可以凭感观、经验作出正确的判断；而对有些产品质量或服务的使用规则必须具有专门的知识或特别训练才能作出正确的判断。因此，旅游经营者必须作出真实、具体、详尽的说明，以此证明产品的质量、性能等。对于在购买前已知商品瑕疵的旅游消费者自愿购买商品的，旅游经营者对产品质量不承担责任，但故意弄虚作假的除外。

广告、产品说明、实物样品等，是旅游经营者推销其商品或服务的重要手段，也是广大旅游消费者选择购买商品和接受服务的重要依据，任何商品或者服务与实际质量状况不相符合的宣传，都会损害旅游消费者的合法权益，旅游经营者必须对其承担责任。

8）不得从事不公平、不合理的交易

《消费者权益保护法》第二十六条规定："经营者在经营活动中使用格式条款的，应当以显著方式提请消费者注意商品或者服务的数量和质量、价款或者费用、履行期限和方式、安全注意事项和风险警示、售后服务、民事责任等与消费者有重大利害关系的内容，并按照消费者的要求予以说明。""经营者不得以格式合同、通知、声明、店堂告示等方式，作出排除或者限制消费者权利、减轻或者免除经营者责任、加重消费者责任等对消费者不公平、不合理的规定，不得利用格式条款并借助技术手段强制交易。""格式条款、通知、声明、店堂告示等含有前款所列内容的，其内容无效。”

旅游经营者不得从事不公平、不合理交易的义务，有以下两层含义：

①旅游经营者不得以格式合同、通知、声明、店堂告示等方式，作出对旅游消费者不公平、不合理的规定。

②旅游经营者不得以格式合同、通知、店堂告示等方式，限制旅游消费者权利，并减轻、免除其损害旅游消费者合法权益时应当承担的民事责任。如果经营者的格式合同、通知、店堂告示等含有上述所禁止的内容，其内容无效。

9）不得侵犯旅游消费者的人身权和个人信息安全权

《消费者权益保护法》第二十七条规定：“经营者不得对消费者进行侮辱、诽谤，不得搜查消费者的身体及其携带的物品，不得侵犯消费者的人身自由。”第二十八条规定：“经营者收集、使用消费者个人信息，应当遵循合法、正当、必要的原则，明示收集、使用信息的目的、方式和范围，并经消费者同意。经营者收集、使用消费者个人信息，应当公开其收集、使用规则，不得违反法律、法规的规定和双方的约定收集、使用信息。”根据以上两条规定，旅游经营者不得侵犯旅游消费者人身权和个人信息安全的义务，包含以下四个方面的内容：

①不得对旅游消费者进行侮辱、诽谤。对旅游消费者进行侮辱、诽谤，是指旅游经营者自己或利用他人，散布捏造虚伪事实，侮辱、诋毁旅游消费者的人格尊严。

②不得搜查旅游消费者的身体及其携带物品。搜查旅游消费者的身体及其携带物品，是指旅游经营者由于缺乏对商品的安全保护措施，以商品丢失为名，无根据地搜查顾客人身及其携带的物品，这是严重的侵权行为。

③不得侵犯旅游消费者的人身自由。侵犯旅游消费者人身自由，是指旅游经营者商业道德水平低下，对旅游消费者实行“强买”，不从销售者意愿就辱骂甚至殴打顾客，严重侵犯旅游消费者人身及合法权益，破坏正常的工作和生活秩序。

④不得侵犯旅游消费者的个人信息安全。经营者及其工作人员对收集的消费者个人信息必须严格保密，不得泄露、出售或者非法向他人提供。经营者应当采取技术措施和其他必要措施，确保信息安全，防止消费者个人信息泄露、丢失。在发生或者可能发生信息泄露、丢失的情况时，应当立即采取补救措施。经营者未经消费者同意或者请求，或者消费者明确表示拒绝的，不得向其发送商业性信息。

以案说法 4-3 侵犯消费者人身权，有权获得赔偿

2011 年 10 月 5 日，导游员小王带一旅游团去某珠宝商店购物。当小王带游客从珠宝店出来时，该店服务员陈小姐挡住了其中一位游客徐先生的去路。陈小姐说：“我们怀疑你顺手牵羊拿了本店的一串珍珠。”徐先生听后勃然大怒。陈小姐说：“看你贼眉鼠眼的样子，就知道不是好人，做贼心虚了吧！”说完陈小姐就叫商场保安人员将徐先生强拉到办公室，对其进行全身搜查，时间长达半小时之久。在没有发现首饰后，才放了徐先生。珠宝店的这一行为，激起了全团游客的愤慨。更为气愤的是，在事情发生过程中，导游员小王始终保持沉默，事后也没有安慰游客。于是徐先生等游客便向旅游局质监所投诉，要求讨回公道，赔偿精神损失。

案例分析：

该案例中，对于在游客和珠宝店发生纠纷时导游员小王无动于衷的表现，旅行社应对其加强教育，对珠宝店陈小姐及保安人员等侵犯消费者人身权的行为，旅游行政管理部门应责令其改正，并避免类似事件再次发生。另外，根据《消费者权益保护法》的规定，该店将承担侵犯游客徐先生人身权的法律责任。因为该店服务人员和保安人员的言行，侮辱了徐先生的人格，侵犯了徐先生的人格尊严和人身自由，所以应向徐先生赔礼道歉，并赔偿精神损失。

法规速递 4-2《中华人民共和国旅游法》关于旅游者的法律规定

第九条　旅游者有权自主选择旅游产品和服务，有权拒绝旅游经营者的强制交易行为。

旅游者有权知悉其购买的旅游产品和服务的真实情况。

旅游者有权要求旅游经营者按照约定提供产品和服务。

第十条　旅游者的人格尊严、民族风俗习惯和宗教信仰应当得到尊重。

第十一条　残疾人、老年人、未成年人等旅游者在旅游活动中依照法律、法规和有关规定享受便利和优惠。

第十二条　旅游者在人身、财产安全遇有危险时，有请求救助和保护的权利。旅游者人身、财产受到侵害的，有依法获得赔偿的权利。

第十三条　旅游者在旅游活动中应当遵守社会公共秩序和社会公德，尊重当地的风俗习惯、文化传统和宗教信仰，爱护旅游资源，保护生态环境，遵守旅游文明行为规范。

第十四条　旅游者在旅游活动中或者在解决纠纷时，不得损害当地居民的合法权益，不得干扰他人的旅游活动，不得损害旅游经营者和旅游从业人员的合法权益。

第十五条　旅游者购买、接受旅游服务时，应当向旅游经营者如实告知与旅游活动相关的个人健康信息，遵守旅游活动中的安全警示规定。

旅游者对国家应对重大突发事件暂时限制旅游活动的措施以及有关部门、机构或者旅游经营者采取的安全防范和应急处置措施，应当予以配合。

旅游者违反安全警示规定，或者对国家应对重大突发事件暂时限制旅游活动的措施、安全防范和应急处置措施不予配合的，依法承担相应责任。

第十六条　出境旅游者不得在境外非法滞留，随团出境的旅游者不得擅自分团、脱团。

4.3　旅游消费者权益保护

4.3.1　旅游消费者权益保护的重要性

1）保护旅游者合法权益就是保护旅游业

众所周知，旅游业是当今社会蒸蒸日上的朝阳产业。在许多国家，它已成为增加外汇收入，平衡国际收支；大量回笼货币，促进市场繁荣；积累建设资金，提供就业机会；扩大国际交流，带动相关行业的支柱性产业。然而，要发展旅游业，必须大力发展旅游。而旅游构成三要素中，主体是旅游者。如果旅游者的合法权益得不到应有的保护，就会失去旅游的主体，旅游业也就无法存在。可见保护旅游者合法权益之重要性。

2）旅游者的合法权益非常脆弱，容易受到伤害

旅游者作为特殊的消费者，其合法权益非常脆弱，比较容易受到伤害。一方面，旅游者在市场上所购买的是一种特殊的商品和服务，如明媚的阳光、新鲜的空气、蓝色的大海、平缓的沙滩、优雅的风景、古老的文明、异族的文化和周到的服务等。在大多数情况下，这些特殊的商品和服务只能感受和体验，不像一般商品那样，可以拿到手上触摸、欣赏或带回家。它们在供旅游者消费的过程中，要么给旅游者带来愉悦的感觉，留下美味的回忆，要么给旅游者造成无尽的忧伤和留下深深的遗憾。另一方面，旅游者的消费活动是在异国他乡进行的，其合法权益比较容易受到伤害和产生不安全感与危机感。加之消费时不像购买一般商品那样，可以凭保单得到某种物质保证和补偿，故保护旅游者合法权益显得尤为重要。

3）旅游者的合法权益能否得到应有的保护，是衡量一个国家或地区旅游事业发达与否的重要标志

实践证明，凡是旅游者的合法权益屡屡受到侵害的地方，它的旅游事业不可能发达。因为个别旅游经营者虽然通过宰客等侵犯旅游者合法权益的方式暂时得到了一些利益上的实惠，但从长远考虑，并不划算。因为它损害当地旅游业的整体形象，最终导致旅游业的衰退和不景气。正因为如此，许多重视旅游业的国家都把保护旅游者合法权益放在旅游立法的重要位置。它们纷纷制定和颁布了许多法律、法规和行业规章，来调整旅游者与旅游业有关部门的关系，以保护旅游者的合法权益。

从世界许多国家旅游业的发展史来看，并不都是从一开始就对保护旅游者合法权益有充分认识的。绝大多数国家都经历了一个从不重视到重视，从没有立法到专门立法，从规模小到规模大，从浅层认识到深层认识等一系列的发展过程。对旅游者合法权益保护的重视程度在一定意义上成了衡量一个国家旅游业发展水平和发展阶段的重要标准之一。

法律小讲坛4-3 消费者投诉的七大误区

误区一：所有消费都可投诉。《消费者权益保护法》规定：消费者为生活消费需要购买、使用商品或者接受服务，其权益受本法保护。因此，非此对象的消费投诉不属消费者协会的受理范围。

误区二：所有购买的商品都可投诉。两种情况下，购买的商品出现问题，消费者协会不予受理投诉：一种是超过保修期的商品；另一种是使用不当、人为造成的损坏。

误区三：商品、服务有诈可“假一赔十”。《消费者权益保护法》规定：经营者提供商品或者服务有欺诈行为的，应当按照消费者的要求增加赔偿其受到的损失，增加赔偿的金额为消费者购买商品价款或者接受服务费用的一倍。也就是说，假一赔一，而不是假一赔十。

误区四：所有投诉都可得到精神赔偿。《消费者权益保护法》第四十三条规定：经营者违反本法第二十五条规定，侵害消费者的人格尊严或者侵犯消费者人身自由的，应当停止侵害、恢复名誉、消除影响、赔礼道歉，并赔偿损失。但如提出一些“过”的要求，消费者则应“三思”。

误区五：凡与消费“有关”都可向消费者协会投诉。消费者丢失物品通常应及时向公安部门报案。当然，如果消费者在超市将物品交由存包处保管，领取时发现物品丢失，消费者协会则可介入调解。

误区六：所有投诉消费者协会都要受理。根据《消费者权益保护法》的规定，有9种情况投诉不予受理：(1) 经营者之间购销纠纷；(2) 消费者个人私下交易纠纷；(3) 商品超过规定的保修期和保质期；(4) 商品标明是“处理品”的（没有真实说明处理原因的除外）；(5) 未按商品使用说明导致商品损坏或人为损坏的；(6) 被投诉方不明确的；(7) 争议双方曾经达成调解协议并已执行，没有新情况、新理由的；(8) 法院、仲裁机构或有关行政部门已受理调查和处理的；(9) 不符合国家法律、法规有关规定的。

误区七：商品的质量纠纷由消费者协会判定。涉及质量鉴定的纠纷，只能到相关检测部门作出质量鉴定后，消费者协会才可以此为依据，借助法律规定，帮助消费者讨回公道。

资料来源 佚名．消费者投诉的七大误区［EB/OL］．(2009-03-03)［2013-12-18］. http://www.gov.cn/ztzl/2009315/content_1248958.htm.

4.3.2 旅游消费者权益的国内保护

1) 国家对旅游消费者合法权益的保护

国家是公共权力的代表，维护消费者利益、对消费领域实施适当的干预，矫正市场经济条件下经营者与消费者之间的不平等是国家应尽的职责。国家对旅游消费者权益的保护，是由立法机关、行政机关、司法机关通过采取相应措施来实现的。

(1) 国家对旅游消费者合法权益的立法保护

完善的法律、法规、规章和政策体系，是国家保护旅游消费者合法权益的基础和依据。国家对旅游消费者合法权益的立法保护表现在：第一，国家采取立法措施保护旅游消费者的合法权益，并将有关消费者政策上升为法律、法规、规章和强制性标准；第二，在制定有关旅游消费者权益的法律、法规、规章和强制性标准时，根据不同情况，通过不同方式听取旅游消费者和消费者协会等组织的意见和要求；第三，领导和督促地方各级人民政府充分履行保护消费者合法权益的职责，使保护消费者合法权益的制度形成上下协调的体系。旅游业发展二三十年来，我国颁布了一批保护旅游者合法权益的法律、法规，建立了诸如旅行社质量保证金制度、旅行社责任险制度、旅游安全制度等在内的法律制度，为保护旅游消费者合法权益提供了法律依据。

(2) 国家对旅游消费者合法权益的行政保护

在国家对消费者合法权益的行政保护措施中，《消费者权益保护法》加重了各级人民政府及其工商行政管理部门的责任，规定各级人民政府是《消费者权益保护法》的主要实施者，通过行使领导权、监督权来履行保护消费者合法权益的职责，并对消费者协会履行职能予以支持。各级物价、计量管理、卫生、食品检验、商检等行政管理机关，均应在各自的职责范围内，依法加强对经营者的监督管理，保护消费者利益。对消费者权益进行保护的行政管理部门主要有：

①工商行政管理部门。

国家和地方各级工商行政管理部门，分别是国务院和地方人民政府实施消费者权益保护的基本职能机构。其主要职责有：拟定和组织实施有关法律、法规、规章和政策，协调各部门共同做好保护消费者权益的工作；在对企业、市场、商标、广告、合同、个体户、私营经济管理过程中，监督经营者的商品和服务，在其职权范围内查处损害消费者合法权益的行为。

②物价、计量管理行政管理机关。

物价管理机关主要是制止和查处违反国家物价管理规定，在价格、收费等方面坑害消费者的违法行为；计量管理机关通过计量监督，禁止、查处商品生产者、经营者破坏计量器具的准确度，使计量器具缺斤短两，损害消费者利益的违法行为。

③卫生、食品检验、商检等行政管理机关。

卫生、食品检验管理机关通过对食品卫生的监督、检验和技术指导，监督食品生产经营人员的健康检查，宣传食品卫生知识，并且进行现场检查、巡回监督调查食品中毒和食品污染事故，查处违反《食品卫生法》的行为，以保证消费者购买的商品和接受的服务健康、卫生、无毒无害。商检机关主要是在自己的职权范围内采取措施，听取消费者对经营者交易行为、商品和服务质量的意见，查处假冒、伪劣商品，惩处侵害消费者合法权益的违法、违规行为。

④行业、企业主管部门。

行业、企业主管部门在自己的管辖范围内起着保护消费者权益的作用。其职责主要有：加强对所属行业经营者的监督管理，对已出现的问题积极调查处理；强化所属行业对消费者服务的职能；听取消费者、消费者协会对经营者交易行为、商品质量和服务的意见。如旅游行政管理部门负责旅游领域的消费者权益保护工作，要加强对旅游经营者的管理，防止损害旅游者利益行为的发生，对已出现的问题积极进行调查处理等。

（3）国家对消费者合法权益的司法保护

对在提供旅游商品和旅游服务中侵害旅游消费者合法权益的经营者的违法犯罪行为负有惩处职责的公安机关、检察机关、审判机关，应当依照法律、法规的规定履行职责。人民法院应当采取措施，方便旅游消费者提起诉讼。对符合《民事诉讼法》起诉条件的旅游消费者权益争议，必须受理，及时审理。

2）消费者组织对旅游消费者合法权益的保护

国家鼓励支持一切组织和个人对损害消费者的行为进行社会监督，在社会保护中，各种消费者组织起着至关重要的作用。消费者组织目前在我国主要指中国消费者协会和地方各级消费者协会。消费者协会，尤其是在反映消费者的呼声，接受消费者投诉，支持向人民法院起诉，会同有关行政部门帮助消费者解决困难，切实维护旅游消费者合法权益中发挥着重要的作用。

消费者协会是依法成立的对商品和服务进行监督的保护消费者合法权益的社会组织。其公益性职责是：

①向消费者提供消费信息和咨询服务，提高消费者维护自身合法权益的能力，引导文明、健康、节约资源和保护环境的消费方式；

②参与制定有关消费者权益的法律、法规、规章和强制性标准；

③参与有关行政部门对商品和服务的监督、检查；

④就有关消费者合法权益的问题，向有关部门反映、查询，提出建议；

⑤受理消费者的投诉，并对投诉事项进行调查、调解；

⑥投诉事项涉及商品和服务质量问题的，可以委托具备资格的鉴定人鉴定，鉴定人应当告知鉴定意见；

⑦就损害消费者合法权益的行为，支持受损害的消费者提起诉讼或者依照《消费者权益保护法》提起诉讼；

⑧对损害消费者合法权益的行为，通过大众传播媒介予以揭露、批评。

消费者协会作为非营利的、公益性的社会组织，不得从事商品经营和营利性服务，不得以收取费用或者其他牟取利益的方式向消费者推荐商品和服务。

4.3.3 旅游消费者权益的国际保护

旅游是一项跨国界的综合性社会活动，随着世界旅游经济的大力发展，各国政府和国际组织对旅游者合法权益保护重要性的认识不断提高，制定了大量保护旅游者合法权益的法律、法规，缔结了各种双边、多边条约或国际公约。由于旅游活动的涉外性，国际社会十分重视对旅游者合法权益的保护。

国际视域4-1

国际消费者组织同盟（International Organization of Comsumers Unions，IOCU），是规模最大、影响范围最广的国际性消费者保护组织。它是1960年由美国消费者联盟、英国消费者协会、澳大利亚消费者协会、荷兰消费者联盟、比利时消费者协会5个消费者组织在海牙发起设立的。截至2012年，该组织成员包括115个国家的220个消费者组织，其总部原设在海牙，现迁至伦敦。中国消费者协会已于1987年被该组织接纳为正式会员。

在国际法方面，1970年4月布鲁塞尔外交会议通过了《世界旅游宣言》，该宣言指出：“只有人们得到休息、度假和自由旅行的机会，旅游事业的发展才有可能。”“各国政府不得限制旅游者出入国境，也不得对他们设置各种心理障碍。”1985年9月索非亚会议产生了《旅游权益法案》和《旅游法规》，规定各国应该制定一系列政策以促进国内和国际旅游及闲暇活动的健康发展，应确保国内和国际旅游者自由旅行，不得对旅游者采取任何歧视措施。另外，各国在旅游者合法权益保护方面缔结了各种国际公约，如《统一国际航空运输某些规则的公约》、《国际海上人身安全公约》、《雅典公约》，以及一系列双边和多边协定，标志着世界旅游者合法权益保护的立法逐步趋向统一。

在国内法方面，由于旅游业能带来大量外汇，拉动内需，各国政府也采取有力措施保护旅游者合法权益。《法国民法典》、《德国民法典》等中都含有对旅游者合法权益保护的规定。大多数国家还制定了专门的旅游法以加强对旅游者合法权益的保护。例如，《巴西联邦共和国旅游组织法》、《美国全国旅游者政策法》、《墨西哥旅游法》、《比利时旅游资格法》、《日本旅游基本法》等。以上各国的民法和旅游法律、法规明确规定旅游经营者必须履行各种义务而不能侵害旅游者的合法权益。一旦旅游者的合法权益受到损害，旅游者有权向经营者索赔。这些规定涉及旅行社、旅馆、交通、导游等旅游活动主要环节，全面保护了旅游者的合法权益。

随着现代旅游业的兴起，世界各国逐渐认识到传统法律和商业习惯已不能有效调整旅游合同这种新的商事关系和新型合同，也不能公平处理各种合同纠纷，因此各国相应地在旅游法和民法中制定、增补了大量调整合同的法律规范，建立了旅游合同法律制度。例如，《德意志联邦共和国民法典》第651条，《南斯拉夫债务关系法》第859条至第896条，以及日本、英国等国的旅游基本法中都有相应规定。1970年，为了统一各国的不同规定，布鲁塞尔外交会议通过了《布鲁塞尔旅行契约国际公约》，对旅游合同立法产生了深远的影响。

国际视域4-2

由于各国法律的具体规定不同，导致客人在不同国家住宿权利受到侵害时是否得到赔偿以及赔偿标准均有较大差异，事故发生地的偶然性、各国法律的差异性均可能使同一性质甚至同一情节的纠纷得到完全不同的处理结果。

如对客人安全问题，不同国家对不同的致伤原因执行不同的法律。在德国和埃塞俄比亚，饭店对由于房屋缺点造成的客人受伤负有不可推卸的责任。而在英国和意大利，饭店只要证明房屋缺点并非主观疏忽所致即可免除责任。对于起诉，有的国家允许客人按合同纠纷起诉，有的国家要求按侵权行为起诉，部分国家允许客人自选。因此，有关国家政府、国际组织尤其是国际饭店协会、统一私法国际协会制定了几个饭店业务方面的国际法规或公约来调整饭店业务中各种关系，以期待各国饭店能对国际客人按相对统一的标准处理损害赔偿问题，客人因此在所到各处都能够得到同样的合理保护。

资料来源　刘敢生，胡夏冰. 饭店经营法律问题解析——守法与盈利［M］. 北京：旅游教育出版社，2006.

4.4　损害旅游消费者权益的法律责任

4.4.1　损害旅游消费者权益的法律责任的概念

损害旅游消费者权益的法律责任是指损害旅游消费者权益的行为人违反保护旅游消费者的法律规定或与旅游消费者约定的义务而依法应承担的法律后果。它是保证旅游业正常运转的措施、保障旅游消费者权益的重要手段。

4.4.2　损害旅游消费者权益责任主体的确定

消费者在合法权益受到损害时，有权要求损害赔偿。法律根据不同情况规定了赔偿主体及顺序，具体情形有以下几种：

①消费者在购买、使用商品时，其合法权益受到损害的，可以向销售者要求赔偿。属于生产者的责任或属于向销售者提供商品的其他销售者的责任的，销售者有权向生产者或其他销售者追偿。

②因商品缺陷造成人身、财产损害的，可以向销售者要求赔偿，也可以向生产者要求赔偿。属于生产者责任的，销售者赔偿后，有权向生产者要求赔偿。属于销售者责任的，生产者赔偿后，有权向销售者追偿。

③消费者在接受服务时，其合法权益受到损害的，可以向服务者要求赔偿。

④消费者在购买、使用商品或者接受服务时，其合法权益受到损害，因原企业分立、合并的，可以向变更后承受其权利、义务的企业要求赔偿。

⑤使用他人营业执照的违法经营者提供商品或者服务，损害消费者合法权益的，消费者可以向其要求赔偿，也可以向营业执照的持有人要求赔偿。

⑥消费者在展销会、租赁柜台购买商品或者接受服务，其合法权益受到损害的，可以向销售者或者服务者要求赔偿。展销会结束或者柜台租赁期满后，也可以向展销会的举办者、柜台的出租者要求赔偿。展销会的举办者、柜台的出租者赔偿后，有权向销售者或者服务者追偿。

⑦消费者通过网络交易平台购买商品或者接受服务，其合法权益受到损害的，可以向销售者或者服务者要求赔偿。网络交易平台提供者不能提供销售者或者服务者的真实名称、地址和有效联系方式的，消费者也可以向网络交易平台提供者要求赔偿；网络交易平台提供者作出更有利于消费者的承诺的，应当履行承诺。网络交易平台提供者赔偿后，有权向销售者或者服务者追偿。网络交易平台提供者明知或者应知销售者或者服务者利用其平台侵害消费者合法权益，未采取必要措施的，依法与该销售者或者服务者承担连带责任。

⑧经营者利用虚假广告或者其他虚假宣传方式提供商品或者服务，使消费者合法权益受到损害的，可以向经营者要求赔偿。广告经营者、发布者发布虚假广告的，消费者可以请求行政主管部门予以惩处。广告的经营者、发布者不能提供经营者真实名称、地址和有效联系方式的，应承担赔偿责任。广告经营者、发布者设计、制作、发布关系消费者生命健康商品或者服务的虚假广告，造成消费者损害的，应当与提供该商品或者服务的经营者承担连带责任。

⑨社会团体或者其他组织、个人在关系消费者生命健康商品或者服务的虚假广告或者其他虚假宣传中向消费者推荐商品或者服务，造成消费者损害的，应当与提供该商品或者服务的经营者承担连带责任。

4.4.3　损害旅游消费者合法权益法律责任的确定

旅游经营者是直接向旅游消费者提供服务的，其经营行为直接关系到旅游消费者的合法权益的实现，因此，法律、法规对经营者承担责任的方式进行了明确的规定。

1）经营者损害消费者权益行为的民事责任

经营者和消费者同为平等的民事主体，在经营过程中，因为经营者的服务不符合约定，或者经营者的行为侵害了消费者的人身、财产权利，经营者因此向消费者承担的责任即为民事责任。对于民事责任的承担，可以适用《民法通则》、《合同法》等法律的规定。《消费者权益保护法》对经营者所承担的民事责任，作了更为具体的规定。经营者应承担的民事责任是：

（1）违反有关法律、法规应承担的民事责任

根据《消费者权益保护法》第四十八条规定，经营者提供商品或服务有下列情形之一的，除《消费者权益保护法》另有规定外，应当按照其他有关法律、法规的规定，承担民事责任：

①商品或者服务存在缺陷的；

②不具备商品应当具备的使用性能而出售时未作说明的；

③不符合在商品或者其包装上注明采用的商品标准的；

④不符合商品说明、实物样品等方式表明的质量状况的；

⑤生产国家明令淘汰的商品或者销售失效、变质的商品的；

⑥销售的商品数量不足的；

⑦服务的内容和费用违反约定的；

⑧对消费者提出的修理、重作、更换、退货、补足商品数量、退还货款和服务费用或者赔偿损失的要求，故意拖延或者无理拒绝的；

⑨法律、法规规定的其他损害消费者权益的情形。

（2）未尽到安全保障义务的民事责任

《消费者权益保护法》规定：经营者对消费者未尽到安全保障义务，造成消费者损害的，应当承担侵权责任。

（3）致人伤亡的民事责任

《消费者权益保护法》第四十九条规定：经营者提供商品或者服务，造成消费者或者其他受害人人身伤害的，应当赔偿医疗费、护理费、交通费等为治疗和康复支出的合理费用，以及因误工减少的收入。造成残疾的，还应当赔偿残疾生活辅助具费和残疾赔偿金。造成死亡的，还应当赔偿丧葬费和死亡赔偿金。

（4）侵犯人身权利的民事责任

《消费者权益保护法》第五十条规定：经营者侵害消费者的人格尊严、侵犯消费者人身自由或者侵害消费者个人信息依法得到保护的权利的，应当停止侵害、恢复名誉、消除影响、赔礼道歉，并赔偿损失。

《消费者权益保护法》第五十一条规定：经营者有侮辱诽谤、搜查身体、侵犯人身自由等侵害消费者或者其他受害人人身权益的行为，造成严重精神损害的，受害人可以要求精神损害赔偿。

（5）造成财产损害的民事责任

《消费者权益保护法》第五十二条规定：经营者提供商品或者服务，造成消费者财产损害的，应当依照法律规定或者当事人约定承担修理、重作、更换、退货、补足商品数量、退还货款和服务费用或者赔偿损失等民事责任。

（6）违反约定的民事责任

《消费者权益保护法》第五十三条规定：经营者以预收款方式提供商品或者服务的，应当按照约定提供。未按照约定提供的，应当按照消费者的要求履行约定或者退回预付款，并应当承担预付款的利息、消费者必须支付的合理费用。

（7）提供不合格商品的责任

《消费者权益保护法》第五十四条规定：若经营者所提供的商品，依法经有关行政部门认定为不合格的商品，消费者要求退货的，经营者应当负责退货。

（8）欺诈行为的民事责任

《消费者权益保护法》第五十五条规定：经营者提供商品或者服务有欺诈行为的，应当按照消费者的要求增加赔偿其受到的损失，增加赔偿的金额为消费者购买商品的价款或者接受服务费用的三倍；增加赔偿的金额不足500元的，为500元。法律另有规定的，依照其规定。

经营者明知商品或者服务存在缺陷，仍然向消费者提供，造成消费者或者其他受害人死亡或者健康严重损害的，受害人有权要求经营者依照《消费者权益保护法》第四十九条、第五十一条等法律规定赔偿损失，并有权要求所受损失二倍以下的惩罚性赔偿。

此外，《消费者权益保护法》第五十八条规定：经营者违反本法规定，应当承担民事赔偿责任和缴纳罚款、罚金，其财产不足以同时支付的，先承担民事赔偿责任。

2）经营者损害消费者权益行为的行政责任

经营者除了向消费者承担民事责任之外，如违法经营的行为违反了有关行业管理的行政法规，行政机关可以在自身职权的范围内，根据法律、法规的有关规定，追究经营者的行政责任。

根据国务院2009年颁布的《旅行社条例》，依据不同情形分别处以的行政责任形式有责令改正、没收违法所得、罚款、停业整顿、吊销业务经营许可证等。

在《消费者权益保护法》第五十六条中规定：经营者有下列情形之一，除承担相应的民事责任外，其他有关法律、法规对处罚机关和处罚方式有规定的，依照法律、法规的规定执行；法律、法规未作规定的，由工商行政管理部门或者其他有关行政部门责令改正，可以根据情节单处或者并处警告、没收违法所得、处以违法所得一倍以上十倍以下的罚款，没有违法所得的，处以50万元以下的罚款；情节严重的，责令停业整顿、吊销营业执照：

①提供的商品或者服务不符合保障人身、财产安全要求的；

②在商品中掺杂、掺假，以假充真，以次充好，或者以不合格商品冒充合格商品的；

③生产国家明令淘汰的商品或者销售失效、变质的商品的；

④伪造商品的产地，伪造或者冒用他人的厂名、厂址，篡改生产日期，伪造或者冒用认证标志等质量标志的；

⑤销售的商品应当检验、检疫而未检验、检疫或者伪造检验、检疫结果的；

⑥对商品或者服务作虚假或者引人误解的宣传的；

⑦拒绝或者拖延有关行政部门责令对缺陷商品或者服务采取停止销售、警示、召回、无害化处理、销毁、停止生产或者服务等措施的；

⑧对消费者提出的修理、重作、更换、退货、补足商品数量、退还货款和服务费用或者赔偿损失的要求，故意拖延或者无理拒绝的；

⑨侵害消费者人格尊严、侵犯消费者人身自由或者侵害消费者个人信息依法得到保护的权利的；

⑩法律、法规规定的对损害消费者权益应当予以处罚的其他情形。

经营者有上述情形的，除依照法律、法规规定予以处罚外，处罚机关应当记入信用档案，向社会公布。

3）经营者损害消费者权益应承担的刑事责任

《旅行社条例》第六十五条规定，旅行社损害旅游者合法权益的，应当承担相应的民事责任；构成犯罪的，依法追究刑事责任。结合《消费者权益保护法》第五十七、五十九、六十条的规定，追究刑事责任的情况主要包括以下几种：

①经营者违反《消费者权益保护法》规定提供商品或者服务，侵害消费者合法权益，

构成犯罪的，依法追究刑事责任。

②以暴力、威胁等方法阻碍有关行政部门工作人员依法执行职务的，依法追究刑事责任。

③国家机关工作人员玩忽职守或者包庇经营者侵害消费者合法权益的行为，情节严重，构成犯罪的，依法追究刑事责任。

本章小结

本章介绍了消费者和旅游消费者的概念、消费者权益保护法的基本内容，以及旅游消费者的权利和旅游经营者的义务，着重强调旅游消费者合法权益保护的重要性。旅游消费者的权利是旅游消费者权益保护法的核心内容，离开了旅游消费者的权利就谈不上旅游消费者合法权利的保护。最后分析了旅游消费者合法权益的国际国内保护方法，侵害旅游消费者合法权益的法律责任的确定。

主要概念

消费者　旅游消费者　消费者权益保护法　损害旅游消费者权益的法律责任

选择题

1. 消费者权益保护法的基本原则是(　　)。

A. 国家保护原则　　B. 社会保护原则

C. 法律保护原则　　D. 经营者与消费者交易的基本原则

2. 旅游消费者的合法权益有(　　)。

A. 安全保障权　B. 知悉真情权　C. 自主选择权　D. 公平交易权

3. 依法成立的对商品和服务进行监督保护的保护消费者合法权益的社会组织是(　　)。

A. 工商管理部门　B. 消费者投诉部门　C. 消费者协会　D. 个体协会

判断题

1. 消费者是指为满足生产消费需要而购买、使用商品或者接受服务的个人或单位。(　　)

2. 公平交易权是指旅游者购买、使用商品或接受服务时，享有知悉其所购买、使用的商品的真实情况的权利。(　　)

3. 因商品缺陷造成人身、财产损害的，旅游消费者可以向销售者要求赔偿，也可以向生产者要求赔偿。属于生产者责任的，销售者赔偿后，有权向生产者要求赔偿。属于销售者责任的，生产者赔偿后，有权向销售者追偿。(　　)

4. 消费者协会作为非营利的、公益性的社团，不得从事商品经营和营利性服务，不得以牟利为目的向社会推荐商品和服务。(　　)

简答题

1. 消费者权益保护法的基本原则是什么?

2. 按照《消费者权益保护法》的规定，旅游消费者享有的权利和旅游经营者承担的义务有哪些?

3. 旅游消费者保护机构有哪些?

4. 简述损害旅游消费者权益的法律责任。

讨论题

1.《消费者权益保护法》为何要将经营者纳入其调整对象?

2. 为什么说旅游消费者的权利是旅游消费者权益保护法的核心内容?

案例分析题

任某从某旅游景点的一个玉器出租柜台购买了一把价值3 000元的玉壶，后经专家鉴定为赝品，仅值200元。任某立即返回该景点，但已找不到该玉器柜台主人，经询问得知，该玉器柜台是某摊主向景区租用的，现租期已满，承租人已不知去向。于是任某与景区交涉，要求景区承担赔偿责任，但景区拒绝给予赔偿。

试分析：本案例中，景区是否承担赔偿责任?

实训题

请同学们分组调查当地旅游消费者合法权益保护的情况，并写出调查报告进行交流。

第5章 旅行社管理法律制度

知识结构图表

- 旅行社管理法律制度
  - 旅行社概述
    - 旅行社管理法律制度概述
    - 旅行社的概念和法律特征
    - 旅行社的分类及业务范围
  - 旅行社的设立
    - 旅行社的设立条件
    - 旅行社的申报审批
    - 旅行社变更事项的管理
    - 旅行社分支机构的管理
    - 外商投资旅行社的设立与管理
    - 旅行社公告制度
  - 旅行社业务经营与管理
    - 旅行社的经营原则
    - 旅行社业务经营规范
    - 旅行社及其工作人员的权利和义务
    - 法律责任
  - 旅行社质量保证金管理制度
    - 旅行社质量保证金的概念
    - 旅行社质量保证金的缴纳及退还
    - 旅行社质量保证金的适用
    - 旅行社质量保证金赔偿案件的管辖与审理
    - 旅行社质量保证金赔偿标准

学习目标

通过本章学习，了解旅行社的概念、旅行社设立的条件，理解旅行社的权利和义务，重点掌握旅行社的经营规则等内容。

案例导入

司机磨蹭致日出没看上，旅行社赔偿游客损失

王小姐等人参加了某旅行社组织的峨眉山5日游。在旅游合同中，她们专门要求注明游览峨眉山包括观看日出的行程。在看日出的前一天，约定第二天早上4点半集合。可第二天早上5点，司机才开着汽车慢吞吞地过来。好不容易上车了，司机却在路上停了三次，说是再等几个游客。到达山顶时，已超过6点，太阳早已升起。回到济南后，王小姐等人起诉至法院，要求旅行社退还峨眉山的景点门票并赔偿损失。最终，法院判决旅行社退还王小姐等人大部分门票款，并赔偿同额违约金。

案例分析：

在旅游纠纷中，存在旅游业经营者服务“缩水”现象，即只履行了合同义务的一部分，或虽履行了义务但服务质量不符合合同规定。当这样的情况发生时，旅游者应积极向旅行社索赔，保护自己的权益。尽管观日出不是游览峨眉山景区的全部内容，但鉴于王小姐等游客在与旅行社签订的旅游合同中特别注明了观看日出的行程，所以，观日出成为游览峨眉山的重要内容，而游客没能看上日出的全部责任应归结在旅行社身上，旅行社应为违约行为承担赔偿责任。

资料来源 陈实．司机磨蹭致日出没看上，旅行社赔偿游客损失［EB/OL］．(2006-12-07)［2013-12-18］．http：//bjgyold. chinacourt. org/public/detail. php？ id = 39885&k_ w =% D3% CE% C0% C0% B6% EB% C3% BC% C9% BD% B0% FC% C0% A8% B9% DB% BF% B4% C8% D5% B3% F6% B5% C4.

旅行社是旅游业的龙头产业，是从事招徕、接待、组织旅游者进行旅游活动的企业，是沟通旅游消费者和旅游生产者的中介组织。就本质而言，旅行社又是一个以营利为目的的企业。旅行社在其业务范围内与有关各方之间形成了大量的社会关系。旅行社法规即是调整旅行社业务中各种社会关系的法律规范的总称。尽管各国国情不同，但旅行社法规所调整的社会关系具有很大程度的同质性。因此，各国旅行社法规制度会有一些体现共同点的内容，如规定本法的制定目的、有关定义和术语、旅行社的成立条件和相关的审批手续、旅行社的职责、有关的罚则等。

5.1 旅行社概述

5.1.1 旅行社管理法律制度概述

为了适应我国旅游业对外开放的需要，促进旅游业的发展，1985 年 5 月 11 日国务院颁布了《旅行社管理暂行条例》，该条例将旅行社分为一、二、三类，规定了开办各类旅行社的条件。1996 年 10 月 15 日国务院令第 205 号发布了正式的《旅行社管理条例》。2001 年 12 月 11 日，根据我国旅行社业务新的需要，国务院令第 334 号决定根据 2001 年 12 月 5 日国务院第 49 次常务会议通过的《国务院关于修改〈旅行社管理条例〉的决定》，对 1996 年 10 月 15 日发布的《旅行社管理条例》进行了修订，并重新公布，自 2002 年 1 月 1 日起施行。

《旅行社管理条例》实施 10 余年来，在保障旅游业持续、快速、健康发展上发挥了重要、积极的作用，但随着旅游业的迅猛发展，许多内容已明显不能适应新形势的要求。2009 年 2 月 20 日，温家宝总理签署第 550 号国务院令，公布了经国务院第 47 次常务会议通过的《旅行社条例》。《旅行社条例》自 2009 年 5 月 1 日起施行，《旅行社管理条例》同时废止。同时，国家旅游局公布的新的《旅行社条例实施细则》自 2009 年 5 月 3 日起施行，2001 年 12 月 27 日国家旅游局公布的《旅行社管理条例实施细则》废止。

此外，国家旅游局制定发布的《旅行社质量保证金暂行规定》、《旅行社质量保证金赔偿暂行办法》、《旅行社投保旅行社责任保险规定》、《关于外国旅行社在中国设立旅游常驻机构的审批管理办法》等规章，与《旅行社条例》共同作为旅行社法规制度施行。

2013 年 4 月 25 日，《中华人民共和国旅游法》（简称《旅游法》）出台，对旅游社经营设立专章加以规定，主要针对旅行社的设立、旅行社的业务、旅行社的经营规则和合同履行义务等进行了明确的规定，为进一步规范旅行社的经营提供了法律依据。

5.1.2 旅行社的概念及法律特征

1）旅行社的概念

旅行社产生于19世纪40年代，是世界旅游业的三大支柱之一，而且居于旅游业的“龙头”地位。我国《旅行社条例》第二条规定：“本条例所称旅行社，是指从事招徕、组织、接待旅游者等活动，为旅游者提供相关旅游服务，开展国内旅游业务、入境旅游业务或者出境旅游业务的企业法人。”

2）旅行社的法律特征

旅行社业为许可经营行业。经营旅行社业务，应当报经有权审批的旅游行政管理部门批准，领取旅行社业务经营许可证，并依法办理工商登记注册手续。未经旅游行政管理部门审核批准并取得许可证的，不得从事旅游业务。旅行社的法律特征是：

①旅行社是从事旅游业务的企业法人。设立旅行社，必须具备旅行社条例规定的条件，经旅游行政管理部门批准，领取旅行社业务经营许可证，并到工商行政管理部门注册登记，即取得旅行社企业法人的资格。

②旅行社所从事的旅游业务主要是招徕、组织并接待旅游者，为旅游者提供相关的旅游服务。招徕，指旅行社按照批准的业务范围，在国内外开展宣传活动，组织招徕旅游者的工作。接待，指旅行社根据与旅游者达成的协议为其安排行、游、住、食、购、娱等活动，并提供导游服务。

5.1.3 旅行社的分类及业务范围

1）旅行社的分类

在西方，人们按照业务范围将旅行社划分为旅游经营商、旅游批发商和旅游零售商三类，也有的将旅行社分为批发旅游经营商和旅游零售商两类，忽略旅游经营商和旅游批发商之间的差别。我国1985年的《旅行社管理暂行条例》将旅行社分为一、二、三类，1996年的《旅行社管理条例》将旅行社分为国内旅行社和国际旅行社两类。根据2009年《旅行社条例》的规定，我国对旅行社没有再作严格的分类，只是在实践中将旅行社区别为两类：一类是经营国内旅游业务和入境旅游业务的旅行社；另一类是经营国内旅游业务和入境旅游业务的旅行社取得经营许可满两年，且未因侵害旅游者合法权益受到行政机关罚款以上处罚的，就可以申请经营出境旅游业务。

2）旅行社的业务范围

《旅游法》第二十九条规定：旅行社可以经营境内旅游、出境旅游、边境旅游、入境旅游和其他旅游业务。旅行社经营第二项和第三项业务，应当取得相应的业务经营许可，具体条件由国务院规定。根据法律规定，旅行社的主要业务是招徕、组织、接待旅游者并提供相关的旅游服务，包括境内旅游业务、入境旅游业务、出境旅游业务、边境旅游业务。所谓境内旅游业务，是指旅行社招徕、组织和接待中国内地居民在境内旅游的业务。所谓入境旅游业务，是指旅行社招徕、组织、接待外国旅游者来我国旅游，香港特别行政区、澳门特别行政区旅游者来内地旅游，台湾地区居民来大陆旅游，以及招徕、组织、接待在中国内地的外国人，在内地的香港特别行政区、澳门特别行政区居民和在大陆的台湾地区居民在境内旅游的业务。所谓出境旅游业务，是指旅行社招徕、组织、接待中国内地居民出国旅游，赴香港特别行政区、澳门特别行政区和台湾地区旅游，以及招徕、组织、接待在中国内地的外国人，在内地的香港特别行政区、澳门特别行政区居民和在大陆的台湾地区居民出境旅游的业务。所谓边境旅游业务，是指经批准和指定的旅游部门组织和接待本国公民及毗邻国家的公民，在双方政府商定的边境地区进行的旅游业务。

具体而言，旅行社的业务范围是：

①安排交通服务；

②安排住宿服务；

③安排餐饮服务；

④安排观光游览、休闲度假等服务；

⑤安排导游、领队服务；

⑥安排旅游咨询、旅游活动设计服务。

⑦接受旅游者的委托代订交通客票、代订住宿和代办出境、入境、签证手续等；

⑧接受机关、事业单位和社会团体的委托，为其差旅、考察、会议、展览等公务活动，代办交通、住宿、餐饮、会务等事务；

⑨接受企业委托，为其各类商务活动、奖励旅游等，代办交通、住宿、餐饮、会务、观光游览、休闲度假等事务。

其中出境、签证手续等服务，只能由具备出境旅游业务经营权的旅行社代办。

需要注意的是，外商投资旅行社，包括中外合资经营旅行社、中外合作经营旅行社和外资旅行社，不得经营中国内地居民出国旅游业务以及赴香港特别行政区、澳门特别行政区和台湾地区旅游的业务，但是国务院决定或者我国签署的自由贸易协定和内地与香港、澳门关于建立更紧密经贸关系的安排另有规定的除外。

5.2　旅行社的设立

5.2.1　旅行社的设立条件

各国对旅行社的设立都有不同的规定，综合起来，主要包括以下几个方面：申办者的从业经验、法定的注册资本、营业保证金、旅游行政许可、工商注册、加入行业组织等。根据《旅行社条例》第六条、《旅行社条例实施细则》第六条和《旅游法》第二十八条的规定，旅行社设立的条件主要有：

1）经营国内旅游业务和入境旅游业务的旅行社的设立条件

经营国内旅游业务和入境旅游业务的旅行社，应当具备下列条件：

①有固定的经营场所。申请者拥有产权的营业用房，或者申请者租用的、租期不少于1年的营业用房；营业用房应当满足申请者业务经营的需要。

②有必要的营业设施。2部以上的直线固定电话；传真机、复印机；具备与旅游行政管理部门及其他旅游经营者联网条件的计算机。

③有符合规定的注册资本。按照规定，申请设立从事国内旅游业务和入境旅游业务经营的旅行社，应该有不少于30万元的注册资本。

④有必要的经营管理人员和导游。

⑤法律、法规规定的其他条件。

2）经营出境旅游业务的旅行社的设立条件

根据《旅行社条例》第八条的规定，旅行社取得经营许可满两年，且未因侵害旅游者合法权益受到行政机关罚款以上处罚的，可以申请经营出境旅游业务。

5.2.2 旅行社的申报审批

1）旅行社申请经营国内旅游业务和入境旅游业务的申报审批

申请设立经营国内旅游业务和入境旅游业务的旅行社，应当向所在地省、自治区、直辖市旅游行政管理部门（简称省级旅游行政管理部门，下同）或者其委托的设区的市（含州、盟，下同）级旅游行政管理部门提出申请，并提交符合条例规定的相关证明文件：

①设立申请书。内容包括申请设立的旅行社的中英文名称及英文缩写，设立地址，企业形式、出资人、出资额和出资方式，申请人、受理申请部门的全称、申请书名称和申请的时间。

②法定代表人履历表及身份证明。

③企业章程。

④依法设立的验资机构出具的验资证明。

⑤经营场所的证明。

⑥营业设施、设备的证明或者说明。

⑦工商行政管理部门出具的《企业名称预先核准通知书》。

受理申请的旅游行政管理部门应当自受理申请之日起20个工作日内作出许可或者不予许可的决定。予以许可的，向申请人颁发旅行社业务经营许可证，申请人持旅行社业务经营许可证向工商行政管理部门办理设立登记；不予许可的，书面通知申请人并说明理由。

2）旅行社申请经营出境旅游业务的申报审批

申请经营出境旅游业务的旅行社，应当向国务院旅游行政主管部门或者其委托的省、自治区、直辖市旅游行政管理部门提出申请，并提交原许可的旅游行政管理部门出具的，证明其经营旅行社业务满两年，且连续两年未因侵害旅游者合法权益受到行政机关罚款以上处罚的文件。受理申请的旅游行政管理部门应当自受理申请之日起20个工作日内作出许可或者不予许可的决定。予以许可的，向申请人换发旅行社业务经营许可证，旅行社应当持换发的旅行社业务经营许可证到工商行政管理部门办理变更登记；不予许可的，书面通知申请人并说明理由。

旅行社申请经营边境旅游业务和赴台湾地区旅游业务，分别适用《边境旅游暂行管理办法》的规定和《大陆居民赴台湾地区旅游管理办法》的规定。

3）网络经营旅游业务

旅行社的网络营销正在不断变化，越来越多的传统旅行社在营销方面逐渐走向专业化，开始转战互联网，开拓新的营销渠道。2013年，旅行社更多地借助于第三方网络平台，从门店销售升级到网络营销和品牌营销，口碑营销越来越受到重视，移动终端营销也被更多旅行社所青睐。

有关网络营销经营业务，《旅游法》第四十八条规定，通过网络经营旅行社业务的，应当依法取得旅行社业务经营许可，并在其网站主页的显著位置标明其业务经营许可证信息。发布旅游经营信息的网站，应当保证其信息真实、准确。

网络经营旅游业务的旅行社按照法律规定，必须依法取得旅行社业务经营的许可，与此同时在其网站主页要标明其业务经营许可证信息，并应当载明旅行社的名称、法定代表人、许可证编号和业务经营范围，以及原许可的旅游行政管理部门的投诉电话，保证自己发布的旅游经营信息真实、准确，维护旅游者的合法权益，有利于行政管理部门与社会的有效监督。

5.2.3　旅行社变更事项的管理

旅行社变更事项包括业务范围的变更，注册登记地的变更，组织形式、名称、法定代表人、营业场所等事项的变更。

①旅行社申请经营出境旅游业务获得许可的，旅行社应当持换发的旅行社业务经营许可证到工商行政管理部门办理变更登记。

②旅行社名称、经营场所、出资人、法定代表人等登记事项变更的或终止经营的，应当到工商行政管理部门办理相应的变更登记或者注销登记，并在登记办理完毕之日起10个工作日内，持已变更的企业法人营业执照向原许可的旅游行政管理部门备案，换领或者交回旅行社业务经营许可证。

5.2.4　旅行社分支机构的管理

旅行社分支机构，是指旅行社设立的不具有独立法人资格、以设立社名义开展旅游业务经营活动的旅行社分社及旅行社服务网点。旅行社分社（简称分社，下同）及旅行社服务网点（简称服务网点，下同）从事《旅行社条例》规定的经营活动，其经营活动的责任和后果，由设立社承担。

1）旅行社分社的管理

根据《旅行社条例》第十四条的规定，旅行社每设立一个经营国内旅游业务和入境旅游业务的分社，应当向其质量保证金账户增存5万元；每设立一个经营出境旅游业务的分社，应当向其质量保证金账户增存30万元。

旅行社设立分社，应向分社所在地工商行政管理部门办理分社设立登记，还应当持下列文件向分社所在地与工商登记同级的旅游行政管理部门备案，如果没有同级的旅游行政管理部门的，可以向上一级旅游行政管理部门备案：

①设立社的旅行社业务经营许可证副本和企业法人营业执照副本；

②分社的营业执照；

③分社经理的履历表和身份证明；

④增存质量保证金的证明文件。

旅行社分社的经营场所、营业设施、设备，应当符合旅行社设立规定的要求。分社的名称中应当包含设立社名称、分社所在地地名和“分社”或者“分公司”字样。

2）旅行社服务网点的管理

服务网点是指旅行社设立的，为旅行社招徕旅游者，并以旅行社的名义与旅游者签订旅游合同的门市部等机构。设立社设立服务网点的区域范围，应当在设立社所在地的设区的市的行政区划内，不得在此区域范围外设立服务网点。服务网点应当设在方便旅游者认识和出入的公众场所。

服务网点的名称、标牌应当包括设立社名称、服务网点所在地地名等，不得含有使消费者误解为是旅行社或者分社的内容，也不得作易使消费者误解的简称。服务网点应当在设立社的经营范围内，招徕旅游者、提供旅游咨询服务。

设立社向服务网点所在地工商行政管理部门办理服务网点设立登记后，应当在3个工作日内，持下列文件向服务网点所在地与工商登记同级的旅游行政管理部门备案，没有同级的旅游行政管理部门的，可以向上一级旅游行政管理部门备案：

①设立社的旅行社业务经营许可证副本和企业法人营业执照副本；

②服务网点的营业执照；

③服务网点经理的履历表和身份证明。

设立社应当加强对分社和服务网点的管理，对分社实行统一的人事、财务、招徕、接待制度规范，对服务网点实行统一管理、统一财务、统一招徕和统一咨询服务规范。

5.2.5 外商投资旅行社的设立与管理

在我国旅游业多年入世谈判中，旅行社一直是谈判的重点。谈判的基础是1998年12月2日经国务院批准、国家旅游局和外经贸部发布的《中外合资旅行社试点暂行办法》(以下简称《办法》)。该《办法》出于保护国内旅行社的目的，曾经为国外旅行社进入中国砌筑了一道高门槛。因此，有关旅行社多年谈判的重点就是如何逐年降低这个门槛。

2009年5月1日起施行的《旅行社条例》，对1996年国务院发布的《旅行社管理条例》进行了全面修改，履行了中国的入世承诺，放宽了对外资旅行社的限制，删除了关于外商投资旅行社注册资本最低限额、投资者条件的特殊要求，取消了关于外商投资旅行社不得设立分支机构的限制，并且规定，外商投资者除了可以设立中外合资、中外合作旅行社外，还可以设立外资旅行社。

设立外商投资旅行社，由投资者向国务院旅游行政主管部门提出申请，并提交符合旅行社设立条件的相关证明文件。国务院旅游行政主管部门应当自受理申请之日起30个工作日内审查完毕。同意设立的，出具外商投资旅行社业务许可审定意见书；不同意设立的，书面通知申请人并说明理由。

申请人持外商投资旅行社业务许可审定意见书、章程，合资、合作双方签订的合同向国务院商务主管部门提出设立外商投资企业的申请。国务院商务主管部门依照有关法律、法规的规定，作出批准或者不予批准的决定。予以批准的，颁发外商投资企业批准证书，并通知申请人向国务院旅游行政主管部门领取旅行社业务经营许可证，申请人持旅行社业务经营许可证和外商投资企业批准证书向工商行政管理部门办理设立登记；不予批准的，书面通知申请人并说明理由。

外商投资旅行社不得经营中国内地居民出国旅游业务以及赴香港特别行政区、澳门特别行政区和台湾地区旅游的业务，但是国务院决定或者我国签署的自由贸易协定和内地与香港、澳门关于建立更紧密经贸关系的安排另有规定的除外。

5.2.6 旅行社公告制度

旅行社公告制度，是指旅游行政管理部门对其审批设立的旅行社通过报纸、期刊或者其他形式向社会公开发布告知。旅行社公告制度以行政法规形式确立，有别于工商登记部门发布的企业法人登记公告，是旅游行政管理部门对旅行社实行行业监督的一项重要措施。其目的是将经过依法设立的旅行社向社会公开告知，从而把对旅行社的监督工作推向全社会，扩大对旅行社的监督范围，强化对旅行社实行行业管理的效力。

公告的内容包括旅行社业务经营许可证的颁发、变更、吊销、注销情况，旅行社的违法经营行为以及旅行社的诚信记录、旅游者投诉信息等。公告的事项，县级以上旅游行政管理部门通过本部门或者上级旅游行政管理部门的政府网站向社会发布。

其中，质量保证金存缴数额降低，旅行社业务经营许可证颁发、变更和注销的，国务院旅游行政主管部门或者省级旅游行政管理部门应当在作出许可决定或者备案后20个工作日内向社会公告。旅行社违法经营或者被吊销旅行社业务经营许可证的，由作出行政处罚决定的旅游行政管理部门，在处罚生效后10个工作日内向社会公告。

旅游者对旅行社的投诉信息，由处理投诉的旅游行政管理部门每季度向社会公告。

5.3　旅行社业务经营与管理

5.3.1　旅行社的经营原则

《旅行社条例》第四条规定：“旅行社在经营活动中应当遵循自愿、平等、公平、诚信的原则，提高服务质量，维护旅游者的合法权益。”

①自愿原则，是指旅行社不得通过欺诈、胁迫等手段强迫旅游者和其他企业在非自愿的情况下与其发生旅游法律关系。

②平等原则，是指旅行社在经营活动中，与旅游者或其他法人之间发生业务关系，必须平等协商，不得将自己的意志强加给对方。

③公平原则，是指在设立权利义务、承担民事责任等方面应当公正、平等、合情合理，保证公正交易和公平竞争。

④诚实信用原则，要求旅行社对旅游者和其他企业诚实不欺，恪守诺言，讲究信用。不损害他人利益和社会利益，并以诚实信用方式履行义务。

⑤旅行社在开展业务经营活动中，还应提高服务质量，维护旅游者的合法权益。

5.3.2　旅行社业务经营规范

1）旅行社业务经营许可证不得转让、出租或者出借

旅行社及其分社、服务网点，应当将旅行社业务经营许可证、旅行社分社备案登记证明或者旅行社服务网点备案登记证明，与营业执照一起，悬挂在经营场所的显要位置。旅行社的下列行为属于转让、出租或者出借旅行社业务经营许可证的行为：

①除招徕旅游者和符合《旅行社条例实施细则》第三十四条第一款规定的接待旅游者的情形（旅行社需要将在旅游目的地接待旅游者的业务作出委托）外，准许或者默许其他企业、团体或者个人，以自己的名义从事旅行社业务经营活动的。

②准许其他企业、团体或者个人，以部门或者个人承包、挂靠的形式经营旅行社业务的。

2）旅行社办事机构禁止从事旅游业务

根据《旅行社条例实施细则》第二十八条的规定，旅行社设立的办事处、代表处或

者联络处等办事机构，不得从事旅行社业务经营活动。

3）以网络经营旅行社业务的规定

旅行社以网络经营旅行社业务的，应当依法取得旅行社业务经营许可，除符合法律、法规规定外，其网站首页应当载明旅行社的名称、法定代表人、许可证编号和业务经营范围，以及原许可的旅游行政管理部门的投诉电话。发布旅游经营信息的网站，应当保证其信息真实、准确。

《旅游法》第三十二条规定：旅行社为招徕、组织旅游者发布信息，必须真实、准确，不得进行虚假宣传，误导旅游者。

4）禁止安排违反法律、法规的活动

旅行社为旅游者安排或者介绍的旅游活动不得含有违反有关法律、法规规定的内容，主要包括：

①含有损害国家利益和民族尊严内容的；

②含有民族、种族、宗教歧视内容的；

③含有淫秽、赌博、涉毒内容的；

④其他含有违反法律、法规规定内容的。

经营出境旅游业务的旅行社不得组织旅游者到国务院旅游行政主管部门公布的中国公民出境旅游目的地之外的国家和地区旅游。

5）不得要求导游人员和领队人员承担接待旅游团队的相关费用

旅行社不得要求导游人员和领队人员承担接待旅游团队的相关费用，主要包括：

①垫付旅游接待费用；

②为接待旅游团队向旅行社支付费用；

③其他不合理费用。

6）不得低价招徕旅游者

旅行社不得以低于旅游成本的报价招徕旅游者。未经旅游者同意，旅行社不得在旅游合同约定之外提供其他有偿服务。旅行社招徕、组织、接待旅游者，其选择的交通、住宿、餐饮、景区等企业，应当符合具有合法经营资格和接待服务能力的要求。

7）应当与旅游者签订旅游合同

旅行社为旅游者提供服务，应当与旅游者签订旅游合同并载明下列事项：

①旅行社的名称及经营范围、地址、联系电话和旅行社业务经营许可证编号；

②旅行社经办人的姓名、联系电话；

③签约地点和日期；

④旅游行程的出发地、途经地和目的地；

⑤旅游行程中交通、住宿、餐饮服务安排及其标准；

⑥旅行社统一安排的游览项目的具体内容及时间；

⑦旅游者自由活动的时间和次数；

⑧旅游者应当交纳的旅游费用及交纳方式；

⑨旅行社安排的购物次数、停留时间及购物场所的名称；

⑩需要旅游者另行付费的游览项目及价格；

⑪解除或者变更合同的条件和提前通知的期限；

⑫违反合同的纠纷解决机制及应当承担的责任；

⑬旅游服务监督、投诉电话；

⑭双方协商一致的其他内容。

在签订旅游合同时，旅行社不得要求旅游者必须参加旅行社安排的购物活动或者需要旅游者另行付费的旅游项目。同一旅游团队中，旅行社不得由于下列因素，提出与其他旅游者不同的合同事项：

①旅游者拒绝参加旅行社安排的购物活动或者需要旅游者另行付费的旅游项目的；

②旅游者存在的年龄或者职业上的差异，但旅行社提供了与其他旅游者相比更多的服务，或者旅游者主动要求的除外。

在旅游行程中，当发生不可抗力，危及旅游者人身、财产安全，或者非旅行社责任造成的意外情形，旅行社不得不调整或者变更旅游合同约定的行程安排时，应当在事前向旅游者作出说明；确因客观情况无法在事前说明的，应当在事后作出说明。旅行社及其委派的导游人员和领队人员的下列行为，属于擅自改变旅游合同安排行程：

①减少游览项目或者缩短游览时间的；

②增加或者变更旅游项目的；

③增加购物次数或者延长购物时间的；

④其他擅自改变旅游合同安排的行为。

旅行社和旅游者签订的旅游合同约定不明确或者对格式条款的理解发生争议的，应当按照通常理解予以解释；对格式条款有两种以上解释的，应当作出有利于旅游者的解释；格式条款和非格式条款不一致的，应当采用非格式条款。

8）对旅游业务作出委托的，应当委托给具有相应资质的旅行社

旅行社需要将在旅游目的地接待旅游者的业务作出委托的，应当委托给具有相应资质的旅行社，征得旅游者的同意，将旅游目的地接受委托的旅行社的名称、地址、联系人和联系电话，告知旅游者，并与接受委托的旅行社就接待旅游者的事宜签订委托合同，确定接待旅游者的各项服务安排及其标准，约定双方的权利、义务。

旅行社将旅游业务委托给其他旅行社的，应当向接受委托的旅行社支付不低于接待和服务成本的费用；接受委托的旅行社不得接待不支付或者不足额支付接待和服务费用的旅游团队。接受委托的旅行社违约，造成旅游者合法权益受到损害的，作出委托的旅行社应当承担相应的赔偿责任。作出委托的旅行社赔偿后，可以向接受委托的旅行社追偿。

旅游行程开始前，当发生约定的解除旅游合同的情形时，经征得旅游者的同意，旅行社可以将旅游者推荐给其他旅行社组织、接待，并由旅游者与被推荐的旅行社签订旅游合同。未经旅游者同意的，旅行社不得将旅游者转交给其他旅行社组织、接待。接受委托的旅行社因故意或者重大过失造成旅游者合法权益损害的，应当承担连带责任。

9）应当投保旅行社责任险和交纳旅游服务质量保障金

旅行社应当投保旅行社责任险。旅行社对可能危及旅游者人身、财产安全的事项，应当向旅游者作出真实的说明和明确的警示，并采取防止危害发生的必要措施。

发生危及旅游者人身安全的情形的，旅行社及其委派的导游人员、领队人员应当采取

必要的处置措施并及时报告旅游行政管理部门；在境外发生的，还应当及时报告中华人民共和国驻该国使领馆、相关驻外机构、当地警方。

为减少自然灾害等意外风险给旅游者带来的损害，旅行社在招徕、接待旅游者时，可以提示旅游者购买旅游意外保险。

旅行社应当按照规定交纳旅游服务质量保证金，用于旅游者权益损害赔偿和垫付旅游者人身安全与遇有危险时紧急救助的费用。

10）妥善保存相关文件资料

旅行社应当妥善保存招徕、组织、接待旅游者的各类合同及相关文件、资料，以备县级以上旅游行政管理部门核查。合同及文件、资料的保存期，应当不少于两年。

旅行社不得向其他经营者或者个人，泄露旅游者因签订旅游合同提供的个人信息；超过保存期限的旅游者个人信息资料，应当妥善销毁。

5.3.3 旅行社及其工作人员的权利和义务

1）旅行社及其工作人员的义务

旅行社应当为旅游者提供约定的各项服务，所提供的服务不得低于国家标准或行业标准。旅行社对旅游者就其服务项目和服务质量提出的询问，应作出真实、明确的答复。

旅行社应当为旅游者提供符合保障旅游者人身、财物安全需要的服务，对有可能危及旅游者人身、财物安全的项目，应当向旅游者作出真实的说明和明确的警示，并采取防止危害发生的措施；对旅游地可能引起旅游者误解或产生冲突的法律规定、风俗习惯、宗教信仰等，应当事先给旅游者以明确的说明和忠告。

以案说法 5-1　游客随身物品遗失，旅行社是否赔偿

2009年2月18日，旅游者李某一家三口参加某旅行社组织的港、澳、泰10日游，在香港旅游时，李某称其随身携带的装有护照、往返机票、现金等财物（价值3万余元）的背包遗失，致使其一家三口身无分文滞留在香港达6天之久，为此，李某认为依据法律规定，旅行社应当为旅游者提供符合保障旅游者人身、财产安全需要的服务，对有可危及旅游者人身、财产安全的项目，应当为旅游者作出说明和明确的警示，并采取防止危害发生的措施。但旅行社未能认真履行该义务，致使其随身携带物品丢失，要求旅行社退还旅游团费，赔偿丢失物品损失。

该旅行社则辩称在组织此旅游团的过程中遵守了国家有关规定，为旅游者办理了旅游意外保险，对有关旅游者人身、财物安全事项，作了多次明确的警示和说明。因此，不应对旅游者随身携带物品的丢失承担责任。按照惯例和常识，旅游者的个人物品属个人隐私，理应自己保管好，如有遗失，责任自负。

此外，在旅游者李某声称遗失随身携带物品后，该旅行社及时积极协助其报案、登报声明、补办临时护照，提供通讯方便，安排食宿和垫款购买由香港直航青岛机票，共垫付各项费用达11 960港元，给出事游客积极的同情和帮助，因此，从道义上，旅行社已尽了责任。

案例分析：

(1) 旅行社是否对游客随身携带物品遗失承担赔偿责任，首先应当明确旅行社对游客的随身物品是否负有保管责任。我国《合同法》规定：保管合同是保管人保管寄存人交付的保管物，并返还该物的合同。据此，只有当旅游者将其物品交付旅行社保管，因旅行社的不慎，将游客物品丢失，才应当承担赔偿责任。而在本案中，李某的物品并没有交给旅行社保管，而是由其本人随身携带，也就是说，在李某与旅行社之间并不存在保管法律关系，也即丢失的物品是在李某本人的保管之下。既然是在自己的保管之下，发生丢失后要旅行社承担赔偿责任，这是于法无据、于理不通的。

（2）旅行社事先对有关旅游者人身、财物安全问题已作了多次明确警示和说明。因李某已办理了旅游意外保险，如果旅游者随身携带物品确实丢失，亦应当由保险公司赔偿。而作为旅行社，则应当及时取得香港警方等有关方面的有效证明，协助旅游者与其承保的保险公司办理索赔事宜。

资料来源　佚名．游客随身物品遗失，旅行社是否赔偿[EB/OL]．（2010-12-02）[2013-12-18]．http：//www.toptour.cn/detail/info15484.htm.

旅行社组织中国内地居民出境旅游的，应当为旅游团队安排领队全程陪同。旅行社为接待旅游者委派的导游人员或者为组织旅游者出境旅游委派的领队人员，应当持有国家规定的导游证、领队证。

旅行社聘用导游人员、领队人员应当依法签订劳动合同，并向其支付不低于当地最低工资标准的报酬。旅行社不得要求导游人员和领队人员接待不支付接待和服务费用或者支付的费用低于接待和服务成本的旅游团队，不得要求导游人员和领队人员承担接待旅游团队的相关费用。

旅行社及其委派的导游人员和领队人员不得有下列行为：

①拒绝履行旅游合同约定的义务；

②非因不可抗力改变旅游合同安排的行程；

③欺骗、胁迫旅游者购物或者参加需要另行付费的游览项目。

发生出境旅游者非法滞留境外或者入境旅游者非法滞留境内的，旅行社应当立即向所在地县级以上旅游行政管理部门、公安机关和外事部门报告。

在旅游行程中，旅行社及其委派的导游人员、领队人员应当提示旅游者遵守文明旅游公约和礼仪。

以案说法5-2　出境游该不该派领队

杜某夫妇参加某旅行社组织的“新、马、泰、港、澳16日游”旅游团。在临登飞机时，旅游者发现，该旅游团队是6家旅行社组织的，大家手中的旅游日程各不相同。更让旅游者感到疑惑的是，该旅游团没有领队，而团队绝大多数人是初次跨出国门。这个出国旅游团在整个旅途中遇到许多困难。在国外如何转机，入境卡怎么填，需要哪些旅行文件，怎样与境外旅行社接洽等无人过问，在新加坡入境时，因不熟悉情况，旅游团被边检部门盘查一个半小时之久，影响了游览活动。旅游过程中，因没有领队与境外接待社协调，原来的日程安排多次变更。旅游团在异国他乡，人生地不熟，只好听从境外导游的摆布。旅行结束后，杜某夫妇以旅行社未提供相应服务，损害其合法权益为由，要求旅行社赔偿其损失。

旅行社辩称，组团人数不足，由若干家旅行社将旅游者拼为一个团，是旅行社的通常做法，只要按约定准时出游，是否告知旅游者并没有实际意义；此次组团出境旅游，事先双方并没有约定派领队，因此，旅行社未派领队并不构成违约。

案例分析：

该旅行社在组织出境旅游过程中，违反了有关旅游法规、规章，未履行法定义务，应承担违约赔偿责任。理由如下：

第一，签约旅行社不得擅自将旅游者转给其他旅行社。《旅行社条例实施细则》第三十四条规定："旅行社需要将在旅游目的地接待旅游者的业务作出委托的，应当按照《旅行社条例》第三十六条的规定，委托给旅游目的地的旅行社并签订委托接待合同。旅行社对接待旅游者的业务作出委托的，应当按照《旅行社条例》第三十六条的规定，将旅游目的地接受委托的旅行社的名称、地址、联系人和联系电话，告知旅游者。"旅游者出游选择旅行社，除考虑其价格、标准、行程等因素外，同时应特别注意旅行社的资信状况和履约能力，以使自己的利益得到保障。旅游者享有自主选择提供服务的旅行社的权利。未经旅游者书面同意，擅自将旅游者转让给其他旅行社的，是一种违约行为，转让的旅行社应当承担相应的法律责任。

第二，提供领队服务是旅行社的法定义务。《旅行社条例实施细则》第三十条规定："旅行社组织中国内地居民出境旅游的，应当为旅游团队安排领队全程陪同。"《中国公民自费出国旅游管理办法》第十条规定："团队的旅游活动须在领队的带领下进行。"领队是指由旅行社派出、为出境旅游者提供协助、服务，同境外旅行社接洽，督促其履行接待计划，调解纠纷，协助出境旅游者和境外接待社处理意外事件的人员。作为法定义务，无疑是任何旅游合同的默示条款。旅行社违反了合同默示条款，就是一种违约行为。

本案中，因旅行社违规运作，致使杜某夫妇不得不为吃、住、行操心劳神，没有享受到应有的服务。旅行社既要赔偿旅游者住宿、景点等损失外，还要退赔领队服务费。

资料来源　佚名. 出境游该不该派领队［EB/OL］.（2012-07-12）［2013-12-18］. http：//www.exam8. com/zige/daoyou/fudao/201207/2377762. html.

2）旅行社及其工作人员的权利

旅行社及其委派的导游人员、领队人员在经营、服务中享有下列权利：

①要求旅游者如实提供旅游所必需的个人信息，按时提交相关证明文件；

②要求旅游者遵守旅游合同约定的旅游行程安排，妥善保管随身物品；

③出现突发公共事件或者其他危急情形，以及旅行社因违反旅游合同约定采取补救措施时，要求旅游者配合处理防止扩大损失，以将损失降低到最低限度；

④拒绝旅游者提出的超出旅游合同约定的不合理要求；

⑤制止旅游者违背旅游目的地的法律、风俗习惯的言行。

5.3.4 法律责任

在《旅游法》、《旅行社条例》及其实施细则中有详细的配套规定。旅行社在经营管理过程中有违反法律、法规的行为，旅游行政主管部门或有关部门将依法要求违规的旅行社承担相应的法律责任，主要包括责令改正、停业整顿、没收违法所得、罚款、吊销旅行社业务经营许可证等责任形式。

5.4　旅行社质量保证金管理制度

为加强对旅行社服务质量的监督和管理，保护旅游者的合法权益，保障旅行社规范经营，维护我国旅游业声誉，国家旅游局根据原《旅行社管理条例》的有关规定，按照旅行社的特点并参照国际惯例，经国务院批准，对旅行社实行质量保证金制度。1995 年 1 月 1 日国家旅游局发布了《旅行社质量保证金暂行规定》及其实施细则。1997 年 3 月 27 日，国家旅游局颁布了《旅行社质量保证金赔偿暂行办法》。2009 年 5 月 1 日起施行的《旅行社条例》对旅行社质量保证金制度作了部分修改。2009 年 5 月 3 日发布实施的《旅行社条例实施细则》中对旅行社质量保证金的内容进行了明确、详细的规定。

5.4.1　旅行社质量保证金的概念

旅行社质量保证金，是指由旅行社交纳，旅游行政管理部门管理，用于保障旅游者权益的专用款项。保证金为现金形式，其他有价证券、实物、工业产权、非专利技术等不能作为保证金的缴付和抵押形式；各级旅游行政管理部门在规定的职权范围内，根据有关法规、规章和程序，作出支付保证金金额的决定，交纳保证金的有关凭证不得作为抵押或偿还债务的凭证。旅行社发生合并、解散、转产、破产等情形，保证金作为旅行社企业财产的一部分，按有关法律规定处置。

5.4.2　旅行社质量保证金的缴纳及退还

1）旅行社质量保证金的缴纳

按照《旅行社条例》的规定，经营国内旅游业务和入境旅游业务的旅行社，应当存入质量保证金 20 万元；经营出境旅游业务的旅行社，应当增存质量保证金 120 万元。旅行社每设立一个经营国内旅游业务和入境旅游业务的分社，应当向其质量保证金账户增存 5 万元；每设立一个经营出境旅游业务的分社，应当向其质量保证金账户增存 30 万元。质量保证金的利息属于旅行社所有。

旅行社应当自取得旅行社业务经营许可证之日起 3 个工作日内，在国务院旅游行政主管部门指定的银行开设专门的质量保证金账户，存入质量保证金，或者向作出许可的旅游行政管理部门提交依法取得的担保额度不低于相应质量保证金数额的银行担保。

旅行社在旅游行政管理部门使用质量保证金赔偿旅游者的损失，或者依法减少质量保证金后，因侵害旅游者合法权益受到行政机关罚款以上处罚的，应当在收到旅游行政管理部门补交质量保证金的通知之日起 5 个工作日内补足质量保证金。

旅行社在银行存入质量保证金的，应当设立独立账户，存期由旅行社确定，但不得少于 1 年。账户存期届满，旅行社应当及时办理续存手续。

旅行社存入、续存、增存质量保证金后 7 个工作日内，应当向作出许可的旅游行政管理部门提交存入、续存、增存质量保证金的证明文件，以及旅行社与银行达成的使用质量保证金的协议。该协议应当包含下列内容：

①旅行社与银行双方同意依照《旅行社条例》规定使用质量保证金；

②旅行社与银行双方承诺，除依照县级以上旅游行政管理部门出具的划拨质量保证金，或者省级以上旅游行政管理部门出具的降低、退还质量保证金的文件，以及人民法院作出的认定旅行社损害旅游者合法权益的生效法律文书外，任何单位和个人不得动用质量

保证金。

旅行社自交纳或者补足质量保证金之日起3年内未因侵害旅游者合法权益受到行政机关罚款以上处罚的，旅游行政管理部门应当将旅行社质量保证金的交存数额降低50%，并向社会公告。原许可的旅游行政管理部门应当根据旅行社的要求，在10个工作日内向其出具降低质量保证金数额的文件。旅行社可凭省、自治区、直辖市旅游行政管理部门出具的凭证减少其质量保证金。

2）旅行社质量保证金的退还

旅行社不再从事旅游业务的，凭旅游行政管理部门出具的凭证，向银行取回质量保证金。

3）旅行社质量保证金的赔偿请求人

质量保证金制度中的赔偿请求人，是指向旅游行政管理部门投诉并要求旅行社给予经济赔偿的当事人。赔偿请求人请求赔偿的时效期限为90天，从请求人受侵害事实发生之时计算。超过时效的请求可以不予受理。

5.4.3 旅行社质量保证金的适用

1）适用保证金赔偿的情形

有下列情形之一的，旅游行政管理部门可以使用旅行社的质量保证金：

①旅行社违反旅游合同约定，侵害旅游者合法权益，经旅游行政管理部门查证属实的；

②旅行社因解散、破产或者其他原因造成旅游者预交旅游费用损失的。

人民法院判决、裁定及其他生效法律文书认定旅行社损害旅游者合法权益，旅行社拒绝或者无力赔偿的，人民法院可以从旅行社的质量保证金账户上划拨赔偿款。

2）不适用保证金赔偿的情形

①旅行社因不可抗力因素不能履行合同的；

②旅游者在旅游期间发生人身、财物意外事故的；

③适用保证金赔偿情形之外的其他经济纠纷；

④超过规定的时效和期间的；

⑤司法机关已经受理的。

5.4.4 旅行社质量保证金赔偿案件的管辖与审理

各级旅游质监所对旅行社保证金赔偿案件应先受理，后按投诉对象移送有管辖权的质监所处理。国家旅游局质监所管辖下列旅行社的保证金赔偿案件：

①中央部门开办设立的旅行社；

②经营出境旅游业务的旅行社；

③在全国有重大影响的旅行社保证金赔偿案件。

地方各级旅游局质监所管辖本局管理其保证金的旅行社的保证金赔偿案件。在省（自治区、直辖市）辖区内有重大影响的保证金赔偿案件，由省级旅游局质监所管辖。

质监所发现受理的案件不属于本所管辖的，应当移送有管辖权的质监所，受移送的质监所应当受理。受移送的质监所认为受移送的案件依照规定不属于本质监所管辖的，应当报请上级质监所指定管辖，不得再自行移送。

上级质监所有权审理下级质监所管辖的保证金赔偿案件，也可以把本所管辖的保证金赔偿案件交下级质监所审理。下级质监所对它所管辖的保证金赔偿案件，认为需要由上级质监所审理的，可以报请上级质监所审理。

各级质监所在审理保证金赔偿案件时应遵循以下原则：

①以事实为依据，以法律、法规为准绳，公正办案，保护双方当事人的合法权益；

②办案中，应当先进行调解，调解无效的，应当依法进行审理；

③办案中，不受任何组织和个人的非法干涉。

各级质监所在审理保证金赔偿案件时，应先审查是否符合赔偿条件。保证金赔偿应当符合下列条件：

①属于保证金赔偿适用范围；

②请求人是旅游合法权益直接受到侵害的旅游者或其合法代理人；

③有明确的被投诉旅行社、具体的要求和事实根据。

根据《旅行社条例实施细则》第四十九条的规定，因下列情形之一，给旅游者的合法权益造成损害的，旅游者有权向县级以上旅游行政管理部门投诉：

①旅行社违反《旅行社条例》和本实施细则规定的；

②旅行社提供的服务，未达到旅游合同约定的服务标准或者档次的；

③旅行社破产或者其他原因造成旅游者预交旅游费用损失的。

划拨旅行社质量保证金的决定，应当由旅行社或者其分社所在地处理旅游者投诉的县级以上旅游行政管理部门作出。

请求人请求赔偿时，应当向质监所提出赔偿请求书。赔偿请求书应当写明下列事项：被投诉旅行社的名称、导游姓名；请求人的姓名、性别、国籍、职业、年龄及团队名称、地址、电话；赔偿请求和根据的事实、理由与证据。

质监所接到赔偿请求书，经审查对符合保证金赔偿条件的应及时作出受理决定；不符合受理条件的，应当在接到赔偿请求书之日起7个工作日内通知请求人不予受理的理由。质监所作出受理决定后，应当及时将《旅游投诉受理通知书》送达被投诉旅行社。被投诉旅行社在接到通知书后，应当在30日内作出书面答复。书面答复应当写明调查核实过程、事实证据、责任及处理意见。质监所应当对被投诉旅行社的书面答复进行复查。

被投诉旅行社接到质监所《旅游投诉受理通知书》，可以与请求人协商解决纠纷，但必须在规定的时间内将有关和解情况报送质监所。质监所处理赔偿请求案件，能够调解的，应当在查明事实、分清责任的基础上在30日内进行调解，促使请求人与被投诉旅行社互相谅解，达成协议。

质监所对调解不成的案件，可以分别作出以下处理：

①属于请求人自身的过错，可以决定撤销立案，通知请求人并说明理由。

②属于请求人与被投诉旅行社的共同过错，可以决定由双方各自承担相应的责任。双方各自承担责任的方式，可以由双方当事人自行协商确定，也可以由质监所决定。

③属于被投诉旅行社的过错，可以决定由被投诉旅行社承担责任。可以责令被投诉旅行社向请求人赔偿损失。

④属于其他旅游服务单位的过错，可以决定转送有关部门处理。

质监所作出的处理决定应当用《旅行社质量保证金赔偿决定书》通知请求人和被投诉旅行社。《旅行社质量保证金赔偿决定书》由所属旅游局主管负责人核准签发。当事人对赔偿决定不服的，可以在接到决定书之日起15日内向上一级质监所提出申诉。

质监所受理的保证金赔偿案件，应当在受理之日起90天内审理终结。有特殊原因的，经上级质监所批准，可以延长审理30日。

5.4.5 旅行社质量保证金赔偿标准

因旅行社及其导游人员或与旅行社相关部门的故意或过失，未达到合同约定的服务质量标准，造成旅游者经济损失的，旅行社应承担赔偿责任。

1）旅行社的原因导致的

①旅行社收取预付款后，因旅行社的原因不能成行，应提前3天（出境旅游应提前7天）通知旅游者，否则应承担违约责任，并赔偿旅游者已交预付款10%的违约金。

②因旅行社过错造成旅游者误机（车、船），旅行社应赔偿旅游者的直接经济损失，并赔偿经济损失10%的违约金。

③旅行社安排的旅游活动及服务档次与协议、合同不符，造成旅游者经济损失，应退还旅游者合同金额与实际花费的差额，并赔偿同额违约金。

2）导游人员的原因导致的

导游未按国家或旅游行业对客人服务标准的要求提供导游服务的，旅行社赔偿旅游者所付导游费用的2倍；导游违反旅行社与旅游者的合同约定，损害了旅游者的合法权益，旅行社应对旅游者进行赔偿，具体赔偿标准如下：

①导游擅自改变活动日程，减少或变更参观项目，应退还景点门票、导游服务费，并赔偿同额违约金。

②导游违反规定，擅自增加用餐、娱乐、医疗保健等项目，应承担旅游者的全部费用。

③导游违反合同旅程计划，擅自增加购物次数，每次应退还旅游者购物价款的20%。

④导游擅自安排旅游者到非旅游部门指定商店购物，所购商品为假冒伪劣商品，应赔偿旅游者的全部损失。

⑤导游私自兜售商品，应全额退还旅游者购物价款。

⑥导游索要小费，应赔偿被索要小费的2倍。

导游在旅游行程期间，擅自离开旅游团队，造成旅游者无人负责，旅行社应承担旅游者滞留期间所支出的食宿费等直接费用，并赔偿全部旅游费用30%的违约金。

3）相关部门的原因导致的

①旅行社安排的餐厅，因餐厅方面的原因发生质价不符的，旅行社应赔偿旅游者所付餐费的20%。

②旅行社安排的饭店，因饭店原因低于合同约定的等级档次，旅行社应退还旅游者所付房费与实际房费的差额，并赔偿差额20%的违约金。

③旅行社安排的交通工具，因交通部门原因低于合同约定的等级档次，旅行社应退还旅游者所付交通费与实际费用的差额，并赔偿差额20%的违约金。

④旅行社安排的观光景点，不能游览，旅行社应退还景点门票、导游费，并赔偿退还

费用20%的违约金。

旅行社在旅游过程中发生质量问题，组团社应先行赔偿旅游者的损失。旅行社在旅游质量问题发生之前已采取以下措施的，可以减轻或免除其赔偿责任：对旅游质量和安全状况已事先对旅游者给予充分说明、提醒、劝诫、警告的；所发生的质量问题是非故意、非过失或无法预知或已采取了预防性措施的；质量问题发生后，已采取了善后处理措施的。

以案说法5-3

李某等28名旅游者参加北京某旅行社组织的“兴城三日游”。按旅游协议所定的交通、住宿等标准，旅游者每人交纳旅游费388元。然而，在旅游协议的履行过程中，该旅行社却将原承诺的“空调旅游巴士”换成普通“京通”大客车，将“双人标准间”改为“四人间”，且卫生间公用。李某等游客以旅行社违约为由，向旅游质量监督管理部门投诉，要求旅行社赔偿旅游费用的一半，以维护其合法权益。

被投诉的旅行社辩称：兴城是近年来新开发的旅游地，各方面旅游设施有限；再加上暑期是旅游旺季，大批旅游者涌入，造成旅游交通用车、住宿的困难。旅行社之所以降低档次标准接待，是由于无法左右的客观原因造成的，并非旅行社的主观愿望，因此不应承担赔偿责任。若需要赔偿，也只能是退赔差额。

案例分析：

1. 旅行社存在违约行为。双方在平等、自愿的基础上签订的“旅游协议”是有效协议，当事人都要自觉遵守。被诉人在履行协议时，未按约定的档次标准安排交通和住宿，已构成违约行为。

2. 旅行社辩解不能成立。为旅游者安排交通和住宿是旅行社按约定应履行的义务，因此，旅行社在组团和签订旅游协议时，应该考虑旅游地的接待能力。而兴城的接待能力有限，也并不是不可预见、不可避免或不可克服的不可抗力。旅行社在没有履约能力的情况下，盲目招徕组团，是自身的过失造成协议不能完全履行，应当承担相应的赔偿责任。

3. 旅游者要求被诉人赔偿旅游费用的一半，缺乏法律依据；被诉人只退赔差额也不符合有关规定。《旅行社质量保证金赔偿试行标准》规定：“旅行社安排的旅游活动及服务档次与协议合同不符，造成旅游者经济损失，应退还旅游者合同金额与实际花费的差额，并赔偿同额违约金。”本案中，旅行社应当退还每位旅游者交通、住宿合同金额与实际花费的差额，并支付同额违约金。

资料来源　佚名．旅游法规案例［EB/OL］．（2011－12－20）　［2013－12－18］．http：//wenku.baidu.com/view/40e1342058fb770bf78a55b1.html.

本章小结

本章介绍了旅行社的基本概念、旅行社设立的条件、旅行社业务经营与管理的基本知识，最后对旅行社质量保证金管理制度进行了论述。

主要概念

旅行社　旅行社质量保障金　旅行社责任保险

选择题

1. 第一次以行政法规的形式正式规定旅行社责任保险的法律文件是(   )。

A. 1985 年发布的《旅行社管理暂行条例》

B. 1996 年制定的《旅行社管理条例》

C. 2001 年修订的《旅行社管理条例》

D. 2009 年公布施行的《旅行社条例》

2. 根据《旅行社条例》,下列旅行社中符合申请经营出境旅游业务的是(   )。

A. 甲旅行社取得经营许可满两年,曾因侵害旅游者合法权益受到罚款处罚

B. 乙旅行社取得经营许可满两年,未曾受过任何行政处罚

C. 丙旅行社取得经营许可满三年,曾因未投保旅行社责任险被责令改正

D. 丁旅行社取得经营许可满三年,曾因未取得旅游者同意,将旅游业务委托给其他旅行社,被责令停业整顿 3 个月

3. 旅行社向旅游者提供的旅游服务信息含有虚假内容或者作虚假宣传的,应由(   )依法给予处罚。

A. 旅游行政管理部门　　B. 工商行政管理部门

C. 价格主管部门　　D. 商务主管部门

4. 根据《旅行社条例实施细则》,旅行社在银行存入质量保证金的,应当设立独立账户,存期由旅行社确定,但不得少于(   )。

A. 6 个月　　B. 1 年　　C. 2 年　　D. 3 年

5. 旅行社应当妥善保存有关招徕、组织、接待旅游者的各类合同及相关文件、资料,以备旅游行政管理部门核查。这里的合同及文件、资料的保存期,应当不少于(   )。

A. 半年　　B. 1 年　　C. 2 年　　D. 5 年

判断题

1. 外国旅行社在中华人民共和国境内设立的常驻机构只能从事非经营性活动。(   )

2. 合同转让应当尊重旅游者。旅行社因不能成团,将已签约的旅游者转让给其他旅行社出团时,须征得旅游者的书面同意。(   )

3. 旅行社安排的旅游活动及服务档次与协议不符,造成旅游者的经济损失,应退还旅游者合同金额与实际花费的差额,并赔偿同额违约金。(   )

4. 旅行社安排的饭店,因饭店原因低于合同约定的等级档次,旅行社应退还旅游者所付房费与实际房费的差额,并赔偿违约金。(   )

简答题

1. 我国历次的旅行社法规制度是如何对旅行社进行分类的?

2. 旅行社设立的规定有哪些?

3. 旅行社在经营中有哪些经营规范?

讨论题

旅行社及其工作人员有哪些权利和义务?

案例分析题

黄某等20名旅游者报名参加某国际旅行社组织的北京–宜昌–三峡–成都旅游团，双方签订了旅游合同。在旅游过程中，因组团社与地接社之间发生团款纠纷，耽误了旅游行程，造成重庆红岩村等景点的游览项目被迫取消，旅游结束后，黄某等旅游者向旅游质量监督管理部门投诉，诉称组团社与地接社的纠纷，殃及无辜的旅游者，旅行社应当承担违约责任，要求赔偿全部旅游费。被投诉旅行社辩称，此次旅游景点的遗漏，完全是地接社的原因造成的，组团社并没有过错，不应该承担责任，但是考虑到旅游者的实际利益，同意先退赔遗漏景点门票费每人32元。如旅游者还有其他赔偿要求，应向有过错的地接社提出。

请问：旅游者要求组团社承担违约责任，法院是否应该支持?

实训题

与校外实训基地联系，利用节假日出去带团。实际了解旅行社权利义务的有关法律规定，回来后写一份实习报告。

第6章　导游人员管理法律制度

知识结构图表

- 导游人员管理法律制度
  - 导游人员概述
    - 导游人员的概念
    - 导游人员的分类
    - 导游人员管理制度的发展
  - 导游人员职业准入制度
    - 导游人员资格考试制度
    - 导游证
    - 导游证与临时导游证
    - 导游人员资格证与导游证
  - 导游人员的管理
    - 导游人员的计分管理制度
    - 导游人员的年审管理制度
  - 导游人员等级考核制度及标准
    - 导游人员职业等级标准
    - 导游员等级的评定
    - 导游员等级的组织管理
    - 政策和措施
    - 导游员职业等级标准
  - 导游人员的权利和义务
    - 导游人员的权利
    - 导游人员的义务
    - 违反《导游人员管理条例》的法律责任

学习目标

通过本章学习，理解导游人员的概念，导游人员资格考试的报考条件、考试内容，申领导游证的程序和不得颁发导游证的情形，掌握导游人员的权利和义务，掌握导游人员管理制度并能在实际工作中灵活运用。

案例导入

长白山旅游发生冻伤事故

某国际旅行社组织了一个赴长白山旅游团，委派导游黄某作为全程导游随团服务。当此旅游团将要攀越天池的前一天晚上，该团一些团员询问黄某，上天池是否要多添衣服，以免天气变化。黄某根据其多次在这个季节上天池的经验，回答游客不必多添衣服，以便轻装上山。翌日，该团游客在黄某及地陪的引导下上了天池，不料，天气突然变化，天降大雪，气温骤然下降，黄某急忙引导该团下山，但由于该团有些客人未带衣帽围巾等御寒之物，致使不少人耳、鼻及手脚严重冻伤。其中4人经医院诊断为重度冻伤。为此，该团游客投诉导游黄某，要求黄某承担医治冻伤等费用，并赔偿因此造成的损失。黄某所属的国际旅行社接到此投诉后，认为此次冻伤事故是由于黄某工作失误所致，责令其自行处理游客投诉，旅行社不承担任何责任；黄某则认为此起冻伤事故是由于天气突然变化所致，是出乎意料之外的事情，与其无关，不应由其承担法律责任。

请问：(1) 旅行社认为此次冻伤事故是导游黄某工作失误所致，与旅行社无关的说法是否正确？有何依据？

(2) 导游黄某认为此起冻伤事故是由于天气突然变化所致，与其工作无关是否正确？有何依据？

案例分析：

(1) 旅行社的说法不正确。依据《导游人员管理条例》，导游人员是受旅行社委派，为旅游者提供向导、讲解及相关旅游服务的人员。黄某既然是受旅行社的委派，那么旅行社就要对其工作人员承担责任，因此旅行社不能让黄某自行处理此项投诉，旅行社应承担相应的法律责任。

(2) 导游黄某的说法不正确。《导游人员管理条例》规定："导游人员在引导旅游者旅行、游览过程中，应当就可能发生危及旅游者人身、财物安全的情况，向旅游者作出真实说明和明确警示，并按照旅行社的要求采取防止危害发生的措施。"黄某作为此条线路多次带团的导游，应当预见到长白山气候多变，他应当提醒游客多添衣服，但黄某却没有让旅客多添衣服，以致造成冻伤事故，所以，黄某认为冻伤事故与其工作无关的说法不正确。依照《旅行社条例》及《导游人员管理条例》的规定，导游员和旅行社都要承担相应的法律责任。

资料来源　佚名．旅游法规案例分析［EB/OL］．(2013-03-04)［2013-12-18］. http://wenku.baidu.com/view/74111f731711cc7931b71614.html.

导游人员是代表旅行社带领旅游者观光、游览，施行旅游接待计划的一线工作人员。他们是旅行社产品主要的生产者，是团队的核心。导游人员的工作关系到旅游活动的成败，也关系到旅游企业的经济利益是否能够实现。

6.1　导游人员概述

6.1.1　导游人员的概念

1841年7月5日，英国人托马斯·库克利用包租火车的方式组织570人从英国中部的莱斯特前往洛赫伯勒参加了一次禁酒大会，被认为是现代旅游业的开端。托马斯·库克发起、筹备和组织这一活动，并从始至终跟随照顾的过程，可以说是现代旅行社全程陪同的最早体现。1845年，托马斯·库克又组织了350人由莱斯特出发，途中在若干地区停留和访问，最后到达利物浦。在这次活动中，托马斯·库克不仅本人全程陪同照顾，而且沿途聘请当地人为旅行团进行解说。这应该是地方陪同的最早体现。此后，随着旅游业的发展，旅游从业人员的分工越来越细化，导游成为一种职业出现在世人面前。各国也结合本国旅游业的特点，对导游人员作出明确的定义。

新中国成立初期，曾把导游人员形容为“八大员”，这是在当时特定的历史背景下作出的定义。改革开放后，我国旅游业得到飞速发展，导游人员的定义也出现了变化。在1999年颁布的《导游人员管理条例》（以下简称《条例》）中规定：在我国，导游人员是指依照规定取得导游证，受旅行社的委派，为旅游者提供向导、讲解及相关旅游服务的人员。这个定义有三层含义：

1）导游人员必须按照《条例》的规定，取得导游证

《条例》确立持证上岗的制度，对于规范导游队伍的建设有着重要的意义。导游职业的特殊性决定了导游不是人人都可以从事的职业，因此需要有一个特定的程序对有志于从事导游职业的人进行认定，检验其是否具备了从事导游职业的知识水平和技能要求，以及从业行为能力，以利于对导游人员的监督管理和旅游者对导游人员的识别。

以案说法 6-1

珠海市有家旅行社发往昆明一个30多人的团队，当时地接社因人手紧张，竟派出公司财务人员顶替导游带团。由于路途不熟，景点一问三不知，加上饭店、宾馆“人头不熟”，特别是将昆明去版纳的飞机换成了汽车，游客没玩好、吃好，一路颠簸，不该花的冤枉钱花了不少，回来一肚子气向珠海这家旅行社发泄，使得发团社的声誉蒙受很大损失。

案例分析：

在我国，导游人员是指依照规定取得导游证，受旅行社的委派，为旅游者提供向导、讲解及相关旅游服务的人员。依据我国《导游人员管理条例》，在中华人民共和国境内从事导游活动，必须取得导游证，否则是不可以带团的。不管业务多么繁忙，人手如何紧张，只有合格的导游才可以带团，这是不容置疑的基本原则。因为我们不仅要对每一个游客负责，也应该对自己的职业或行业有一个基本的尊重，具备最起码的职业道德。如果认为只要路熟就可以带团，只要口才好就可以带团，甚至只要去过几次旅游景点就可以带团，其结果只能是砸企业的牌子，砸自己的饭碗。

资料来源　佚名．假导游带团之后［EB/OL］．（2012-12-09）［2013-12-18］．http：//wenku.baidu.com/view/f2b2eba2d1f34693daef3e61.html.

2）导游人员必须接受旅行社的委派，才能够从事导游活动

导游人员的导游活动不是个人行为，而是代表其所在旅行社实施旅行社与游客签订的旅游合同，按照旅游计划为游客提供食、住、行、游、购、娱等与旅游相关的服务。整个旅游计划的实施涉及方方面面，而旅游活动中的质量问题所引发的责任，一般由旅行社承担。抛开旅行社这一环节，不利于旅游者权益的保护。

以案说法 6-2

2011年导游员小孙在带团时结识了团上的一位来自云南的客人，并一直保持着融洽的关系。2012年6月那位云南客人打电话告诉小孙说他们公司的20人要到北京去旅游，希望小孙能够帮助接待，这样不通过旅行社价格应该便宜些。小孙欣然应允，组织客人在北京玩了3天并向每人收取600元，除各项支出外共获利2 800元。事情被发现后小孙主

动向旅游行政管理部门认错，交出全部非法所得。

案例分析：导游员小孙违反了《导游人员管理条例》中“导游人员未经旅行社的委派，不得私自承揽或以其他方式直接承揽导游业务”的规定。由于小孙主动承认错误并交出所有违法所得，应处以1 000元以上3 000元以下的罚款，并在其IC卡内一次性扣除8分。

资料来源　佚名. 导游资格考试（北京）20案例分析题［EB/OL］.（2011-07-01）［2013-12-18］. http://wenku. baidu. com/view/cfd2eb2fed630b1c59eeb539. html.

3）导游人员的工作内容是为游客提供向导、讲解及相关服务

导游人员作为旅游团队的核心，其工作内容，首先是在旅游活动中发挥组织者的作用，引导旅游者顺利地完成旅游活动。其次是讲解服务。人们常说：“祖国山河美不美，在于导游一张嘴。”旅游者对景观的认知和审美，很大程度上依靠导游人员的讲解服务，尤其是人文景观的鉴赏。讲解服务是导游工作的核心，也是每个导游人员必须掌握的基本功。

在整个旅游行程中，导游人员为旅游者提供的服务是多方面的，比如，行前的准备工作，与相关部门的沟通和协调等。

6.1.2　导游人员的分类

导游人员按照不同的标准，有着不同的类别。前面提到的全程陪同和地方陪同，是按照导游人员业务范围的不同来划分的。全程陪同即全陪，是指受组团社委派，作为组团社代表，在领队和地方陪同的配合下实施接待计划，为旅游团提供全程陪同服务的工作人员。地方陪同即地陪，是指受接待旅行社委派，代表接待旅行社实施接待计划，为旅游团提供当地旅游活动安排，讲解、翻译等服务的工作人员。除了全陪和地陪，还有海外领队和景点景区导游人员。海外领队指接受经国家旅游行政主管部门批准可以经营出境旅游业务的旅行社的委派，全权代表该旅行社带领旅游团队从事旅游活动的工作人员。景点景区导游人员亦称讲解员，指在旅游景点景区，如博物馆、自然保护区等为游客进行导游讲解的工作人员。他们只负责讲解而不涉及其他事务。

按照导游人员服务时所使用的语言不同，导游人员可以分为外国语导游员和中文导游员。外国语导游员主要是为外国旅游者提供导游服务的工作人员，目前我国已拥有英、法、西、日、德、俄、意、泰、越、阿拉伯、韩语等语种的导游人员。中文导游员主要为国内旅游者，回内地或回国探亲的港澳台胞和外籍华人旅游者，按其不同要求使用相应语言提供服务的导游人员，目前我国主要提供使用普通话、方言、少数民族语言的导游服务。

按照职业性质，导游人员可以分为专职导游员和兼职导游员。专职导游员指长期受雇于某家旅行社，通过签订劳动合同与其供职的旅行社建立劳动关系，明确双方权利和义务，成为该旅行社正式员工的导游员。专职导游员是我国导游队伍的主力军。兼职导游员是指不以导游工作为主业，利用业余时间从事导游工作的导游员。兼职导游员通常在人事关系上不属于哪一家旅行社，而是在导游管理机构登记注册并接受该机构管理。

按照持有证书的不同，导游人员可以分为正式导游员和临时导游员。正式导游员是指依法取得导游证的人员。临时导游员是指未取得导游证，但拥有特定语言语种能力，为旅

行社急需的，并由旅行社依法为其向省级旅游行政管理部门申领了“临时导游证”，临时受聘于旅行社从事旅游活动的人。“临时导游证”有效期三个月，到期作废，不得延期。

按照导游人员的技术等级，导游人员可以分为初级导游员、中级导游员、高级导游员、特级导游员。不同导游人员的导游水平不同，而导游水平直接决定着旅游者得到的旅游服务的质量高低。

6.1.3 导游人员管理制度的发展

导游人员管理制度，是调整导游服务工作中各种权利、义务关系的法律规章制度的总称。导游人员在开展导游活动中，会与各相关方面产生大量的关系，可能会引发种种矛盾。世界各国都通过旅游立法来规定导游人员的行为规范和权利义务。借鉴西方旅游业发达国家的经验，通过法律来调整旅游活动中发生的各种关系，尤其是导游活动中的各种关系，是一种十分有效的措施。我国在导游立法方面进行了有益的尝试和探索，至今已形成了一套较完备的体系。

1987 年 12 月 1 日经国务院批准，国家旅游局发布了《导游人员管理暂行规定》，这是我国颁布的第一个关于导游人员的管理规定，对导游队伍的建设及旅游业的发展等方面的规范化起到了很好的作用。1988 年 1 月 14 日，国家旅游局又发布了《关于颁发中华人民共和国导游证书暂行办法》。此后，国家旅游局及其职能部门还依其职权陆续发布了《关于改革和完善全国导游人员资格考试工作的意见》、《导游等级评定意见》、《导游员职业等级标准》、《关于试点单位导游员等级评定的实施细则》等等。这些行政法规、部门规章等为我国导游队伍的建设和健康发展提供了法律依据，是我国旅游法制建设的重要组成部分。

20 世纪 90 年代以来，随着社会主义市场经济的进一步发育和成熟，旅游业得到迅猛发展。1999 年 5 月 14 日，国务院第 263 号令发布了《导游人员管理条例》，并于同年 10 月 1 日起生效。这是继《旅行社管理条例》后旅游行业的第二部法规，它确定了一些新的管理原则、内容和手段，使《条例》更加贴近旅游业实际。以《条例》为依据，1999 年 8 月 27 日国家旅游局发布了《导游证管理办法》，提出了导游证件管理的具体措施，制定了新版导游证样式规格。2001 年 12 月 26 日，国家旅游局局长第 15 号局长令发布了《导游人员管理实施办法》（以下简称《实施办法》），除对《条例》的内容作了细化和具体阐述外，还增加了对导游人员实行分级管理、建立导游员登记制度、对导游人员实行计分管理、对导游人员实行年审管理等四项内容，《条例》及《实施办法》的颁布，为进一步加强对导游市场的管理、强化对服务质量的监督、保障国内外旅游者合法权益、提高导游队伍整体素质提供了法律武器；标志着我国旅游业朝着“依法治旅、依法兴旅”的目标迈出了新的一步；对提升中国旅游业的良好形象，促进旅游业发展有着重要的意义。

法规速递 6-1《中华人民共和国旅游法》关于导游的相关规定

第三十七条　参加导游资格考试成绩合格，与旅行社订立劳动合同或者在相关旅游行业组织注册的人员，可以申请取得导游证。

第三十八条　旅行社应当与其聘用的导游依法订立劳动合同，支付劳动报酬，缴纳社会保险费用。

旅行社临时聘用导游为旅游者提供服务的，应当全额向导游支付本法第六十条第三款规定的导游服务费用。

旅行社安排导游为团队旅游提供服务的，不得要求导游垫付或者向导游收取任何费用。

第三十九条　取得导游证，具有相应的学历、语言能力和旅游从业经历，并与旅行社订立劳动合同的人员，可以申请取得领队证。

第四十条　导游和领队为旅游者提供服务必须接受旅行社委派，不得私自承揽导游和领队业务。

第四十一条　导游和领队从事业务活动，应当佩戴导游证、领队证，遵守职业道德，尊重旅游者的风俗习惯和宗教信仰，应当向旅游者告知和解释旅游文明行为规范，引导旅游者健康、文明旅游，劝阻旅游者违反社会公德的行为。

导游和领队应当严格执行旅游行程安排，不得擅自变更旅游行程或者中止服务活动，不得向旅游者索取小费，不得诱导、欺骗、强迫或者变相强迫旅游者购物或者参加另行付费旅游项目。

6.2　导游人员职业准入制度

我国对导游人员的从业制度有着详细的规定，欲从事导游职业的公民须具备一定的条件并严格按照规定取得相关证书才能进行导游工作。在我国实行的是导游从业资格和导游上岗执照相分离的从业人员准入制度。简言之，前提条件是顺利通过全国导游人员统一考试，取得国务院旅游行政管理部门颁发的导游人员资格证；必备条件是在取得导游人员资格证书的条件下，依法取得导游证。成为一名导游人员可以用图6-1来简要说明其流程。

6.2.1　导游人员资格考试制度

1）参加考试的条件

《条例》规定："国家实行全国统一的导游人员资格考试制度。""具有高级中学、中等专业学校或者以上学历，身体健康，具有适应导游需要的基本知识和语言表达能力的中华人民共和国公民，可以参加导游人员资格考试；经考试合格的，由国务院旅游行政部门或者国务院旅游行政部门委托省、自治区、直辖市人民政府旅游行政部门颁发导游人员资格证书。"

只要具备了上述条件，任何人都可以报名参加导游人员资格考试。

2）考试内容

考试内容分为"导游综合知识"、"导游服务能力"两部分。

"导游综合知识"为笔试，主要内容为：职业道德和时事政治；旅游法规常识；导游基础知识。

"导游服务能力"为现场考试，即口试，主要内容为：导游讲解能力；导游规范服务能力；导游特殊问题处理及应变能力。

外语类考生须用所报考语种的语言进行"导游服务能力"一科考试，并加试口译

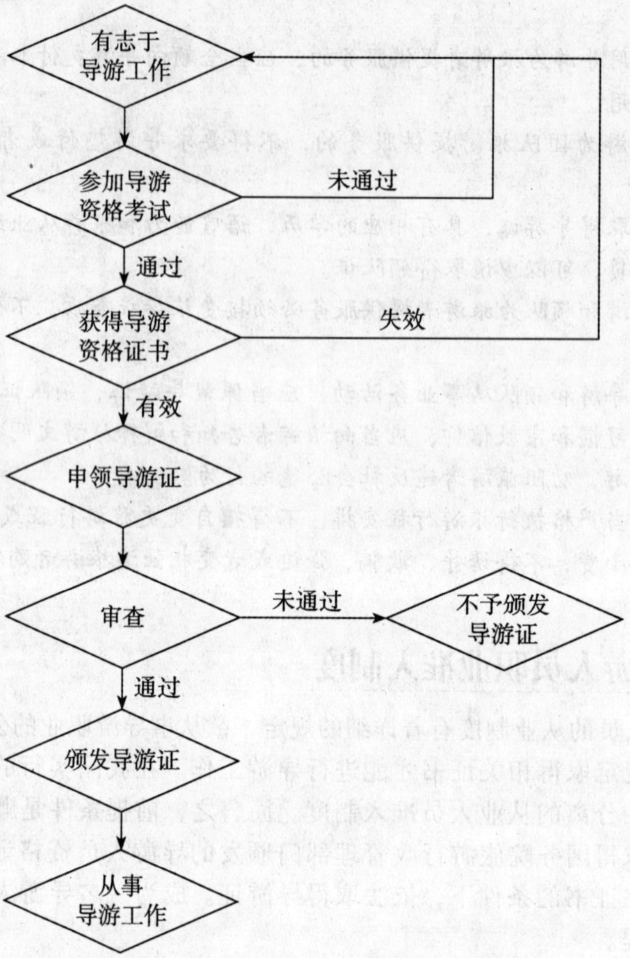

图 6-1 顺利成为一名导游员的流程

（中译外和外译中）。

3）教材、命题和考试时间

各省级旅游局根据考试科目，结合本地实际编定考试大纲、教材或复习资料，自行组织命题并确定每年考试日期、时间和考试次数。

4）资格考试的组织实施机构

国务院旅游行政管理部门负责制定全国导游人员资格考试的政策、标准和对各地考试工作的监督管理；省级旅游行政管理部门负责组织实施本行政区内导游人员资格考试工作；直辖市、计划单列市、副省级城市负责本地区导游人员的资格考试工作。

导游人员资格考试坚持考试与培训分开、培训自愿的原则，不得以各种方式强迫考生参加培训。评卷工作及各科成绩合格的标准，由省级旅游局组织和确定。

5）资格证书的颁发

导游人员资格证书由国务院旅游行政管理部门统一印刷，在中华人民共和国范围内使用。

6）资格证书的有效期

导游资格证书的有效期为3年。取得导游人员资格证书，表明持有人具有了从事导游职业的资格，具备了从事导游职业的基本素质、基本的专业知识和技能技巧。但具备导游资格，不代表资格证书持有人具有了从事导游工作的实践经验和独立工作的能力。另外，我国旅游业发展速度很快，对从业人员的要求也在发生着变化。所以，在导游资格证书3年期满时，持有人如果没有从事导游职业的，其资格证书自动失效。

6.2.2　导游证

《条例》规定："在中华人民共和国范围内从事导游活动，必须取得导游证。"导游证是国家准许其持有人从事导游工作的证件，由国务院旅游行政管理部门统一印制，在全国范围内使用。目前业内通行的导游证为国家旅游局2002年发布的IC卡形式的导游证，俗称导游IC卡。2002年版的导游证由国家旅游局统一设计、制作，其表面印有持有人的姓名、照片、等级、语种、编号等基本信息，卡内镶嵌有智能芯片，芯片内除保存有持有人的基本信息外，还有登记情况、扣分情况等。旅游质量监督部门可以通过读卡机读取芯片中的信息或对违规导游人员进行扣分处罚。

1）申领导游证的条件

（1）通过全国导游人员资格考试，取得旅游行政管理部门颁发的导游人员资格证书

这是取得导游证的前提条件。此外，还须参加颁发导游证的旅游行政管理部门举办的岗前培训考核。

（2）经与旅行社订立劳动合同或在导游管理服务机构登记注册

按照《劳动合同法》与旅行社建立劳动合同关系，签订劳动合同的，通常指专职导游人员。他们是旅行社的雇员。导游人员通过与旅行社订立劳动合同，来明确双方之间的权利义务关系，诸如导游人员应遵守用人单位的规章制度，旅行社应提供相应的劳动条件和保障等。这样有利于保护合同双方合法权益。导游管理服务机构，是从事导游人员业务管理、培训，并为旅行社和导游人员提供供需信息等服务的组织机构。导游管理服务机构通常面向兼职导游员，在旅行社和导游人员之间起桥梁作用。当旅行社需要导游人员时，可通过该服务机构聘用，这种聘用关系有明显的季节性和时间性。

（3）道德品质的要求

申领人不具有《条例》规定的不得颁发导游证的情形。这是为了保证导游人员的政治素质、道德水平，有利于从根本上杜绝私自招徕，扰乱旅游市场正常经营秩序的突出问题。

符合《条例》规定的申领条件的，持劳动合同或导游管理服务机构登记证明材料向所在地旅游行政管理部门申请办理导游证。所在地旅游行政管理部门是指直辖市、计划单列市、副省级旅游行政管理部门以及有相应的导游规模、有相应的导游管理服务机构、有稳定的执法队伍的地市级以上旅游行政管理部门。

《条例》规定，受理申请的旅游行政管理部门应当自收到申请领取导游证之日起15日内，颁发导游证。对具有不予颁发导游证情形之一的，旅游行政管理部门应当书面通知申请人。

2）不予颁发导游证的情形

导游是专业性很强的职业。导游人员作为一线工作人员，其服务质量与国家旅游业形

象、与旅游业的发展、与旅游者的利益有着很大的关联。因此，导游人员必须具备良好的业务素质和职业道德。为保证导游人员队伍的整体水平，许多国家都建立了严格的管理制度，在规定取得导游人员资格条件的同时，也规定了取得导游人员执业条件和不予颁发导游人员执业证书的情形。《条例》明确规定，有下列情形之一的，不予颁发导游证：

（1）无民事行为能力或者限制民事行为能力的

导游工作是一种服务性工作，需要具备相应的素质和条件，执业的导游人员要行使法定权利，承担法定义务，不具备完全行为能力是无法履行导游人员职务的。

法律小讲坛 6-1 什么是无民事行为能力

无民事行为能力，是指不具有独立进行民事活动的能力。我国《民法通则》规定，无民事行为能力的人包括两种人：不满十周岁的未成年人和不能辨认自己行为的精神病人（包括痴呆症者）。这里的“不能辨认自己行为的精神病人（包括痴呆症者）”是指“完全没有判断能力和自我保护能力，不知其行为后果的”严重的精神病人或痴呆症者。根据法律规定，无民事行为能力的人不能独立进行民事活动，由其法定代理人代理其进行民事活动。

（2）患有传染性疾病的

传染性疾病是指由病原体侵入生物体，使生物体产生病理反应而引起的疾病。例如，肺结核、麻风病、天花、伤寒、病毒性肝炎等等。一个人是否患有传染性疾病，应由医疗机构作出诊断证明。

在旅游中，导游是和旅游者生活在一起的。如果导游患有传染性疾病，则很有可能传染给旅游者，进而造成交叉传染。

（3）受过刑事处罚的（过失犯罪的除外）

受过刑事处罚的人员，是指因其行为触犯了国家刑法而依法受到法律制裁的人。为了保证导游队伍的纯净，对这类人员，规定不予颁发导游证。但《条例》又做了一个例外规定，即“过失犯罪的除外”，这主要是因为，过失犯罪是指应当预见到自己的行为可能会导致危害社会的结果，因为过于自信或者疏忽大意导致的犯罪。故意犯罪是主观上有意识的犯罪，是故意为之，希望或放任危害的产生。过失犯罪则较之故意犯罪，过失犯罪人在主观恶意性、社会危害性上都有原则区别，过失犯罪是由于缺乏必要的谨慎而构成的犯罪。因此，这类人虽然也受到刑罚的制裁，但仍可申领导游证，旅游行政管理部门也可以对其颁发导游证。

（4）被吊销导游证的

这是指曾经取得导游征的人员，因违反有关法律、法规，在受到吊销导游证的处罚后，又重新参加导游人员资格考试，并在取得证书后向旅游行政管理部门申领导游证的。吊销导游证意味着此类人员有过重大违规行为，造成了较大的影响，表明其已不适合继续从事该职业，为保证导游人员的素质，理应不再重新对其颁发导游证。

3）导游证的有效期

导游证的有效期限为 3 年。导游证持有人需要在有效期满后继续从事导游活动的，应当在有效期限届满 3 个月前，向省、自治区、直辖市人民政府旅游行政管理部门申请办理换发导游证手续。

6.2.3　导游证和临时导游证

正式导游证（即导游证），是指参加导游人员资格考试并取得资格证书的人员，经与旅行社订立劳动合同或者在导游管理服务机构登记注册后，由所在地旅游行政管理部门颁发的导游证。持有正式导游证的人员，可以是专职导游人员，也可以是兼职导游人员；可以是某旅行社的正式员工，也可以是某旅行社的聘用人员。

临时导游证，是指具有特定语种语言能力的人员，虽未取得导游人员资格证书，但因旅行社需要聘请其临时从事导游活动，由旅行社向省、自治区、直辖市人民政府旅游行政管理部门申领的导游证。正式导游证与临时导游证的区别在于：

1）取得证书的前提条件不同

正式导游证持有人须经过导游人员资格考试并取得资格证书；临时导游证持有人无需获得导游人员资格证书。

2）对语言能力的要求不同

正式导游证持有人无语种语言能力限制，既可以是具有特定语种语言能力的人员，也可以是不具有特定语种语言的人员；临时导游证持有人必须是具有特定语种语言能力的人，并且是由于旅行社需要，否则不能申领临时导游证。

3）申领程序不同

申请领取正式导游证，是由申领者个人向旅游行政管理部门领取；临时导游证则由旅行社根据需要向旅游行政管理部门申领。

4）有效期限不同

正式导游证有效期为3年，且有效期满，可以申请换发导游证；临时导游证有效期最长不超过3个月，有效期满不得展期，如需继续聘请，旅行社必须重新办理申请手续。

6.2.4　导游人员资格证与导游证

导游人员资格证与导游证，是两种既有联系又有区别的凭证。导游人员资格证，是由旅游行政管理部门颁发的，表明持证人具备了从事导游业务所应具备的知识和技能，以及符合从事导游业务所需要的其他法定条件的凭证；导游证，是从事导游工作的执照，是由旅游行政管理部门颁发的准许持有人进行导游活动的凭证。取得导游人员资格证，是从事导游职业的前提，取得导游证是从事导游职业的必要。导游人员资格证与导游证的区别在于：

1）性质不同

导游人员资格证标志着持有人具备从事导游职业的资格；导游证标志着国家准许持有人从事导游职业。

2）颁证机关不同

导游人员资格证由组织导游人员资格考试的旅游行政管理部门颁发；导游证由所在地旅游行政管理部门颁发。

3）领取程序不同

导游人员资格证是公民参加导游人员资格考试合格后，向旅游行政管理部门领取的；导游证必须取得导游人员资格证并与旅行社订立劳动合同或在导游管理服务机构登记注册后，方可向旅游行政管理部门领取。

4）作用不同

导游人员资格证仅仅是表明持证人具备了从事导游职业的资格；导游证则表明持证人可以实际从事导游职业。前者是从业资格；后者是从业许可。

5）有效期不同

获得导游人员资格证3年未从业的，其资格证自动失效；导游证有效期为3年，但期限届满后继续从事导游活动的，可以在有效期届满3个月前，向省、自治区、直辖市人民政府旅游行政管理部门申请办理换发手续，持新的导游证继续从事导游工作。

6.3 导游人员的管理

为了加强导游队伍的建设，维护旅游市场秩序和旅游者的合法权益，国家旅游局依据《导游人员管理条例》和《旅行社管理条例》，于2001年12月26日制定并公布了《导游人员管理实施办法》（以下简称《办法》），其中确定了导游人员的计分管理和年审管理两项制度。

6.3.1 导游人员的计分管理制度

导游人员的计分管理，是指旅游行政管理部门为了对导游人员的执业行为进行动态监督管理，根据其违规行为的性质、情节轻重，经查证核实后予以扣分的一项管理制度。

1）计分管理机关及其职责

依据《办法》规定，国务院旅游行政管理部门负责制定全国导游人员计分管理政策，并组织实施和监督检查；省级旅游行政管理部门负责本行政区域内导游人员计分管理的组织实施和监督管理；所在地旅游行政管理部门在本行政区域内负责导游人员计分管理的具体执行。

《办法》之所以规定导游人员的计分管理由所在地旅游行政管理部门负责具体实施，是为了使计分管理落到实处，具有实际可操作性。因为在实际中，往往甲地旅行社导游人员在乙地违规后，乙地的旅游行政管理部门不便对其实施有效管理，致使各项管理制度形同虚设。

2）导游人员计分管理的扣分标准

依据《办法》规定，导游人员计分办法实行年度10分制，按照其违规行为的性质、情节轻重，分别予以不同扣分。

①予以一次扣除10分的情形有：有损害国家利益和民族尊严言行的；诱导或安排旅游者参加黄、赌、毒活动项目的；有殴打或漫骂旅游者行为的；欺骗、胁迫旅游者消费的；未通过年审继续从事导游业务的；因自身原因造成旅游团重大危害和损失的。

②予以一次扣除8分的情形有：拒绝、逃避检查，或者欺骗检查人员的；擅自增加或者减少旅游项目的；擅自终止导游活动的；讲解中掺杂庸俗、下流、迷信内容的；未经旅行社委派私自承揽或以其他任何方式直接承揽导游业务的。

③予以一次扣除6分的情形有：向旅游者兜售物品或购买旅游者物品的；以明示或暗示的方式向旅游者索要小费的；因自身原因漏接送或误接误送旅游团的；讲解质量差或者不讲解的；私自转借导游证供他人使用的；发生重大安全事故不积极配合有关部门救

助的。

④予以一次扣除4分的情形有：私自带人随团游览的；无故不随团活动的；在导游活动中未佩戴导游证或未携带计分卡的；不尊重旅游者宗教信仰和民族风俗的。

⑤予以一次扣除2分的情形有：未按规定时间到岗的；10人以上团队未打接待社社旗的；未携带正规接待计划的；接站未出示旅行社标识的；仪表、着装不整洁的；讲解中吸烟、吃东西的。

3）导游人员计分管理的其他规定

依据《办法》规定，导游人员10分分值被扣完后，由最后扣分的旅游行政执法单位暂时保留其导游证，出具保留导游证证明，并于10日内通报导游人员所在地旅游行政管理部门和登记注册单位。正在带团过程中的导游人员，如果其10分分值被扣完，可持旅游行政执法单位出具的保留导游证证明完成团队剩余行程。

对导游人员的计分管理，是旅游行政管理部门的一项行政管理措施，不属于行政处罚。所以，对导游人员的违法、违规行为除扣减其相应分值外，依法应予以处罚的，还应当依法予以行政处罚。例如，某导游人员在导游活动中未佩带导游证而被扣除4分，另依据《导游人员管理条例》第二十一条的规定，由旅游行政管理部门责令改正；拒不改正的，处500元以下的罚款。

6.3.2　导游人员的年审管理制度

依据《办法》规定，导游人员的年审管理，是指旅游行政管理部门对导游人员当年从事导游业务情况、扣分情况、接受行政处罚情况、游客反映情况等进行考评的制度。导游人员必须参加年审。年审的主要内容为年审培训和考评。年审培训是旅游行政管理部门为提高导游人员业务能力而组织的。每年累计培训时间不得少于56小时。考评的内容包括当年从事导游工作的情况、扣分情况、接受行政处罚情况、游客反映情况等。考评结果为：通过年审、暂缓通过年审和不予通过年审。

一次扣分达10分，不予通过年审；累计扣分达到10分的，暂缓通过年审；一次被扣8分的，全行业通报批评；一次被扣6分，警告批评；暂缓通过年审的，必须通过培训和整改后，方可重新上岗。

以案说法6-3

会讲英文但持有普通话导游证的导游员马超在某年2月接待一名英国旅游者，由于接待社为客人准备了一辆金杯旅行车，车上有足够的空座，在未得到旅游者同意的情况下，第二天马超带了自己的一个朋友一起游览，并对客人说他的朋友是旅行社派来的实习导游。此外，马超在车上讲解过程中还常常吃话梅又抽烟，但客人非常宽宏大量，不但没有对其投诉，反而在临走时给了他200元小费，马超却嫌200元太少，暗示客人再多给一些，结果客人又给了他200元。

此案例中导游员马超违反了哪些规定？应该对其如何处罚？对委派其带团的旅行社是否予以一定处罚？

案例分析：

导游员马超在带团过程中违反了《导游人员管理实施办法》中的以下规定：

(1) 私自带人随团活动;

(2) 在讲解中吸烟、吃东西;

(3) 以暗示的方法向客人要小费。

综上所述,应对导游员马超进行如下处罚:

(1) 私自带人随团活动扣4分;

(2) 在讲解中吸烟、吃东西扣2分;

(3) 以暗示的方法向客人要小费扣6分。

马超的导游证将被吊销,没收非法所得并处以1 000元以上3万元以下的罚款。由于导游员马超的以上行为,对于委派马超带团的旅行社予以警告,又由于该旅行社本是一家国内旅行社而经营接待英国旅客的国际业务属于超范围经营,故可令其停业整顿。

资料来源 佚名. 导游业务案例[EB/OL]. (2012-06-15)[2013-12-18]. http://wenku.baidu.com/view/ef1fef66ddccda38376baf46.html.

6.4 导游人员等级考核制度及标准

为了加强导游员队伍建设,提高导游员素质和接待服务水平,客观、公正地评价和选拔人才,调动导游员钻研业务和努力工作的积极性,引入竞争机制;为改革全国导游人员管理体制,建立导游人才市场创造条件,同时为施行旅行社服务的等级化创造人员条件,国家旅游局于1994年发布了《关于对全国导游员实行等级评定的意见》(以下简称《意见》)和《导游员职业等级标准》,开始了导游人员等级考核评定工作。这一制度在1999年5月14日发布的《导游人员管理条例》中得以确认,从而成为一项法定制度。

6.4.1 导游人员职业等级标准

根据《意见》规定,导游员等级标准,适用于我国境内从事导游工作的专、兼职人员。导游员等级分为外语和中文两个系列和四个级别,即:特级导游员、高级导游员、中级导游员和初级导游员。

6.4.2 导游员等级的评定

1) 特级导游员

采取以评审考核为主,考试为辅的方式。评审采用论文答辩、跟团实查和专家审议三种形式;考核工作表现、导游技能、遵纪守法和游客反映;考试第二外语或一种方言。评定工作不定期进行。工作步骤为省(自治区、直辖市)旅游局初评,国家旅游局评定。

2) 高级导游员

采用考试、考核和评审相结合的方式。考试科目为导游词创作和口译(中文导游员不考)两科。考核、评定方式和工作步骤与特级导游员相同。对高级导游员的评定每3年进行一次。

3) 中级导游员

采用考试和考核相结合的方式。考试科目为导游专业知识(含政策与法规、导游基础知识、汉语言文学知识三部分内容）和现场导游两科。考核方式与高级导游员相同。中级导游员的评定每2年组织一次。考试以国家旅游局为主组织实施，考核以省（自治区、直辖市）旅游局为主组织实施。

4）初级导游员

采取考核方式。凡取得导游资格证书后工作满1年，经考核合格者，即可成为初级导游员。

6.4.3 导游员等级的组织管理

导游员等级的组织管理采取由国家旅游局统一政策、统一管理，与地方旅游局分工负责组织实施的办法，逐步建立导游员等级注册登记制度。各级资格有效期一般为5年。有效期满，持证者要按有关规定主动到发证机关办理注册登记，并进行相应的培训和考核。逾期不办理的，其证件自行作废（具体办法另行规定）。

6.4.4 政策和措施

每次等级考试后，通过新闻媒介向国内外公布特级、高级和中级导游员名单及旅行社、导游公司导游员的等级构成情况。

各旅行社、导游公司应在待遇方面对不同级别的导游员加以区别，拉开档次。已实行岗位技能工资的单位，应以导游员等级作为岗位技能工资的评定依据。

这是一种旅行社、导游公司鼓励导游员不断充实自己，提高服务技巧和技能，积极参加导游员等级考试的奖励和鼓励机制。

6.4.5 导游员职业等级标准

各级导游员的共同标准是拥护中国共产党的领导，热爱祖国，遵纪守法，忠于职守，钻研业务，宾客至上，优质服务，遵守职业道德，身心健康。

1）初级导游员

（1）知识要求

①了解我国大政方针及其和旅游有关的政策法规。

②掌握当地主要游览点的导游知识，了解我国主要旅游景点和线路的基本知识。

③了解与业务有关的我国政治、经济、历史、地理、宗教和民俗等方面的基础知识。

④了解有关主要客源市场的概况和习俗。

⑤掌握导游工作规范。

⑥外语导游员基本掌握一门外语，达到外语专业大学3年级水平；中文导游员掌握汉语言文学基础知识，达到高中毕业水平。

（2）技能要求

①能独立完成导游接待工作。

②能与旅游者建立良好的人际关系。

③能独立处理旅行中发生的一般问题。

④能与有关业务单位和人员合作共事。

⑤导游语言正确、通顺。外语导游员的外语表达基本正确，语音、语调较好；中文导游员的普通话表达清楚、流畅，语音、语调正确、亲切。

⑥导游体态大方得体。

⑦能准确填写业务所需的各种票据。

⑧能起草情况反映、接待简报等有关应用文。

(3) 业绩要求

①完成企业要求的工作。

②无服务质量方面的重大投诉，游客反映良好率不低于85%。

(4) 学历要求

外语导游员具有外语专业大专或非外语专业本科及其以上学历，中文导游员具有高中及其以上学历。

(5) 资历要求

取得导游员资格证书后工作满1年（注：取得资格证书的导游员与初级导游员在知识方面的要求一致，并按上述“知识要求”进行考试；初级导游员不再考试，按上述“技能要求”、“业绩要求”和“资历要求”进行考核）。

以案说法6-4

某年10月26日至28日，刘小姐在西安某旅行社担任全陪，旅游团是为期三天的赴延安-壶口瀑布游。该团成员较特殊，他们都是第四军医大学59级的毕业生，40年前的校友刚在母校进行联谊活动。因年龄都偏大，在接团前，社里就一再叮嘱导游服务要细致。在整个旅游过程中，刘小姐尽量做到细致入微，只是发生了一个小意外。旅游团共4辆车，在去壶口的途中，由于路不通，改走其他路线。但地陪不熟悉路线，有的车又先出发，因而在一个岔路口不得不停下来等其他车，这时客人表示不满，要求只等10分钟，10分钟后必须开车。此时气氛有点紧张，刘小姐就为客人主动表演节目，缓和气氛，同时组织大家唱陕北民歌。过了大约半个小时，其他车也跟了上来，客人也没有表示责难。在后来的旅游活动中，刘小姐主动搀扶人，并为他们做了一些力所能及的事，博得了客人的好感，后来客人专门为社里送了一面锦旗。

案例分析：

导游是整个旅游团旅游活动的节目主持人。导游的专业知识和服务、管理职能的发挥至关重要，直接关系到旅游团的活动是不是丰富多彩，是不是充满欢声笑语，直接关系到每一位游客的旅游体验是不是愉悦。所以，导游不仅应该受过良好训练，对旅游景点和旅游线路了如指掌，而且应该具有良好的心理素质和应变能力，能够机智地处理各种突发事件，巧妙地化解各种矛盾，游客们就会感到放心。

资料来源 佚名. 导游的魅力［EB/OL］.（2006-09-02）［2013-12-18］. http：//www. tczj. net/tour/jpkc/cases/cases-1. htm.

2) 中级导游员

(1) 知识要求

①熟悉我国大政方针及其和旅游有关的政策法规。

②全面掌握当地主要游览点的导游知识；了解我国主要旅游景点和线路的基本知识。

③掌握与业务有关的我国政治、经济、历史、地理、社会、宗教、艺术和民俗等方面的基础知识。

④掌握有关主要客源市场的概况和特点。

⑤熟练掌握导游工作规范。

⑥外语导游员掌握一门外语，达到外语专业本科毕业水平；中文导游员掌握汉语言文学的有关知识，达到大专毕业水平。

（2）技能要求

①能接待不同性质、类型和规模的旅行团，有比较娴熟的导游技能。

②能独立处理旅行中发生的疑难问题。

③能正确理解旅游者的服务要求，有针对性地进行导游服务。

④能与旅游者、有关业务单位和人员合作，有较强的公关能力。

⑤导游语言流畅、生动，语音、语调比较优美，讲究修辞。外语导游员的外语表达正确，中文导游员能使用标准的普通话，并能基本听懂一种常用方言（粤语、闽南语或客家话）。

⑥能培训和指导初级导游员。

（3）业绩要求

①工作成绩明显，成为企业的骨干。

②无服务质量方面的重大投诉，游客反映良好率不低于90%。

（4）学历要求

外语导游员同初级导游员；中文导游员具有大专及其以上学历。

（5）资历要求

取得初级导游员资格2年以上。

3）高级导游员

（1）知识要求

①全面掌握我国大政方针及其和旅游有关的政策法规。

②全面、深入地掌握当地游览内容；熟悉我国有关的旅游线路和景点知识。

③有比较宽广的知识面。

④掌握有关客源市场的重要知识及接待服务规律。

⑤熟练掌握导游工作规范。

⑥外语导游员熟练掌握一门外语，初步掌握一门第二外语；中文导游员熟练掌握汉语言文学的有关知识，初步掌握一种常用方言（粤语、闽南语或客家话）。

（2）技能要求

①有娴熟的导游技能，并有所创新。

②能预见并妥善处理旅行中发生的特殊疑难问题。

③有一定的业务研究能力。

④能创作内容健康、语言优美的导游词。

⑤外语导游员能用一门外语自如、准确、生动、优美地表达思想内容，并能胜任一般场合的口译工作；中文导游员能用标准普通话和一种常用方言（粤语、闽南语或客家话）工作，语言准确、生动、形象。

⑥能培训和指导中级导游员。

(3) 业绩要求

①工作成绩突出。

②无服务质量方面的重大投诉，游客反映良好率不低于95%。

③在国内外同行和旅游商中有一定的影响，通过优质服务为所在企业吸引一定数量的客源。

④有较高水平的导游工作研究成果（论文、研究报告等）。

(4) 学历要求

同中级导游员。

(5) 资历要求

取得中级导游员资格4年以上。

4）特级导游员

(1) 知识要求

①对有关的方针、政策和法规有全面、深入和准确的理解。

②对当地游览内容有精到的认识，全面掌握我国的旅游线路和景点知识。

③有宽广的知识面，在与业务有关的某一知识领域有较深的造诣。

④掌握有关客源市场的知识，全面、准确、具体地了解其特点和接待服务规律。

⑤熟练掌握导游工作规范。

⑥外语导游员精通一门外语，基本掌握一门第二外语；中文导游员掌握汉语言文学知识，基本掌握一种常用方言（粤语、闽南语或客家话）。

(2) 技能要求

①导游技能超群，导游艺术精湛，形成个人风格。

②能预见和妥善解决工作中的突发事件。

③能通过优质服务吸引客源。

④有较强的业务研究能力。

⑤有很高的语言表达能力。外语导游员能胜任旅游专业会议及其他重要场合的口译工作；中文导游员能胜任某一有关专业（如重点寺庙、古建筑或博物馆）的解说。

⑥能创作富有思想性、艺术性和立论确凿的导游词。

⑦能培训和指导高级导游员。

(3) 业绩要求

①职业道德高尚，工作成绩优异，有突出贡献，在国内外同行和旅游商中有较大的影响。

②无服务质量方面的重大投诉，游客反映良好率不低于98%。

③有一定数量高水平并正式发表的导游工作研究成果。

(4) 学历要求。

同高级导游员。

(5) 资历要求

取得高级导游员资格5年以上。

6.5　导游人员的权利和义务

6.5.1　导游人员的权利

导游人员的权利可以概括为四个方面：人身权、履行职务权、诉讼权和其他权利。

1）人身权

导游人员的人身权，是指导游人员进行导游活动时，人身自由不受非法限制和剥夺、人格尊严不受侵犯、名誉不受损害等。《导游人员管理条例》第十条规定：导游人员进行导游活动时，其人格尊严应当受到尊重，其人身安全不受侵犯。导游人员代表以旅行社为主的聘用单位履行职责，直接与旅游者接触，在旅游活动中，由于涉及方方面面，形成的社会关系错综复杂，一旦发生纠纷，导游人员又必须周旋于双方之间化解矛盾，因此容易成为双方迁怒的对象。鉴于导游人员在旅游活动中的位置，其人身权利、人格尊严容易受到侵犯。此外，在旅行游览中，个别旅游者对导游员提出一些带有侮辱其人格尊严或违反其职业道德的不合理要求，为保护导游人员正当权利，《导游人员管理条例》规定，导游人员有权拒绝旅游者提出的侮辱其人格尊严或者违反其职业道德的不合理要求。

以案说法6-5

某年5月，北京某国际旅行社导游小孙经旅行社委派接待某国散客约翰，在参观长城时约翰希望把自己的名字刻在长城上以留念。导游员小孙解释说要保护文物，请约翰不要刻画，但约翰不听，仍然一意孤行。在从长城返回市区的路上，在车内约翰对小孙进行挑逗并动手动脚，回到酒店后约翰又要求小孙晚上带他去夜总会找"小姐"，小孙婉言拒绝。约翰非常生气，在回到饭店用晚餐时酗酒闹事，砸碎了餐厅的茶具并最终醉倒在地。小孙应如何处理上述情况？

案例分析：

对于约翰要在长城上刻字并不听劝阻，小孙应该报告有关部门对其进行严肃处理；对于约翰在车上对小孙动手动脚，小孙应明确拒绝，保护自己并立即上报旅行社；对于约翰在晚餐时酗酒闹事，小孙应加以劝阻，告知其后果自负，打碎的餐厅物品应由约翰按规定赔偿；在约翰醉倒后小孙应该请饭店工作人员一起扶约翰回房间，并代约翰向餐厅道歉。

资料来源　佚名．导游业务案例［EB/OL］．（2012-09-10）［2014-01-03］．http：//www.docin.com/p-477934870.html.

2）履行职务权

履行职务权，是指导游人员履行职务时所享有的权利，包括：进行导游活动不受地域限制的权利；在引导旅游者旅行、游览过程中，遇到可能危及旅游者人身安全的紧急情况，经征得多数旅游者同意，可以调整或变更接待计划的权利。导游人员按计划安排旅游活动是其应尽的义务，但在旅游活动开始后，遇到可能危及旅游者人身安全的紧急情况时，不变更或调整接待计划，就可能使旅游者人身安全发生危险，所以在紧急情况下，《导游人员管理条例》允许导游人员调整或变更接待计划。导游人员行使这一权利应当特别注意两个限制条件：一是必须征得多数旅游者同意；二是必须立即报告旅行社。

以案说法 6-6

某旅游团在南方某地游览期间，因前一天晚上强风暴雨破坏了当地的电力系统，导致第二天不能按计划到游乐场游玩，被迫改变部分旅游计划。遇到这种情况，地陪应该采取哪些处理措施？

案例分析：

(1) 地陪应立即与接待社联系，根据接待社的意见，做好相关事宜。

(2) 实事求是地向旅游者说明情况，求得谅解。

(3) 提出新景点的替代方案，通过与旅游者协商，使新方案得到认可。

(4) 以精彩的导游讲解、热情的服务激起旅游者的游兴。

(5) 按照有关规定给予相应的补偿。必要时应由旅行社领导出面，向旅游者致歉。

资料来源　佚名．导游业务案例参考题［EB/OL］．（2011-10-12）［2013-12-18］．http://wenku.baidu.com/view/99777ff0f90f76c661371aa0.html.

3）诉讼权

诉讼权，是指起诉和诉愿的权利，具体包括投诉权、申请复议权和起诉权。导游人员在导游活动中会因其合法权益受到损害而请求有关部门予以解决，也会因旅游行政管理部门的错误处罚而申请复议或直接向人民法院起诉。诉讼权是导游人员在履行职务过程中权利受到侵犯时得到法律保护的有力保障，包括：①对旅游行政管理部门的具体行政行为不服时依法享有申请复议权，具体指：对罚款、吊销导游证、责令改正、暂扣导游证等行政处罚不服的；认为符合法定条件申领“导游人员资格证”和“导游证”，旅游行政管理部门拒绝颁发或不予答复的；认为旅游行政管理部门违法要求导游人员履行义务的；认为旅游行政管理部门侵犯导游人员人身权、财产权的；法律、法规规定的其他可以申请复议的内容。②对旅游行政管理部门的具体行政行为不服时，享有向人民法院提起行政诉讼的权利，具体内容同申请复议权范围。③在执行职务中，其合法民事权利受损，依法享有向人民法院起诉，请求赔偿的权利。

4）其他权利

其他权利，主要是指导游人员为了更好地履行职务而应当享有的参加培训的权利以及获得升级的权利。导游人员的知识水平和综合素质，直接影响到执业。《导游人员管理条例》规定，国家采取措施，提高导游人员的素质和职业技能，这是宪法规定的公民受教育权利的具体化。国家实行导游人员等级制度，符合条件的导游人员，有申请获得高一级导游从业资格的权利。

6.5.2　导游人员的义务

导游人员的义务可以概括为以下九个方面：

1）提高自身业务素质和职业技能的义务

导游人员自身业务素质的高低，职能、技能的优劣，直接关系到导游服务的质量，影响到能否为旅游者提供优良的导游服务。而旅游者也往往是通过导游去认识一家旅行社、一个城市乃至认识一个民族、一个国家的。因此，导游人员业务素质及导游职业技能的优劣，对旅游业的发展至关重要。导游人员应当不断提高自身的业务素质和职业技能。

2）佩戴"导游证"的义务

"导游证"是国家准许从事导游职业的证件，我国对"导游证"实行证卡合一，佩戴"导游证"，表明当事人具备了从事导游职业的条件和能力，既是当事人资格的证明，又是当事人身份和业务能力的证明，同时佩戴"导游证"既可为旅游者提供规范服务，便于旅游者识别导游人员，及时得到导游人员的帮助和服务，又可便于旅游行政管理部门的监督、检查，还可增加导游人员的责任感和义务感。为此，《导游人员管理条例》规定：导游人员进行导游活动时，应当佩戴导游证。

3）进行导游活动需经旅行社委派的义务

招徕、接待旅游者，为旅游者安排食宿等有偿服务，是旅行社的经营范围。导游人员作为旅行社的雇员，只能接受旅行社的委派，为旅游者提供向导、讲解及相关服务，不得私自承揽或者以其他任何方式直接承揽导游业务。设立该项义务是为了保证服务质量，维护国家旅游业的形象；防止乱收费现象的产生，维护旅游者正当的合法权益；防止削价竞争等不正当竞争行为，维护旅游市场秩序。

4）维护尊严的义务

自觉维护国家利益和民族尊严，不得有损害国家利益和民族尊严的言行。热爱祖国、拥护社会主义制度、以自己的言行维护国家利益和民族尊严，是导游人员必须具备的政治条件和业务要求。尤其是接待外国旅游者时，导游人员是国家对外形象的一个"窗口"，任何损害国家利益和民族尊严的言行都是十分恶劣的。为此，导游人员在进行导游活动时，应当自觉履行该项义务。

5）遵守道德、尊重信仰和习俗的义务

遵守职业道德，着装整洁、礼貌待人，尊重旅游者的宗教信仰、民族风俗和生活习惯。导游人员进行导游活动时，应当向旅游者讲解旅游地点的人文和自然情况，介绍风土人情和习俗，但是不得迎合个别旅游者的低级趣味，不得在讲解、介绍中掺杂庸俗下流的内容。这是导游人员在讲解、导游过程中应当遵循的要求。

以案说法6-7

某年5月1日，北京某旅行社委派英语持证导游员小赵去接乘火车由兰州来京的旅游团，由于北京西客站有两个出站口，而小赵在接站时又没有出示带有旅行社标识的接站牌，结果造成漏接事故，客人没有找到小赵，在全陪的带领下乘公共汽车入住了饭店。后来在带领团队用餐时，团队中有一半是回民，而小赵没有仔细看接待计划上的特殊要求，结果回民游客拒绝用餐。由于"五一"期间团多人多，小赵很着急，便生气地说："别假装圣徒了，谁知道你们背地里吃不吃猪肉，现在还有人在外面等着吃饭呢，你们要是不吃，甭说什么牛羊肉，再想吃猪肉都没有了。"客人们非常生气，当即给旅行社打电话投诉。请问在该案例中导游员小赵犯了哪些错误？应如何处罚？

案例分析：

导游员小赵在接团过程中违反了《导游人员管理实施办法》中的以下内容：

(1) 接站时没有出示旅行社的标识；

(2) 由于自身的原因漏接旅行团；

（3）不尊重旅游者的宗教信仰和风俗习惯。

根据以上情况对导游员小赵处理如下：对于接站时没有出示旅行社社标的行为扣2分，对于由于自身原因漏接旅行团的行为扣6分，对于不尊重旅游者的宗教信仰和风俗习惯的行为扣4分。

综上所述，导游员小赵的导游证将不予通过年检。

资料来源　佚名．导游业务案例［EB/OL］．（2012-06-15）［2013-12-18］．http：//wenku. baidu. com/view/ef1fef66ddccda38376baf46. html.

6）严格履行接待计划的义务

严格按旅行社确定的接待计划安排旅游者的旅行、游览活动，不得擅自增加、减少旅游项目或者中止导游活动。我国《合同法》规定，当事人应当按照约定全面履行自己的义务。旅行社确定的接待计划（即旅游行程计划）是经旅游者认可的，是旅行社与旅游者订立的旅游合同的一部分（一般包括乘坐的交通工具、游览景点、住宿标准、餐饮标准、娱乐标准、购物次数等内容的安排）。导游人员擅自增加、减少旅游项目或者中止导游活动，就可能对旅游者违约。但导游人员在引导旅游者旅行、游览过程中，遇有可能危及旅游者人身安全的紧急情形时，经多数旅游者的同意，可调整或者变更接待计划，并应立即报告旅行社。

导游人员不得擅自中止导游活动。通常，构成中止导游活动，必须具备下列条件：①必须在导游活动已经开始至尚未结束之前，出现在执行接待计划过程中；②必须是擅自中止，这是中止导游活动的最主要特征，这就排除了由于旅行社的决定和其他外部作用的影响而导致的导游人员中止导游活动；③必须是彻底中止，即导游人员彻底放弃了原来的导游活动，如果导游人员因某种原因暂时放弃了正在进行的导游活动，待该原因消失后又继续进行导游活动的，是导游活动的中断。上述条件缺少一个都不能认为是导游活动的中止。

7）明确履行“告之”义务

在引导旅游者旅行、游览过程中，应当就可能发生危及旅游者人身、财产安全的情况，向旅游者作出真实说明和明确警示，并按照旅行社的要求采取防止危害发生的措施。实践中，这项义务被导游人员概括为“告之”义务。旅游活动是一种体验或经历。尤其在探险旅游中，导游人员有义务关心旅游者的利益，也有义务保护旅游者的人身和财产安全。旅游项目中如含有危险因素，导游人员应事先将危险程度和安全防护措施向旅游者交代清楚，对于参加危险活动的旅游者要特别注意保护。说明和警示要真实、准确、通俗易懂，不致发生歧义；同时，导游人员要按照旅行社的要求，采取防止危害发生的措施，否则导游人员和旅行社要承担相应的法律责任。

8）不得非法兜售物品或购买物品、不得索要小费的义务

不得向旅游者兜售物品或者购买旅游者的物品，不得以明示或者暗示方式向旅游者索要小费。该项义务的履行是以“不作为”形式表现的，有两层含义：一是向旅游者兜售物品或者购买旅游者的物品，该行为不属于导游人员的职责范围，与其导游身份亦不相称。尤其是导游人员以导游这一特定身份向旅游者兜售物品或购买物品，极易造成交易上的不公平与不公正，从而侵害旅游者的合法权益，损害导游人员的职业形象，并因此造成

纠纷。二是以明示或暗示的方式索要小费，历来为我国旅游法规所禁止。明示的方式，是指导游人员用语言、文字或其他直接表达意思的方法，明确地向旅游者索要小费；暗示的方式，是指导游人员不明确表示意思，而是以含蓄的言语、文字或者示意的举动等间接表达意思的方法，向旅游者索要小费。

以案说法6-8

地陪小韩带领香港旅游团一行28人游览W市。按照旅行社计划安排，旅游团在W市游览6个景点，安排2家商店购物。然而在游览过程中，小韩擅自增加购物点，安排游客去她朋友新开的珍珠馆。领队委婉提醒小韩不妥，但小韩仍我行我素。到珍珠馆门前，许多游客不愿下车，小韩便说："请大家给点面子，进去看看，不购物也没关系。"游客们这才懒洋洋地进去。行程结束，快抵达机场时，小韩致欢送辞后，领队依照惯例，给小韩一个内装小费的信封。小韩接过后，当着游客的面拆开，一看里面装的是一张50元人民币，心里极不舒服。她让游客在车上等一会儿，自己下了车。不一会儿，小韩手上拿着一大把零钱回到车上。她解释说："各位朋友，我刚才已经说了，感谢大家在W市期间对我工作的支持和配合"，说着扬扬手里的钱，"大家的心意我领了，这小费我不收，钱来自大家，我把它还给各位。"说完，小韩将钱逐一分发到游客手上。游客手上拿着这些钱，眼睛却怔怔的，车厢里的气氛顿时凝固。几位反应较快的游客马上拿出50元，甚至100元给小韩，说这是他们个人给小韩的一点小意思，请别嫌少，但更多的游客用责怪的眼神看着领队。

请问小韩在处理整个事件中有哪些不妥之处？你认为正确处理的措施应该怎样？

案例分析：

小韩在处理整个事件中的不妥之处有：

（1）安排购物次数超出规定，且擅自带游客去非定点商店购物；

（2）未接纳领队建议，强带游客进行购物；

（3）当游客面拆开信封，令领队难堪；

（4）让游客在车上等，自己下车换钱；

（5）把领队按惯例给的小费退给游客；

（6）以暗示方式向游客索要小费。

正确处理措施应该是：

（1）带游客到定点商店购物，且避免安排次数过多；

（2）遵循"自愿购物，需要购物"的原则，购物应建立在游客的需要上；

（3）尊重领队意见和建议，注意给领队面子，尽量避免与领队发生正面冲突；

（4）不擅离职守；

（5）领队给小费是对小韩工作的肯定，应接受并表示感谢；

（6）不得以明示或暗示方式向游客索要小费。

资料来源 佚名．导游实务案例集［EB/OL］．(2010-08-20)［2013-12-18］．http：//wenku.baidu.com/view/1edb9324ccbff121dd368378.html.

9）不得欺骗、胁迫旅游者消费或者与经营者串通欺骗、胁迫旅游者消费的义务

欺骗，是指故意告知旅游者虚假的情况，或者隐瞒真实情况，诱使旅游者做出错误消费意思表示的行为。欺骗行为有两种情形：一是导游人员在导游活动中欺骗：二是导游人员与经营者串通欺骗。

胁迫，是指以给旅游者及其亲友的生命健康、名誉、荣誉、财产等造成损害为要挟，迫使旅游者做出违背真实消费意思表示的行为，既可能是导游人员胁迫，也可能是导游人员与经营者串通起来胁迫旅游者。欺骗、胁迫旅游者消费，是严重侵犯旅游者合法权益的行为，理应为法规所禁止。

以案说法 6-9

某旅行社是家经营国内旅游业务的旅行社，因业绩不佳，旅行社领导把旅行社转包给了经营东北菜的一个体饭店老板。该饭店老板在接手旅行社后，大做广告宣传，并称其拳头产品“长白山狩猎旅游”惊险刺激，别出新意。广告打出后，吸引了不少游客。参加狩猎旅游的李某等人和饭店老板签订了旅游协议书：李某等人交纳狩猎旅游费用，旅行社保证李某等旅游者猎到东北云豹。因为东北云豹是国家珍贵保护动物，长白山守林员对其有严格的保护措施，故李某等游客到东北长白山后，未能如愿。行程结束后，李某等人向旅游局质检所进行投诉，认为旅行社利用虚假广告欺骗旅游者，要求旅行社予以赔偿。

案例分析：

旅游局质检所接到此投诉，经过调查、取证、核实后，作出了以下处理：

首先，旅行社把经营业务转包给经营东北菜的个体饭店老板经营是错误的。《旅行社管理条例》第十九条规定：“旅行社不得采取下列不正当竞争手段从事旅游业务，损害竞争对手：（一）假冒其他旅行社的注册商标；（二）擅自使用其他旅行社的名称；（三）诋毁其他旅行社的名誉；（四）委托非旅行社的单位和个体代理经营旅游业务；（五）扰乱旅游市场秩序的其他行为。”案例中的旅行社，擅自将自己的经营业务转包给经营东北菜的个体老板，违背了上述第四项规定，必须受到处罚。依据《旅行社管理条例实施细则》规定，由旅游行政管理部门给予旅行社处以警告、责令限期改正、没收违法所得并罚款的处罚。

其次，经营东北菜的饭店老板也应受到处罚。《消费者权益保护法》第十九条规定：“经营者应当向消费者提供有关商品或者服务的真实信息，不得做引人误解的虚假宣传。”《旅行社管理条例》第二十一条规定：“旅行社应当维护旅游者的合法权益。旅行社向旅游者提供的旅游服务信息必须真实可靠，不得作虚假宣传。”本案例中，经营东北菜的饭店老板利用虚假广告，招徕游客，损害游客的利益，显然违背了上述法律、法规的有关规定。对于这种行为，工商行政管理部门会同旅游行政管理部门依照有关法律、法规对饭店老板进行处罚。

资料来源 佚名．旅行社转包旅游业务［EB/OL］．（2012-12-09）［2013-12-18］．http://wenku.baidu.com/view/1edb9324ccbff121dd368378.html.

6.5.3 违反《导游人员管理条例》的法律责任

导游人员违反了《导游人员管理条例》，要承担相应的法律责任，受到相应的处罚。

1）处罚部门和处罚种类

导游人员违反《导游人员管理条例》的，由旅游行政管理部门予以处罚。处罚的种类，由旅游行政管理部门依导游人员违法情节，分别给予导游人员和导游人员所在的旅行社以警告、罚款、责令改正等处罚；有违法所得的，没收违法所得。此外，还有责令改正、暂扣导游证及吊销导游证并予以公告和责令停业整顿的处罚。

2）违反导游人员管理法规的法律责任

①对导游人员违反导游证管理制度的处罚：无导游证进行导游活动的，由旅游行政管理部门责令改正并予以公告，处1 000元以上3万元以下的罚款；有违法所得的，并处没收违法所得。导游人员进行导游活动时未佩戴导游证的，由旅游行政管理部门责令改正；拒不改正的，处500元以下的罚款。

②对导游人员未经旅行社委派，私自承揽或者以其他任何方式直接承揽导游业务，进行导游活动的处罚：由旅游行政管理部门责令改正，处1 000元以上3万元以下的罚款；有违法所得的，并处没收违法所得；情节严重的，由省、自治区、直辖市人民政府旅游行政管理部门吊销导游证并予以公告。

③对导游人员未尽职责的处罚：导游人员有擅自增加或者减少旅游项目、擅自变更接待计划、擅自中止导游活动等情形之一的，由旅游行政管理部门责令改正，暂扣导游征3～6个月；情节严重的，由省、自治区、直辖市人民政府旅游行政管理部门吊销导游证并予以公告。

④对导游人员违反禁止性规定的处罚：导游人员进行导游活动时，有损害国家利益和民族尊严言行的，由旅游行政管理部门责令改正；情节严重的，由省、自治区、直辖市人民政府旅游行政管理部门吊销导游证并予以公告；对该导游人员所在旅行社予以警告，直至责令停业整顿。导游人员进行导游活动，向旅游者兜售物品或购买旅游者物品，或者以明示或者暗示方式向旅游者索要小费的，由旅游行政管理部门责令改正，处1 000元以上3万元以下罚款；有违法所得的，并处没收违法所得；情节严重的，由省、自治区、直辖市人民政府旅游行政管理部门吊销导游证并予以公告；对委派该导游人员的旅行社予以警告，直至责令停业整顿。导游人员进行导游活动，欺骗、胁迫旅游者消费或者与经营者串通欺骗、胁迫旅游者消费的，由旅游行政管理部门责令改正，处1 000元以上3万元以下的罚款；有违法所得的，并处没收违法所得；情节严重的，由省、自治区、直辖市人民政府旅游行政管理部门吊销导游证并予以公告；对委派该导游人员的旅行社予以警告，直至责令停业整顿；构成犯罪的，依法追究刑事责任。

旅游行政管理部门的工作人员玩忽职守、滥用职权、徇私舞弊，构成犯罪的，依法追究其刑事责任；尚未构成犯罪的，依法给予行政处分。

以案说法6-10

导游员小赵于2011年5月接待了一个来自海南的旅游团，当小赵听说团队中的黄先生是个集邮爱好者时，就对黄先生说他有一套外国邮票非常精美，向黄先生建议购买，最后黄先生以1 000元人民币的价格买下了小赵的邮票。团队第四天的行程是游颐和园，当天由于他把导游证放家里了，被检查人员碰见进行了批评，但小赵不服气，还非常生气地威胁检查人员。在讲解长廊中的一幅画《岳飞枪挑小梁王》时说岳飞是河北正定人，这时有位客人张先生说："不对，岳飞是河南人。"这使得本来就一肚子火的小赵恼羞成怒说："谁说岳飞是河南人？河南没好人……"恰好张先生的夫人是河南人，于是便气愤地与小赵争吵起来，争吵中双方动起手来，小赵踹了张先生一脚，这时全团游客都开始指责小赵，小赵见势不妙说："好，那你们自己游吧，我还不伺候了！"说完甩团而去。

请问小赵犯了哪些错误？应得到怎样的处罚？对委派小赵的旅行社如何处理？

案例分析：

小赵在整个工作中违反了《导游证管理制度》和《导游人员管理实施办法》中的以下几条规定：

（1）在带团过程中强行向旅游者兜售物品；

（2）进行导游活动时未佩带导游证；

（3）在带团中有谩骂殴打客人的行为且情节严重；

（4）在与客人争吵后擅自离开团队。

根据对违反《导游证管理制度》的处罚规定及《导游人员管理实施办法》的规定对小赵进行如下处罚：

（1）没收小赵在强行兜售物品中的 1 000 元非法所得，处以 1 000 元以上 3 万元以下罚款，并扣 6 分。

（2）未佩戴导游证并不服管理应处以 500 元以下罚款，并扣 4 分。

（3）对于谩骂殴打旅游者的行为应处以 1 000 元以上 3 万元以下罚款，并扣 10 分。

（4）对于擅自中止旅游活动并甩团的行为，且情节严重，应将其导游证吊扣并予以公告。

综上所述，小赵的所作所为已经不适合做一名导游员，应对其进行 1 000 元以上 3 万元以下罚款，吊销导游证予以公告，对委派小赵的旅行社予以严重警告。

资料来源 佚名. 导游业务案例［EB/OL］.（2013-11-30）［2013-12-18］. http：//www. docin. com/p-732935498. html.

本章小结

本章主要介绍了导游人员的概念、导游人员的从业制度、导游人员的管理制度、导游人员的等级制度及导游资格考试，分析了导游证、临时导游证以及导游资格证之间的联系和区别，论述了不予颁发导游证的情形、导游人员的等级评定尤其是导游人员管理的扣分制，使学生对导游有全面的认识。

主要概念

导游人员　导游资格考试　导游资格证　导游证　导游人员等级　扣分制

选择题

1. 考生在参加导游人员资格考试成绩合格后，由组织考试的旅游行政管理部门在考试结束之日起的(　　)个工作日之内颁发“导游人员资格证书”。

A. 7　　B. 15　　C. 30　　D. 40

2. 对于具备条件的申请者，旅游行政管理部门须自收到申请之日起(　　)天内颁发导游证。

A. 7　　B. 15　　C. 30　　D. 40

3. 国家旅游局颁布的《导游人员管理实施办法》规定的导游人员计分管理办法，明确规定导游人员在导游活动中有(　　)的，扣除10分。

A. 有殴打或者谩骂旅游者行为的

B. 擅自增加或者减少旅游项目的

C. 以明示或者暗示的方式向旅游者索取小费的

D. 未携带正规接待计划的

判断题

1. 导游资格证就是俗称的导游证。(　　)

2. 对于旅行社急需的专门人才，旅行社可以为其向省级旅游局申领临时导游证。(　　)

3. 被吊销导游证的，须自吊销之日起2年以后才能再次申领导游证。(　　)

4. 临时导游证有效期为3个月，期满可以向原发证机关申请延期一次。(　　)

5. 获得导游证的同时即自动成为初级导游员。(　　)

6. 导游证和导游资格证有效期均为3年；获得导游人员资格证3年未从业的，其资格证自动失效；导游证期满后继续从事导游活动的，可以在有效期届满3个月前，向省级旅游局申请办理换发手续。(　　)

简答题

1. 简述导游人员的概念和特征。

2. 导游人员分为哪几个等级?

3. 不予颁发导游证的情形有哪些?

讨论题

1. 试比较导游证和导游资格证的区别。

2. 试比较导游证和临时导游证的区别。

3. 导游人员的权利与义务有哪些?

案例分析题

导游员小菲在接待一来自四川的旅游团时，由于上团之前刚和男朋友吵完架心情很不好，接到客人后在车上连欢迎词也不说，一个人生闷气。由于吵架的原因，从家出来时拿错了包，故没有带正规的接待计划。当天她带团游览天坛时正好碰到旅游局的检查人员，在询问中，检查人员得知小菲在上团前已把自己的导游证转借他人使用。请问在这个案例中导游员小菲犯了哪些错误？应受到什么处罚？

实训题

请结合本章知识，为自己或有志于从事导游的朋友设计一份“导游员职业规划”。

第7章　旅游饭店管理法律制度

知识结构图表

- 旅游饭店管理法律制度
  - 旅游饭店管理法律制度概述
    - 饭店法
    - 饭店法律关系
    - 饭店与客人之间的权利义务关系
    - 饭店侵权责任
  - 旅游饭店行业规范
    - 旅游饭店行业规范概述
    - 《中国旅游饭店行业规范》的主要内容
    - 《中国旅游饭店行业规范》颁布实施的意义
  - 旅游饭店星级评定制度
    - 旅游饭店星级评定标准及制度概述
    - 星级评定机构
    - 饭店星级评定程序
    - 星级评定复核
  - 饭店经营管理制度
    - 饭店业的治安管理
    - 饭店业的卫生管理
    - 饭店业的消防安全管理

学习目标

通过本章学习，掌握饭店法和饭店法律关系的基本概念，了解饭店法的立法状况，知悉我国饭店业相关法律规定、行业规范和标准，并能运用法律知识处理饭店和客人之间权利义务关系并处理好纠纷与投诉。

案例导入

客人在酒店丢失物品如何处理

北京某五星级饭店曾有一个会务组入住酒店，包下了十几间客房，预订的天数是5天时间。待到开完了会，会务组没有来续订，这时有其他客人要求入住其中的一间房，于是前台便打电话到会务组询问该房可不可以退，得到了肯定的答复后，便把那间房出租了。服务员在收拾客房时发现里面还有一只手提包，于是就将它送到了会务组。房主回来后发现房间没有了，十分恼火，称手提包里丢失了贵重物品，要求酒店赔偿3万元人民币。

问题：在该案例中，酒店是否应赔偿客人的损失？

案例分析：

客人在酒店丢失物品或在酒店遭窃，酒店究竟有没有责任？这个问题要从两方面看。

如果是因为酒店的失职而使客人的财产受损失，比如让酒店看管的行李丢失，窃贼破门或破窗而入等等，酒店当然要赔。因为客人入住酒店后，酒店和客人之间有个合同问题，它们是租赁和服务的关系，根据《民法通则》、《消费者权益保护法》和《合同法》的规定，酒店有责任在客人入住时提醒对方要注意安全，如果酒店没有做到这一点则是失职，客人有权要求赔偿。酒店还应对消费者有几点忠告：一是带数量较多的现金要按规定存入酒店的前台；二是要有安全意识；三是一旦发生情况要积极反映，并配合公安机关调查，要尽可能地得到酒店的协助。

如果是因为客人自己的原因而丢失了钱物，酒店则有义务协助公安部门取证调查，根据调查结果来具体分析酒店是否应该进行赔偿。目前这种情况在国际上的惯例是，入住酒店丢失了现金，酒店不赔偿，物品赔偿有一个最高限额。

资料来源　佚名．酒店治安案例专题培训［EB/OL］．（2012-08-28）［2013-12-18］．http://www.docin.com/p-469841756.html.

7.1 旅游饭店管理法律制度概述

7.1.1 饭店法

1）饭店法的概念

饭店的定义有多种，一般说来，饭店是指为客人提供食、宿、行、娱、购等综合性服务，具有涉外性质的商业性公共场所。

饭店一词在英文中为“Hotel”，源自法语，原义是指贵族在乡间招待贵宾的别墅。目前世界各国对于饭店的名称还没有统一的解释。在我国古代没有饭店这个词，而是称为亭峰、逆旅、私馆、客舍、客栈。现在中文里表示住宿设施的名词很多，如酒店、宾馆、饭店、旅馆、大厦、公寓、度假村、俱乐部、会所等，在中文里是通用的。我国和东南亚国家及世界上大多数国家普遍采用饭店的称谓。本书也采用饭店一词来诠释法律问题。

饭店业是为客人提供多种综合服务的行业，特别是现代化的大饭店是具有多种功能的综合服务场所，拥有客房、餐饮、会议厅、酒吧、舞厅、商店、车队、健身设施等，涵盖了旅游业吃、住、行、游、购、娱六大要素。而且饭店业的业态形式也是多样化并不断出现新型饭店。为此，明确界定饭店业的范围、饭店的含义及分类，对于准确界定饭店立法的适用范围来说是十分必要的。

饭店法有广义和狭义之分。广义的饭店法，是指与饭店经营、管理活动有关的各种法律规范的总和，也是调整饭店活动领域中各种社会关系的法律规范的总和。这些法律规范包括国家有关部门制定的有关饭店方面的法律、法规及各省、自治区、直辖市制定的有关饭店方面的地方性法规。此外，还包括我国参加和承认的国际有关公约或规章。狭义的饭店法是指国家或地区所制定的饭店法律、法规，它主要规定饭店登记入住、服务接待、客人人身及财物安全、物品寄存与保管、纠纷解决等内容。

2）饭店法的调整对象

饭店法的调整对象，包括饭店与旅客之间的权利义务关系，饭店和其所接待的其他顾客之间的权利义务关系，饭店与其他经营主体之间的权利义务关系以及饭店和管理机关之间的权利义务关系。所以，饭店法的内容涉及民法、行政法、刑法等法律部门，这也必然导致各国对饭店的立法体系不甚统一。

3）国际饭店业立法

关于饭店法的最早记载是古巴比伦的《汉谟拉比法典》。该法典中规定在啤酒中掺水可以处理死刑。近代意义上的饭店法源于中世纪的英国，英国的普通法宣布饭店负有保证客人生命健康的社会责任。

在英、美、法、比等国的法律百科全书中，都有"饭店法"这一条目，详细论述客人同饭店、餐厅之间有关接待、服务、人身以及财产安全等方面的权利义务关系。

在国际上，1978年国际私法协会起草了《关于旅馆合同的国际协定草案》，该协定草案由26国代表组成的专家委员会起草，经参加国政府外交会议通过后，待签字国达到规定数目即可生效。该协定草案目前虽尚未生效，但可作为各国的立法范本和仲裁基础。

另外，国际饭店协会执行委员会1981年在尼泊尔加德满都批准了《国际饭店法》，此法现仍生效，并获得了国际饭店业的普遍承认。《国际饭店法》是关于饭店和旅客契约关系的法规，该法在宗旨中写明："这个法规可作为各国有关饭店住宿契约立法的辅助性条款。"如有关国家立法中无具体关系饭店住宿契约方面的条款，应履行《国际饭店法》中的规定。可见，《国际饭店法》是国内饭店法的辅助性条款，如果该法律的规定与参加国的国内法发生冲突，则应当适用各国国内法的规定。

英、美等普通法系的国家和地区还有大量关于饭店法的判例和单行法规。我国香港制定了《旅馆业条例》和《酒店东主条例》。英国1956年颁布了《旅馆业主法案》，1969年颁布了《旅游发展法案》。英国对饭店的行业管理也比较成熟，规定了注册旅馆的最低标准和皇冠级标准，要求所有饭店都要遵守有关防火、标价和责任保险的法令，饭店的建筑、装置、家具的装潢必须整洁、完好和专用。

美国属于普通法国家，同时又是一个联邦制国家。在饭店业高度发达的美国，至今没有关于饭店业务方面的全国统一规定，但是关于饭店和汽车旅店的法规却很多，包括从早期英国判例和社会习惯演变而来的普通法的许多规则。这些法规包括与饭店经营者的法律权利和责任有关的立法条例、规则和法院判决，具体规定了饭店接待客人的责任和拒绝客人的权利、客人的隐私权、饭店对客人财务所负的责任、客人死亡的处理、饭店与其雇员的工资和工时的规定、反就业歧视，以及劳工关系、饭店一般业务（如顾客登记册、公共卫生和安全、饭店执照的发放、饭店内使用的音乐和电视版权、防火等事项）、税收、反托拉斯、特许经营、会议合同和团体合同等内容。此外，美国各州都有经州法院系统在涉及州法的问题上发表的案例法和司法判例。

在大陆法系中，德国在其《民法典》的债务关系法中明确了饭店对旅客财产的责任。从大陆法系的立法上看，对饭店业的专门性立法并不多，在确认饭店和旅客之间的权利义务关系的问题上，侧重适用民法的规定。

在日本，早在1948年就出台了《旅馆业法》，对旅馆业的行业范围、经营活动、行为准则等作出严格具体的规定。其中规定凡是建造设施接待人们住宿并收取相应费用的行业统称为"旅馆业"，经营旅馆都要经过当地政府批准，并且根据各旅馆的设施设备情况分类。日本的旅馆业由厚生省负责统一管理。

随着旅游业的发展和日本政府对外汇收入的迫切需要，日本政府进一步对旅馆业进行整顿。1949 年，日本制定发布了《国际观光饭店整备法》，主要目的是推进专供外国旅游者食宿的高级饭店的建设活动。达到此法案规定标准的饭店或旅馆，主要条件是客房数不少于30 间，每间客房面积在13 平方米以上，可以享有如下特权：第一，可以使用“政府登录国际观光饭店”或“政府登录国际观光旅馆”（简称登录饭店或登录旅馆）的名称招徕宾客；第二，可以减收地方固定资产税；第三，在征收法人税时使用年限可以按最短年限从优计算；第四，可以从日本开发银行获得长期低息贷款。以上所说登录饭店或登录旅馆必须先按《旅馆业法》取得营业执照，再申请政府登记，由运输省统一管理。

从各国立法上看，西方国家由于经济比较发达，所以法制也比较健全，与饭店的生产经营相关的法律相对比较完善。

4）我国关于饭店业的立法

从我国饭店业立法的现状来看，迄今为止，我国已经制定并颁布了一些有关饭店业的法规。这些法规在调整饭店业结构、规范饭店业市场、解决旅游纠纷、保护法律关系主体各方的权利和义务方面起到了一定的作用。

目前，我国饭店业立法主要散见于通用性法规中，还没有形成统一的饭店基本法。通用性法规主要有民法通则、合同法、著作权法、商标法、劳动合同法、消费者权益保护法等。但饭店业行业的特殊性和综合性，使饭店中的法律关系具有复杂性和专业性，普通的现行法律、法规难以准确全面地规范。

专门性法规大多是国务院、国家旅游局以及各部委发布的行政法规，以及地方人大和政府制定的地方性法规。例如，由国务院批准公安部发布的《旅馆业治安管理办法》；国家旅游局制定的《中华人民共和国评定旅游涉外饭店星级的规定》。这些法规多头规定，层次级别效力低，大多数是“条例”、“暂行条例”、“通知”、“方法”之类。2013 年4 月25 日，第十二届全国人大常委会第二次会议通过了《旅游法》，自2013 年10月1 日起施行。其内容有10 章112 条，包括总则、旅游者、旅游规划和促进、旅游经营、旅游服务合同、旅游安全、旅游监督管理、旅游纠纷处理、法律责任、附则等。《旅游法》的颁布在饭店业和旅游业的立法进程中具有划时代的意义。

此外，我国饭店业的法规大多反映垂直的行业管理，通过制定各级行政法规来调整纵向的法律关系，即各级政府管理部门和饭店企业之间的关系。然而，饭店业务中大量存在的是横向的法律关系，如饭店与客人的关系、饭店与其他经营者之间的关系，属于民事法律范畴。然而，由于缺乏专门性规定，实践中只能适用《合同法》和《民法通则》中“民事责任”的一般性规定。可是在归责原则、饭店的责任范围和责任限额方面，由于缺失专门性规定，在实际处理案件时存在一定的困难。同时，在我国饭店业的法律环境中，仍有相当部分单项法规在援用其他部门法，这些法规中很多已不能适用于饭店业。

从我国饭店业的法律、法规来看，其总体特点是级别低、年代久，多头规定，规定事务杂，就事论事的各项通知繁多。这种状况对于我国目前迅猛发展的饭店业现状而言，是远不能适应的，显现出饭店业立法的严重滞后性。因此，要加快我国饭店业的发展，就必须加强我国饭店业的法律体系建设。

7.1.2 饭店法律关系

1）饭店法律关系的概念

饭店法律关系，是指由饭店法所确认和调整的、当事人之间在饭店经营管理活动中形成的权利义务关系。

2）饭店法律关系的构成

饭店法律关系的构成要素，是组成饭店法律关系不可缺少的部分，包括主体、客体和内容三个要素，缺少其中一个要素，都不能构成饭店法律关系。

（1）饭店法律关系的主体

饭店法律关系的主体，是指在饭店活动中依照国家有关法律、法规享受权利和承担义务的人。在我国饭店法律关系中，能够作为主体的主要有两类：

一类是饭店法律关系的管理、监督主体，包括：①各级国家行政管理机关，它们在同级人民政府领导下，负责管理全国和地方的饭店工作；②根据法律的规定，在饭店法律关系中行使监督权的各级物价、审计、税务等机构。

另一类是饭店法律关系的实施主体，包括：饭店、客人、公司、企业以及国内外旅游组织等。由于许多饭店直接同外国旅行社等组织发生业务联系，因此外国旅游组织同我国饭店发生经济交往时，也会成为我国饭店法律关系的一方当事人。

（2）饭店法律关系的客体

饭店法律关系的客体，是指饭店法律关系主体之间权利和义务所共同指向的对象。通常主体都是围绕一定事物设定权利义务的，没有客体，主体的权利义务就会失去目标，权利义务是否实现也无法衡量。能够作为饭店法律关系的客体的有物、行为、智力成果和人身权益。

①物，包括一切可以称为财产权利对象的自然之物和人造之物。作为饭店法律关系客体的物，存在于人身之外，但能够被主体支配并能产生一定物质利益。这些物品或物质能为人们所控制，并且具有经济价值。作为饭店法律关系中客体的物，可以是商品、物品、客房、货币、有价证券等。

②行为，指的是权利和义务所指向的作为和不作为。作为饭店法律关系中客体的行为，主要有饭店服务行为和饭店管理行为两种。饭店服务行为，是把客人迎进来、送出去，以及做好客人在住店期间食、住、行、娱、购等各个环节的服务工作。饭店管理行为，是一种直接或间接地为客人提供服务的活动，包括饭店管理部门和管理人员进行的管理活动。

③智力成果。作为客体的智力成果指的是人们在智力活动中所创造的精神财富，其表现形式有科学发明、工业设计、专利、商标和服务标记、专有技术等。在饭店业经营管理中存在不少有关著作权、商标权、服务标记等知识产权的矛盾与纠纷。

④人身权益，指和人身不可分离、不直接具有财产内容但和财产有着密切联系的权益，包括人格权益和身份权益，是人格权和身份权的客体。

（3）饭店法律关系的内容

饭店法律关系的内容，是指饭店法律关系主体间的权利和义务。在饭店经营管理活动中，主要存在几种法律关系，即饭店与客人之间的关系、饭店与其他经营者之间的关系、饭店与行政管理部门之间的关系、饭店与员工之间的关系。不同的饭店法律关系有不同的权利和义务的内容。

例如，饭店与客人之间的关系主要是一种服务合同法律关系。饭店向客人提供住宿、餐饮、购物、文化娱乐及其他有关服务，收取相应的价款，客人接受饭店服务并支付相应的价款，于是饭店和客人即消费者之间形成了提供服务和接受服务的合同关系。这种合同关系在实际生活中的表现形式主要有饭店住宿合同、饭店餐饮合同、饭店会议合同、饭店代理合同、饭店房间长期包租合同等。在不同的合同关系中，双方在一定范围内具有不同的权利义务。同时，饭店与客人的关系也是经营者和消费者之间的关系，双方基于《消费者权益保护法》而具有一定的权利义务关系。

法规速递 7-1

《法国民法典》第1953条规定："客人的物品被盗或被损时，不论其被饭店人员或出入饭店之人员所盗或所损，饭店应当负赔偿的责任。"

国际统一私法协会的《关于饭店合同的协定草案》第12条规定："饭店应对旅客带进饭店的财物或虽在饭店以外而已由饭店负责的财物的灭失、毁损负赔偿责任，其负责期限为旅客有权在饭店住宿期间以及住宿前后的一段适当的时间内。"

《中国旅游饭店行业规范》中有关客人财物保管的规定是："饭店应当采取措施，防止客人放置在客房内的财物灭失、毁损。由于饭店的原因造成客人的财物灭失、毁损的，饭店应当承担责任。由于客人自己的行为造成损害的，饭店不承担责任。双方均有过错的，应当各自承担相应的责任。"

7.1.3 饭店与客人之间的权利义务关系

饭店和客人（消费者）之间的权利义务关系是饭店法的重要调整对象。饭店和客人（消费者）在饭店服务的提供和享受过程中，依据民法、合同法、消费者权益保护法、中国旅游饭店行业规范的规定，应当尽到各自相应的义务。

1）饭店的权利

（1）向客人收取费用的权利

饭店依合同向客人提供了住宿和其他服务后，有权向客人收取约定的费用。当客人拖延付费、无力支付或拒绝支付超过一定期限时，饭店有权终止住宿合同，拒绝向客人提供服务，有权要求其支付应当支付的款项，并得到法律的保护。饭店可以行使留置权，依法扣留其财物，促使其履行债务，或按法律程序变卖其财物，用以抵付其所欠的费用。但被留置的客人财物价值只能相当于客人所欠缴的实际费用。饭店的留置权在客人付清所欠费用时终止。

（2）一定的拒绝接待客人的权利

饭店在接待客人的过程中，不得因客人的种族、国籍、肤色、宗教信仰等原因对客人加以歧视，甚至拒绝接待。但在有正当理由的前提下，饭店可以合理地拒绝接待客人，即不与客人签订合同或者终止与客人的住宿合同。

《中国旅游饭店行业规范》规定："以下情况饭店可以不予接待：①携带危害饭店安全的物品入店者；②从事违法活动者；③影响饭店形象者；④无支付能力或曾有过逃账记

录者；⑤饭店客满；⑥法律、法规规定的其他情况。”饭店企业可以按照实际情况，来决定是否接待旅客。

饭店在拒绝接待客人的过程中，应当注意行为的方式，即在适用驱逐权时要使用足够的谨慎、合理方式，尽量不使客人受到不必要的强制或不适当的屈辱，在必要时饭店应向公安机关报告。如果客人认为自己的人身权遭受了饭店的侵害，则会对饭店提起诉讼。

(3) 向客人索赔的权利

如果客人不履行合同的约定，造成了饭店的损失，饭店有权索赔。客人应当向饭店支付住宿费用，这是客人应履行的最重要的合同义务。客人通过预订的方式和饭店订立住宿合同，而客人并未入住或提前退房的，则客人要因其违约行为给饭店造成损失，而向饭店承担违约责任。

《中国旅游饭店行业规范》规定：在饭店已经向客人尽了提示义务之后，客人私留他人住宿或者擅自将客房转让给他人使用及改变使用用途，或未经饭店同意对客房进行改造、装饰，旅客损坏饭店的财物，以及客人醉酒后在饭店内肇事造成损失的，饭店可以要求客人承担相应的赔偿责任。这些规定都集中表明，客人有履行合同、遵守饭店有关规章的义务，对于造成饭店损失的客人，饭店可以通过协商、调解以及诉讼等方式来主张自己的权利。

(4) 有权按照法律规定对客人在饭店内的不良行为进行制止、对违法行为进行举报及进行相关处理

对于客人在饭店内违背公序良俗但未构成犯罪的行为，以及给其他大多数人带来不良感受的言语行为，饭店有权加以制止，但不宜粗暴，以不使客人受到不必要的强制或屈辱。对于客人在饭店里进行的违法犯罪活动，如卖淫、嫖娼、赌博、吸毒、传播淫秽物品等行为，饭店经营者和工作人员有权利和义务加以举报，并配合公安机关执法行为。

2) 饭店的义务

(1) 向客人提供与合同约定等级标准相符的服务的义务

饭店和客人的住宿合同一旦成立，饭店就必须按照其明示标准或双方约定提供服务，否则要承担违约责任。这也是饭店住宿合同订立的最重要的目的。如果接受客人的预订却不能按时提供预订房间、降低服务等级、不按标准收取费用等行为，均要承担相应的责任。饭店提供的硬件设施及服务都必须与其等级及收费标准相符合，否则客人可以向有关部门投诉。

(2) 维护客人财产安全的义务

客人在饭店住宿，随身携带有一定财物。饭店在保障旅客人身安全的同时，有保护客人财产安全的义务。

一般认为，一旦客人进入饭店，在客人登记处完成住宿登记手续之后，客人与饭店之间的服务合同即告成立，饭店对客人的财产安全即负有责任，从而产生合同之债的法律关系。因此，客人依合同在饭店住宿、要求饭店保护其财产安全都属于合同的主权利。

当然，饭店并不是对发生在其范围内所有客人的财物灭失都负有责任。因为客人也会由于自己违反规定或其他自身的原因而导致其财物受损，如没有按规定将贵重物品寄存而导致丢失，那么客人也应负一定责任。同时，由于不可抗力等造成客人财物的毁损、灭

失，饭店可以减轻或免除责任。

从我国目前的立法、司法现状看，如果客人的财物在饭店灭失，饭店承担责任的依据、范围、标准在法律上没有明确的规定，这给实际处理纠纷造成困难。

(3) 维护客人人身安全的义务

维护客人的人身安全是饭店的重要功能，饭店法从它产生时就规定饭店有保护客人安全的责任。客人在饭店可能受到人身伤害的原因很多，例如，火灾、食物中毒、建筑设施故障、服务人员疏忽大意、第三人的侵权行为等，客人由此受到人身伤害，可以根据不同的法律规定向饭店提起索赔要求，而以违约为由要求赔偿也是成立的。

(4) 尊重客人隐私权的义务

客人租用的虽然是饭店的客房，但客人在饭店的客房里有独处和安宁地占有客房的权利，这就是客人所享有的隐私权。在西方国家的法律里，十分强调对旅客隐私权的尊重。

当饭店在向客人提供住宿服务时，应考虑提供服务的行为方式是否符合对客人隐私权的尊重。饭店工作人员提供服务时应当注意以下几个方面：

①除非火灾等紧急情况下，饭店的工作人员未经允许，不得进入客人的房间，在通常情况下，打扫客房应当在客人不在房间时进行。

②饭店的服务人员未经客人同意，不能将客人的房号告知他人，也不得向他人交付客人的房间钥匙。

③国家机关的工作人员出于执行公务的需要，可以对客人的房间进行搜查，但是要出示身份证件，依照合法的程序进行。

(5) 明示或告知客人注意安全的义务

饭店应当用恰当的方式告诉客人有关安全事宜，对一些可能危及客人人身安全的项目和服务应当作出明确的警示和说明。例如，饭店康乐健身设施安全使用规定、消防安全示意图、饭店周边环境治安情况等。明确的警示应当在显著的位置以醒目的字样或图形表明其危险性。这些警示和说明的文字应当简明易懂，不致使人产生误解，旅游饭店的警示牌应当用中、英文对照。

(6) 提供真实信息的义务

饭店对自己的产品和服务，应当向客人提供真实的信息，不得作引人误解的推销。在饭店竞争越来越激烈的情况下，有些饭店采取不正当的手法欺骗客人，这不但是一种短期行为，也是一种不法行为。

3）客人的权利

客人是享受饭店服务的消费者。从消费者在饭店享受的服务的内容来看，饭店的客人大体上可以包括几类：一是住店客人，即在饭店以自己的名义登记住宿的客人，我们通常称为旅客。二是房客，他们也是住店客人，是长期在饭店住宿的客人。他们与饭店之间更多体现的是一种房屋租赁关系，当然也有饭店服务关系的内容。三是顾客，他们是在饭店消费而不住宿的客人，如只在饭店享受就餐、购物、娱乐、休闲、健身等服务的客人。四是访客，他们是临时来饭店探亲访友而不在饭店住宿的客人。上述的旅客、房客、顾客、访客，我们统称为饭店的消费者即客人。

客人的权利主要有：

①有权要求饭店提供安全舒适的环境，使其心理上有安全感，并要求饭店对其人身、财产安全负责。

②有权要求在享受饭店服务过程中得到应有的尊重，并要求饭店提供相应标准的优质服务。

③有权自主选择饭店服务的种类和内容。

④有权知悉饭店服务的真实情况。

⑤有权与饭店进行公正交易。

⑥ 有权对饭店服务进行适度的监督。

⑦在人身或财产遭受损失时，有权要求饭店进行合理赔偿。

4）客人的义务

①客人应遵守国家法律、法规和饭店的各种合理的规章制度，并尊重饭店及其工作人员。

②消费者应按饭店的合理要求，按时、足额支付住宿费及其他费用。

③客人预订后不使用客房或提前退房时，应对饭店因此而受的损失予以赔偿。

④客人损坏饭店设施，或因侵权行为而使饭店或其工作人员受到损害时，应负赔偿相应损失的责任。

国际视域7-1

在美国，尽管普通法和成文法规定了饭店接待客人的一般义务，但有些情况下，饭店可以拒绝客人。在有些司法管辖区，法院已申明，如有下列情况，饭店可以拒绝接待客人：

A. 此人醉酒或有妨害治安行为，以及妨害公众；

B. 此人患有传染病；

C. 此人带入饭店通常不接受的物品（例如动物），或此人携带的财物可能对他人有害（例如武器或爆炸物）；

D. 此人不愿或不能支付饭店服务费；

E. 饭店无食宿向此人提供（但如果此人的预定有效，饭店负有不能提供食宿的合同责任）。

饭店不能仅因客人在不寻常的时刻，譬如，午夜到达而拒不提供食宿，饭店理应随时开门接待客人。

资料来源 Jefferies J P，Brown B. 饭店法通论［M］. 刘敢生，译. 北京：中国旅游出版社，2003.

7.1.4 饭店侵权责任

侵权行为是不法侵害他人非合同权利或者受法律保护的利益，因而行为人须就所生损害负担责任的行为。

1）饭店侵权行为

饭店及其工作人员因故意或过失，造成客人的人身伤害或财产损失的行为，为饭店侵权行为。饭店侵害了客人的人身、财产权益，应当向客人承担赔偿责任。根据《民法通则》的有关规定，饭店承担侵权责任需要如下构成要件：

（1）客人遭受了实际损害

“无损害即无责任。”因为饭店的行为，致客人的人身、财产权益受到损害，是饭店承担侵权责任的前提。

（2）饭店的行为具有违法性

饭店实施违法行为，既包括积极的作为，如饭店的工作人员盗窃了客人的财物，积极地实施法律禁止的行为，也包括消极的不作为，如饭店不对客人履行必要的告知义务，不实施法律、行业规范要求饭店必须实施的行为。

（3）饭店的侵害行为和客人所遭受的损害之间有因果联系

因果关系是辩证法的基本范畴。简言之，系指诸现象之间，在先现象引起在后现象的稳定的和可重复的联系。

（4）饭店在主观上存在过错

饭店实施侵权行为，要承担侵权责任，这必然要求饭店在主观上有过错，包括故意和过失。故意是行为人明知行为的危害后果，但追求或放纵该结果的心理状态。饭店在故意状态下实施了侵害行为，必须承担赔偿责任。如果饭店应当预见自己行为的危害结果，但是饭店出于疏忽而没有预见或者是轻信可以避免的，这种主观状态即为过失。

2）侵权责任和违约责任的竞合

客人的人身、财产权益在饭店受到侵害，如果客人既可以依照合同提起违约之诉，又可以提起侵权行为之诉时，我们就称之为违约责任和侵权责任的竞合。如果客人依合同向饭店提起诉讼，那么应当注意：合同之诉是基于当事人违反了合同的约定，一般是向合同当事人提起；合同可以约定双方的责任范围；合同责任不以违约方在主观上有过错为要件。如果客人向饭店提起侵权行为之诉，客人则可以向饭店以及饭店之外的其他主体提起赔偿要求；侵害人的责任以客人的实际损失确定；而且必须是饭店对客人所遭受的损害在主观上有过错。我国《合同法》第一百二十二条规定：“因当事人一方的违约行为，侵害对方人身、财产权益的，受损害方有权选择依照本法要求其承担违约责任或者依照其他法律要求其承担侵权责任。”所以，法律将选择权充分赋予当事人，受损害的客人可以选择对自己更有利的方式，向饭店提出权利要求。

以案说法 7-1　夜赶火车摔重伤，饭店有责先赔偿

南京市某旅游饭店为增加客房数量，对一幢四层楼房进行续接扩建，在未停止营业的情况下开始组织施工。因楼梯设在该楼的两端，续接时必须拆除一段楼梯。为了防止楼梯拆除后旅客继续从原处下楼造成跌伤事故，该饭店特意在被拆除一端的每层楼道口装门上锁，使旅客只能从另一端下楼。不料有一天，施工单位为搭建脚手架，将二楼楼道门的门锁打开，下班时又忘记将门锁上。夜晚，二楼一旅客急于赶火车，不知楼梯已被拆除，遂推门下楼，踏空跌落，摔成重伤。事后，该旅客向饭店索赔，该饭店声称为防止事故发生已采取了有效的措施，而这次事故的发生是由施工单位造成的，与自己无关，所以不承担赔偿责任。

问题：饭店有无赔偿责任？可否向施工单位进行追偿？

案例分析：

此案例存在侵权责任和违约责任的竞合。旅客可以依据《合同法》第一百二十二条的规定选择提起违约之诉或侵权之诉。

如果提起违约之诉，可以不要求证明饭店有过错，基于住宿合同法律关系，饭店有保障旅客人身安全的义务，因此可以判定饭店违约并承担赔偿责任，但不能要求饭店以外的其他主体，如施工单位承担法律责任。违约之诉不能要求精神损害赔偿。

如果提起侵权之诉，要求证明被告有过错。本案例中，饭店有过错，没有尽到提示义务，也没有及时锁门。施工单位的防范措施也有缺陷，故可以将饭店和施工单位作为共同被告提起诉讼，要求其承担连带责任。责任主体双方根据过错程度承担不同比例的责任。可由责任主体中任何一方先陪，然后由其再向另一方索赔。侵权之诉可以提起精神损害赔偿。

资料来源 佚名．饭店法规制度［EB/OL］．（2013-10-28）［2013-12-18］．http：//www. docin. com/p-717168538. html.

7.2 旅游饭店行业规范

7.2.1 旅游饭店行业规范概述

为规范行业管理，保障旅客和旅游饭店的合法权益，维护旅游饭店业经营管理的正常秩序，促进中国旅游饭店业的健康发展，中国旅游饭店协会根据国家有关法律、法规，于2002年3月制定了《中国旅游饭店行业规范》（简称《规范》），2002年5月1日正式实施，2009年8月又对《规范》进行了修订。该《规范》成为调整饭店行为的重要行为规范。中国旅游饭店业协会是经民政部批准登记注册的饭店行业组织，通过该组织实现饭店企业的行业自律，促进饭店行业的健康发展。就其性质而言，《规范》不是国家法律，所以没有强制执行的效力，但可以约束旅游饭店协会的会员饭店。行业规范里的有关规定，应构成会员饭店和旅客签订合同的组成部分。

7.2.2 《中国旅游饭店行业规范》的主要内容

1）总则

旅游饭店包括在中国境内开办的各种经济性质的饭店，含宾馆、酒店、度假村等（以下简称饭店）。饭店应当遵守国家有关法律、法规和规章，遵守社会道德规范，诚信经营，维护中国旅游饭店行业的声誉。

2）预订、登记、入住

①饭店应当与客人共同履行住宿合同，因不可抗力不能履行双方住宿合同的，任何一方均应当及时通知对方。双方另有约定的，按约定处理。

②饭店由于出现超额预订而使预订客人不能入住的，饭店应当主动替客人安排本地同档次或高于本饭店档次的饭店入住，所产生的有关费用由饭店承担。

③饭店应当同团队、会议、长住客人签订住房合同。合同内容应当包括客人入住和离店的时间、房间等级与价格、餐饮价格、付款方式、违约责任等款项。

④饭店在办理客人入住手续时，应当按照国家的有关规定，要求客人出示有效证件，并如实登记。

⑤以下情况饭店可以不予接待：A. 携带危害饭店安全的物品入店者；B. 从事违法活动者；C. 影响饭店形象者（如携带动物者）；D. 无支付能力或曾有过逃账记录者；E. 饭店客满；F. 法律、法规规定的其他情况。

3）饭店收费

①饭店应当将房价表置于总服务台显著位置，供客人参考。饭店如给予客人房价折扣，应当书面约定。

②饭店应在前厅显著位置明示客房价格和住宿时间结算方法，或者确认已将上述信息用适当方式告知客人。

③根据国家规定，饭店如果对客房、餐饮、洗衣、电话等服务项目加收服务费，应当在房价表或有关服务价目单上明码标价。

4）保护客人人身和财产安全

①为了保护客人的人身和财产安全，饭店客房房门应当装置防盗链、门镜、应急疏散图，卫生间内应当采取有效的防滑措施。客房内应当放置服务指南、住宿须知和防火指南。有条件的饭店应当安装客房电子门锁和公共区域安全监控系统。

②饭店应当确保健身、娱乐等场所设施、设备的完好和安全。

③对可能损害客人人身和财产安全的场所，饭店应当采取防护、警示措施。警示牌应当中外文对照。

④饭店应当采取措施，防止客人放置在客房内的财物灭失、毁损。由于饭店的原因造成客人财物灭失、毁损的，饭店应当承担责任。

⑤饭店应当保护客人的隐私权。除日常清扫卫生、维修保养设施设备或者发生火灾等紧急情况外，饭店员工未经客人许可不得随意进入客人下榻的房间。

5）保管客人贵重物品

①饭店应当在前厅处设置有双锁的客人贵重物品保险箱。贵重物品保险箱的位置应当安全、方便、隐蔽，能够保护客人的隐私。饭店应当按照规定的时限，免费提供住店客人贵重物品的保管服务。

②饭店应当对住店客人贵重物品的保管服务作出书面规定，并在客人办理入住登记时予以提示。违反相关规定，造成客人贵重物品灭失的，饭店应当承担赔偿责任。

③客人寄存贵重物品时，饭店应当要求客人填写贵重物品寄存单，并办理有关手续。

④饭店客房内设置的保险箱仅为住店客人提供存放一般物品之用。对没有按规定将贵重物品存放在饭店前厅贵重物品保险箱内，而造成客房里客人的贵重物品灭失、毁损的，如果责任在饭店一方，可视为一般物品予以赔偿。

⑤如无事先约定，在客人结账退房离开饭店以后，饭店可以将客人寄存在贵重物品保险箱内的物品取出，并按照有关规定处理。饭店应当将此条规定在客人贵重物品寄存单上明示。

⑥客人如果遗失饭店贵重物品保险箱的钥匙，除赔偿锁匙成本费用外，饭店还可以要求客人承担维修保险箱的费用。

6）保管客人一般物品

饭店保管客人寄存在前厅行李寄存处的行李物品时，应当检查其包装是否完好、安全，询问有无违禁物品，并经双方当面确认后，给客人签发行李寄存牌。

客人在餐饮、康乐、前厅行李寄存处等场所寄存物品时，饭店应当当面询问客人寄存物品中有无贵重物品。客人寄存的物品中如有贵重物品的，应当向饭店声明，由饭店员工验收并交饭店贵重物品保管处免费保管；客人事先未声明或不同意核实而造成物品灭失、毁损的，如果责任在饭店一方，饭店按照一般物品予以赔偿；客人对寄存物品没有提出需要采取特殊保管措施的，因为物品自身的原因造成毁损或损耗的，饭店不承担赔偿责任；由于客人没有事先说明寄存物品的情况，造成饭店损失的，除饭店知道或者应当知道而没有采取补救措施的以外，饭店可以要求客人承担相应的赔偿责任。

7）洗衣服务

客人送洗衣物，饭店应当要求客人在洗衣单上注明洗涤种类及要求，并应当检查衣物有无破损。客人如有特殊要求或者饭店员工发现衣物破损的，双方应当事先确认并在洗衣单上注明。客人事先没有提出特殊要求，饭店按照常规进行洗涤，造成衣物损坏的，饭店不承担赔偿责任。客人送洗衣物在洗涤后即时发现破损等问题，而饭店无法证明该衣物是在洗涤以前破损的，饭店承担相应责任。

饭店应当在洗衣单上注明，要求客人将送洗衣物内的物品取出。对洗涤后客人衣物内物品的灭失，饭店不承担责任。

8）停车场管理

饭店应当保护停车场内饭店客人的车辆安全。由于保管不善，造成车辆灭失或者毁损的，饭店承担相应责任，但因为客人自身的原因造成车辆灭失或者毁损的除外。双方均有过错的，应当各自承担相应的责任。

饭店应当提示客人保管好放置在汽车内的物品。对汽车内放置的物品的灭失，饭店不承担责任。

9）其他方面的规定

（1）谢绝客人自带酒水和食品

饭店如果谢绝客人自带酒水和食品进入餐厅、酒吧、舞厅等场所享用，应当将谢绝的告示设置于经营场所的显著位置，或者确认已将上述信息用适当方式告知客人。

（2）饭店向客人索赔的权利

①饭店有义务提醒客人在客房内遵守国家有关规定，不得私留他人住宿或者擅自将客房转让给他人使用及改变使用用途。对违反规定造成饭店损失的，饭店可以要求入住该房间的客人承担相应的赔偿责任。

②饭店可以口头提示或书面通知客人不得自行对客房进行改造、装饰。未经饭店同意进行改造、装饰而造成损失的，饭店可以要求客人承担相应的赔偿责任。

③饭店有义务提示客人爱护饭店的财物。由于客人的原因造成损坏的，饭店可以要求客人承担赔偿责任。由于客人原因，饭店维修受损设施、设备期间导致客房不能出租、场所不能开放而发生的营业损失，饭店可视其情况要求客人承担责任。

④对饮酒过量的客人，饭店应恰当、及时地劝阻，防止客人在饭店内醉酒。客人醉酒后在饭店内肇事造成损失的，饭店可以要求肇事者承担相应的赔偿责任。

（3）对客人遗留物品的处理

客人结账离店后，如有物品遗留在客房内，饭店应当设法同客人取得联系，将物品归还或寄还给客人，或替客人保管，所产生的费用由客人承担。3个月后仍无人认领的，饭店可登记造册，按拾遗物品处理。

（4）饭店应当提供与本饭店档次相符的产品与服务

饭店应当提供与本饭店档次相符的产品与服务。饭店所提供的产品与服务如果存在瑕疵，饭店应当采取措施及时加以改进。由于饭店的原因而给客人造成损失的，饭店应当根据损失程度向客人赔礼道歉，或给予相应的赔偿。

10）会员饭店违反《规范》的处理

①中国旅游饭店业协会会员饭店违反本《规范》，造成不良后果和影响的，除按照有关规定进行处理外，中国旅游饭店业协会将对该会员饭店给予协会内部通报批评。

②中国旅游饭店业协会会员饭店违反本《规范》，给客人的人身造成较大伤害，或者给客人的财产造成严重损失且情节严重的，除按规定进行赔偿外，中国旅游饭店业协会将对该会员饭店给予公开批评。

③中国旅游饭店业协会会员饭店违反本《规范》，给客人人身造成重大伤害或者给客人的财产造成重大损失且情节特别严重的，除按规定进行赔偿外，经中国旅游饭店业协会常务理事会通过后，将对该会员饭店予以除名。

7.2.3 《中国旅游饭店行业规范》颁布和实施的意义

《中国旅游饭店行业规范》的主旨是：倡导诚实守信，强化饭店对客人的承诺，保障客人和饭店的合法权益；规范企业经营活动，维护企业经营秩序；引导饭店按国际规则办事，使饭店经营更加符合国际惯例；逐步建立饭店行业的信誉和行业规范体系。该《规范》于2001年7月开始起草工作。中国旅游饭店业协会在广泛调研的基础上，参照国际饭店新规程等国际惯例，于当年10月份拟出初稿后先后征求了公安部、中国消费者协会和有关法律专家的意见，并委托协会常务理事征求了理事和会员饭店的意见，还多次召开座谈会，进行反复修改，十易其稿，形成了今天的《规范》。它是在广泛征求行业内外人士意见基础上形成的共识，因而具有广泛的代表性和可操作性。实施这一《规范》，具有多方面的积极意义。

1）它是中国旅游饭店业的第一部行业规范，标志着中国旅游饭店业更趋向成熟

中国旅游饭店业是目前国内市场化程度较高，并与国际接轨较为顺畅的行业，是我国旅游行业中最有生机和活力的产业之一。特别是1998年以来，在我国旅游饭店中实行了星级评定制度。星级评定标准为我国饭店管理和服务提供了统一的质量标准，为我国饭店业从整体上较快达到国际水准奠定了基础，成为我国旅游饭店业同国际接轨的里程碑。但是由于种种原因，我国旅游饭店业尚无统一的行业规范，一定程度上影响了饭店经营。因此，尽快建立起符合国际规则的饭店运营规范，成为我国旅游饭店业发展的必由之路。因此，《中国旅游饭店行业规范》成为中国旅游饭店业发展几十年来规范饭店经营行为的第一部规范，是指导和规范旅游饭店自律行为的准则，同时也是评价饭店经营行为是否符合行业规范、国际惯例和法律、法规的依据。该《规范》的实施标志着中国旅游饭店业逐步走向成熟。

2）实施《规范》是主动应对入世后全球经济一体化竞争和挑战的积极举措

随着我国入世和全球经济一体化，开放较早的我国旅游饭店业同样面临竞争与挑战，

面对这种竞争与挑战，各国都在创造良好的市场环境、法律环境方面展开激烈竞争，所以我国旅游饭店要在国际市场竞争中生存和发展，必须苦练内功，通过诚信服务、规范经营，树立良好的市场形象，赢得更多的客源，而规范服务的衡量，需要客观、公正、公平的标准，采用符合国际规则和惯例的规范去评价。《规范》的实施摒弃了过去一家饭店一种规范，行业没有统一规范的弊端，采用了与国际规则接轨的办法，对中国旅游饭店业融入国际饭店业竞争具有积极意义。

3）实施《规范》是完善旅游饭店业法规建设的重要步骤

目前，我国旅游饭店业法规建设相对滞后，除了饭店星级评定标准以外，尚无其他法规。但近年来，随着旅游饭店的大量增加，老百姓生活水平的提高，到旅游饭店消费的客人越来越多，旅游饭店与客人之间所产生的纠纷也随之不断增多。由于目前我国旅游法规还不够完善，一般的法律、法规均未考虑到饭店行业的特殊性，而我国对旅游饭店业国际惯例又宣传得不够。饭店与客人出现纠纷后，往往各执一词，无据可依，客人的权益得不到保护，一定程度上也影响了饭店的经营。饭店业呼唤相应的行业规范早日出台，从而明确饭店的权利和义务。《规范》的实施，为行业主管部门制定《旅游住宿业管理条例》和《饭店法》提供了经验，为我国饭店行业法规体系的建立奠定了良好的基础。

4）实施《规范》是引导饭店客人消费行为、保障其合法权益的有效手段

饭店客人消费是推动饭店发展的原动力，保护饭店客人权益，让其在饭店消费“物有所值”、“质价相等”，从而吸引更多的回头客，是饭店创造经济效益的基础。由于旅游饭店行业具备的特性，为了充分尊重和保护消费者权益，根据国家有关法律、法规，《规范》将消费者在旅游饭店消费的具体权利、义务进行了细化界定，明确了旅游饭店在接受客人、保护客人人身和财物安全方面的有关责任，使客人获得更多的知情权，让客人明明白白去饭店消费。

5）实施《规范》是推动我国旅游饭店业持续健康发展的航标

随着我国旅游市场的日趋成熟，根据国际同行业惯例和我国旅游饭店的经营管理现状，《规范》对我国旅游饭店在经营中的权利和义务及相应行为准则等要求进行了相应规定，为旅游饭店协调外部关系、平等协商解决有关纠纷提供了有力的参考和依据，我国旅游饭店的交易成本将有所降低，企业整体运行效益和竞争实力将得以提升。

6）实施《规范》是我国旅游饭店行业管理工作的重要手段

随着我国社会主义市场经济的不断发育与完善，特别是我国加入 WTO 以后，我国各级政府均将法制化、规范化建设作为促进行业发展的必要手段。

如果说我国饭店星级评定标准作为技术标准对推动我国旅游饭店经营管理水平与服务质量的提高起到了重大历史性作用的话，那么《规范》的出台，则从规章制度的层面促进我国旅游饭店统一规范的形成，为行业管理部门提供了重要抓手，丰富了管理手段。

《规范》是中国旅游饭店业协会代表中国旅游饭店行业面向社会、面向行业、面向市场作出的宣言与承诺，是全行业应当共同遵循的守则。《规范》的权威性和严肃性，依靠广大旅游饭店企业的贯彻实施。因此，中国旅游饭店业协会号召我国旅游饭店企业积极行动起来，深入理解、切实执行《规范》，对照《规范》，调整自身行为，并以之为契机，维护和提高我国饭店行业的整体形象，促进我国旅游饭店行业队伍的不断成熟。

7.3 旅游饭店星级评定制度

7.3.1 旅游饭店星级评定标准及制度概述

1）星级评定标准的发展历程

对旅游饭店进行星级评定，是国际上通行的惯例。为了提高我国旅游饭店的经营管理水平和服务水平，适应国际旅游业发展的需要，促进我国饭店业与国际接轨，国家旅游局参照国际标准，结合中国国情，在不同时段制定了相对应的标准。我国从1988年制定并实施旅游饭店星级标准评定制度以来，经历了1993年、1997年、2003年、2010年四次修订，简称"四标时代"。每次修订，都是我国旅游饭店发展到一定历史阶段的产物，且其本质都是为了进一步引导和规范旅游饭店，切实提升服务质量。

1988年8月，国家旅游局参照国际标准，结合中国国情，制定发布了《中华人民共和国评定旅游涉外饭店星级的规定》以及《中华人民共和国评定旅游涉外饭店星级标准》，在我国开始实行星级评定制度。

1993年9月，国家技术监督局发布了《旅游涉外饭店星级的划分及评定》。

1997年10月，针对中国饭店业发展中出现的新情况，国家技术监督局发布了《旅游涉外饭店星级的划分及评定》（GB/T14308-1997），增加了选择项目，使饭店可以按实际需要自主选择功能类别和服务项目，对避免饭店企业的资源闲置和浪费、促进旅游饭店建设和经营的健康发展发挥了积极的作用。

从2000年起，国家旅游局加快饭店星级评定的步伐，推出了饭店星级评定的重大举措：一是下放星级评定权；二是实行预备星级制度。经过两年多的时间，成效十分明显。随着全社会经济发展水平和对外开放程度迅速提高，旅游饭店业所面临的外部环境和市场结构发生了较大变化，其自身按不同客源类型和消费层次所作市场定位和分工也日趋细化。为促进旅游饭店业的管理和服务更加规范化和专业化，使之既符合本国实际又与国际发展趋势保持一致，2003年6月2日，国家旅游局重新修订发布了《旅游饭店星级的划分与评定》（GB/T14308-2003），新标准从2003年12月1日起实施，2004年7月1日起全面推广，并对星级饭店进行全面复核，更换星级标牌。

2010年10月18日，伴随着中国旅游星级饭店的发展，为适应市场发展趋势和满足行业转型升级的要求，由国家旅游局监督管理司起草，国家质检总局、国家标准化管理委员会发布再次修订后的评定标准——《旅游饭店星级的划分与评定》.（GB/T14308-2010），并于2011年1月1日起正式实施。为配合标准的实施，进一步增强饭店星级评定与复核工作的规范性和科学性，国家旅游局制定了《〈旅游饭店星级的划分与评定〉（GB/T14308-2010）实施办法》，明确了旅游饭店的定义，突出绿色环保理念，增强饭店星级评定与复核工作的规范性和科学性，进一步规范了旅游饭店的星级分类和评定。

2）星级评定的标准和条件

根据《旅游饭店星级的划分与评定》（GB/T14308-2010），旅游饭店星级分为五个级别，即一星级、二星级、三星级、四星级、五星级（含白金五星级）。最低为一星级，最高为五星级。星级越高，表示饭店的等级越高。用星的数量和颜色表示旅游饭店的星级，星级标志由长城与五角星图案构成，用一颗五角星表示一星级，两颗五角星表示二星级，三颗五角星表示三星级，四颗五角星表示四星级，五颗五角星表示五星级，五颗白金五角星表示白金五星级。饭店星级标志由国家旅游局饭店星级评定机构统一制作、核发，须置于饭店大堂最明显位置。

根据《〈旅游饭店星级的划分与评定〉（GB/T14308-2010）实施办法》，旅游饭店星级评定，采取按星级饭店的必备条件与检查评分相结合的方法综合评定。所谓星级饭店的必备条件，是指星级饭店必须具备的硬件设施和服务项目，要求相应星级的每个项目都必须达标，缺一不可；在检查评分过程中，主要是对饭店硬件设施的档次和饭店的“软件”，包括对饭店各项服务的基本流程、设施维护保养和清洁卫生方面的评价打分。其中对硬件设施的档次进行评价打分，三、四、五星级规定最低得分线：三星220分，四星320分，五星420分，一、二星级不作要求；在饭店“软件”的评价得分上，三、四、五星级规定最低得分率：三星70%，四星80%，五星85%，一、二星级不作要求。申请星级评定的饭店，如达不到以上要求及最低分数或得分率，则不能取得所申请的星级。

法律小讲坛7-1　国家标准与行业标准的关系

国家标准《旅游饭店星级的划分与评定》是总纲，《绿色饭店》、《星级访查规范》等行业标准是国家标准在环境管理、服务管理等方面要求的具体展开，是星级饭店标准体系的重要组成部分。

因此，工作中不能片面地将行业标准理解为是国家标准的前置标准。

在饭店星级评定中，一般来说，饭店所取得的星级表明该饭店所有建筑、设备设施及服务均处于同一水准。但是，如果一家饭店是由若干座不同设备设施标准的建筑物组成的，饭店星级评定机构可以按每座建筑物的实际标准评定星级，也就是说，同一家饭店的不同的建筑物可能被评定为不同的星级。但是，评定星级后，不同星级的建筑物不得继续使用相同的饭店名称，否则该饭店的星级无效。

行业广角7-1

一家名为“滨江”的饭店是由三座不同的建筑物构成的。在星级评定中，该饭店的主楼被评为三星级，而另外两座建筑物则分别被评为二星级和一星级。在这种情况下，被评为二星、一星级的建筑物是否能继续使用“滨江”饭店名称？

根据《〈旅游饭店星级的划分与评定〉（GB/T14308-2010）实施办法》，被评为二星、一星级的建筑物是不能继续使用“滨江”饭店名称的。如果在经营过程中，该饭店需关闭星级标准所规定的某些服务设施、设备，取消或更改星级标准所规定的某些服务项目，必须经饭店星级评定机构批准；否则，该饭店星级无效。此外，若该饭店因进行改造发生建筑标准变化、设施设备标准变化和服务项目变化，也必须向饭店星级评定机构申请重新评定星级；否则，该饭店原评星级无效。

资料来源　佚名．旅游饭店星级评定制度［EB/OL］．（2005-11-28）［2014-01-06］．http://www.nanhu.gov.cn/_sites/smlyj/article_display.jsp?articleid=7029.

3）标准的地位与作用

①标准规范了饭店行业的经营与管理，提升了饭店行业的服务品质，构建了规范化发

展的行业新格局。

②标准在行业市场的影响力不断扩大，推动着中国星级饭店大步迈向国际化发展新境界。

③标准对行业管理形成了富有权威性、技术性的强力抓手，贯穿于中国旅游饭店业改革开放的发展之中，始终发挥着不可替代的指导作用。

④标准引导下的星级已经突破饭店行业的自身范围，为全社会所广泛认同，星级的概念已为多行业所普遍推广。

法规速递 7-2 新版星级饭店评定标准的主要变化

重新修编令评定标准焕发出新的生命力，以更好地规范和引导行业的发展。新版星级饭店评定标准与旧版相比，主要技术内容变化表现在以下若干方面：

1）标准的文本结构更为清晰

各星级饭店划分条件包括必备条件（一票否决制）、设施设备和饭店运营质量三部分。“设施设备维修保养及清洁卫生评定检查表”分解后融入饭店运营质量相应部分。删除“星级的评定规则”，保留白金五星级的概念，但其具体标准与评定办法将另行制定。

2）对评价机制作出了较大调整

监督管理司制定标准，旅游饭店协会执行标准进行评定；完善监督机制和退出机制，复评周期缩短，星级标志使用有效期为3年，饭店运营中发生重大安全事故，所属星级将被立即取消。

3）等级划分与国际接轨

将一、二、三星级饭店定位为有限服务饭店，评定星级时应对饭店住宿产品进行重点评价；四、五星级（含白金五星级）定位为完全服务饭店，评定星级时应对饭店产品进行全面评价。一方面与国际饭店等级划分接轨，另一方面吸引中低档饭店申报星级。

更加注重核心产品，弱化配套设施。客房的安全、卫生、安静、设施可用为基本要素，舒适度为提升要素。新版标准注重客房舒适度，并进行了细化考量，分值由以前的10分增加为35分。弱化配套设施主要体现为，对大堂面积未作硬性要求，游泳池不再成为高星级饭店必备项。例外条款中，游泳池从旧版的17分降为目前的10分；由于国家政策不鼓励大量建设高尔夫球场，“高尔夫球场”分值大幅下调，从旧版的20分降为现在的5分。对低星级饭店，取消或降低对“餐饮”、“客房小冰箱”、“小商店”、“提供洗衣服务”、“套房”等方面的要求。但停车场成为三星级以上饭店的必备项。

4）顺应低碳经济发展趋势，突出绿色环保

新版标准倡导绿色设计、清洁生产、节能减排、绿色消费的理念。要求各星级饭店应有与本星级相适应的节能减排方案并付诸实施。在设备设施项中，节能措施与环境管理分值从2分增加到14分，细分项包括是否采用建筑节能设计、新能源的设计与运用、环保设备和用品、节能产品和采取节能及环境保护的有效措施、中水处理系统、污水和废气处理设施以及垃圾房等。

5）强化安全与突发事件管理

星级饭店应增强突发事件应急处置能力，突发事件处置的应急预案应作为各星级饭店的必备条件。例如，对四、五星级饭店，要求应有突发事件（包括火灾、自然灾害、饭店建筑物和设备设施事故、公共卫生和伤亡事件、社会治安事件等）处置的应急预案，有年度实施计划，并定期演练。饭店营运中一旦发生重大安全责任事故，星级将被取消。安全设施要求分值由8分提高到16分，新增公共区域和食品安全，如是否有符合规范的逃生通道、安全避难场所及食品留样送检机制等。

6）提高饭店设备设施和服务质量评价的可操作性

例如，对前厅总机、预订、住宿登记、行李服务、礼宾和问询服务、结账以及前厅维护保养与清洁卫生等，对客房浴缸及淋浴的照明、水龙头出水升温速度及稳定性、水压、水质、下水及安全性等，对床单、被套、枕套、毛巾、浴巾等的纱织规格、含棉量及床垫硬度等，对公共区域与客房区域温差和相对湿度、客房门、墙、窗、天花板、卫生间的隔音措施、照明效果等，都进行了细化和量化评价。

7）鼓励对新技术和新设备的应用

如五星级饭店应有运行有效的计算机管理系统，前后台联网，有饭店独立的官方网站或者互联网主页，并能够提供网络预订服务。信息管理系统以前分为“硬件”和“软件”两项进行评价，现从覆盖范围、采取确保饭店信息安全的有效措施和系统供应商三方面进行评价。互联网则从覆盖范围和应用两个大的方面进行衡量。公共系统是否配备先进、有效的火灾报警与消防联动控制系统（含点报警、面报警、消防疏散广播等）；环保节能方面是否采用先进的楼宇自动控制系统，如新风/空调监控、供配电与照明监控、给排水系统监控等。

8）注重饭店内外部环境、氛围营造及布局合理

建筑结构及功能布局，旧版强调平均每间客房的建筑面积，新版则强调各功能区位置、分隔合理及方便宾客使用。五星级饭店要求室外环境整洁美观，绿色植物维护良好；饭店后台区域设施完好、卫生整洁、维护良好，前后台的衔接合理，导向清晰。建筑物外观和建筑结构应具有鲜明的豪华饭店的品质，饭店空间布局合理；内外装修应采用高档材料，符合环保要求，工艺精致，整体氛围协调，风格突出；要求客房装修豪华，具有良好的整体氛围，套房布局合理。前厅整体舒适度，从颜色、光线、温度、声音、味道等方面评价。餐饮方面旧版过于强调数量，如餐厅数量、面积，新版更为关注风格、氛围、设计、装饰等。

9）增加例外条款，引导特色经营

新标准增加特色类别项，对商务会议型和休闲度假型旅游饭店设施分别单独评价。对于以住宿为主营业务，建筑与装修风格独特，拥有独特客户群体，管理和服务特色鲜明，且业内知名度较高的旅游饭店的星级评定，可参照五星级的要求，为主题饭店、精品饭店等新型业态评五星级饭店预留一个口子。

10）体现以人为本的理念

将“残疾人”改称为“残障人士”，关注对残障人士的服务及设施，门厅及主要公共区域应有残障人士出入坡道，高星级饭店还要求有残障人士房间。五星级饭店送餐

车应有保温设备。关注员工发展，强调员工培训规划和制度及员工培训设施。各星级饭店要求有系统的员工培训规划和制度，五星级还应有专门的教材、专职培训师及专用员工培训教室。

11）强调饭店设施设备标准的整体性和一致性

评定星级时不应因为某一区域所有权或经营权的分离，或因为建筑物的分隔而区别对待，饭店内所有区域应达到同一星级的质量标准和管理要求。

资料来源　中国旅游研究院．新版星级饭店评定标准的主要变化［EB/OL］．（2011-1-25）［2014-01-06］．http：//www.17u.com/news/shownews_291588_0_n.html.

7.3.2　星级评定机构

国家旅游局设全国旅游星级饭店评定委员会（以下简称“全国星评委”）。全国星评委是负责全国星评工作的最高机构。

（1）职能

统筹负责全国旅游饭店星评工作；聘任与管理国家级星评员；组织五星级饭店的评定和复核工作；授权并监管地方旅游饭店星级评定机构开展工作。

（2）组成人员

全国星评委由中国旅游协会领导、中国旅游饭店业协会领导、国家旅游局监督管理司领导、政策法规司领导、监察局领导、中国旅游协会和中国旅游饭店业协会秘书处相关负责人及各省、自治区、直辖市旅游星级饭店评定委员会主任组成。

（3）办事机构

全国星评委下设办公室，作为全国星评委的办事机构，设在中国旅游饭店业协会秘书处。

（4）饭店星级评定职责和权限

①执行饭店星级评定工作的实施办法；

②授权和督导地方旅游饭店星级评定机构的星级评定和复核工作；

③对地方旅游饭店星级评定机构违反规定所评定和复核的结果拥有否决权；

④实施或组织实施对五星级饭店的星级评定和复核工作；

⑤统一制作和核发星级饭店的证书、标志牌；

⑥按照《饭店星评员章程》要求聘任国家级星评员，监管其工作；

⑦负责国家级星评员的培训工作。

知识链接7-1　星评员的工作要求

1. 星评员在相应星评委有组织有计划的安排下，可以明查或暗访方式对受检饭店进行检查，要预先研究受检饭店的申请报告或复核自查报告及相关材料，掌握受检饭店的概况和特点；检查结束时向受检饭店全面反馈检查情况，就其星级达标情况提出规范的书面报告。各级星评员应保持清正、廉洁的作风，未经相应星评委授权，不得随意实施对饭店的检查工作。

2. 饭店星级评定或复核时，要据实评判各项必备条件的具备情况和饭店设施设备、饭店运营质量的得分情况，并写出书面检查报告及时呈交委派工作的星评委。

3. 星评员向受检饭店和相应星评委作出的反馈意见应严谨、规范，条理清晰，具有较高的针对性和指导性。对于不达标的饭店，要提出明确的整改要求。

4. 星级饭店内审员应按照星级标准和所在地星评委的要求，检查所在饭店的达标情况，敦促饭店管理层就所存在的问题及时整改，并向所在地星评委作出书面报告。

5. 饭店星评员接受聘用单位的检查、监督和管理。

资料来源 陕西省旅游局. 饭店星评员章程［EB/OL］.（2013-08-05）［2014-01-06］. http://www.sxtour.com/sxtourgov/proscenium/content/2013-08-05/8644.html.

各省、自治区、直辖市旅游局设省级旅游星级饭店评定委员会（简称“省级星评委”）。省级星评委报全国星评委备案后，根据全国星评委的授权开展星评和复核工作。

（1）组成人员

省级星评委的组建，根据本地实际情况确定，由地方旅游行业管理部门负责人和旅游饭店协会负责人等组成。

（2）办事机构

省级星评委下设办公室为办事机构，可设在当地旅游局行业管理处或旅游饭店协会。

（3）饭店星级评定职责和权限

省级星评委依照全国星评委的授权开展以下工作：

①贯彻执行并保证质量完成全国星评委部署的各项工作任务；

②负责并督导本省内各级旅游饭店星级评定机构的工作；

③对本省副省级城市、地级市（地区、州、盟）及下一级星级评定机构违反规定所评定的结果拥有否决权；

④实施或组织实施本省四星级饭店的星级评定和复核工作；

⑤向全国星评委推荐五星级饭店并严格把关；

⑥按照《饭店星评员章程》要求聘任省级星评员；

⑦负责副省级城市、地级市（地区、州、盟）星评员的培训工作。

副省级城市、地级市（地区、州、盟）旅游局设地区旅游星级饭店评定委员会（简称“地区星评委”）。地区星评委在省级星评委的指导下，参照省级星评委的模式组建。

（1）组成人员

地区星评委可由地方旅游行业管理部门负责人和旅游饭店协会负责人等组成。

（2）办事机构

地区星评委的办事机构可设在当地旅游局行业管理处（科）或旅游饭店协会。

（3）饭店星级评定职责和权限

地区星评委依照省级星评委的授权开展以下工作：

①贯彻执行并保证质量完成全国星评委和省级星评委布置的各项工作任务；

②负责本地区星级评定机构的工作；

③按照《饭店星评员章程》要求聘任地市级星评员，实施或组织实施本地区三星级及以下饭店的星级评定和复核工作；

④向省级星评委推荐四、五星级饭店。

7.3.3 饭店星级评定程序

1）程序

（1）申请

饭店星级评定遵循企业自愿申报的原则，凡在中华人民共和国境内正式营业一年以上的旅游饭店，均可向所在地区旅游行政主管机构的星级评定机构提出星级申报的申请。申请星级的旅游饭店，均应承诺履行向旅游饭店星级评定机构提供不涉及本饭店商业机密的经营管理数据的义务。

申请星级的饭店，应在对照《旅游饭店星级的划分及评定》（GB/T14308-2010）充分准备的基础上，按属地原则向相应的旅游饭店星级评定机构递交星级申请材料。申请材料包括饭店星级申请报告、消防验收合格证（复印件）、特种行业许可证（复印件）、卫生许可证（复印件）、工商营业执照（复印件）、饭店装修设计说明及其他必要的文字和图片资料等。

（2）受理

接到饭店星级申请报告后，相应评定权限的旅游饭店星级评定机构应在核实申请材料的基础上，于14天内作出受理与否的答复。对申请四星级以上的饭店，其所在地旅游饭店星级评定机构在逐级递交或转交申请材料时，应提交推荐报告或转交报告。

（3）检查

旅游饭店星级评定的检查，由饭店星评员承担。饭店星评员分为国家级星评员、地方级星评员（含省级和地市级）和星级饭店内审员。国家级星评员和地方级星评员主要由政府行业管理人员、饭店高级管理人员和有关专家学者组成。

受理申请或接到推荐报告后，相应评定权限的旅游饭店评定机构委派2～3名星评员，以明查或暗访的形式对饭店进行评定检查。五星级饭店评定检查工作应在36～48小时内完成，一、二、三星级饭店的评定检查工作应在24小时内完成，四星级饭店的评定检查工作应在36小时内完成。对通过五星级资格审查的饭店，全国星评委可根据工作需要安排宾客满意度调查，并形成专业调查报告，作为星评工作的参考意见。

检查合格与否，检查员均应提交检查报告。对检查未予通过的饭店，应根据星评委反馈的有关意见进行整改，相应星级评定机构应加强指导，待接到饭店整改完成并要求重新检查的报告后，于1个月内再次安排评定检查。

（4）审核

接到检查报告后1个月内，星级评定机构应根据星评员的意见对申请饭店进行审核。审核的主要内容及材料有星评员检查报告、星级评定检查反馈会原始记录材料、依据《旅游饭店星级的划分及评定》（GB/T14308-2010）打分情况（打分总表须有星评员签名）等。

（5）批复

对于经评审认定达到标准的饭店，星级评定机构应给予评定星级的批复，并授予相应星级的标志和证书，星级饭店（预备星级饭店）证书、标牌由国家旅游局统一制作，省星评委统一颁发。对于经评审认定达不到标准的饭店，星级评定机构不予批复。批复结果在中国旅游网和中国旅游饭店业协会网站上同时公示，公示内容包括饭店名称、星评委受理时间、星评员评定检查时间、星评员姓名、批复时间。

(6) 申诉

申请星级评定的饭店对星评过程及其结果如有异议，可向上一级星评机构或直接向国家旅游局申诉。上一级星评委或国家旅游局根据调查结果予以答复，并保留最终裁定权。

(7) 抽查

国家旅游局根据《国家级星评监督员管理规则》，派出国家级星评监督员随机抽查星级评定情况，对星评工作进行监督。一旦发现星评过程中存在不符合程序的现象或检查结果不符合标准要求的情况，国家旅游局可对星级评定结果予以否决，并对执行该任务的星评员进行处理。

知识链接7-2

对五星级及以上饭店的评定，需审查与公示。全国星评委在接到省级星评委推荐报告和饭店星级申请材料后，应在1个月内完成审定申请资格、核实申请报告等工作，并对通过资格审查的饭店，在中国旅游网和中国旅游饭店业协会网站上同时公示。对未通过资格审查的饭店，全国星评委应下发正式文件通知省级星评委。

2）原则

饭店所取得的星级表明该饭店所有建筑物、设施设备及服务项目均处于同一水准。如果饭店由若干座不同建筑水平或设施设备标准的建筑物组成，旅游饭店星级评定机构应按每座建筑物的实际标准评定星级，评定星级后，不同星级的建筑物不能继续使用相同的饭店名称；否则，旅游饭店星级评定机构应不予批复或收回星级标志和证书。

饭店取得星级后，因改造发生建筑规格、设施设备和服务项目的变化，关闭或取消原有设施设备、服务功能或项目，导致达不到原星级标准的，应向原旅游饭店星级评定机构申报，接受复核或重新评定；否则，原旅游饭店星级评定机构应收回该饭店的星级证书和标志。

某些特色突出或极其个性化的饭店，若其自身条件与本标准规定的条件有所区别，可以直接向全国旅游饭店星级评定机构申请星级。全国旅游饭店星级评定机构应在接到申请后1个月内安排评定检查，根据检查和评审结果给予评定星级的批复，并授予相应星级的证书和标志。

7.3.4 星级评定复核

1）星级复核

星级复核是星级评定工作的重要组成部分，其目的是督促已取得星级的饭店持续达标，其组织和责任划分完全依照星级评定的责任分工。星级复核分为年度复核和3年期满的评定性复核。

年度复核工作由饭店对照星级标准自查自纠，并将自查结果报告相应级别星评委，相应级别星评委根据自查结果进行抽查。

评定性复核工作由各级星评委委派星评员以明查或暗访的方式进行。

各级星评委应于本地区复核工作结束后进行认真总结，并逐级上报复核结果。

2）星级复核的处理制度

全国星评委委派2～3名国家级星评员同行，以明查或暗访的方式对饭店进行评定性复核检查。全国星评委可根据工作需要，对满三期的五星级饭店进行宾客满意度调查，并形成专业调查报告，作为评定性复核的参考意见。

对复核结果达不到相应标准的星级饭店，相应级别星评委根据情节轻重给予限期整改、取消星级的处理，并公布处理结果，对于取消星级的饭店，应将其星级证书和星级标志牌收回，自取消星级之日起1年后，方可重新申请星级评定。

知识链接7-3

接受评定性复核的星级饭店，如其正在进行大规模装修改造，或者其他适当原因而致使暂停营业，可以在评定性复核当年年前提出延期申请。经查属实后，相应级别星评委可以酌情批准其延期一次。延期复核的最长时限不应超过1年，如延期超过1年，须重新申请星级评定。

国家旅游局根据《国家级星评监督员管理规则》，派出国家级星评监督员随机抽查年度复核和评定性复核情况，对复核工作进行监督。一旦发现复核过程中存在不符合程序的现象或检查结果不符合标准要求的情况，国家旅游局可对星级复核结果予以否决。

7.4 饭店经营管理制度

7.4.1 饭店业的治安管理

像饭店、宾馆这样的服务行业是有义务为旅客提供安全保障的场所，可从大量侦破的案件来看，许多犯罪分子逃逸或者实施犯罪的地点却不约而同地选择了饭店宾馆，从某种意义上来说，饭店宾馆成为犯罪分子销赃和藏匿的地方。所以，饭店业治安状况的好坏，直接关系到旅游业的发展，影响整个旅游业的形象。

1987年9月23日，经国务院批准，公安部于同年11月10日发布了《旅馆业治安管理办法》，这是我国旅游住宿业治安管理的专门法规，成为我国旅游饭店业健康发展的重要保障。为了进一步强化饭店业治安管理，保障饭店业正常经营和入住旅客人身财物安全，提高预防、发现、打击违法犯罪的能力，由中华人民共和国第十届全国人民代表大会常务委员会第十七次会议于2005年8月28日通过，自2006年3月1日起施行《中华人民共和国治安管理处罚法》。2010年12月29日国务院第138次常务会议通过《国务院关于废止和修改部分行政法规的决定》，2011年1月8日经第588号国务院令公布，对《旅馆业治安管理办法》部分条款作出修改，自公布之日起施行。修改内容为：将《旅馆业治安管理办法》第十八条中的“按照《中华人民共和国治安管理处罚条例》第三十九条规定的程序办理”修改为“按照《中华人民共和国治安管理处罚法》第一百零二条的规定办理”。

1）相关法律从治安管理方面对开办酒店的要求

根据《旅馆业治安管理办法》及特种行业许可要求，开办饭店必须符合下列条件：

①消防设施、房屋建筑、出入口和通道必须符合安全规定；利用人防地下设施开办饭

店的，须征得政府人防主管部门同意。

②饭店总布局符合安全防范要求，设置符合安全要求的贵重物品寄存室，并配备保险箱、储存柜等防盗安全措施。

③建立或配备适应安全管理需要的治安保卫组织或专、兼职治安保卫人员；安全保卫、值班巡逻、消防安全、验证登记、嫌疑报告、财物保管、会客登记、信息采集传输、治安防范教育培训等各项安全管理制度健全。

④安装使用旅馆业治安管理信息系统。开办旅馆必须符合公安部 1999 年 12 月 1 日以公共安全行业强制性标准形式发布实施的《旅馆业治安管理信息系统标准》系统建设标准。

⑤作为一个企业，其开办应当经主管部门审查批准，经当地公安机关签署意见，向工商行政管理部门申请登记，领取营业执照后，才可以开业。经批准开业的旅馆，如有歇业、转业、合并、迁移、改变名称等情况，也应当在工商行政管理部门办理变更登记后 3 日内，向当地的县、市公安局、公安分局备案。

2）在饭店经营过程中的治安管理

根据《旅馆业治安管理办法》第五条规定，经营旅馆，必须遵守国家的法律，建立各项安全管理制度，设置治安保卫组织或者指定安全人员。凡是经营旅游住宿业务，都必须设置治安保卫部门，如饭店的保安部等。在经营各环节应按照《旅馆业治安管理办法》制定相关制度。

(1) 验证登记制度

对住宿人员的验证登记和信息录入传输，必须按照“实名、实情、实数、实时”的要求，采集传输率达到 100%；按规定必须采集、传输的住宿人员的信息包括：姓名、性别、出生日期、证件种类和号码、户籍地、照片。住宿人员为境外的，必须采集外文姓名、性别、出生日期、证件种类和号码、照片、停留期限等内容。

未携带有效身份证件的成年人要求住宿的，饭店应通知其到饭店所在地派出所开具身份证明后，方可登记安排住宿。未携带有效身份证件的 16 周岁以下未成年人要求住宿，如有随行成年人一同的，以成年人提供的身份信息进行登记，并立即报告当地派出所进行身份核对。饭店接待未携带有效证件的人员住宿，未按以上规定操作的，均属于未按规定登记，公安机关应按照相关规定进行处罚。

(2) 访客登记制度

对前来访客的非住宿人员，保安或前台服务人员应审查登记其身份证件，记录会客来去时间。

(3) 值班巡查制度

设立内保人员，负责内部安全保卫和停车场所等重要部位安全管理。安保人员要加强对消防安全、治安安全检查，建立安全检查登记簿。安装监控系统，并明确专人值班，建立监控室值班记录簿。

(4) 贵重物品寄存制度

设置旅客财物保管箱、柜或保管室，并专人负责对寄存物品检查登记，领取登记物品时要签名，寄存物品管理人员要做好交接班登记。

(5) 旅客遗留物品、携带违禁品处理制度

①对可疑物品、危险物品和其他违禁物品，应及时送交公安机关或报请公安人员处理。

②旅客遗留的其他物品，应详细登记后，想办法归还旅客，较长时间无法归还，应按捡拾物品送交公安机关处理。

③严禁侵占挪用旅客遗留物品，严禁擅自处理违禁品。

(6) 可疑情况报告和通缉协查核对制度

饭店从业人员应及时报告本饭店的可疑人员、可疑情况和违法犯罪情况，并注意公安机关的通缉、通报，及时配合公安机关开展协查工作。

(7) 安全防范宣传制度

饭店从业人员应当主动向旅客宣传住宿饭店应遵守的相关法律、法规规定，提醒旅客加强自身安全防范。如提醒旅客将贵重物品交饭店保管；禁止将易燃、易爆、剧毒、腐蚀性和放射性等危险物品带入饭店；旅客严禁在饭店内寻衅滋事、斗殴、酗酒、赌博、吸食毒品、卖淫嫖娼，或进行其他违法犯罪活动。

3) 准确适用法律、法规

饭店业管理工作实行"条块结合、以块为主"的管理体系。公安局治安大队是饭店业治安管理工作的业务主管部门，派出所是饭店业治安管理工作的主体。饭店业经营单位无论由哪一级审批发证，必须接受所在地派出所的检查监督和业务指导；公安机关对饭店治安管理的职责是指导、监督饭店建立各项安全管理制度和落实安全防范措施，协助饭店对工作人员进行安全业务知识的培训，依法惩办侵犯饭店和旅客合法权益的违法犯罪分子。公安人员到饭店执行公务时，应当出示证件，严格依法办事，要文明礼貌待人，维护饭店的正常经营和旅客的合法权益。饭店工作人员和旅客应当予以协助。

(1) 关于对饭店业的违反开业、变更有关规定行为的认定和处理

①饭店业经营单位未经所在地公安机关许可擅自营业的，以及洗浴场所未经许可擅自提供住宿服务的，无论其是否领取工商营业执照，均按照《治安管理处罚法》第五十四条的规定予以处罚。

②依法设立的饭店有歇业、转让、合并、迁移、改变名称等情况，应当在工商管理部门变更登记后3日内向当地的县、市公安局、公安分局备案，否则按《旅馆业治安管理办法》第十五条（《旅馆业治安管理办法》第十五条：违反第四条规定开办旅馆的，公安机关可以酌情给予警告或者处以200元以下罚款；未经登记，私自开业的，公安机关应当协助工商行政管理部门依法处理）予以处罚。

③经公安机关批准开办的饭店未领取工商营业执照的，或有歇业、转让、合并、迁移、改变名称等情况，未到工商行政管理部门办理变更登记且未向公安机关备案的，要报请工商行政管理部门处理。

(2) 关于不按规定登记住宿旅客信息行为的认定和处理

有下列行为之一的，可以认定为"不按规定登记住宿旅客信息"：

①一证登记，多人入住，本人登记，他人入住，无证（"三无"人员）入住；

②未按公安机关有关规定登记住宿旅客信息的；

③登记的住宿旅客姓名、身份证件种类和号码多次有错漏的或者造成不良后果的；

④住宿旅客冒用他人身份证件或者使用假身份证件登记住宿，未予制止或者未及时报告公安机关，仍按照旅客提供证件登记的；

⑤未按要求及时录入传输或者报送住宿人员信息的。

旅馆业的工作人员对住宿的旅客不按规定登记姓名、身份证件种类和号码的，或者明知住宿的旅客将危险物品带入旅馆，不予制止的，处200元以上500元以下罚款；旅馆业的工作人员明知住宿的旅客是犯罪嫌疑人员或者被公安机关通缉的人员，不向公安机关报告的，处200元以上500元以下罚款；情节严重的，处5日以下拘留，可以并处500元以下罚款。违反以上规定，处罚该旅馆相关工作人员；旅馆主管人员指使的，同时处罚该主管人员：

因饭店业系统故障未及时录入传输住宿旅客信息，且饭店业经营单位及时报告公安机关并按要求落实补救措施的，不予处罚。

饭店业前台登记人员按规定登记后，住宿人员擅自留宿他人，而饭店业经营单位未及时发现和制止，或者未及时向公安机关报告的，按照《治安管理处罚法》第五十六条第一款的规定，处罚饭店经营者或者有关主管人员。

（3）关于有效证件

饭店业工作人员根据住宿旅客提供的居民身份证、临时居民身份证、附照片的户籍证明、港澳居民来往内地通行证、台湾居民来往大陆通行证、旅行证、外国人护照以及军官证、武警警官证、军官离、退休证、士兵证、警官证等有效身份证件，如实登记旅客姓名、身份证件种类和号码的，均视为按规定登记住宿旅客信息。

（4）关于违反《居民身份证法》有关行为的认定和处理

住宿旅客在办理住宿登记时，冒用他人身份证件或者使用骗领的居民身份证的，以及使用伪造、变造的居民身份证的，依照《居民身份证法》第十七条处罚。

根据《居民身份证法》第十七条，有下列行为之一的，由公安机关处200元以上1 000元以下罚款，或者处10日以下拘留，有违法所得的，没收违法所得：

①冒用他人居民身份证或者使用骗领的居民身份证的；

②购买、出售、使用伪造、变造的居民身份证的。

（5）关于违反内部治安保卫规定行为的认定和处理

有下列行为之一，存在治安隐患的，可以认定为违反单位内部治安保卫规定：

①未设置治安保卫机构或者配备专职、兼职治安保卫人员的；

②治安保卫机构、人员未依法履行职责的；

③未建立值班巡查、财物保管、消防安全、治安防范教育培训等制度的；

④治安防范措施不落实的；

⑤其他违反《企业事业单位内部治安保卫条例》的行为。

按照《企业事业单位内部治安保卫条例》第十九条规定，单位违反本条例规定，存在治安隐患的，公安机关应当责令限期整改，并处警告；单位逾期不整改，造成公民人身伤害、公私财产损失，或者严重威胁公民人身安全、公私财产安全或者公共安全的，对单位处1万元以上10万元以下罚款，对单位主要负责人和其他主要责任人员处500元以上

5 000元以下罚款，并可以建议有关组织对单位主要负责人和其他直接责任人员依法给予处分；情节严重，构成犯罪的，依法追究刑事责任。

（6）关于饭店工作人员阻碍国家工作人员依法执行职务行为的认定和处理

依照《治安管理处罚法》第五十条的规定，有下列行为之一的，处警告或者200元以下罚款，情节严重的，处5日以上10日以下拘留，可以并处500元以下罚款：

①拒不执行人民政府在紧急状态情况下依法发布的决定、命令的；

②阻碍国家工作人员依法执行职务的；

③阻碍执行紧急任务的消防车、救护车、工程抢险车、警车等车辆通行的；

④强行冲闯公安机关设置的警戒带、警戒区的。

阻碍人民警察依法执行职务的，从重处罚。构成犯罪的，依法追究刑事责任；旅馆业主管人员指使的，处罚该主管人员；在公安民警依法开展治安检查，侦办案件时，拒不提供相关资料的，可以认定为"阻碍国家工作人员依法执行职务"。

行业广角 7-2 酒店常见的盗窃、诈骗案件及酒店治安事件预防

（一）酒店常见的盗窃、诈骗案件

1. 客房

同室盗窃、翻窗入室行窃、顺手牵羊、撬门、在房门上做手脚（插片）、用钥匙试开、骗取开门、混入房间作案、内部员工作案等。

2. 餐厅

顺手牵羊、浑水摸鱼、以政府职能部门订餐进行诈骗、吧台物品被窃。

3. 财务收银

以换钱的形式从中调包，以空白支票或压少量定金等形式消费后逃掉。

（二）各餐厅治安事件预防措施

1. 酒吧

衣服不要乱挂或乱放在椅子上；

对一些陌生人（女性居多）的主动勾搭不要轻易上钩；

酒不要过量或喝醉，尤其是一个人，以免给小偷以可乘之机。

2. 开放式餐厅

衣服、手提袋不要放在椅子靠背上；

离桌点菜或者买单要特别注意；

对一些表情不自然、眼睛东张西望的人要多留个心眼；

服务员离开自己的服务区，就近的服务员要协助照顾，餐厅主管或领班要全面负责。

3. 包厢

一般不会发生失窃案，因当时只有服务员和用餐的客人在场，用餐的客人基本相互认识。但用餐结束，主人送客的很短一段时间内，服务员忙于收拾餐具、搞卫生时就会发生失窃案件。

4. 宴会厅

结婚宴会中防止一些冒充男女方客人的人混吃，同时顺手牵羊拿走别人东西；

在新郎新娘敬酒、宾客相互敬酒中，一些外来不法分子伺机下手；

大型的酒会中冒充新闻记者，混吃混喝，并偷走某些礼品和香烟。

资料来源　佚名．酒店治安案例专题培训［EB/OL］．(2012-08-28)［2014-01-06］．http://wenku.baidu.com/view/8323722f915f804d2b16c1ed.html.

7.4.2　饭店业的卫生管理

1）饭店业卫生管理立法

1987年4月1日，国务院颁布了《公共场所卫生管理条例》，1991年6月1日，卫生部根据《公共场所卫生管理条例》（以下简称《条例》）制定颁布的《公共场所卫生管理条例实施细则》（以下简称《实施细则》）正式实施，将旅游行业涉及的宾馆、饭馆、旅店、招待所、车马店、咖啡馆、酒吧、茶座、候车（机、船）室、公共交通工具等公共场所的卫生工作纳入法制化的轨道，为创造良好的公共场所卫生条件，预防疾病和保障人体健康提供了法律保障。为了更好地实施《条例》，加强饭店卫生监督管理，1996年1月29日，由国家技术监督局颁布了《旅店业卫生标准》，该标准规定了各类旅店客房的空气质量、噪声、照度和公共用品消毒等标准及其卫生要求，该标准适用于各类饭店。

国家卫生部、商务部依据《中华人民共和国传染病防治》、《公共场所卫生管理条例》、《突发公共卫生事件应急条例》、《艾滋病防治条例》、《化妆品卫生监督条例》等法律、法规，于2007年6月25日印发了《住宿业卫生规范》，并于印发当日起开始执行。本规范适用于中华人民共和国境内一切从事经营服务的住宿场所，如宾馆、饭店、旅馆、旅店、招待所、度假村等。它的制定实施加强了住宿场所卫生管理，规范了经营者的经营行为，对防止传染病传播与流行、保障人体健康有重要意义。

2）饭店业卫生管理

(1) 饭店卫生管理主体

饭店业的卫生管理，主要是指饭店的主管部门的监督管理及饭店的自我管理。主管部门应当建立卫生管理制度，配备专职或兼职卫生管理人员，对饭店的卫生状况进行经常性检查，并提供必要的条件。饭店自身也应建立卫生责任制度，对本单位的从业人员进行卫生知识的培训和考核工作。

(2) 饭店业的卫生标准和卫生指标

①饭店卫生标准。

饭店一旦建立起来后，场所基本就固定不变，它的环境一般由建筑物或自然障碍物与外界相隔开，具有一定的封闭性，同时，饭店进出人员多且不固定。由于人员流动性大以及设施公用等特点，饭店的卫生要求应达到以下标准：

第一，室内空气卫生要达到标准。

第二，采光照明好。客房宜有较好的朝向，自然采光系数以1/5～1/8为宜。

第三，微小气候适宜。饭店针对不同季节采取不同措施，以保证室内微小气候适宜，湿度、温度等达到国家有关标准，有利于旅客的身体健康。

第四，用具和卫生设施符合卫生标准。饭店供客人及员工使用的用具应及时更换、清洗，定期消毒。各种设施配置要符合饭店要求及卫生标准。

第五，用水达到卫生标准。饭店内自备水源与二次供水水质应符合 GB5749 规定。二次供水蓄水池应有卫生防护措施，蓄水池容器内的涂料应符合输水管材卫生要求，做到定期清洗消毒。

②饭店卫生指标

饭店客房卫生标准值见表 7-1。

表 7-1　**饭店客房卫生标准值（GB9663-1996）**

序号	项目类别	项目名称	三、四、五星级饭店、宾馆标准限值	一、二星级饭店、宾馆标准限值	普通旅店、招待所标准限值	备注
1	物理性	温度	<26 ℃	<28 ℃	—	夏季空调
			>20 ℃	>20 ℃	≥16℃	冬季采暖
2		相对湿度	40% ~65%	—	—	
3		风速	≤ 0.3m /s	≤ 0.3m /s	—	
4		新风量	≥30m^3/（h·p）	≥20m^3/（h·p）	—	
5		台面照度 lx	≥100	≥100	≥100	
6		噪声 dB（A）	≤45	≤55	—	
7		床位占地面积 m^2/人	≥7	≥7	≥4	
8	化学性	甲醛 HCHO	≤0. 12mg/m^3	≤0. 12mg/m^3	≤0. 12mg/m^3	1h 均值
9		一氧化碳 CO	≤5mg/m^3	≤5mg/m^3	≤10mg/m^3	1h 均值
10		二氧化碳 CO_2	≤0. 07 %	≤0. 10 %	≤0. 10 %	日平均值
11		可吸入颗粒 PM10	≤0. 15mg/m^3	≤0. 15mg/m^3	≤0. 20mg/m^3	日平均值
12	生物性	a. 撞击法 cfu/m^3	≤1 000cfu/m^3	≤1 500cfu/m^3	≤2 500cfu/m^3	
	菌落总数	b. 沉降法 个/皿	≤10	≤10	≤30	

饭店公共用品清洗消毒判定标准见表 7-2。

表 7-2　**公共用品清洗消毒判定标准（GB9663-1996）**

序号	检测项目	细菌总数	大肠菌群（个/50cm^2）	致病菌（个/50cm^2）	备注
1	茶具	<5cfu/ml	不得检出	不得检出	
2	毛巾和床上卧具	<200cfu/25cm^2	不得检出	不得检出	
3	脸（脚）盆、浴盆、床垫、拖鞋	—	—	不得检出	

(3) 饭店从业人员卫生要求

①取得健康合格证。

根据《条例》规定，饭店业直接为顾客服务的人员，每年要进行一次健康检查，持有“健康合格证”方能从事本职工作。患有痢疾、伤寒、病毒性肝炎、活动期肺结核、化脓性或者渗出性皮肤病以及其他有碍公共卫生的疾病的，治愈前不得从事直接为顾客服务的工作。

《实施细则》对公共场所从业人员的健康检查作出进一步规定。公共场所直接为顾客服务的从业人员必须定期进行健康检查，取得“健康合格证”后方可继续上岗工作；新参加工作的人员上岗前须取得“健康合格证”；公共场所内经营食品的从业人员的健康检查按《食品卫生法》有关规定执行；可疑传染病患者须随时进行健康检查，明确诊断。

公共场所主管部门负责健康检查的组织安排和督促检查工作，指定医疗卫生单位承担健康检查工作。健康检查应统一要求，统一标准，认真记录，建立档案。

②搞好个人卫生。

个人卫生是指饭店中的每个成员的卫生状况，包括个人仪表仪容卫生、卫生知识达标情况、“健康合格证”持证情况及心理卫生情况等。

3）饭店卫生工作监督

(1) 卫生监督机构及其职责

根据《条例》规定，各级卫生防疫机构，负责管辖范围内的公共场所卫生监督工作。职责是：对公共场所进行卫生监测和卫生技术指导；监督从业人员健康检查，指导有关部门对从业人员进行卫生知识的教育和培训；对新建、扩建、改建的公共场所的选址和设计进行卫生审查，并参加竣工验收；对违反《条例》的饭店进行行政处罚。

(2) 卫生监督员及其职责

卫生防疫机构根据需要设立公共场所卫生监督员，执行卫生防疫机构交给的任务。卫生监督员有权对公共场所进行现场检查，索取有关资料，经营单位不得拒绝或隐瞒。卫生监督员对所提供的技术资料有保密的责任。

公共场所卫生监督员的职责是：对管辖范围内公共场所进行卫生监督监测和卫生技术指导；宣传卫生知识，指导和协助有关部门对从业人员进行卫生知识培训；根据有关规定对违反《条例》有关条款的单位和个人提出处罚建议；参加对新建、扩建、改建的公共场所的选址和设计卫生审查和竣工验收；对公共场所进行现场检查，索取有关资料，包括取证照相、录音、录像等，调查处理公共场所发生的危害健康事故。

根据《实施细则》规定，公共场所卫生监督员、助理卫生监督员可按每30~60个公共场所设1人的比例配置。

(3) 处罚

饭店违反《条例》下列规定之一的，卫生监督机构可以根据情节轻重给予警告、罚款、停业整顿、吊销“卫生许可证”的行政处罚：卫生质量不符合国家卫生标准和要求，而继续营业的；未获得“健康合格证”，而从事直接为顾客服务的；拒绝卫生监督的；未取得“卫生许可证”，擅自营业的。

违反《条例》的规定造成严重危害公民健康的事故或中毒事故的单位或者个人，应当对受害人赔偿损失。违反《条例》致人残疾或者死亡，构成犯罪的，应由司法机关依法追究直接责任人员的刑事责任。

饭店经营单位和从业人员对卫生监督机构行政处罚不服的，在接到处罚通知之日起15天内，可以向当地人民法院起诉，但对公共场所卫生质量控制的决定应立即执行。对处罚的决定不履行又逾期不起诉的，由卫生防疫机构向人民法院申请强制执行。

公共场所卫生监督机构和卫生监督员必须尽职尽责，依法办事。对玩忽职守、滥用职权、收取贿赂的，由上级主管部门给予直接责任人员行政处分。构成犯罪的，由司法机关依法追究直接责任人员的刑事责任。

7.4.3 饭店业的消防安全管理

1）《消防法》的立法现状

我国经济社会的飞速发展，促进了消防法律、法规体系的不断进步与完善。由中华人民共和国第十一届全国人民代表大会常务委员会第五次会议于2008年10月28日修订通过，自2009年5月1日起施行的《中华人民共和国消防法》（简称《消防法》），稳步推进了全国各地消防法规建设。以《消防法》为主体，行政规章和地方法规为补充的消防法律、法规体系基本形成，有力地促进了消防事业的发展。

目前，我国的消防法规的主干是《消防法》和公安部制定颁布的相关规章以及各地制定的消防条例，各项专门规定和众多的技术规范标准是该体系的枝干。

为了加强饭店的消防安全工作，保护宾客、酒店员工的生命财产安全，确保酒店的正常营业，根据《消防法》和公安部颁布的《机关、团体、企业、事业单位消防安全管理规定》的要求，饭店应贯彻“预防为主、防消结合”的方针和自防自救的原则，实行严格的科学管理。

2）饭店消防设施的建设要求

宾馆饭店客房内所有装饰、装修材料均应符合消防的相关规定。要设置火灾自动报警系统、消火栓系统、自动喷水灭火系统、防烟排烟系统等各类消防设施，并设专人操作维护，定期进行维修保养。要按照规范要求设置防火、防烟分区，疏散通道及安全出口。安全出口的数量，疏散通道的长度、宽度及疏散楼梯等设施的设置，必须符合规定，严禁占用、阻塞疏散通道和疏散楼梯间，严禁在疏散楼梯间及其通道上设置其他用房和堆放物资。

3）健全消防安全管理机构，明确管理责任

消防部门要按照《消防法》的规定和国家有关消防技术标准要求，加强对宾馆饭店的监督和检查；旅游行政主管部门要通过行业标准等手段，实施对宾馆饭店的消防安全监管。

宾馆饭店要落实消防安全责任制，明确各岗位、部门的工作职责，建立健全消防安全工作预警机制和消防安全应急预案，完善值班巡视制度，成立消防义务组织，组织消防安全演习，加大消防安全工作的管理力度。

消防安全重点单位及其消防安全责任人、消防安全管理人应当报当地公安消防机构备案；消防安全重点单位应当设置或者确定消防工作的归口管理职能部门，并确定专职或者兼职的消防管理人员；归口管理职能部门和专兼职消防管理人员在消防安全责任人或者消防安全管理人的领导下开展消防安全管理工作。

（1）消防安全责任人职责

①贯彻执行消防法规，保障单位消防安全符合规定，掌握本单位消防安全情况；

②将消防工作与本单位的生产、经营、管理等活动统筹安排，批准实施年度消防工作计划；

③为本单位的消防安全提供必要的经费和组织保障；

④确定各级消防安全责任，批准实施消防安全制度和保障消防安全的操作规程；

⑤组织防火检查，督促落实火灾隐患整改，及时处理消防安全的重大问题；

⑥根据消防法规建立义务消防队；

⑦组织制定符合本单位实际的灭火和应急疏散预案，并实施演练。

（2）消防安全管理人职责

①拟订年度消防工作计划，组织实施日常消防安全管理工作；

②组织制定消防安全制度和保障消防安全的操作规程并检查督促其落实；

③拟订消防安全工作的资金投入和组织保障方案；

④组织实施防火检查和火灾隐患整改工作；

⑤组织实施对本单位消防设施、灭火器材和安全标志的维护保养，确保其完好有效，确保疏散通道和安全出口畅通；

⑥ 组织管理义务消防队；

⑦在员工中组织开展消防知识、技能的宣传、教育和训练，组织灭火和应急疏散预案的实施和演练；

⑧单位消防安全责任人委托的其他消防安全管理工作。

4）饭店消防安全检查内容

（1）消防三级检查基本内容

①易燃易爆危险物品的贮存保管、使用要符合安全要求，贮存容器、贮罐、管道要定期测试有无跑、冒、滴、漏等现象；

②使用液化气灶、柴油灶是否按照要求操作，摆放位置是否符合安全规定；

③对烟头、遗留火种是否注意和采取相应处理措施；

④仓库物资分类及存放是否符合安全规定，库房灯光规定在60瓦以下，灯距、推放高度、通风、室温是否符合安全要求，值班人员是否做到人走灯灭；

⑤电器设备有无超负荷运行，电线、电缆的绝缘有无变化、裸露、受潮、短路等，电机有无空转现象，防雷设备是否完好，有无乱接、乱拉、乱搭电线现象；

⑥使用各种可燃易燃油类是否符合安全要求，以及残油、气的处理情况；

⑦危险场所是否办理了相关手续，员工是否按照要求操作；

⑧使用有毒、有害物品的场所是否有防毒的安全措施；

⑨消防器材、消防系统的完好情况，各部门的消防器材是否保管好、用好和到期换药，保证完好、好用；

⑩门卫对出入人员是否严格检查，对携带易燃易爆危险品的人是否把关。

除对以上内容检查外，在日常工作中应强化对重点区域的检查和监控。宾馆饭店消防安全责任人和楼层服务员要加强日常巡视，发现火灾隐患及时采取措施。餐厅应建立健全用火、用电、用气管理制度和操作规范，厨房内燃气燃油管道、仪表、阀门必须定期检查，抽烟罩应及时擦洗，烟道每半年应清洗一次。厨房内除配置常用的灭火器外，还应配置灭火毯，以便扑灭油锅起火的火灾。

知识链接 7-4 宾馆饭店消防安全的主要隐患

(1) 违规装修施工。一些宾馆饭店进行装修改造施工，由于用火、用电、用气设备点多量大，加之个别施工材料不符合消防安全的规定，一旦工人操作失误或处理不当，容易导致消防安全事故的发生。

(2) 电气设备老化。一些宾馆饭店电气线路老化或配置不合理，容易引发火灾。如大量使用单层绝缘绞线接线板，这种电线没有护套，易因挤压或被动物咬噬而发生短路；客房内的电熨斗、电暖气、热得快等电热器具，客人使用不当、违章接线或忘记断电而使电器设备过热引燃周围可燃物造成火灾。

(3) 厨房违规操作。如在炉灶上煨、炖、煮各种食品时，浮在上面的油质溢出锅外，遇火燃烧；在炉灶旁烘烤衣物或用易燃液体点火发生燃烧或爆炸。此类火灾蔓延速度快，扑救困难，特别是油类火灾，无法用水进行扑救。

(4) 住店客人安全意识不强。客人在宾馆饭店卧床吸烟是诱发火灾的重要因素；少年儿童如无同行成年人的监督，容易因玩火而引发火灾，且事后易惊慌失措，到处躲藏，隐瞒火情，错过遏制火情的有效时机。

(5) 施救设施设备不全或失效。目前，一些宾馆饭店存在安全出口锁闭或数量不足，疏散通道被堵塞、占用，消火栓被圈占、遮挡，自动报警、喷淋设施损坏或未按要求安装，疏散指示标志不足，应急照明损坏，灭火器过期等现象，一旦发生火灾，得不到及时扑救，最终酿成事故。

此外，消防安全制度不健全、责任制落实不到位等，也是引发宾馆饭店火灾发生的原因之一。

资料来源 佚名. 酒店消防安全［EB/OL］.（2013-12-11）［2014-01-06］. http://www.docin.com/p-738776564.html.

(2) 安全检查范围

①火灾隐患的整改情况以及防范措施的落实情况；

②安全疏散通道、疏散指示、应急照明和安全出口情况；

③消防车通道、消防水源情况；

④灭火器材配备及有效情况；

⑤用火、用电有无违章情况；

⑥重点工种人员以及其他员工消防知识的掌握情况；

⑦消防安全重点部位的管理情况；

⑧易燃易爆物品和场所防火防爆措施的落实情况以及其他重要物资的防火安全情况；

⑨控制室值班情况和设施运行、记录情况；

⑩防火巡查情况；

⑪消防标志的设置情况和完好、有效情况；

⑫其他需要检查的内容。

以案说法7-2

2005年6月10日，广东省汕头市华南宾馆由于电气线路发生短路故障引燃可燃物，造成特大火灾事故。事故导致31人死亡、28人受伤，过火面积2 800平方米，直接经济损失81余万元。

2010年7月16日凌晨，伊拉克苏莱曼尼亚市的一家酒店由于电气线路短路造成特大火灾，导致43人死亡、23人受伤。

案例分析：

由于现代化酒店的主要能源是电，电线如网，用电设备多，整个酒店像是一个大的带电体。用电设施不完好、线路老化、人员操作失误都易造成电气线路短路起火。电气线路和电器设备的管理使用不当，是造成酒店火灾的头号原因，占70%以上。因此，用电设施的科学规划布局、设备的完好、规范电气操作以及严格管理是减少和杜绝酒店火灾的关键。

资料来源 辛闻．酒店火灾案例分析［N］．人民公安报，2012-05-09.

5）宣传消防知识

饭店应通过张贴图画、广播、闭路电视等向公众宣传防火、灭火、疏散逃生等常识。宾馆饭店要加强对员工的消防知识宣传、教育和培训，使员工能够熟悉火灾报警方法、岗位职责、疏散逃生路线。要定期组织应急疏散演习，加强消防实战演练，完善应急处置预案，确保突发情况下能够及时有效地进行处置。员工应做到“一熟悉、三会”。“一熟悉”是熟悉消防器材。“三会”是会报警、会使用灭火器材、会组织人员疏散。

除对员工的宣传教育外，另外要加强对住店客人消防安全提示，要设置禁止卧床吸烟和禁止扔烟头、火源入废纸篓的标志；要告知客人消防紧急出口和疏散通道的位置；要提醒住店客人加强对同行的未成年人和无行为能力人的监护，防止其不慎引发安全事故。

6）改造、扩建和室内装修工程应遵守消防安全规定

宾馆、饭店和餐饮、娱乐场所的改造、扩建和室内装修工程，包括宾馆、饭店和餐饮娱乐场所出租或承包经营商场、写字间及卡拉OK歌厅、舞厅等场所的改造和装修工程，要认真执行国家有关消防技术规范和消防管理规章，建筑构件、建筑材料和室内装修、装饰材料的防火性能必须符合国家标准；没有国家标准的，必须符合行业标准。人员密集场所室内装修、装饰，应当按照消防技术标准的要求，使用不燃、难燃材料，并经公安消防监督部门审核、验收。要按照有关电气安全规程的规定，定期对电气设备、开关、线路、照明灯具、镇流器等进行检查，凡不符合安全防火要求的要及时维修和更换。

本章小结

本章主要介绍了饭店法的基本概念、调整对象、国内外饭店立法的进程，分析了饭店法律关系的构成、饭店与旅客之间的权利义务关系，阐述了我国饭店业主要法律、法规和

行业规范，包括旅游饭店行业规范、饭店星级评定制度，以及饭店业经营管理中的治安、卫生、消防安全等制度。

主要概念

饭店法　饭店和旅客的权利义务　行业规范　星级评定

选择题

1. 关于饭店法的最早记载是(　　)的《汉谟拉比法典》。

A. 古巴比伦　　B. 美国

C. 英国　　D. 德国

2. 法律关系的构成要素包括(　　)。

A. 主体　　B. 客体

C. 事实　　D. 内容

3. 在饭店星级复核中，对于取消星级的饭店，自取消星级之日起(　　)年后，方可重新申请星级评定。

A. 半年　　B. 1

C. 3　　D. 5

4. 饭店从业人员每(　　)要进行一次健康检查。

A. 1 年　　B. 半年

C. 2 年　　D. 一年半

判断题

1. 饭店法的调整对象就是饭店和客人。(　　)

2. 客人在饭店遭受人身或财产损失时，有权要求饭店进行合理赔偿。饭店在一定情况下也有向客人索赔的权利。(　　)

3.《中国旅游饭店行业规范》就其性质而言，虽然不是国家法律，但还是有强制执行的效力，该行业规范可以约束旅游饭店协会的会员饭店。(　　)

简答题

1. 简述我国饭店法的概念和调整对象。
2. 简述饭店和客人的权利和义务。
3. 简述《中国旅游饭店行业规范》颁布实施的意义。
4. 简述饭店星级评定程序。
5. 饭店消防安全检查内容有哪些？

讨论题

结合我国饭店业现状，讨论我国饭店与旅客之间的权利义务关系。

案例分析题

从北京来济南出差的张先生，与朋友于22日下午6点左右入住某酒店，朋友住在20楼，他住在9楼。23日上午吃完早饭，9点30分左右他与朋友外出拜访客户。12点50分左右回到了酒店。回到房间时，保洁员正在清理房间。“我本想处理点公务，结果却发现放在桌上的笔记本电脑找不到了。我问保洁员是不是她给收起来了，她说没见过，”意识到可能被盗了，张先生马上打开行李箱检查，“除了笔记本电脑，我放在行李箱中的数码相机、派克笔等贵重物品也全部不见了。”

清点完丢失物品后，下午2点左右张先生报了警。“酒店说不给任何赔偿，连房费都不免，态度太恶劣了。”提到酒店方的处理情况，张先生非常不满。

随后，记者随张先生找到酒店一位陈姓负责人。当记者问在此事中酒店该承担什么责任时，该负责人表示，酒店目前没有针对客人丢失东西进行赔偿的规定，以前也没遇到过这种事情，只能等待派出所破案后才能与房客协商赔偿事宜。

请问：（1）酒店该不该赔付？

（2）请结合贵重物品保管的内容谈谈你的观点。

资料来源　吴永功．房客丢失贵重物品未获酒店赔偿［N］．生活日报，2010-03-25.

实训题

走访你周围的饭店，进行一次消防、卫生调查，了解饭店在消防、卫生方面要注意的事项。

第8章　旅游交通管理法律制度

知识结构图表

- 旅游交通管理法律制度
  - 旅游交通管理概述 →
    - 旅游业与旅游交通运输
    - 制定旅游交通管理法律、法规的原则
    - 旅游交通管理相关法规简介
  - 旅客航空运输管理 →
    - 旅客航空法规概述
    - 《中华人民共和国民用航空法》的法律规定
    - 法律责任
  - 旅客铁路运输管理 →
    - 旅客铁路运输的法律规定
    - 《中华人民共和国铁路法》的法律规定
    - 法律责任

学习目标

通过本章学习，了解旅游交通运输以及制定旅游交通管理法律、法规的原则，掌握旅游交通管理的基本法律制度，如航空、铁路、水路、公路运输的有关法律规定，尤其要掌握旅客航空以及铁路运输管理的法律规定及法律责任。

案例导入

订妥的火车票不能兑现能否获赔

某企业诉某铁路车站，要求其承担不能兑现订妥的火车票的赔偿责任。

某企业为了安排职工度假，提前向某铁路车站预订了30张到北京的硬卧车票。当该团体旅客到车站乘车时，却没有车票所载明的车厢。经查证，由于该铁路车站售票人员失误，将已摘挂的车厢客票售出，导致该车厢持票客人不能按票面规定的车厢、座别乘车。列车长遂根据当日客车的旅客状况，安排10人到其他硬卧车厢，另20人安排在硬座车厢。

事后，该企业要求铁路车站退还硬卧与硬座票的差额，并赔偿损失。铁路车站同意退还差价，但拒绝赔偿损失，该企业遂向人民法院提起诉讼。

请问：(1) 该铁路车站是否应赔偿对方损失？

(2) 法院该如何判决？

案例分析：

客票是旅客运输合同的凭证，在客票上通常都载明了航次或车次、运输开始的时间、客位的等级和票价等内容。承运人应当按照客票载明的时间进行乘运，并且要保证旅客在载明的时间内达到目的地。

如果旅客不能按照客票时间乘坐的原因是由于承运人造成的，旅客可以要求承运人安排改乘其他班次或退票。此时对于旅客要求退票的，承运人应当全额退还票款。

本案中承运人售出车票，就应当按照票面规定的日期、车次、座别提供旅行条件。由于铁路承运人工作失误，将已经摘挂的车厢客票售出，导致持票人不能按票面规定的座别乘车，责任在承运人，因此承运人应当退还高等级座位票与低等级座位票的差价。但是对原告要求赔偿损失的请求，因无法律依据，不予支持。

资料来源　国家旅游局旅游质量监督管理所．旅游服务案例分析［M］．北京：中国旅游出版社，2007.

8.1　旅游交通管理概述

旅游交通，是为旅游者从定居地到目的地，以及在各地旅游提供往返交通服务的运输体系。“行”是旅游六大要素之一，在旅游活动中具有举足轻重的作用。旅游者利用飞机、火车、汽车、船舶等交通工具来完成旅游活动，交通运输部门则以“进得来、出得去、散得开”作为其根本任务。现代旅游业的发展，使得旅游交通在旅游业中的地位越来越突出，其中必然形成复杂的社会关系，产生相关的法律问题。

8.1.1　旅游业与旅游交通运输

1）旅游交通运输简介

旅游交通是指旅游者凭借运输工具和交通线路，实现从一个地点到另一个地点的空间移动手段。它包括常住地到目的地之间、一个目的地到另一个目的地之间以及各旅游点之间的空间移动。这里将讨论的旅游交通，是一个约定俗成的概念，专指或主要指为旅游者提供交通服务的运输体系。交通运输作为一项公共事业，其服务对象是包括旅游者在内的社会公众。

旅游交通工具既包括为公众服务的交通运输工具，也包括旅游行业自身拥有的旅游汽车公司提供的各种车辆、游船公司提供的各种船舶等。国家交通运输体系，是由民航运输、铁路运输、公路运输、水路运输等组成的。下面简单介绍现代旅游交通工具的类型与特点。

（1）航空运输

航空运输是人们长途旅行的主要运载手段。航空运输的主要优点是：第一，快速省时。目前先进的喷气式飞机时速达1 000千米以上，波音747-400型飞机的投入使用，使空中旅行可以达到15 000千米直航。第二，安全舒适。第三，不受地形限制。第四，飞行途中可以观看平时难得一见的地表景观和空中美景，以及体验飞机起降时的速度感，产生特殊的娱乐享受体验。航空运输的不足之处：第一，受到机场设置的限制，没有机场的地方无法进行航空旅行。第二，受气象条件影响大。第三，地面运输时间、机场候机、办理登机手续的时间过长，经常超过飞行时间。

(2) 公路运输

旅游客车是人们外出旅游最常用的一种交通工具。它的特点是价格比较低廉，能提供导游人员讲解，能组织各种娱乐活动。当前，自驾游在汽车旅行中占绝对领导地位，已成为风靡全球的旅游方式，特点是灵活便利、独立性强。汽车旅游的局限性在于速度慢、安全性能差，不能适应长距离的旅行；能耗大，容易造成交通拥挤和环境污染。

(3) 铁路运输

铁路运输具有运输能力大、费用低、污染少、安全可靠、远距离连续行驶能力强、受气候影响较小等优点。虽然由于时代的发展，长距离运输被飞机取代，短途运输被汽车取代，但在发展中国家，或国土辽阔的国家，火车的作用仍是非常重要的。铁路运输的缺点是铁路建设投资大、周期长、占地多，受地形的影响大，火车的灵活性差，速度比较慢。当然，高速列车使火车的形象和功能逐渐向环境保护、传统与时尚相结合、休闲、可靠、以顾客为导向的方向发展。

(4) 水路运输

轮船是主要的水上交通运输工具，轮船运输方式可分为两种：游轮服务；短距离轮渡。游轮服务可分为三种模式，见表8-1。

表8-1 **游轮服务三种模式的优缺点**

游轮服务	优点	缺点
海上巡游	豪华游轮设施功能齐全，舒适	价格昂贵，耗时较长
内河巡游	有利于沿途观光	速度慢，不够舒适
湖泊观光	短程旅游，自由灵活	规模较小

(5) 特种旅游交通运输

特种旅游交通工具主要是指满足旅游者在旅游景区内的空间位移、丰富游客的活动内容而提供的特殊运输工具，比如索道、畜力交通工具（牛、马、驴、骆驼等畜力车；雪橇；冰爬犁等）、人力交通工具（自行车、三轮车、滑竿、轿子等）。它们各具特色，有较强的地方特色和民族风格，能丰富游客的旅游体验和经历。

2) 交通运输与旅游业的关系

随着科学技术的进步，现代交通运输工具更加先进、舒适、快捷，缩短了旅游的时空距离，使现代旅游业进一步走向世界，更具开放性。可见，交通运输的发展，极大地促进了旅游业的发展，与此相适应，旅游活动的广泛开展，为交通运输业提供了更为丰富的客源，推动了交通运输业的发展。

总之，旅游交通是旅游业发展的依托，是解决旅游需求的先决条件。它丰富了旅游的形式，促进了区域经济的发展，增加了国民经济的收入。

3) 我国旅游交通管理的现状与问题

就我国旅游业的管理来说，根据有关法律、法规规定，国家旅游局主管全国旅游工作，交通部是主管全国交通运输业的行政部门。国家旅游局与交通部之间是支持与合作的关系，通过相应制度共同解决发展旅游业中的交通问题。例如，2000年"十一黄金周"正式启动了国家假日旅游部门协调会议制度，由包括民航、铁路、交通等17个部门参加，负责定期发布旅游信息、疏导客流、协调处理重大交通安全事故、实施紧急救援，旅游相关部门积极配合，共同促进了旅游业的发展。

在旅游业的管理中，交通运输管理仍是薄弱环节，这主要表现在以下几个方面：一是交通运力不足的问题没有得到根本解决，旅行较难的现状在很多地区和线路上依然存在。虽然航空、铁路、公路和水路等交通线路已将全国各地连接成网，但由于受交通基础设施规模和质量的制约以及定期或定时客运班次数量的影响，很多旅游目的地的可进入性程度仍然较低。很多旅游景区不仅路面窄小，而且路面质量差。二是各种机动车辆和非机动车辆混杂行驶，特别是广大乡镇地区尤为如此。因此，旅游交通安全事故时有发生。改善交通现状，完善交通法规，提高交通管理水平是当前旅游交通行业须下大力气解决的问题。

同时，作为旅游业的组成部分，我国交通运输部门的服务质量落后于其他旅游服务部门。交通运输服务所涉及的内容很多，其中主要为两个方面，一是机场、车站、码头等在旅客候车期间的服务质量较差，旅客登乘时普遍存在拥挤和混乱；二是运输途中的旅行服务较差，除航空公司外，其他客运部门都存在较多的问题。可见，加强旅游交通投入，完善和遵守旅游交通法规，提高旅游交通管理质量是当务之急。

8.1.2 制定旅游交通管理法律、法规的原则

1）安全运输的原则

安全运输是交通运输法律、法规的一项重要内容。安全、舒适、快捷地将旅游者运往指定地区，是旅游交通管理部门最基本的义务。安全是游客的第一要求，如果保证不了旅游者旅途的安全，旅游部门将因此承受巨大损失，并丧失大批客源。可见，旅游交通安全问题直接影响旅游部门的声誉，影响旅游业的发展。一次空难会使众多游客产生心理恐惧，一次海难会使后续游客望而却步。旅游交通事故造成的恶果很严重，教训极为深刻。旅游交通安全对旅游业的影响可以说一荣俱荣，一损俱损。

行业广角 8-1

2006年8月22日下午，一架载有171人的俄罗斯图-154客机在乌克兰顿涅茨克附近坠毁，机上人员全部遇难。据乌克兰发言人称，飞机在1万米高空发生火灾，机组人员决定紧急迫降，但降落时起落架未能正常展开，飞机以机腹落地，最终酿成事故。此次失事的飞机是2006年以来该地区坠毁的第三架飞机，7月9日，俄罗斯S7航空公司一架A-310客机在降落时冲出跑道爆炸起火，导致124人死亡。5月3日，亚美尼亚一架客机在俄罗斯黑海海滨城市索契附近坠海，机上113人全部遇难。此次失事的图-154曾有着与波音和空中客车分庭抗礼的辉煌。该机型共生产约1 000架，除了前苏联民航，曾先后被21个国家购买并作为航空干线主力机种采用。2006年9月1日，伊朗国家航空公司的一架俄制图-154客机在马什哈德市着陆时起火，造成至少80人丧生。我国民航从1985年开始陆续引进过30架图-154飞机，不过现在已退出运营。目前，图-154飞机仍在俄罗斯的航空公司被广泛使用。

资料来源 佚名．俄罗斯客机空中起火坠毁，机上171人全部遇难［N］．楚天都市报，2006-08-23.

我国历来十分重视旅游交通安全管理，各种交通运输法规都强调了安全运输原则，对

法律责任、事故处理、经济赔偿等作了详细规定。比如，在《中国民用航空旅客、行李国内运输规则》总则中提出：民航旅客运输必须认真贯彻“保证安全第一，改善服务工作，争取飞行正常”的方针，安全、迅捷、舒适地完成旅客和行李运输任务。

为保证旅游交通安全，各级交通管理部门认真贯彻“安全第一，预防为主”的方针，教育职工严格执行交通运输法律、法规，健全岗位责任制，定期检查交通工具和运输设备，及时处理交通事故，对旅游交通安全常抓不懈。如《旅游汽车服务质量》有关旅游汽车安全行车的要求：旅游汽车企业要设置行车安全管理机构，加强管理，建立健全行车安全规章制度，教育司机树立“安全第一”的思想，自觉遵守交通法规，做到知法、懂法、遵法。具体应符合《中华人民共和国道路交通管理条例》的要求：凡驾驶客车和载客货车，必须具有客车执照或常客证；严格执行操作规程，出车前、途中、收车后，应对车辆进行安全检查，保证车辆技术状况的完好；坚持安全操作，安全行驶，合理掌握车速，确保行车安全和旅客的人身安全；模范遵守交通规则，做到礼貌行车，行车中精力集中，谨慎驾驶，不准吸烟、饮食和闲谈，严禁酒后开车，疲劳驾驶；遵守运输纪律，服从车辆指挥，按规定路线行驶，按规定地点停靠，安全正点运行；一旦发生行车事故，应按交通法规和安全管理规定，及时抢救伤者，配合有关部门妥善处理好事故等等。

行业广角 8-2

2005 年 11 月 15 日下午 3 时许，旅客王某乘坐临沂交通运输公司的客车，行驶途中遭车匪盗抢，王某反抗时被车匪殴打致晕。王某醒来后发现车匪已经下车，便要求驾驶员报警，驾驶员没有报警，王某只好自己拿出手机向 110 报警。经法医鉴定，王某受轻微伤。后王某要求临沂交通运输公司赔偿损失，而对方称歹徒在车上抢劫是承运人无法预知、难以预防的意外事件，自己不存在过错，拒绝赔偿。于是，王某将临沂交通运输公司告上了法庭。2006 年 8 月 14 日，山东省莒县人民法院判决临沂交通运输公司赔偿原告王某各种损失共计人民币 6 378. 12 元。

资料来源 崔荣涛. 乘客客车上遭遇抢劫，承运人赔偿［EB/OL］.（2012-08-14）［2014-01-06］. http：//www.chinacourt.org/public/detail.php？id=214360.

2）合理运输的原则

合理运输就是根据旅游者的需求，合理编排旅游线路，选择适当交通工具，节省运输能力，达到最佳的运输效益。合理地组织旅游交通运输是一门科学，有其运筹客观规律。路线的组合力戒重复及迂回运输，并注意路线的市场效果，否则易出现不合理安排。

行业广角 8-3

2010 年 8 月 24 日 22 时 10 分左右，一架从哈尔滨飞往伊春的 HN 航空公司某航班在伊春机场降落，接近跑道时断成两截后坠毁，部分乘客在出事时被甩出机舱，机上有乘客 91 人。该事故共造成 42 人遇难，54 人生还。

中国民航总局局长在 8 月 26 日召开的全行业航空安全紧急电视会议上表示，从初步暴露的问题来看，这次事故的核心问题集中在人员资质、飞行员的能力、特情的处理、安全链条的衔接等环节。

近年来，中国航空业发展突飞猛进，航空安全监管实质上也面临着新的课题。与2004年包头空难相同，伊春空难也是支线航空出现的事故。因此，有关方面应当重视支线航空的安全问题。一方面，支线机场缺乏优良的地面设备与保障力量；另一方面，由于体制以及曾经存在的航线批租腐败等原因，导致中小航空公司主要集中于支线航空领域。一些民营航空公司即使业绩不错、不差钱，也提供不了更优质的资源。而对支线航空的硬件建设和日常监管，如同江河的支流防汛被忽视一样，很容易成为“溃坝”的薄弱环节。

资料来源 王志雄．旅游法规案例教程［M］．北京：北京大学出版社，2012.

3）计划运输的原则

计划运输就是交通运输部门按照旅游接待计划，按时按量完成旅游接待任务。由于受气候、市场供求关系等种种客观因素的影响，旅游接待计划与交通运输计划常有变动，需要旅游部门与交通运输部门紧密配合，及时调整计划，搞好协调工作。比如，航空、铁路部门在“黄金周”旅游旺季之前，及时制订增开旅游专班、旅游专列的计划，并提前公之于众。比如，2006 年 9 月，武汉天河机场在旅游高峰到来之前，增开了 300 次航班，以应对“十一”期间如潮的人流，并提前一个多月公之于众。如遇自然灾害造成航班、列车停运或延误，旅游部门和交通运输部门也应采取相应措施，尽量减少自己以及游客的损失。

8.1.3 旅游交通管理有关法规简介

由于交通运输工具自身速度快，有一定危险性，涉及国内外旅游者人身、财产安全和法律保护的其他权益，管理中要求高、难度大，因此国家必须制定统一的运输规则，以加强行业管理。目前我国交通运输方面的法律主要有《中华人民共和国民用航空法》、《中华人民共和国铁路法》、《中华人民共和国公路法》、《中华人民共和国道路运输管理条例》、《中华人民共和国水路运输管理条例》等等，这是飞机、火车、汽车、船舶在运营中应遵守的统一规则。由于旅游交通对交通工具设施、服务质量有其特殊要求，国务院、国家旅游局会同有关部门还颁布了一些行政法规及部门规章，例如《关于进一步加强长江三峡涉外旅游船舶管理问题的通知》（1995 年 2 月国务院办公厅发布）、《内河旅游船星级评定规则（试行）》（1995 年 12 月国家旅游局发布）、《关于对长江涉外旅游船进行星级评定的通知》（1996 年 1 月国家旅游局发布）、《内河旅游船星级的划分及评定》（1996 年 1 月国家旅游局提出，国家技术监督局发布）、《关于组织长江涉外旅游船参加星级评定有关问题的通知》（1996 年 5 月国家旅游局发布）等。上述法律、法规是解决旅游交通中法律问题的主要依据。

涉及旅游交通的法律、法规还有《中华人民共和国合同法》、《中国民用航空旅客、行李国内运输规则》、《中国民用航空旅客、行李国际运输规则》、《中华人民共和国内河交通安全管理条例》等。

8.2 旅客航空运输管理

8.2.1 旅客航空法规概述

1）《中华人民共和国民用航空法》及相关法规

1995 年 10 月 30 日，第八届全国人民代表大会常务委员会第十六次会议通过了《中华人民共和国民用航空法》（简称《民用航空法》），自 1996 年 3 月 1 日起施行。制定航空法的目的在于维护国家的领空主权和民用航空权利，保障民用航空活动安全和有秩序地进行，保护民用航空活动当事人各方的权益，促进民用航空事业的发展。

1996 年，为了加强航空旅客运输管理，维护正常的航空运输秩序，民用航空总局发布施行了《中国民用航空旅客、行李国内运输规则》。1997 年，民用航空总局发布施行了《中国民用航空旅客、行李国际运输规则》。1996 年，为了加强航空货物运输管理，维护正常的航空运输秩序，民用航空总局发布施行了《中国民用航空货物国内运输规则》。2000 年，民用航空总局发布施行了《中国民用航空货物国际运输规则》。

2）有关航空运输的国际条约

有关航空运输的国际条约主要有：1944 年 12 月在美国芝加哥签订的《国际民用航空公约》，简称《芝加哥公约》，1974 年对我国生效；1929 年 10 月在波兰华沙签订的《统一国际航空运输某些规则的公约》，简称《华沙公约》，1958 年对我国生效；1955 年 9 月在荷兰海牙签订的《修改 1929 年 10 月 12 日在华沙签订的统一国际航空运输某些规则的公约的议定书》，简称《海牙议定书》，1975 年对我国生效；1944 年在芝加哥签订了《国际航班过境协定》和《国际航空运输协定》。

8.2.2　《中华人民共和国民用航空法》的法律规定

在《民用航空法》这部法律中，对旅客航空运输管理作了以下明确规定：

1）航空运输企业经营准则

我国《民用航空法》规定：公共航空运输企业应当以保证飞行安全和航班正常，提供良好服务为准则，采取有效措施，提高运输服务质量。公共航空运输企业应当教育和要求本企业职工严格履行职责，以文明礼貌、热情周到的服务态度，认真做好旅客和货物运输的各项服务工作。旅客运输航班延误的，应当在机场内及时通告有关情况。“有关情况”主要包括航班延误的原因（依法不能公布的原因除外）、航班延误的时间、对旅客的住宿安排等。这不仅是法律规定的义务，也是对民航优质服务的要求。民用航空服务至少包含三方面的内容：飞行安全、航班正常和优质服务。在特殊情况下，诸如天气恶劣、自然灾害等迫使飞机不能按时起飞时，机场应告知旅客，及时进行动态报告，并妥善安排旅客的吃、住等有关事宜。

2）禁止运输的规定

公共航空运输企业不得运输法律、行政法规规定的禁运物品。禁止旅客随身携带法律、行政法规规定的禁运物品以及危险品乘坐民用航空器。禁运物品包括毒品、黄色淫秽音像制品或书刊、反动宣传品、伪钞等。

除因执行公务并按照规定经过批准外，禁止旅客携带枪支、管制刀具乘坐民用航空器。禁止违反国务院民用航空主管部门的规定将危险品作为行李托运。危险品包括易燃、易爆、剧毒、易腐蚀、易污染和放射性物品。稍具旅行知识的人都知道，乘坐任何公共交通运输工具，旅客都不得携带危险品。枪支、管制刀具都是武器，对他人构成潜在的威胁。把危险品当作行李托运，同样是安全隐患。在民航运输中，危险品、枪支、管制刀具有可能成为犯罪分子劫持飞机、人质的武器，理所当然被法律所禁止。

公共航空运输企业不得运输拒绝安全检查的旅客，不得违反国家规定运输未经安全检查的行李。对旅客及其行李物品的安全检查，就是为了保证旅客生命财产的安全。所有旅客都必须无条件地配合有关部门的工作，接受检查。

国际视域8-1

英国警方2006年8月9日深夜逮捕了24名密谋在空中炸毁数架民航客机的恐怖嫌犯，令人震惊的是，其中两名被捕嫌犯竟是一对年轻夫妇。警方调查发现他们试图用自己6个月大的亲生儿子做掩护，将炸弹藏在婴儿奶瓶中混上飞机，实施家庭式的自杀式袭击。由于这一发现，连日来在英国所有带着婴儿上飞机的人，都必须亲口尝一下婴儿奶瓶中的牛奶才能放行，以确保其中不含任何爆炸物。

资料来源 佚名．恐怖夫妇欲携半岁儿子炸飞机，婴儿炸弹震惊英国［N］．楚天都市报，2006-08-14.

公共航空运输企业从事国际航空运输的民用航空器及其所载人员、行李、货物应当接受边防、海关、检疫等主管部门的检查。

3）承运人的责任及其减轻或免责

（1）对旅客死亡和遭受人身伤害的责任

因发生在民用航空器上的事件，造成旅客人身伤亡或者在旅客上、下民用航空器过程中的伤亡，承运人应当承担责任；但是旅客的人身伤亡完全是由于旅客本人的健康状况造成的，承运人不承担责任。在旅客运输过程中，经过承运人证明，旅客死亡或遭受人身伤害是由于旅客的过错造成或者促成的，应当根据造成或促成的程度，相应免除或减轻承运人的责任。

例如，在民用航空器降落过程中，机组人员多次通知旅客系好安全带，安全指示灯会一直处于明示旅客应当系好安全带的状态，但是，仍有旅客解开安全带而摔伤的事情发生。这时，旅客摔伤是由于旅客的过错造成的，承运人不应该承担责任。

承运人承担责任的范围是“旅客人身伤亡”。这里“人身”的含义是个人的生命、健康、行动和名誉等；“伤亡”即伤害和死亡，伤害的含义是指身体组织或思想感情受到损害，死亡的含义是失去生命。

承运人承担责任的原因是“事件”。对事件的理解必须符合民事法律事实中关于事件的解释。首先，在通常情况下，事件总是被归结为不可抗力而免除有关当事人的责任，而《民用航空法》要求承运人对“事件”承担责任，充分保护了旅客的权益。比如发生了坠机事件、飞机在高空遇到强烈气流颠簸、飞机出现故障迫降等特殊情况，造成旅客的伤亡。其次，由于行为所造成的旅客死亡和人身伤害，虽然发生在航空运输过程中，但是，如果适用于民法或刑法，则通过民法或刑法来加以解决，不需要在《民用航空法》中作出规定。

承运人的责任期间包括旅客在民用航空器上的全部期间，始于旅客上民用航空器之后，止于旅客下民用航空器之前，还包括旅客在上、下民用航空器的过程中。

以案说法8-1 航空公司擅自更改行程案

客先生等14名乘客购买了2008年9月25日早8点N公司某次航班的机票，由广西北海途径长沙返回北京。当天，该航空公司无故延误航班起飞时间至晚8点。14名乘客办理登机手续后，该航空公司又单方面宣布更改航班行程，当晚不飞北京，飞机到长沙后安排住宿一晚，次日再乘坐其他航班飞往北京。9名原告在内的14名返京旅客坚持要求按预定航程返京，但航空公司对此置之不理并且拒绝说明更改航程的原因，并将他们“遗弃”在北海机场。

2008年9月26凌晨2点30分，该航空公司湖南分公司宣布与滞留旅客终止合同，不再承诺后续服务。无奈之下，客先生等人只好于早上离开机场，改道南宁乘坐航班返回北京。其中9名乘客分别要求航空公司返还机票款、机场建设费、燃油附加费，并赔偿经济赔偿金1 000元、经济损失2 250元以及精神损失费1 000元。

“飞机延误是天气原因，属于不可抗力”，该航空公司表示，当时北部湾地区出现8级大风，因为暴风雨，航班才出现了推迟。后来飞机来了，原告等人拒绝登机，坚持要求当晚抵达北京，考虑到其他乘客的利益，航空公司只能将客先生等人“遗弃”在北海机场。

请问：(1) N航空公司的辩解是否成立？

(2) 法院该如何判决？

案例分析：

根据我国《合同法》规定，承运人应当按照客票载明的时间和班次运送旅客。如果因为客观原因，出现航班取消、提前、延误、航程改变或不能提供原定座位时，承运人应优先安排旅客乘坐后续航班或签转其他承运人的航班，并且做好解释工作。旅客要求退票的，承运人应当协助办理。因承运人的原因，造成旅客的舱位等级变更时，票款的差额多退少不补。

本案中，经法院调查，因当日长沙至北京段飞行任务已执行完毕，航空公司再执行此段飞行任务必须向空管部门申请紧急加班计划，而被告并未申请。被告在航班延误后，根据实际情况对起飞时间和航程进行调整并不构成违约。但被告未及时告知原告，并且没有尽力做好解释工作，以致原告以为航班只是延误而航班并未改变。被告漠视乘客的知情权，造成原告无法作出最符合自身利益的选择，其在履行与原告的客运合同过程中存在重大失误。

法院一审判决N航空公司分别返还原告航班票款、机场建设费和燃油附加费共计1 850元，同时支付经济损失和补偿金共计865元。

资料来源　王志雄．旅游法规案例教程［M］．北京：北京大学出版社，2012.

(2) 承运人对旅客延误运输的责任

承运人应完全、正确地履行旅客运输合同。所谓完全履行，就是全部履行，不能部分履行，部分不履行。对于旅客在航空运输中因延误所造成的损失，承运人应当承担责任；对于旅客延误运输造成的损失，承运人证明本人或者其受雇人、代理人为了避免损失的发生，已经采取了一切必要措施或者不可能采取此种措施的，不承担责任。

在旅客运输过程中，客票上通常会载明承运人与旅客双方约定的运输航班和日期，该日期应当就是旅客到达目的地的时间，承运人应当按照约定的时间运输，如果旅客未能按照旅客运输合同中约定的时间抵达目的地，应当认为是旅客延误运输。对于承运人来说，只有在旅客延误造成损失时才承担责任。如果旅客延误但是没有造成损失，承运人就不承担责任。对于所造成的损失，需要旅客举证，证明自己遭受损失，并且这种损失与延误之间有必然的联系。

以案说法8-2 飞机延误应赔偿

“五一”期间，王菲等人乘坐5月3日17时30分的北京飞往上海的航班到上海游玩。登机后40分钟仍未起飞，由于机上人员不知飞机延误原因，沉不住气的游客便走下机舱要求机场方面对事情进行解释，并要求机场给予延机经济赔偿。机场工作人员称要请示领导。直至22点40分，机场负责人才与游客会面，声称延误是由于机械故障，但并未对事件进行很好解释，仅答应给予游客一定的经济补偿，每名游客补偿100元。事后，王菲等游客认为机场延误班机的行为严重侵犯了她们的合法权益，补偿金额与实际损失不符，遂向法院提起诉讼，要求另行赔偿游客经济损失100～1 100元不等。在审理过程中，机场负责人称赔偿在法律上无条文可依，但考虑到确实耽误了游客的时间，因此给予一定经济上的补偿。法院经过审理认为，航班延误，承运人违反了及时运送的义务，已经构成了违约，因此应承担责任。根据游客实际损失多少，法院判决机场赔偿游客60～500元不等。

案例分析：

第一，根据《民用航空法》第一百二十六条的规定，旅客、行李、货物在航空运输中因延误造成的损失，承运人应当承担责任。本案中航班延误，承运人违反了及时运送的义务，显然构成了违约，应当由其承担责任。第二，尽管《民用航空法》并未对航空延误具体的责任方式作出规定，但机场并不能因此认为赔偿无法可依。根据“特别法无规定时适用普通法”的原则，此时应当适用《民法通则》的规定。根据《民法通则》第一百一十条规定，机场应当承担赔偿责任。本案中，航班延误是由于机场方面的原因造成的，游客并无过错，因此，机场方面应当承担相应责任，赔偿游客因延误导致其深夜到达上海时接待、住宿、交通不便造成的经济损失。由此可见，法院的判决是完全合理的。

资料来源 北京市高级人民法院法制宣传处．旅游消费中的陷阱防范与纠纷处理［M］．北京：中国民主法制出版社，2003.

承运人必须举证自己为了避免损失的发生，已经采取了一切必要措施，才能不承担责任。例如，由于机械原因发生航班延误，承运人将旅客安排在后面的最近的航班上运输，对于此种延误，承运人不承担责任，因为承运人在当日即采取了一切必要措施将旅客运输到目的地。承运人能够举证自己不可能采取此种措施，也不承担责任。例如，由于天气原因发生航班延误，承运人将旅客安排在机场休息，等天气好转再运输，对于此种延误运输，承运人不承担责任，当然，承运人必须负责举证。

此外，在旅客运输过程中，承运人能够证明，延误的损失是由于旅客的过错造成的或者促成的，可以根据造成或者促成此种损失的程度，相应免除或减轻承运人的责任。

法规速递8-1

据新华社北京2006年7月26日专电，中国民航总局有关负责人说，为避免引发后续航班延误，防止飞行员疲劳驾驶形成安全隐患，航班延误补偿一般不在机场现场进行，航空公司可采取登记、信函邮寄等办法完成。这位负责人在解释《国内航空公司因自身原因造成航班延误给予旅客经济补偿的指导意见（试行）》时说，“补偿”是指在航班较长时间延误的情况下，航空公司安抚旅客和加强服务的措施，“补偿”不等同于赔偿。有关索赔争议，应按《民用航空法》的有关规定执行。

（3）承运人对旅客随身携带物品的责任

因发生在民用航空器上或者在旅客上、下民用航空器过程中的事件，造成旅客随身携带物品毁灭、遗失或者损坏的，承运人应当承担责任。旅客随身携带物品毁灭、遗失或者损坏完全是由于行李，即该携带物品本身的自然属性、质量或者缺陷造成的，承运人不承担责任。

行李毁灭包括行李在物理状态上的灭失，也包括行李本身性质全部或者部分的改变，并且发生毁灭的行李已经无法修复，或者修复的费用高于行李本身的实际价值。行李遗失是由于被盗窃、被错误提取等原因造成的行李丢失，旅客行李遗失可能是全部遗失，也可能只是部分遗失。行李损坏主要指行李被毁坏，其数量或质量发生某种变化，尽管可以全部或部分被修复，但也对旅客造成了一定程度的损失。

完全由于行李本身的自然属性、质量或者行李本身具有缺陷、瑕疵，造成了行李的损失，这种损失与航空运输无关，行李无论是否运输，或者以何种方式运输都会由于时间的延续而产生损失，所以对于此种行李损失，承运人不承担责任。但是，如果上述损失部分是由于承运人原因造成的，承运人应当承担相应的责任。

以案说法 8-3　香港行游客误机，起飞时间弄错，旅行社被判赔偿

四位游客参加中国航空国际旅行社组织的香港自由行，因旅行社把抵京的时间弄成了飞机从香港起飞的时间，导致其误机，事后，四游客将中国航空国际旅行社告上法庭。朝阳法院审结了这起旅游合同纠纷案，法院判令中国航空国际旅行社赔偿每名旅客 2 192～2 992元不等的机票款，以及机票款10%的违约金。

法庭上，中国航空国际旅行社表示，在出发前向原告发出的出团通知上已经写清楚了飞机的起飞和到达时间，内容为“5 月 6 日 KA9041805/2130”，并在注意事项中告知，客人到达香港机场后应当与机场确认回程时间，确保按时乘车。因此，旅行社没有责任。

案例分析：

法院认为，原告不知晓飞机起飞时间的原因，在于旅行社没有进行清晰地告知，而非原告自身未尽到注意义务。旅行社应当对原告支出的额外购票款承担赔偿责任，并承担10%的违约金。

法院经审理认为，根据原告从机场取得的关于飞机起飞时间的表格，可以证实，机场巴士接受了旅行社的错误指示，导致车辆误时，并最终导致原告误机。由于被告提供的通知单中对飞机起飞、到达时间并没有明确标示，而仅表示为“1805/2130”，不足以使普通消费者理解其意义。

资料来源　佚名．香港行游客误机，起飞时间弄错，旅行社被判赔偿［EB/OL］．（2009-06-04）［2014-01-06］．http：//www.ct148.com.cn/eShowNews.asp？id=235.

(4) 承运人对旅客托运行李的责任

因发生在航空运输期间的事件，造成旅客的托运行李毁灭、遗失或者损坏的，承运人应当承担责任。旅客托运行李的毁灭、遗失或者损坏完全是由于行李本身的自然属性、质量或者缺陷造成的，承运人不承担责任。

这里的“航空运输期间”，是指在机场内、民用航空器上，或机场外降落的任何地点、托运行李处于承运人掌管之下的全部期间。航空运输期间不包括机场外的任何陆路运输、海上运输和内河运输过程，但是，如果此种运输是为了履行航空运输合同而装载、交付或者转运托运行李，在没有相反证据的情况下，所发生的损失视为在航空运输期间发生的损失。

(5) 赔偿责任限额

国内航空运输的赔偿责任限额由国务院民用航空主管部门制定，报国务院批准后公布执行。

我国现行的航空运输赔偿的依据是1993年经过修改的《国内航空运输旅客身体损害赔偿暂行规定》。该暂行规定明确：所谓的国内航空旅客运输，是指根据航空旅客运输合同，运输的始发地、约定经停地和目的地都是在中华人民共和国领域内的航空旅客运输。《国内航空运输旅客身体损害赔偿暂行规定》规定：

第一，旅客在航空器内或上下航空器过程中死亡或受伤，承运人应当承担赔偿责任。

第二，承运人如能证明旅客死亡或受伤是不可抗力或旅客本人健康状况造成的，不承担赔偿责任。

第三，承运人如能证明旅客死亡或受伤是由旅客本人的过失或故意行为造成的，可以减轻或免除其赔偿责任。

第四，承运人按照本规定应该承担赔偿责任的，对每名旅客的最高赔偿金额为人民币7万元。

第五，旅客可以自行决定向保险公司投保航空运输人身意外伤害险。此项保险金额的给付，不得免除或减少承运人应当承担的赔偿金额。

该项条款认定：一旦发生旅客伤亡事故，保险受益人可以拿到双份赔偿，即承运人的责任赔偿金额、旅客自行投保的保险金额。两者只能相加，不可相抵。

国际航空运输承运人的赔偿责任限额按照下列规定执行：

第一，对每名旅客的赔偿责任限额为16 600计算单位，但是，旅客可以同承运人书面约定高于本项规定的赔偿责任限额。

第二，对托运行李或货物的赔偿责任限额，每千克为17计算单位。

第三，对每名旅客随身携带的物品的赔偿责任限额为332计算单位。

当然，无论是在国内航空运输还是在国外航空运输中的赔偿责任限制，只要能证明在航空运输中的损失是由于承运人的故意或重大过失造成的，那么，承运人无权援用赔偿责任限制制度。在这种情况下，承运人将承担无限责任。

8.2.3 法律责任

这里只介绍部分和旅客有直接关系的法律责任。

①以暴力、胁迫或者其他方法劫持航空器的，依照《关于惩治劫持航空器犯罪分子

的决定》追究刑事责任。

②对飞行中的民用航空器上的人员使用暴力，危及飞行安全，尚未造成严重后果的，依照《刑法》第一百零五条的规定追究刑事责任；造成严重后果的，依照《刑法》第一百零六条的规定追究刑事责任。

③违反规定，隐匿携带炸药、雷管或者其他危险品乘坐民用航空器，或者以非危险品品名托运危险品，尚未造成严重后果的，比照《刑法》第一百六十三条的规定追究刑事责任；造成严重后果的，依照《刑法》第一百一十条的规定追究刑事责任。隐匿携带枪支弹药、管制刀具乘坐民用航空器的，比照《刑法》第一百六十三条的规定追究刑事责任。

④故意在使用中的民用航空器上放置危险品或者唆使他人放置危险品，足以毁坏该民用航空器，危及飞行安全，尚未造成严重后果的，依照《刑法》第一百零七条的规定追究刑事责任；造成严重后果的，依照《刑法》第一百一十条的规定追究刑事责任。

⑤盗窃或者故意损毁、移动使用中的航空设施，危及飞行安全，足以使民用航空器发生坠落、毁坏危险，尚未造成严重后果的，依照《刑法》第一百零八条的规定追究刑事责任；造成严重后果的，依照《刑法》第一百一十条的规定追究刑事责任。

⑥聚众扰乱民用机场秩序的，依照《刑法》第一百五十九条的规定追究刑事责任。

8.3 旅客铁路运输管理

8.3.1 旅客铁路运输的法律规定

国家规范铁路运输管理的法律、法规主要是1990年通过的《中华人民共和国铁路法》(简称《铁路法》)，《铁路法》明确了铁路运输部门的义务，规范了铁路运输合同，对乘车条件、禁运物品等作了明确规定。为了明确铁路运输企业对旅客的赔偿并维护旅客的合法权益，1994年8月30日，经国务院批准，铁道部发布了《铁路旅客运输损害赔偿规定》，其主要内容包括该规定的适用范围、限额赔偿规定、索赔时效、免责事由等。

8.3.2 《中华人民共和国铁路法》的法律规定

1）铁路运输部门的义务

我国《铁路法》第五条规定：铁路运输企业必须坚持社会主义经营方向和为人民服务的宗旨，改善经营管理，切实改革路风，提高运输服务质量。铁路运输企业的义务就是为旅客、托运人和收货人提供运输服务。铁路运输企业应当不断改革铁路的服务方式，提高服务质量，加强企业管理，真正做到优质、高效、全面地为旅客、托运人和收货人提供各种运输服务活动。对铁路运输的要求是：

第一，必须保证旅客的乘车安全。旅客旅行是从一地到另一地，在旅行过程中安全是旅客的第一需要。铁路承运人在运送旅客过程中必须把保证旅客的生命财产安全放在首位，确保旅客列车的运行安全。

第二，保证货物、行李的安全与完好。铁路运输企业运送货物、行李的主要义务是要保证这些物品的完整和安全。

第三，保证列车安全正点到达目的地。安全正点是铁路运输企业提供运输服务的基本义务之一。保证正点到达目的地，是指旅客列车必须按列车运行图规定的时间开出始发站和到达目的站。如果列车不能按照规定的时间及时发车和到达目的地站，则势必打乱旅客的旅行计划，使旅客在精神上、物质上受到损失。铁路运输企业应该保证旅客按车票载明的日期、车次行车，并到达目的站；否则，铁路运输企业应该按照旅客的要求，退还全部票款或者改乘到达相同目的站的其他列车。因此，铁路运输企业应当提高铁路运输的正点率。

第四，铁路运输企业应当采取有效措施做好旅客运输服务工作，做到文明礼貌、热情周到，保持车站和车厢内的清洁卫生，提供饮用开水，做好列车上的饮食供应工作。旅客购买了车票，就和铁路运输企业建立了运输合同关系，铁路运输企业有义务为旅客提供优质服务，从普通列车员的服务，可以看出铁路运输企业的管理水平和服务意识。

第五，铁路运输企业必须加强对铁路的管理和保护，定期检查、维修铁路运输设施，保证铁路运输设施完好无损，保障旅客和货物运输安全。

第六，铁路公安机关和地方公安机关分工负责、共同维护铁路治安秩序。车站和列车内的治安秩序，由铁路公安机关负责维护；铁路沿线的治安秩序，由地方公安机关和铁路公安机关共同维护，以地方公安机关为主。

2）铁路运输合同

铁路运输合同是明确铁路运输企业与旅客、托运人之间权利义务关系的协议。旅客车票、行李票、包裹票和货物运单是合同或者合同的组成部分。旅客单独或者同时购买了车票、办理了行李票和货物运单，就与铁路运输企业建立了运输合同，从而确立了双方的权利义务关系。客票一般分为普通票、儿童票、残疾军人票。铁路客票分为硬席车票和软席车票，铁路客票一般实行无记名式管理。

3）乘车条件

根据《铁路法》，旅客乘车应当持有效车票。对无票乘车或持失效车票的，应当补收票款，并按照规定加收票款；拒不交付的，铁路运输企业可以责令下车。

旅客持有效车票是指：旅客按照所购买的车票，乘坐指定车次、日期、时间、座位的列车。免费儿童一般不单独乘车，应随同成人一起乘车。无票乘车是指：没有购买有效车票，混入列车内；或者持有站台票，送客上车后没有及时下车；或者通过购买站台票，上车后有意乘车者。持失效车票是指：持涂改后的过期票、假票乘车。还有，旅客持有有效的车票，但与持票人身份不符。如旅客持有大学生的减价票，但持票人不能出示大学生证；旅客持有残废军人优惠证，但不能出示残废军人证。另外持市郊客票乘坐非指定列车的；未按票面乘坐列车的；持低档次车票乘坐高档次车的，如持硬座票坐软席或软卧铺的情况，都属于违反有关乘车条件的规定的行为。

4）禁运物品

根据《铁路法》，运输危险品必须按照国务院铁路主管部门的规定办理，禁止以非危险品品名托运危险品。为了禁止旅客携带危险品进站上车，铁路公安人员和国务院铁路主管部门规定的铁路职工，有权对旅客携带的物品进行运输安全检查。实施运输安全检查的铁路职工应当佩戴执勤标志。

5）铁路运输的赔偿责任

①铁路运输企业应当按照合同约定的期限或者国务院铁路主管部门的期限，将货物、

包裹、行李运到目的地站；逾期运到的，铁路运输企业应当支付违约金。

铁路运输企业逾期 30 天仍未将货物、包裹、行李交付收货人或者旅客的，托运人、收货人或者旅客有权按货物、包裹、行李灭失向铁路运输企业要求赔偿。

铁路运输企业违反国家规定，多收旅游者票款、运费，必须将多收的费用退还付款人，无法退还的上交国库；据为已有或侵吞私分的，依照关于惩治贪污罪、贿赂罪的补充规定追究刑事责任。

②铁路运输企业应当对承运的货物、包裹、行李自接受承运时起到交付时止发生的灭失、短少、污染、变质或者损坏，承担赔偿责任。

第一，托运人或者旅客根据自愿申请办理保价运输的，按照实际损失赔偿，但最高不超过保价额。

第二，未按保价运输承运的，按照实际损失赔偿，但最高不超过国务院铁路主管部门规定的赔偿限额；如果损失是由于铁路运输企业的故意或者重大过失造成的，不适用赔偿限额的规定，按照实际损失赔偿。

托运人或者旅客根据自愿可以向保险公司办理货物运输保险。保险公司按照保险合同的约定承担赔偿责任。托运人或者旅客根据自愿可以办理保价运输，也可以办理货物运输保险；还可以既不办理保价运输，也不办理货物运输保险。不得以任何方式强迫办理保价运输或者货物运输保险。

托运人或者旅客在办理行李、货物运输时，一般会根据行李、货物的贵重程度，决定是否办理保价运输或者货物运输保险。发生赔偿责任时，铁路运输企业会依照托运人或者旅客运输前办理的手续，给予相应的赔偿。托运人或者旅客有决定采取何种运输方式的自由，铁路运输企业不得强迫。

③因旅客、托运人或者收货人的责任给铁路运输部门造成财产损失的，由旅客、托运人或者收货人承担赔偿责任。

因铁路行车事故及其他铁路运营事故造成人身伤亡的，铁路运输企业应当承担赔偿责任；如果人身伤亡是因不可抗力或者由于受害人自身的原因造成的，铁路运输企业不承担赔偿责任。

④《铁路旅客运输损害赔偿规定》对旅客在铁路运输期间造成的损害赔偿做了明确阐述。

第一，根据《铁路旅客运输损害赔偿规定》，铁路运输企业对在中华人民共和国境内铁路旅客运输中发生的旅客人身伤亡及自带行李损失进行赔偿。这里的铁路旅客运输中，是指旅客经检票进站至到达行程终点出站为止。这条规定明确了赔偿的时间范围：旅客进站至终点站缴销车票出站为止。如果超出了这个时间跨度，旅客即使持有有效车票，发生人身行李损害，铁路运输企业不承担责任，旅客得不到铁路运输企业的赔偿。比如，旅客购票后在车站广场散步时发生了交通事故，铁路运输企业不负赔偿责任。

第二，这里所称的旅客，是指持有有效乘车凭证乘车的人员以及按照国务院铁路主管部门有关规定免费乘车的儿童。经铁路运输企业同意，根据铁路货物运输合同，随车护送货物的人，视为旅客。

旅客包括三类人：持有效车票人员、免票儿童、经批准的押货人员。列车的人员由两部分组成：部分工作人员和绝大多数的旅客。除此以外，列车上可能还有极少数未买车票的逃票者，购买站台票送客上车后无意或者有意乘车者，这些人员不属于旅客，如果发生了伤害事件，他们得不到铁路运输企业的赔偿。

第三，由于不可抗力或者旅客自身原因造成人身伤亡和自带行李损失的，铁路运输企业不承担赔偿责任。并不是说所有的旅客及行李损害，都可以得到铁路运输企业赔偿，不可抗力或者旅客自身原因造成的损害就得不到铁路运输企业的赔偿。

以案说法8-4　胶济铁路重大交通案

2008年4月28日，王某乘坐的北京开往青岛的T195次旅客列车运行至山东境内胶济铁路周村至王村间脱线，与烟台至徐州的5034次客车相撞，王某不幸遇难。据调查，此次特别重大交通事故共造成72人死亡、416人受伤。调查认定，此次事故为一起人为责任事故。事发后，济南铁路局局长陈某、党委书记柴某已被铁道部免职审查。

案例分析：

旅客购买火车票乘坐火车即构成铁路旅客运输合同法律关系，在法律地位上铁路运输企业与旅客是平等的民事主体，铁路运输企业有义务保障旅客的旅行安全。铁路运输企业应当对运输过程中旅客的伤亡承担赔偿责任，但伤亡是旅客自身健康原因造成的或者是旅客故意、重大过失及不可抗力造成的除外。由于铁路运输企业的过错造成旅客人身伤亡的，铁路运输企业应当承担赔偿责任。根据《铁路交通事故应急救援和调查处理条例》第三十三条规定，铁路运输企业对每名铁路旅客人身伤亡的赔偿责任限额为人民币15万元，对每名铁路旅客自带行李损失的赔偿责任限额为人民币2 000元。

另外，我国对铁路旅客意外伤害实行强制保险，强制保险采取的是标准格式合同形式，旅客并非单独专门投保，旅客只要购买车票就签订了保险合同，自动产生保险法律关系。旅客在保险有效期内，由于遭受外来、剧烈及明显的意外事故（包括战争所致在内），受伤害需治疗的，由保险公司按实际情况支付医疗津贴，其数额以不超过保险金额2万元为限。如果游客单独购买了保险公司的人身意外保险等，还可以从保险公司获得保险金赔偿。

本案中王某因铁路行车事故导致死亡，本身无任何过错，铁路部门应对其死亡承担全部责任。由于该事故属特别重大交通事故，由多个环节违规造成。相关的工作人员和管理人员均构成铁路运营安全事故罪。

资料来源　国家旅游局旅游质量监督管理所．旅游服务案例分析［M］．北京：中国旅游出版社，2007.

第四，铁路运输企业依照本规定应当承担赔偿责任的，对每名旅客人身伤亡的赔偿责任限额为人民币4万元，自带行李损失的赔偿责任限额为人民币800元。铁路运输企业和旅客可以书面约定高于前款规定的赔偿责任限额。

尽管这条规定对铁路运输企业的赔偿规定了最高限额，但根据《铁路法》第十七条的规定，如果损失是由铁路运输企业的故意或者重大过失造成的，不适用赔偿限额的规定，按照实际损失赔偿。也就是说，如果旅客能够证明，损害是由铁路运输企业的故意或者重大过失造成的，旅客能够得到等同于实际损失的赔偿。

第五，铁路运输企业依照本规定给付赔偿金，不影响旅客按照国家有关铁路旅客意外伤害强制保险规定获取保险金。根据 1992 年发布的《铁路旅客意外伤害强制保险条例》第五条的规定，旅客之保险金额，不论坐席等次、全票、半票、免票，一律规定每人人民币 2 万元。就是说，铁路运输途中发生了旅客死亡事故，如果铁路运输企业应当承担赔偿责任，死者继承人既可以获取上述的 4 万元赔偿，又可以获取 2 万元的保险费。

第六，旅客或者继承人向铁路运输企业要求赔偿的请求，应当自事故发生之日起 1 年内提出。铁路运输企业应当自接到赔偿请求之日起 30 日内答复。

第七，免责条件。

《铁路法》规定：由于下列原因造成的货物、包裹、行李损失的，铁路运输企业不承担赔偿责任：第一，不可抗力；第二，损失由货物、包裹、行李中的物品本身的自然属性造成，或者属于合理损耗；第三，托运人、收货人或者旅客的过错。

8.3.3 法律责任

携带危险品进站上车或者以非危险品品名托运危险品，导致发生重大事故的，依照《刑法》第一百一十五条的规定追究刑事责任。

在列车内，抢劫旅客财物，伤害旅客的，依照《刑法》有关规定从重处罚。在列车内，寻衅滋事，侮辱妇女，情节恶劣的，依照《刑法》第一百六十条的规定追究刑事责任；敲诈勒索旅客财物的，依照《刑法》第一百五十四条的规定追究刑事责任。

本章小结

本章从旅游的六大要素之一的“行”出发，介绍了旅游业与旅游交通的关系，旅游交通的主要方式，旅游交通管理法律、法规的制定原则，并对航空、铁路、公路、水路等主要交通管理法律、法规作了简单介绍，重点阐述了与航空运输有关的法律、法规，对《民用航空法》的有关规定进行了较为详细的分析介绍。最后，以《铁路法》为例，介绍了铁路运输管理法律、法规，并结合现实案例对相关内容进行分析说明。

主要概念

旅游交通　旅客运输　行李运输　托运人　承运人　不可抗力　免责条件

选择题

1. 铁路运输中，下列各情况中应补收票款的是(　　)。

A. 无票混入列车内者

B. 持站台票上车后没有及时下车者

C. 持学生减价票却不能出示大学生证者

D. 成人携带的免费儿童

2. 下列有关铁路运输的赔偿规定中，正确的是(　　)。

A. 旅客购票后在车站广场散步时发生交通事故，铁路运输企业要负赔偿责任

B. 逃票者发生伤害事件，得不到铁路运输企业的赔偿

C. 不可抗力导致的旅客损害，铁路运输企业要予以赔偿

D. 旅客人身伤亡的赔偿责任限额是人民币4万元

3. 下列有关《民用航空法》的规定，正确的是(　　)。

A. 旅客摔伤应由航空公司承担责任

B. 由于天气原因发生的旅客延误由航空公司承担赔偿责任

C. 旅客及其行李应接受安全检查

D. 旅客在飞机上突发脑溢血去世，航空公司承担赔偿责任

判断题

1. 旅客由于堵车误机，折扣票作废，责任自负。　(　　)

2. 不按要求系好安全带，旅客摔伤，承运人要承担赔偿责任。　(　　)

3. 逃票者如果发生被伤害事件，也能得到铁路运输部门的赔偿。　(　　)

简答题

1. 试述旅游业与旅游交通的关系。

2. 制定旅游交通管理法律、法规的原则是什么？

3. 航空承运人的责任有哪些？

4. 《铁路旅客运输损害赔偿规定》有哪些内容？铁路运输部门的免责条件是什么？

讨论题

旅客因飞机剧烈颠簸，导致心脏病发作死亡，是承运人承担责任还是旅客为自身的健康状态承担责任呢？

案例分析题

2002年7月，杜某参加某旅行社组织的旅游团到山东旅游，随团上了前往青岛的火车。火车运行途中，车厢的顶灯突然掉落，砸在杜某的身上，将其砸伤。事后，杜某向旅行社提出索赔。旅行社认为已经为其上了旅游保险，应当由保险公司赔偿。保险公司则以游客在火车上发生意外，应由铁路运输部门负责为由拒绝赔付。铁路运输部门认为顶灯掉落并非工作人员工作过错所致，属于意外事故，应向保险公司索赔。杜某见三家推卸责任，就将旅行社、保险公司和铁路运输部门一同告上了法庭，要求它们赔偿医疗费等经济损失。

请问：(1) 杜某乘坐火车途中发生意外，铁路运输部门应承担赔偿责任吗？

(2) 保险公司是否应赔付杜某的损失？

实训题

出外旅行一次，从客票、安检、登机或乘车几方面体会和了解乘飞机或坐火车的有关法律规定。

第 9 章　旅游安全管理和旅游保险法律制度

知识结构图表

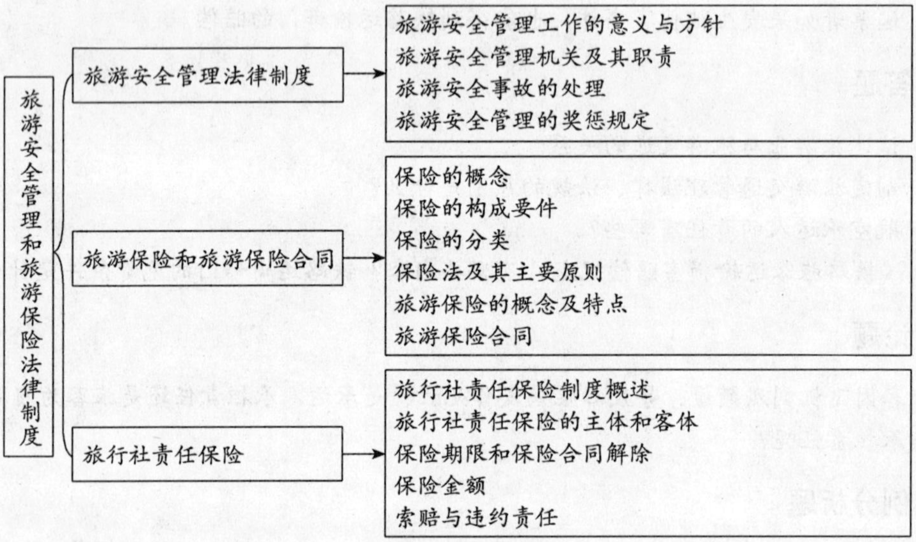

学习目标

通过本章学习，了解旅游安全管理工作的重大意义和旅游安全管理机关的职责，掌握旅游安全事故的分类和一般的处理规定；了解保险、旅游保险和旅游保险合同的基础理论，学会如何订立旅游保险合同；了解《旅行社责任保险管理办法》的基本规定，一旦发生旅游保险事故，懂得索赔的基本程序。

案例导入

2013 年，山东省邹城市的江先生打算利用春节跟家人一起去国外旅行。几经挑选，他们选定了一家旅游公司推出的“澳洲逍遥纯玩”团体游。之后，江先生与旅游公司签订了《出境旅游合同》，行程为 2013 年 1 月 29 日至 2 月 4 日共计 6 晚 8 天，其中，2 月 3 日安排为“凯恩斯—大堡礁—凯恩斯”，并支付旅游费用 10 万余元。经旅游公司推荐，江先生还购买了一份“安心游”旅游保险。

1 月 29 日，一切顺利。到达悉尼后，江先生一家开始了温馨的澳洲之旅。谁知，天有不测风云，玩到第四天，百年来最强飓风“雅斯”突然袭击了澳大利亚。考虑到危险程度，大堡礁是不能去了，旅游打了折扣不说，归程也耽误了，费用也随之增加。2月5日，他们才得以返回。

一家人甚是扫兴，归国后，江先生拿着保单要求保险公司赔偿。不料，保险公司却拿出了长达12页的“保险条款”，指出每项赔偿都有前提条件。江先生气不过，把保险公司告上法庭，要求赔偿保单上列明的项目：旅程延误900元、行李延误1 500元、随身财产损失1 500元、旅程变更7 500元、慰问费用补偿8 000元等。

法院审理后根据保单约定的项目和其他证据，对旅程延误和变更费用予以支持，对行李延误、随身财产损失、慰问费用不予支持。

案例分析：

按照《旅游法》第六十七条规定，旅游中遭遇不可抗力等导致合同不能继续履行的，可以解除合同；合同解除的，组团社应当在扣除已向地接社或者履行辅助人支付且不可退还的费用后，将余款退还旅游者；合同变更的，因此增加的费用由旅游者承担，减少的费用退还旅游者；危及旅游者人身、财产安全的，旅行社应当采取相应的安全措施，因此支出的费用，由旅行社与旅游者分担；造成旅游者滞留的，旅行社应当采取相应的安置措施，因此增加的食宿费用，由旅游者承担；增加的返程费用，由旅行社与旅游者分担。当然，即使《旅游法》明确应由旅游者承担的费用，其也可以像江先生一样采取投保的方式，减少或者分担风险。

资料来源　佚名．旅游纠纷案例一［EB/OL］．（2013－10－08）　［2014－01－07］．http：//luxuchang. findlaw. cn/lawyer/jdal/d68708. html.

9.1　旅游安全管理法规制度

旅游安全是旅游业的生命线。没有安全，便没有旅游。为加强旅游安全管理工作，保障旅游者人身、财物安全，国家旅游局发布了《旅游安全管理暂行办法》等规章，我国的旅游安全管理步入法制化的轨道。

9.1.1　旅游安全管理工作的意义与方针

1）旅游安全管理工作的意义

旅游安全管理是旅游行政管理部门及旅游企事业单位为保障旅游者人身、财物等的安全，对旅游安全工作进行计划、组织、协调、控制的活动。

加强旅游安全管理，有利于良好的旅游环境的形成。旅游安全是旅游业发展的前提，是旅游业的生命线。旅游安全事故的出现，不仅影响旅游活动的进行，危及旅游者的生命、财产，带来巨大的经济损失，而且会直接影响社会的安定，从而损害国家旅游业的形象和声誉。因此，为建立一个稳定、安全的旅游环境，我国十分重视旅游安全管理工作。

加强旅游安全管理，有利于旅游市场安全服务规范化。目前国家旅游局发布实施的有关安全管理标准，是旅游业的主管部门与有关旅游企业在广泛协商一致的基础上产生的统一要求，为我国旅游市场安全性的规范化运作提供了依据和保障。

加强旅游安全管理，有利于我国旅游市场的拓展。旅游企业市场竞争的首要目标是争取更多客源、扩大市场份额，为此必须以包括安全管理工作在内的高质量的产品和服务来拓展旅游市场。只有不断推出高质量的产品和服务的旅游企业，才能在市场竞争中立于不败之地。

2）旅游安全管理工作的方针

根据《旅游安全管理暂行办法》的规定，为了加强旅游安全管理工作，切实保障旅游者人身、财物安全，旅游安全管理工作应当贯彻“安全第一，预防为主”的方针。

“安全第一”，是指在旅游活动全过程中，无论是旅游行政管理部门，还是旅游经营单位，或是旅游从业人员，都必须始终把安全工作放在首位。对于旅游业来说，安全问题是头等重要的问题，它不仅影响到旅游业的形象和声誉，也关系到旅游业的生存与发展。

“预防为主”，是指对旅游活动过程中可能发生的安全事故，旅游行政管理部门、旅游经营单位和旅游从业人员一定要采取安全防范措施，彻底清除不安全隐患，防患于未然。这就要求相关部门和人员提高对旅游安全的认识，建立健全安全责任制，加强对旅游设施设备的安全检查，改善旅游治安环境，加强旅游安全的法制建设和监督检查工作，切实做到“预防为主”。

旅游安全管理工作的方针既是旅游业发展规律的要求和反映，也是对以往旅游业发展实践经验的总结和提高。

3）旅游安全管理立法简述

鉴于旅游安全的重要性，世界各国都十分重视旅游安全管理的立法工作。1989 年“各国议会旅游大会”通过的《海牙旅游宣言》就明确指出，旅游者的安全和保护及对他们人格的尊重是发展旅游的先决条件。20 世纪 90 年代以来，世界各国明显加大了旅游安全工作力度，颁发制定和健全相关法律、法规，以保证本国旅游业持续、稳定地发展。我国历来十分重视旅游安全工作，

1988 年 6 月 14 日，国家旅游局、公安部联合发出《关于进一步加强旅游安全保卫工作的通知》，要求各地采取有力措施，保障来华旅游者的安全。1990 年，国家旅游局制定了《旅游安全管理暂行办法》，并于 1994 年 1 月 23 日颁布了《旅游安全管理暂行办法实施细则》。此外，国家旅游局还先后发布了《重大旅游安全事故报告制度试行办法》、《重大旅游安全事故处理程序试行办法》、《漂流旅游安全管理暂行办法》等，使我国的旅游安全管理工作纳入规范化和制度化的轨道。2013 年 4 月 25 日，第十二届全国人大常委会第二次会议通过了《中华人民共和国旅游法》，在第六章中详细规定了各级人民政府、旅游经营者及旅游者在旅游安全管理工作中的职责及相关权利和义务，第一次将旅游安全提到法律的高度，从而构成了一个比较完整的旅游安全保障体系，使旅游安全管理工作真正地有法可依，有力地保障了旅游业的健康发展。

以案说法 9-1

2007 年 7 月，在西藏 318 国道曲水段桃花村境内发生了一起重大旅游交通事故。一辆西藏某旅游客运公司的金龙牌 37 座旅游大巴（内乘游客 28 人、司机 1 人、导游 1 人）在前往日喀则的途中，行驶至拉萨市曲水县境内，因司机强行超车，导致车辆坠入离路面 80 米的雅鲁藏布江，事故造成包括司机、导游在内的 15 人死亡，2 人失踪，13 人受伤。经拉萨市公安局交警支队鉴定，此次事故系驾驶员范某超速行驶、在超车过程中临危采取措施不当所造成的，驾驶员负全部责任。发生事故的旅游团是一个“拉萨—日喀则 2 日

游”散客拼团，由西藏4家旅行社的门市部分别收客，交给西藏赛康旅行社接待，由其负责安排旅游团的2天行程。

事故发生后，西藏自治区旅游局迅速启动应急预案，成立了事故善后处理领导小组，积极协调相关部门，妥善处理遇难者家属的接待、重伤员的就地治疗和后期转院、轻伤员治疗后返回原籍、遇难者保险金的赔偿和支付等善后事宜。经过多次协商，涉及事故的旅行社与遇难者家属达成赔付协议，每位遇难者家属获赔25万元。轻伤员在拉萨治疗期间的费用和重伤员转往内地治疗的交通费与医疗费及遇难者赔偿金由西藏人保财险支付。2007年8月20日，伤员全部陆续出院、转院回内地，遇难者家属领取赔偿后全部返回内地，事故善后处理圆满结束。

案例分析：

旅游交通事故一直是我国旅游安全事故的主要类型，每年都造成较大的人身伤亡和财产损失，影响较为巨大。大部分旅游交通事故的直接原因是司机临场处置不当或危险的驾驶行为，但往往也与其背后隐藏的市场问题和管理问题有直接的关联，此案即是一例，主要表现在：

（1）低价团必然导致高风险。接待旅行社通过降低服务质量、安排低档次接待设施、雇用非专业司机、强制游客购物、不购买保险等方式来赚取利润，因而导致旅游者个人安全风险的增加。

（2）市场的爆发性增长带来大量安全隐患。景区旅游基础设施和人员服务条件不足、内地进藏经营旅游业市场监管失控、散客管理混乱无序状况必然带来大量的安全隐患。

（3）相关部门监管不严，监管责任没有落实。

（4）旅游者安全防范意识不强。

（5）部分旅游线路道路艰险、行车条件恶劣。

为避免此类事故再次发生，建议加强以下几方面的工作：

（1）加强对旅游产品要素的安全评估。

（2）加强对旅游者的安全教育。

（3）加大旅游保险投保力度。

（4）在旅游旺季进行旅游交通事故的专项治理。

（5）严厉打击零团费、负团费等恶性经营行为。

（6）加强旅游合同管理。

（7）建立旅游暗访制度。

资料来源　佚名．旅游安全与市场管理息息相关[EB/OL]．（2010-05-31）[2014-01-07]．http://china.findlaw.cn/info/xiaofeiquanyi/lvyou/anquan/117459.html.

9.1.2　旅游安全管理机关及其职责

1）旅游安全管理机构

根据《旅游安全管理暂行办法》及其实施细则、《中华人民共和国旅游法》的规定，旅游安全管理工作应遵循“统一指导，分级管理，以基层为主”的原则。实行在国家旅游管理部门的统一领导下，各级旅游行政管理部门分级管理的体制。各级旅游行政管理部门在当地政府领导下，会同有关部门，对旅游安全进行管理。为此，各级旅游行政管理部门，必须建立和完善旅游安全管理机构。

2）旅游安全管理机构职责

（1）人民政府在旅游安全管理工作中的职责

《中华人民共和国旅游法》中规定了人民政府在旅游安全管理工作中的职责。

县级以上人民政府统一负责旅游安全工作。县级以上人民政府有关部门依照法律、法规履行旅游安全监管职责。

国家建立旅游目的地安全风险提示制度。旅游目的地安全风险提示的级别划分和实施程序，由国务院旅游主管部门会同有关部门制定。县级以上人民政府及其有关部门应当将旅游安全作为突发事件监测和评估的重要内容。

县级以上人民政府应当依法将旅游应急管理纳入政府应急管理体系，制订应急预案，建立旅游突发事件应对机制。突发事件发生后，当地人民政府及其有关部门和机构应当采取措施开展救援，并协助旅游者返回出发地或者旅游者指定的合理地点。

（2）国家旅游行政管理部门在旅游安全管理工作中的职责

①制定国家旅游安全管理规章，并组织实施；

②会同国家有关部门对旅游安全实行综合治理，协调处理旅游安全事故和其他安全问题；

③指导、检查和监督各级旅游行政管理部门和旅游企事业单位的旅游安全管理工作；

④负责全国旅游安全管理的宣传、教育工作，组织旅游安全管理人员的培训工作；

⑤协调重大旅游安全事故的处理工作；

⑥负责全国旅游安全管理方面的其他有关事项。

（3）县级以上（含县级）地方旅游行政管理部门在安全管理工作中的职责

①贯彻执行国家旅游安全法规；

②制定本地区旅游安全管理的规章制度，并组织实施；

③协同工商、公安、卫生等有关部门，对新开业的旅游企事业单位的安全管理机构、规定制度及其消防、卫生防疫等安全设施、设备进行检查，参加开业前的验收工作；

④协同公安、卫生、园林等有关部门，开展对旅游安全环境的综合治理工作，防止向旅游者敲诈、勒索、围堵等不法行为的发生；

⑤组织和实施对旅游安全管理人员的宣传、教育和培训工作；

⑥参与旅游安全事故的处理工作；

⑦受理本地区涉及旅游安全问题的投诉；

⑧负责本地区旅游安全管理的其他事项。

（4）旅游企业在旅游安全管理工作中的职责

旅游经营者是指旅行社、旅游景区、旅游饭店、旅游汽车和游船公司、旅游购物商店、旅游娱乐场所和其他经营旅游业务的企事业单位。它们是旅游安全管理工作的基层单位。旅游安全管理工作“以基层为主”，旅游经营者在旅游安全管理工作中具有重要的地位。

在《中华人民共和国旅游法》中对旅游经营者的安全保障、安全警示及事故救助处置等作了明确的规定。具体内容如下：

旅游经营者应当严格执行安全生产管理和消防安全管理的法律、法规和国家标准、行业标准，具备相应的安全生产条件，制定旅游者安全保护制度和应急预案。

旅游经营者应当对直接为旅游者提供服务的从业人员开展经常性应急救助技能培训，对提供的产品和服务进行安全检验、监测和评估，采取必要措施防止危害发生。

旅游经营者组织、接待老年人、未成年人、残疾人等旅游者，应当采取相应的安全保障措施。

旅游经营者应当就旅游活动中的下列事项，以明示的方式事先向旅游者作出说明或者警示：

①正确使用相关设施、设备的方法；

②必要的安全防范和应急措施；

③未向旅游者开放的经营、服务场所和设施、设备；

④不适宜参加相关活动的群体；

⑤可能危及旅游者人身、财产安全的其他情形。

突发事件或者旅游安全事故发生后，旅游经营者应当立即采取必要的救助和处置措施，依法履行报告义务，并对旅游者作出妥善安排。

此外，《旅游安全管理暂行办法》对旅游经营者在旅游安全管理工作中的职责也作了规定：

①设立安全管理机构，配备安全管理人员；

②建立安全规章制度，并组织实施；

③建立安全管理责任制，将安全管理的责任落实到每个部门、每个岗位、每个职工；

④接受当地旅游行政管理部门对旅游安全管理工作的行业管理和检查、监督；

⑤把安全教育、职工培训制度化、经常化，培养职工的安全意识，普及安全常识，提高安全技能，对新招聘的职工，必须经过安全培训，合格后才能上岗；

⑥新开业的旅游企事业单位，在开业前必须向当地旅游行政管理部门申请对安全设施设备、安全管理机构、安全规章制度的检查验收，检查验收不合格者，不得开业；

⑦坚持日常的安全检查工作，重点检查安全规章制度的落实情况和安全管理漏洞，及时消除不安全隐患；

⑧对用于接待旅游者的汽车、游船和其他设施，要定期进行维修和保养，使其始终处于良好的安全技术状况，在运营前进行全面的检查，严禁带故障运行；

⑨对旅游者的行李要有完备的交接手续，明确责任，防止损坏或丢失；

⑩在安排旅游团队的游览活动时，要认真考虑可能影响安全的诸项因素，制订周密的行程计划，并注意避免司机处于过分疲劳状态；

⑪负责为旅游者投保；

⑫直接参与处理涉及单位的旅游安全事故，包括事故处理、善后处理及赔偿事项等；

⑬开展登山、汽车、狩猎、探险等特殊旅游项目时，要事先制定周密的安全保护预案和急救措施，重要团队需按规定报有关部门审批。

3）旅游者在旅游安全管理中的权利义务

《中华人民共和国旅游法》第八十二条规定：旅游者在人身、财产安全遇有危险时，有权请求旅游经营者、当地政府和相关机构进行及时救助。

中国出境旅游者在境外陷于困境时，有权请求我国驻当地机构在其职责范围内给予协助和保护。

行业广角 9-1

湖北省委、省政府非常重视三峡安全。省长多次强调，要在专家指导下，加强对三峡库区的安全监管，尤其要加强对老滑坡体的监测监控。省、市、县三级都建立了应急救援体系，制定了应急救援预案，一旦发生险情，能及时果断处置，确保人民群众的生命安全。目前，除了湖北地方安全监管部门按属地管理原则监督管理外，长江水域国家海事部门、地方海事部门和长江三峡通航管理部门也各自承担着一定的安全管理职责。旅游安全也不容忽视。随着旅游业的发展，水上旅游船舶、景区景点安全隐患增多。三峡大坝蓄水后，库区近40条小河具有了开发价值，许多地方正着手开发以漂流探险为主的旅游项目。但因小河大都地处深山峡谷，水流湍急，特别是山区气候变化大，地区差异大，"十里不同天"，最易突发山洪。如2003年9月6日下午，三峡库区湖北秭归县泗溪风景区突发山洪，水位在几分钟之内狂涨2米。泗溪每年都会出现山洪暴发，有的年份还多次发生。

9.1.3 旅游安全事故的处理

1）旅游安全事故的概念及分类

（1）旅游安全事故的概念

旅游安全事故，是指在旅游活动的过程中，涉及旅游者人身、财物安全的事故。

（2）旅游安全事故的分类

旅游安全事故从程度上可以分为轻微、一般、重大和特大事故四个等级：

①轻微事故，是指一次事故造成旅游者轻伤，或经济损失在1万元以下者；

②一般事故，是指一次事故造成旅游者重伤，或经济损失在1万元至10万元者；

③重大事故，是指一次事故造成旅游者死亡或旅游者重伤致残，或经济损失在10万至100万元者；

④特大事故，是指一次事故造成旅游者死亡多名，或者经济损失在100万元以上，或者性质特别严重产生重大影响者。

2）旅游安全事故的处理

（1）对旅游安全事故处理的一般程序

①陪同人员应当立即上报主管部门，主管部门应当及时报告归口管理部门。导游人员在带团游览中，如果发生旅游安全事故，导游人员应当立即向其所属旅行社和当地旅游行政管理部门报告。当地旅游行政管理部门在接到一般、重大、特大旅游安全事故报告后，要尽快向当地人民政府报告，对重大、特大旅游安全事故，要同时向国家旅游行政管理部门报告。

②要会同有关事故发生地的有关单位严格保护现场，一旦发生旅游安全事故，现场有关人员一定要配合公安或其他有关方面，严格保护事故发生地现场。

③协同有关部门进行抢救、侦查。当旅游安全事故发生后，地方旅游行政管理部门和有关旅游经营单位及人员，要积极配合公安、交通、救护等有关方面，组织对旅游者进行

紧急救援，并采取有效措施，妥善处理善后事宜。

④有关单位负责人应及时赶赴现场处理，这是对有关单位负责人的要求。安全事故发生后，有关旅游经营单位和当地旅游行政管理部门的负责人，应当及时赶赴现场，进行现场组织指挥，并采取适当的处理措施。

（2）对重大旅游安全事故处理的程序

重大旅游安全事故是指一次事故造成旅游者死亡或者旅游者重伤致残，或经济损失在10万至100万元者。具体地讲，重大旅游安全事故包括造成旅游者人身重伤、死亡的事故；涉外旅游安全住宿、交通、游览、餐饮、娱乐、购物场所的重大火灾及其他恶性事故；其他经济损失严重的事故。

重大安全事故的处理原则是由事故发生地的人民政府牵头协调有关部门以及事故责任方及其主管部门负责处理，必要时可成立事故处理领导小组。

①在重大旅游安全事故发生后，报告单位应当立即派人赶赴现场，组织抢救工作，并及时报告当地公安部门。报告单位如不属事故方或责任方的主管部门，应按照事故处理领导小组的部署做好有关工作。

②在旅游安全事故发生后，公安部门人员尚未进入事故现场前，如因现场抢救工作需要移动物证时，应作出标记，并尽量保护事故现场的完整。如有伤亡情况，应立即组织医护人员进行抢救，并及时报告当地卫生部门；与此同时，事故报告单位还应确认伤亡人员的身份以及保险情况，并进行登记。如有死亡事故，应注意保护好遇难者的遗骸、遗体。对事故现场的行李和物品，要认真清理和保护，并逐项登记造册。

③在伤亡事故的处理过程中，责任方及主管部门负责联系有关部门为伤残者或伤亡者家属提供有关证明文件。

④如果伤亡者中有来自海外的旅游者，责任方和报告单位在对伤亡人员核查清楚后，要及时报告当地外事部门及国家旅游局，由当地外事部门或国家旅游局负责通知外方，而有关组团旅行社应及时抚慰伤亡者家属。

（3）对特大旅游安全事故的处理程序

根据《旅游安全管理暂行办法》的规定，对特别重大事故，应当严格按照国务院《特别重大事故调查程序暂行规定》进行处理。根据这一规定，特大旅游安全事故发生后的调查处理程序是：

第一，做好特大事故的现场保护和报告工作。具体要求是：

①特大事故发生后，事故发生地的有关单位必须严格保护现场。

②当地公安部门应当立即派人赶赴现场，负责保护事故现场和收集证据。

③当地政府负责组织有关部门进行事故现场的勘查工作。

④事故发生单位立即将所发生的特大事故情况报告上级归口管理部门和所在地地方人民政府，并报告所在地的省、自治区、直辖市人民政府和国务院归口管理部门，省、自治区、直辖市人民政府和国务院归口管理部门，接到特大事故报告后，应立即报告国务院。

⑤若涉及军民两个方面的特大事故，还必须立即将所发生事故的情况报告当地警备司令部或最高军事机关。

⑥事故发生单位在24小时内写出书面事故报告，报送上述各部门。事故报告内容应

包括：事故发生的时间、地点、单位，事故的简要经过、伤亡人数和直接经济损失的初步估计，事故发生原因的初步判断，事故发生后采取的措施及事故控制情况，事故报告单位等。

第二，做好特大事故的调查工作。

根据《特别重大事故调查程序暂行规定》，特大事故发生后，按照事故发生单位隶属关系，由省、自治区、直辖市人民政府或者国务院归口管理部门组织成立“特大事故调查组”，负责特大事故的调查工作。某些特大事故，国务院认为应该由国务院调查的，则由国务院或其授权的部门组织成立“特大事故调查组”。调查组应当履行下列职责：

①查明事故发生的原因、人员伤亡及财产损失情况；

②查明事故的性质和责任；

③提出事故处理及防止类似事故再次发生所应采取措施的建议；

④提出对事故责任者的处理建议；

⑤检查控制事故的应急措施是否落实；

⑥写出事故调查报告。

3）外国旅游者在华旅游期间发生伤亡事故的处理

(1) 对于外国旅游者在我国境内遭遇伤亡事故的处理

对于外国旅游者在我国境内遭遇伤亡事故的处理，应当注意下列事项：

①立即通过外事管理部门通知有关国家驻华使领馆和组团单位；

②为前来了解、处理事故的外国使、领馆人员和组团单位及伤亡者家属提供方便；

③与有关部门协调，为国际急救组织前来参与对在国外投保的旅游者（团）的伤亡处理提供方便；

④对在华死亡的外国旅游者严格按照外交部《外国人在华死亡后的处理程序》进行处理。

(2) 对外国旅游者死亡后的处理程序

根据《外国人在华死亡后的处理程序》规定，外国旅游者死亡后的处理程序是：

①死亡确定。死亡分正常死亡和非正常死亡，因年迈或其他疾病而自然死亡的，为正常死亡；因意外突发事故死亡的，为非正常死亡。

②通知外国使、领馆及死者家属。根据《维也纳领事关系公约》或双边领事条约的规定以及国际惯例，外国人在华死亡后应尽速通知死者家属及其所属国家驻华使、领馆。

③尸体解剖。正常死亡者或死因明确的非正常死亡者，一般不需作尸体解剖。若死者家属或其所属驻华使、领馆要求解剖，我方可同意，但必须有死者家属或使、领馆有关官员签字的书面请求。非正常死亡者，为查明死因，需要进行解剖时由公安、司法机关按有关规定办理。

④出具证明。正常死亡，由县级及县级以上医院出具“死亡鉴定书”。

⑤对尸体的处理。对在华死亡的外国人尸体的处理，可在当地火化，亦可将尸体运回其国内。但究竟如何处理，应尊重死者家属或所属使、领馆的意愿。

⑥骨灰和尸体运输出境。尸体、棺柩出境须具备以下证明：由医院或法医出具的死亡证明或死亡鉴定书，在特殊情况下，亦可由有关涉外公证处出具死亡公证书代替上述证明

书；由医院出具的防腐证明书；由防疫部门检疫后出具的棺柩出境许可证明书。

⑦死者遗物的清点和处理。

⑧写出《死亡善后处理情况报告》。

9.1.4　旅游安全管理的奖惩规定

1）奖励

对于在旅游安全工作中做出显著成绩或有突出贡献的单位和个人，给予表彰或奖励。

（1）受奖单位应具备的条件

①旅游安全管理制度健全，预防措施落实，安全教育普及，安全宣传和培训工作扎实，在防范旅游安全事故方面成绩突出，1年内未发生一般性事故的；

②协助事故发生单位进行紧急救助、避免重大损失，成绩突出的；

③在旅游安全其他方面做出突出成绩的。

（2）受奖个人应具备的条件

①热爱旅游安全工作，在防范和杜绝本单位发生安全事故方面成绩突出的；

②见义勇为，救助旅游者或保护旅游者财物安全不受重大损失的；

③及时发现事故隐患，避免重大事故发生的；

④在旅游安全其他方面做出突出成绩的。

2）处罚

（1）应予处罚的情况

①严重违反旅游安全法规，发生一般、重大、特大安全事故者；

②对可能引发安全事故的隐患，长期不能发现和消除，导致重大、特大安全事故发生者；

③旅游安全设施、设备不符合标准和技术要求，长期无人负责，不予整改者；

④旅游安全管理工作混乱，造成恶劣影响者。

（2）处罚的种类

对违反有关安全法规而造成旅游者伤亡事故和不履行《旅游安全管理暂行办法》的，由旅游行政管理部门会同有关部门分别给予直接责任人和责任单位以下处罚：警告、罚款、限期整改、停业整顿、吊销营业执照。触犯刑律者，由司法机关依法追究刑事责任。

知识链接9-1

一、漂流者注意事项

1. 漂流属于一种户外水上竞技旅游活动，严重的心脏病、精神病、高血压、高度近视等疾病患者不宜参与此类活动；

2. 参与漂流者应听从漂流组织者或船工的组织和安排；

3. 漂流者在漂流途中未经许可不得离艇下水；

4. 如发生翻船落水，漂流者不必惊慌，救生衣绝对保证安全，积极配合船工的救护措施，重新上船继续漂流；

5. 漂流者在整个漂流活动中，要团结、友爱、互助，在紧张刺激、快乐安全中漂流全程。

二、滑雪须知

1. 冬季气温低，建议穿保暖内衣；

2. 为确保安全，请遵守滑雪场规则；

3. 为方便、舒服，请提前与旅行社联系，选择好的天气出行。

三、泡温泉须知

一到节假日，大城市的居民就到外地泡温泉。但是，不少硫磺含量大的温泉都会产生硫化氢，如果通风排气设施不畅就可能带来危险。除了硫化氢中毒之外，泡温泉方法不当也会出现严重的安全问题。泡温泉时要特别注意温度和时间。泡的时间一长就容易引起头昏、心跳过速、呼吸困难等问题，特别是患有高血压、心脏病的人不宜在温度较高的温泉中泡浴。

四、高海拔地区旅行须知

乘火车上高原旅行的旅客，旅行前要进行体检，由医生确认可进入高原旅行时，方可旅行；在列车上如发生严重头痛、呕吐等高原反应症状，旅客应及时报告列车工作人员，以便得到及时救治。卫生部门方面的专家认为，有以下情况之一者，不宜乘火车进入3 000米以上高海拔地区旅行：

1. 各种器质性心脏病，显著心律失常或静息心率大于100 次/分，高血压Ⅱ期以上，各种血液病、脑血管疾病；

2. 慢性呼吸系统疾病，中度以上阻塞性肺疾病，如支气管哮喘、支气管扩张、肺气肿、活动性肺结核、尘肺病；

3. 糖尿病未获控制，癫痫、精神分裂症；

4. 患重症感冒、上呼吸道感染，体温在38 摄氏度以上或体温在38 摄氏度以下但全身及呼吸道症状明显者；

5. 曾确诊患过高原肺水肿、高原脑水肿、血压增高明显的高原高血压症、高原心脏病及高原红细胞增多症者；

6. 高危孕妇。

9.2 旅游保险和旅游保险合同

以案说法 9-2 旅游保险合同是保险公司承担赔偿责任的依据

某年4 月6 日，河南省南阳市某银行与某旅游公司签订了一份国内旅游组团标准合同，并在某保险公司为首批旅游的15 人以电传的形式办理了旅游人员人身平安保险，约定保险期限为该年4 月8 日至4 月14 日，保险金额为每人10 万元，保险费为每人7 元，旅游目的地为青岛，出具保险单1 份。张某被批准加入了此次旅游行列。此后，该旅游团如期到达青岛旅游。

4 月13 日下午4：30，该旅游团车辆返回途中，在山东境内发生交通事故，张某当场死亡，团内多人也不同程度地受伤。旅游公司在处理交通事故中，通过河南省南阳市某银行将死者家属身份证复印件、死者火化证、户口注销证明等手续带至山东，未经张某家属同意，代其填写了给付保险金申请书。保险公司决定赔偿死者家属4 万元。张某家属在痛失亲人的极度悲痛之中得知此事后坚决拒绝此赔偿数额。遇难者家属在多次与之协商未果的情况下，将旅游公司和保险公司告到法院，请求被告立即支付保险金10万元，并赔偿因此而支出的各种费用5 000元。

在诉讼中，被告旅游公司称，按照组团合同，旅游公司没有任何责任，保险金10万元应由保险公司支付。保险公司称，其与旅游公司签订有"旅游意外保险合同"属实，但该保险合同包含两个方面的条款内容，即"旅游者人身意外伤害保险条款"和"旅游者行李物品损失及第三者责任保险条款"，根据这两个条款，旅游公司所投的每人保险金额10万元包括许多项。具体到张某，保险公司应向其支付人身意外伤害保险金35 000元及死亡处理或遗体送返保险金5 000元，总计4万元，不同意赔偿保险金10万元。法庭经审理判决保险公司一次性向原告遇难者家属支付保险金10万元，并承担诉讼费3 510元。保险公司不服判决，在法定期限内以"该保险合同的投保人不是河南省南阳市某银行而是南阳市某旅游公司，原审法院把保险单认定为保险合同的全部是错误的，保险公司赔偿保险金10万元不妥，旅游公司应承担法律责任"为由提起上诉，二审法院"驳回上诉，维持原判"，但保险公司以各种理由未执行。张某的家属申请强制执行后，因旅游而引发的巨额赔偿案结束。

案例分析：

在本案例中，保险公司为保险人，南阳市某银行负担了投保费用，是投保人，张某是被保险人，旅游公司是保险代理人。保险公司签发的保险单即为保险合同。该保险单注明为"旅游人员人身平安保险单"，应视为有效的人身保险合同。

保险公司称含有财产保险与事实不符且缺乏合同依据。依据《保险法》的规定，对属于保险责任，应在10日内履行赔偿或给付保险金义务。该保险公司在未对赔偿金额达成协议的情况下，以内部有规定为由，擅自决定给付4万元，违背了合同约定，且声称是按规定支付赔偿金，并未就该规定的条款与投保人协商，也未告知投保人有关规定的内容，就单方面决定按这些规定执行。保险公司擅自按内部的规定处理，违背了平等、自愿原则，其理由不能成立。

旅游公司作为保险代理人，其所实施行为的后果理应是由保险公司按合同约定的内容支付赔偿金，本案中该公司出具的保险单上既已承诺保险金额为每人10万元，就应按约定支付给被保险人的法定继承人。被保险人的法定继承人提出要求二被告赔偿因追要赔偿金所支出的旅差费等经济损失，因未提供相关证据法院不予支持。

资料来源　佚名．旅游游出了十万元赔偿案［EB/OL］．（2004-05-10）［2014-01-07］．http：//www. chinalawedu. com/news/21604/4600/51/2004/5/qh86251183410154002519２_112232. htm.

保险制度是保险人向投保人以收集保险费、建立保险基金的方式，对被保险人或受益人的财产、生命或健康因自然灾害或意外事故遭受经济损失给予补偿的制度。该制度的特点在于可以转嫁风险。投保人只要支付一定数额的保险费就可在遭到灾害或意外伤害时得到经济上的补偿，使其利益得到补偿。

近年来，随着国家实行黄金周休假制度，人们消费观念发生转变，大大推动了旅游业的发展。但随着旅游热的不断升温，旅游环境、交通运输和与之相配套的购物娱乐等服务中存在的问题也在逐渐暴露，由此引发的意外事故和投诉也在不断增多，尤其是旅游高峰期间的安全问题更让人担忧。因此，旅游者出游前一定要全面办理旅游保险，以使自己的合法权益得到有效保障，出游风险能够合理转移。然而，目前国内的旅游保险发展严重滞后，不仅同快速发展的旅游业不相适应，而且尚存在诸多亟待规范与解决的问题。

9.2.1 保险的概念

保险一词是外来用语，19 世纪 70 年代由日文“保险”一词演变而来，并被赋予专门含义。在现代社会中，保险是一项特殊的经济活动，是一种与现代经济发展和社会保障系统之建立密切相关的专门制度。

1）保险是一种法律制度

在我国《保险法》中，保险一词是一个法定概念。《保险法》第二条规定，保险是指投保人根据合同约定，向保险人支付保险费，保险人对于合同约定的可能发生的事故因其发生所造成的财产损失承担赔偿保险金的责任，或者当被保险人死亡、伤残、疾病或者达到合同约定的年龄、期限时承担给付保险金责任的商业保险行为的一种法律制度。

2）保险是一种金融活动

保险也特指保险公司的经营活动，根据我国《保险法》的规定，保险公司是依法设立的，并由国务院保险监督管理部门进行监督管理的一个金融机构，须依特别法设立，并受保监会的监督管理，其经营行为属于金融活动，须依有关法律规定进行。

3）保险是一种投资方式

保险人投保是为了在约定的保险事故发生后或约定的条件满足后，保险公司对自己或自己指定的人的一种赔偿或给付。也就是投保人投资的回报，是一种附条件成就的投资行为，也是既有利于投保人，也有利于社会的互助式投资活动。

9.2.2 保险的构成要件

保险作为一项经济制度，其构成要件是：

1）必须有危险存在或条件能够满足

投保人与保险公司约定的保险事项必须是客观上可能发生的。如果是以赔偿为目的的保险事项必须是投保人的活动环境中存在着危险因素，在发生意外事故的危险时，才能赔偿；如果是以满足条件为目的的给付，这些条件必须是能够满足的，才能得到给付。其意义在于，如果保险公司与投保人约定的保险事项的危险是不可能存在的或条件是不可能实现的，所约定的保险合同就是无效的。

2）保险必须有约定的赔偿与给付

保险必须是对约定的事故造成的损失的赔偿或对约定条件成就时给受益人的给付，这是保险公司对投保人的一种财产责任。以经济手段承担社会责任，与普通的社会救济、单位补助及亲友乡邻的帮助不同，前者兑现保险责任是不可推卸的义务，而后者只是一种可有可无的或然援助行为。

3）事故保险必须形成互助共济关系

保险制度采取将不特定的事故分散到众多的投保者共同分担的方法，来减少或补偿遭受事故的投保者的损失。投保者通过交纳保险费，与其他众多的投保者建立了互助共济关系，以一人为大家，大家为一人的精神建立保险补偿基金，共同取得财产上的保障。

9.2.3 保险的分类

保险最早发源于海上贸易，当时被分为水险和非水险，后来又被人们分为寿险和非寿险。随着现代社会经济的发展和商事交易的多样化，保险的种类已发展到难以计数。人们根据不同的标准对保险作出不同的分类。比较常见的保险分类方法有四种。

1）按保险对象分类

按保险对象分类可将保险分为财产保险和人身保险两种。

(1) 财产保险

财产保险是指以财产及其有关利益作为保险标的的保险。该保险所保障的是在保险灾害事故中遭受损失的财产及其利益。

(2) 人身保险

人身保险是指以人的生命和身体作为保险对象的保险。保险人对被保险人的生命或身体，因保险责任范围内的不幸事故、意外伤害、疾病等原因以致死亡、伤残、丧失工作能力或年老退休，负责给付保险金。

2）按保险实施方式分类

按保险实施方式分类有强制保险和自愿保险两种。

(1) 强制保险（法定保险）

强制保险（法定保险）是指国家通过颁布法律、法规等建立、实施的保险。

(2) 自愿保险

自愿保险是指保险人和被保险人在自愿协商的基础上，通过订立保险合同而成立的保险。

3）按保险保障范围分类

按保险保障范围分类有财产保险、人身保险、责任保险、保证保险四种。

(1) 财产保险

财产保险是以财产及其有关利益为保险标的的保险。

(2) 人身保险

人身保险是以人的生命或身体作为保险对象的保险。

(3) 责任保险

责任保险是以被保险人的民事损害赔偿责任作为保险对象的保险。

(4) 保证保险

保证保险是随贸易、金融业的信用发展，由保险人承担各种信用风险的一种保险。

4）按承担责任次序分类

按承担责任次序分类有原保险和再保险两种。

(1) 原保险

原保险是指投保人与保险人签订保险合同，直接约定双方权利义务的“第一次”保险。

(2) 再保险

再保险也称分保，指保险人将其所承担的保险责任的一部分或全部分散给其他保险人承担的保险业务。再保险以原保险的存在为基础，是对“第一次”保险的再次保险。

9.2.4 保险法及其主要原则

1）保险法的概念

保险法是调整保险活动中保险人与投保人、被保险人与受益人之间法律关系的重要商事法律，也是国家对保险企业、保险市场实施监督管理的法律。因此，保险法是以保险关系为调整对象的一切法律规范的总称，主要包括《中华人民共和国保险法》（简称《保险法》）、有关保险的行政法规，同时也包括其他法律中涉及保险关系的规定。

1995年6月30日，第八届全国人民代表大会常务委员会第十四次会议通过了《中华人民共和国保险法》，于1995年10月1日开始施行。2009年2月28日，第十一届全国人民代表大会常务委员会第七次会议进行了最新一次的修订，自2009年10月1日起施行。该法共8章187条，对保险作出了较为全面的、系统的法律规定，为各种保险活动提供了重要的法律依据。

2）保险法的基本原则

（1）守法原则和公平竞争原则

《保险法》第四条明确规定，从事保险活动必须遵守法律、行政法规，遵循自愿和诚实信用原则，包括确定保险人的资格，订立保险合同，明确保险责任及其他法律责任等重要内容。《保险法》第七条规定，保险公司开展业务，应当遵循公平竞争的原则，不得从事不正当竞争，包括擅自降低保险费率，诋毁同业伙伴，诱导投保等行为。

（2）保险利益原则

无论是财产保险，还是人身保险，当事人所签订保险合同的效力必须以保险利益的存在为前提。保险利益必须是可保利益，是受益人对保险标的具有利害关系而后产生的经济利益。

①财产保险利益的条件是：第一须为合法利益；第二须为经济上的利益，即投保人对于其财产现在享有或预计享有的利益；第三须为确定的利益，即该利益是可预期实现的。

②人身保险利益的条件是：第一，投保人对本人、配偶、子女、父母，以及与投保人有抚养、赡养或者扶养关系的家庭其他成员、近亲属具有保险利益。第二，被保险人同意投保人为其订立保险合同的，视为投保人对被保险人具有保险利益。

（3）最大诚信原则

所有的合同，均须以诚实信用为基础。在保险合同中尤其讲究诚实信用原则，投保人要将被保险利益的真实情况完全告诉给保险人，如有任何隐瞒则可能导致整个保险合同的无效。因为投保人的告知是保险人评估风险和计算保险费率的基本依据。

（4）损害赔偿原则

此原则指被保险人因保险事故所受到的损失，应按合同约定的条件获得赔偿。赔偿应当以保险利益的存在为前提，赔偿金额是实际损失、保险金额和保险利益三者中最小的一个数额或者合同约定的固定金额。

（5）保险代位原则

保险代位指实现保险利益的权利代位和被保险标的物残余价值产权的代位两种。其中权利代位指保险事故发生后，被保险人有权获得赔偿，之后有义务将造成损害的第三者责任的权利转给保险人，即代位追偿。第三者是被保险人的家属或雇员时，保险人不能代位追偿，但故意造成损害的除外。

行业广角 9-2 2010 年全国旅游安全与保险工作会议

2006—2009 年，国家旅游局共收到各地报送的涉旅突发事件 211 起，平均千万接待人天事件数量 0.8 起。其中重大事件 7 起，造成 145 人死亡、161 人受伤；较大事件 50 起，造成 237 人死亡、638 人受伤；一般事件 154 起，造成 164 人死亡、859 人受伤。全面做好当前及今后一段时期的旅游安全与保险工作，促进旅游业和谐发展，为实现“把旅游业培育成国民经济的战略性支柱产业和人民群众更加满意的现代服务业”的目标作出更大贡献。一是加强旅游安全与保险工作的全面保障；二是提高旅游行业的风险防范能力；三是提升旅游安全应急处置能力；四是增强旅游保险转移和化解旅游风险的能力；五是加强旅游安全和保险的宣传教育培训。

资料来源 国家旅游局综合协调司．2010 年全国旅游安全与保险工作会议在杭州召开［EB/OL］．(2010-11-27)［2014-01-07］．http：//www. cnta. gov. cn/html/2010-11/2010-11-27-10-49-39133. html.

9.2.5 旅游保险的概念及特点

1）旅游保险的概念

旅游保险是指旅游活动的投保人根据合同的约定，向保险人支付保险费，保险人对于合同约定的在旅游活动中可能发生的事故及其发生所造成的财产损失、人身伤亡承担保险赔偿责任，或者当被保险人在旅游活动中死亡、伤残、疾病时承担赔偿保险金责任的行为。

2）旅游保险的特点

旅游保险与其他保险相比较，具有如下特点；

（1）短期性

旅游保险相对于其他保险而言，保险期限是很短的。如在乘坐各种交通工具时，保险期限是从购票登上交通工具时起，至抵达目的地离开交通工具时止的几个小时或数天。

（2）强制保险与自愿保险相结合

旅游保险种类繁多，如旅行社责任保险对于旅行社而言属于强制保险，旅游意外保险对于旅游者个人来说，是自愿投保的。

（3）财产保险与人身保险相结合

保险根据保险标的的不同，分为财产保险和人身保险，两种保险所依据的原则和具体规定也有所不同，一般而言，投保时要根据具体情况投保财产险或人身险。但在旅游保险中，财产险和人身险往往紧密联系，因而在有的险种中，旅游投保人可以在一份合同中同时投保财产险和人身险。

3）旅游保险的范围

依照旅游保险的范围划分，可分为国际旅游保险和国内旅游保险两大类别。

国际旅游保险是指外国旅游者来华旅游和我国公民出国旅游时所办的保险，如旅行社旅客责任险、出国人员人身意外伤害险等。

国内旅游保险是针对国内旅游者在我国境内旅游时所发生的人身意外伤害进行的保险，分为全程旅游保险和单项旅游保险。

全程旅游保险是针对旅游者从旅行出发登上指定的交通工具或登上交通工具附属物开始至本次旅行结束，离开交通工具或附属物为止的整个旅行过程负责。

单项旅游保险是针对某一特定旅游项目的保险，如游船意外伤害保险等。

9.2.6 旅游保险合同

1）旅游保险合同的概念

旅游保险合同是投保人与保险人约定在旅游活动中的保险权利和义务关系的协议。旅游保险合同是保险在旅游活动中的具体体现。

2）旅游保险合同的三要素

旅游保险合同必须具备保险合同主体、客体和保险合同内容这三个要素。

（1）旅游保险合同的主体

旅游保险合同的主体，是指旅游保险合同的参加者或当事人，包括保险人和投保人双方，以及第三人。

①保险人，又称承保人，是指依法成立的，在保险合同成立时，有权收取保险费，并于保险事故发生时承担赔偿责任的人，也即经营保险业务的保险公司。在旅游保险合同中，保险人与其他保险合同一样也是各个保险公司，而且法律规定旅行社办理旅游意外保险，必须在我国境内保险公司办理。

②投保人，又称要保人，是指对保险标的具有保险利益，向保险人申请订立保险合同并负有支付保险费义务的人。投保人可以是自然人，也可以是法人。根据法律规定，投保人对保险标的应当具有保险利益，否则保险合同无效。保险利益，是指投保人对保险标的具有的法律上承认的利益，即在保险事故发生时，可能遭受的损失或失去的利益。这是保险合同生效的重要条件。在旅游保险中，投保人可以是旅游企业，也可以是旅游者个人或旅游团。如旅行社责任险中的投保人是旅行社，而一般旅游意外保险的投保人则可以是旅游者个人。

③第三人。旅游保险合同与其他合同不同，旅游保险合同可以为投保人自己的利益订立，也可以为他人的利益而订立。同时，旅游保险合同规定事故发生后的利益可以归属于投保人，也可以归属于其他人，从而保险合同产生了第三人，即保险合同的关系人，包括被保险人和受益人。

被保险人，是指保险事故发生时遭受损害并享有赔偿请求权的人。无论是财产保险合同，还是人身保险合同，投保人与被保险人既可是同一人，也可以是不同的人。旅游保险中的被保险人一般是旅游者。当然，在不同的旅游保险合同中，被保险人也可以是领队、导游，甚至可以是旅行社。

受益人，又称保险金受领人，是指由投保人或者被保险人在保险合同中指定的，于保险事故发生时，享有赔偿请求权的人，受益人可以是投保人或者被保险人，也可以是其他人。如果投保人或者被保险人没有在保险合同中指明受益人，则为被保险人的法定继承人。

（2）旅游保险合同的客体

旅游保险合同的客体，又称旅游保险标的，是指旅游保险合同双方当事人权利和义务所指的对象。旅游保险标的可分为以下类别：

①财产及其有关利益。

财产，是指现实存在的并为人们所控制和利用而具有经济价值的生产资料和消费资料，包括动产和不动产。当财产遭受损失时，除了财产本身的经济损失外，还会引起各种利益以及责任和信用等无形物的损失。具体来说，旅游财产保险往往包括财产损失保险、责任保险、信用保险等形式。

②人的寿命和身体。

旅游人身保险合同的客体是人的寿命和身体。这种保险标的无法用价值来衡量，因而在订立保险合同时，预先由双方当事人约定保险金额。旅游人身保险合同通常以意外伤害保险的形式出现。

旅游保险合同具有综合性的特点，它不同于一般保险合同依保险标的不同分为两大类（财产保险合同、人身保险合同），而是把财产与人身结合在一起，例如《旅游意外保险合同》中的保险标的既包括旅客财产，又包括旅游者的人身。

（3）旅游保险合同的内容

旅游保险合同的内容，即旅游保险合同双方当事人的权利和义务。由于旅游保险合同一般都是依照保险人预先拟定的保险条款订立的，因而在旅游保险合同成立后，双方当事人的权利和义务就主要体现在这些条款上。根据法律规定，旅游保险合同的主要条款一般应包括以下事项：

①保险人的名称和住所；

②投保人、被保险人的名称和住所，以及人身保险的受益人的名称和住所；

③保险标的；

④保险责任和责任免除；

⑤保险期间和保险责任开始时间；

⑥保险价值；

⑦保险金额；

⑧保险费以及支付办法；

⑨保险金赔偿或者给付办法；

⑩违约责任和争议处理。

另外，订立旅游保险合同，保险人应当向投保人说明合同条款的内容，并可就保险标的或者被保险人的有关情况提出询问，投保人应当如实告知。保险人还可以与投保人共同商定保险合同的具体内容。

3）旅游保险合同的订立和终止

（1）旅游保险合同的订立

订立旅游保险合同必须以书面方式。通常的做法是由旅行社、旅游经营单位或者旅游者本人作为投保人向保险人提出投保要求，与保险人签订书面保险协议。旅游保险是一项比较特殊的保险业务，它具有涉及面广、人数多、保险期限短等特点。旅游保险合同订立的形式有以下三种情况：

①由投保方和保险人共同签订保险合同，签章后保险合同成立。

②由投保人向保险人提交保险申请书，由保险人签发保险单保险合同成立。

③由运输部门出售的旅客乘坐交通工具的票据，也是保险合同的一种形式。它既是乘车凭证，又是旅客参加旅行保险的凭证（有强制保险，也有自愿保险，但多为强制保险）。

旅游保险合同签订后在执行过程中需要增加附加条款的，应由投保人和保险人协商而定，经双方同意后可作为附加条款，附于基本条款之后。根据保险惯例，其有效性为附加条款为先，基本条款为后。

（2）旅游保险合同的终止

旅游保险合同的终止，是指旅游保险合同的当事人依据法律的规定或旅游保险合同本身使生效的保险合同失去效力的行为。已终止的保险合同不再继续履行。导致旅游保险合同终止的情形有：

①自然终止。凡保险合同时限届满，保险人的保险责任即告终止。

②因合同解除而终止。在签订旅游保险合同时，双方明确自然终止前解除该合同的条件，当规定的解除条件出现时，该保险合同的效力终止。

③义务履行完毕终止。根据保险单的规定，保险人承担的赔偿责任履行完毕（支付部分或最高赔偿金）而终止。

④被保险人因放弃旅游而终止。

9.3 旅行社责任保险

9.3.1 旅行社责任保险制度概述

旅行社责任保险，是指以旅行社因其组织的旅游活动对旅游者和受其委派并为旅游者提供服务的导游或者领队人员依法应当承担的赔偿责任为保险标的的保险。

1997年9月，国家旅游局颁布实施《旅行社办理旅游意外保险暂行规定》，明确“旅行社组队旅游，必须为旅游者办理旅游意外保险”。

为避免因旅行社心怀侥幸不投保，发生重大责任时出现赔偿过大，导致旅行社资金困难甚至破产，使受害旅游者权益得不到充分的保障，国家旅游局决定在全国强制实施旅行社责任保险。2001年4月25日国家旅游局局长办公会议审议通过，5月15日发布了《旅行社投保旅行社责任保险规定》（以下简称《规定》）。该《规定》要求从2001年9月1日起，旅行社从事旅游业务经营活动，必须投保旅行社责任保险，曾经在旅游界施行4年之久的强制性的旅游意外保险改由游客自愿购买。

根据《旅行社条例》，2010年12月22日，国家旅游局会同中国保监会发布了《旅行社责任保险管理办法》（以下简称《办法》），自2011年2月1日起施行。国家旅游局2001年5月15日发布的《旅行社投保旅行社责任保险规定》同时废止。

9.3.2 旅行社责任保险的主体与客体

1）旅行社责任保险的主体

（1）投保人

责任保险的投保人是旅行社。在中华人民共和国境内依法设立的旅行社，应当依照

《旅行社条例》和《办法》的规定，投保旅行社责任保险。

（2）保险人

责任保险的保险人是承保的保险公司。旅行社投保旅行社责任保险的，应当与保险公司依法订立书面旅行社责任保险合同（以下简称保险合同）。

（3）被保险人与受益人

责任保险的被保险人和受益人均为旅行社。旅行社在旅游经营活动中发生责任事故后，由保险公司代表旅行社向旅游者和受旅行社委派并为旅游者提供服务的人员支付赔偿金。

2）旅行社责任保险的客体

（1）保险标的

保险的标的是旅行社应当依法承担的民事赔偿责任，既包括人身责任，也包括财产责任。

（2）保险范围

依据《办法》第四条的规定，旅行社责任保险的保险责任，应当包括旅行社在组织旅游活动中依法对旅游者的人身伤亡、财产损失承担的赔偿责任和依法对受旅行社委派并为旅游者提供服务的导游或者领队人员的人身伤亡承担的赔偿责任。具体包括下列情形：

①因旅行社疏忽或过失应当承担赔偿责任的；

②因发生意外事故旅行社应当承担赔偿责任的；

③国家旅游局会同中国保监会规定的其他情形。

9.3.3 保险期限和保险合同解除

旅行社责任保险的保险期间为1年。旅行社应当在保险合同期满前及时续保。旅行社投保旅行社责任保险，可以依法自主投保，也可以有组织统一投保。

保险合同成立后，除符合《保险法》规定的情形外，保险公司不得解除保险合同。保险合同成立后，旅行社要解除保险合同的，应当同时订立新的保险合同，并书面通知所在地县级以上旅游行政管理部门，但因旅行社业务经营许可证被依法吊销或注销而解除合同的除外。保险合同解除的，保险公司应当收回保险单，并书面通知旅行社所在地县级以上旅游行政管理部门。旅行社的名称、法定代表人或者业务经营范围等重要事项变更时，应当及时通知保险公司，必要时应当依法办理保险合同变更手续。

9.4.4 保险金额

《办法》规定，旅行社在组织旅游活动中发生本办法第四条所列情形的，保险公司依法根据保险合同约定，在旅行社责任保险责任限额内予以赔偿。责任限额可以根据旅行社业务经营范围、经营规模、风险管控能力、当地经济社会发展水平和旅行社自身需要，由旅行社与保险公司协商确定，但每人人身伤亡责任限额不得低于20万元人民币。

9.4.5 索赔与违约责任

1）索赔

旅行社组织的旅游活动中发生保险事故，旅行社或者受害的旅游者、导游、领队人员通知保险公司的，保险公司应当及时告知具体的赔偿程序等有关事项。

保险事故发生后，旅行社按照保险合同请求保险公司赔偿保险金时，应当向保险公司提供其所能提供的与确认保险事故的性质、原因、损失程度等有关的证明和资料。保险公司按照保险合同的约定，认为有关的证明和资料不完整的，应当及时一次性通知旅行社补充提供。旅行社对旅游者、导游或者领队人员应负的赔偿责任确定的，根据旅行社的请求，保险公司应当直接向受害的旅游者、导游或者领队人员赔偿保险金。旅行社怠于请求的，受害的旅游者、导游或者领队人员有权就其应获赔偿部分直接向保险公司请求赔偿保险金。

保险公司收到赔偿保险金的请求和相关证明、资料后，应当及时作出核定；情形复杂的，应当在30日内作出核定，但合同另有约定的除外。保险公司应当将核定结果通知旅行社以及受害的旅游者、导游、领队人员；对属于保险责任的，在与旅行社达成赔偿保险金的协议后10日内，履行赔偿保险金义务。

因抢救受伤人员需要保险公司先行赔偿保险金用于支付抢救费用的，保险公司在接到旅行社或者受害的旅游者、导游、领队人员通知后，经核对属于保险责任的，可以在责任限额内先向医疗机构支付必要的费用。

因第三者损害而造成保险事故的，保险公司自直接赔偿保险金或者先行支付抢救费用之日起，在赔偿、支付金额范围内代位行使对第三者请求赔偿的权利。旅行社以及受害的旅游者、导游或者领队人员应当向保险公司提供必要的文件和所知道的有关情况。

旅行社与保险公司对赔偿有争议的，可以按照双方的约定申请仲裁，或者依法向人民法院提起诉讼。

2）违约责任

《旅游法》规定，未按照规定投保旅行社责任保险的，由旅游主管部门或者有关部门责令改正，没收违法所得，并处5 000元以上5万元以下罚款；违法所得5万元以上的，并处违法所得一倍以上五倍以下罚款；情节严重的，责令停业整顿或者吊销旅行社业务经营许可证；对直接负责的主管人员和其他直接责任人员，处2 000元以上2万元以下罚款。

本章小结

本章介绍了旅游安全管理工作的方针和重要意义，重点要求掌握主要的管理机关及其职责、旅游安全事故的分类与处理办法；介绍了保险的基本理论，重点涉及旅游保险和旅游保险合同的具体规定；最后介绍了旅行社责任保险的概念、主体和客体、期限和索赔的相关规定。

主要概念

旅游安全　旅游保险　旅行社责任保险

选择题

1. 特大旅游安全事故是指一次事故造成旅游者死亡或者重伤致残，或经济损失在

(　　)者。

A. 1万元（含1万元）人民币以下

B. 1万元至10万元（含10万元）人民币

C. 10万元至100万元（含100万元）人民币

D. 100万元人民币以上

2. 外国旅游者在华期间正常死亡的，由(　　)以上医院出具“死亡证明书”。

A. 省级　　　　B. 县级

3. 旅行社责任保险的有效期是(　　)。

A. 3个月　　　　B. 半年

C. 1年　　　　D. 2年

判断题

1. 重大旅游安全事故是指一次事故造成旅游者死亡或者旅游者重伤致残，或经济损失在10万元（含10万元）至50万元者。(　　)

2. 旅行社责任保险和旅游意外保险的强制程度不同。(　　)

简答题

1. 旅游安全管理工作的方针是什么？

2. 什么是旅游安全事故？它是如何被分类的？

3. 简述旅游保险合同的三要素。

4. 旅游保险合同包括哪些内容？

讨论题

旅行社责任保险的保险期限和保险金额是如何规定的？

案例分析题

2009年6月，投诉人周某参加四川省某国际旅行社组织的九寨沟旅游团。6月14日下午7时许，旅游团乘汽车至松潘县甘海子湾地段时，一些旅游者提出要上厕所。导游即与司机商量，将车停在了一个有厕所的商店门口，导游告知厕所在商店的后面，并引导旅游者到厕所的门口。这时走在最后的周某没有直接上厕所，而是经过厕所门口向大约离厕所5米处的土堆走去，被此地大树下拴着的狗咬伤。

事故发生后，导游为周某的伤口进行了应急包扎处理，到达九寨沟的宾馆后，将周某送到镇医院进行医治。由于此地没有狂犬疫苗，导游向其所属成都市某旅行社报告，要求旅行社接站并安排医院和准备好狂犬疫苗。16日导游将周某送上卧铺车返成都。

旅行社立即派人找到了狂犬疫苗，并按照周某的要求，为其安排了带独立卫生间、有彩电的单间病房。住院时，旅行社支付了周某的医疗费和住宿费6 000元。在治疗期间和出院后，四川省消协和质监所对此纠纷进行了多次调解，提出在旅行社支付周某成都治疗期间的费用6 000元的基础上，再赔偿6 500元，而周某认为该赔偿额远不足以弥补其直接与间接经济及精神损失，调解未果。

请问：旅行社是否应该承担法律责任？

资料来源 赵建生. 狗伤游人，谁来承担责任［EB/OL］.（2003－02－13）［2014－01－07］. http://www.people.com.cn/GB/14838/21890/22093/1696654.html.

实训题

与保险公司联系，实际了解旅行社责任保险内容，并撰写一份实习报告。

第10章 旅游出入境管理法律制度

知识结构图表

- 旅游出入境管理法律制度
  - 中国公民出入境管理制度
    - 中国公民出入境管理概述
    - 中国旅游者出入境的有效证件及申请的办理
    - 中国旅游者出入境的权利义务及其限制
    - 边境旅游
  - 外国旅游者出入境管理制度
    - 外国旅游者出入境管理概述
    - 外国人入出境管理机关及其职责
    - 外国旅游者入境有效证件
    - 外国人在中国停留、居留与住宿所需证件
  - 中国出入境边防检查制度
    - 出入境边防检查管理概述
    - 边防检查的主要内容
  - 中国出入境卫生检疫制度
    - 卫生检疫制度概述
    - 卫生检疫制度的主要内容
    - 卫生监督
    - 对出入境动植物的检疫

学习目标

通过本章学习，掌握中国公民出入境管理、外国旅游者出入境管理制度，了解中国出入境边防检查制度及中国出入境卫生检疫制度，为进入旅游业提供优质服务奠定基础。

案例导入

打着“出国游”幌子组织偷越国境

2005年1月，上海某旅行社组织的赴意大利旅游团队被意方拒绝入境。接到通报后，温州市公安局出入境管理处开始对吴某等23名被遣返人员进行调查。

经查，这是一起涉嫌以旅游名义骗取意大利团体旅游签证，组织他人偷越国境犯罪案件。犯罪嫌疑人以上海某旅行社组织赴意大利等国10日游名义，骗取了意大利签证，企图偷渡西欧国家。经过3个多月的侦查，公安机关抓获了张富春等主要犯罪嫌疑人。

经查实，张某等11名犯罪嫌疑人，近年来加盟或承包北京某旅行社和上海某旅行社下属的业务部门，招揽企图非法移民人员，伪造、编造资料，以赴欧洲旅游、商务考察名义分别向奥地利、意大利等国驻华使、领馆申办签证，先后组织来自浙江、湖南、河南、

山东、天津、北京、辽宁、吉林等地11批230人前往欧洲国家，其中多数人员出境后滞留未归，从中牟取暴利。

资料来源　徐京跃，陈菲．公安部公布一批非法出入境大案［EB/OL］．（2005-11-21）［2014-01-07］．http://www.chinacourt.org/article/detail/2005/11/id/187087.shtml.

10.1　中国公民出入境管理制度

10.1.1　中国公民出入境管理概述

随着我国社会经济的发展和人民生活水平的提高，我国出境旅游的规模稳步扩大。为了管理、规范中国旅游者出入境旅游活动，我国制定了一系列的法律、法规，主要有：《中华人民共和国公民出境入境管理法》，1985年11月22日由第六届全国人大常委会第十三次会议通过，1986年2月1日起施行；《中华人民共和国公民出入境管理法实施细则》，1986年12月3日由国务院批准，1986年12月26日由公安部、外交部、交通部发布，1994年7月13日经国务院批准再次修订，1994年7月15日由公安部、外交部、交通部发布。2012年6月30日，第十一届全国人大常委会通过了《中华人民共和国出境入境管理法》（简称《出境入境管理法》），并自2013年7月1日起施行，原《中华人民共和国公民出境入境管理法》废止。

为加强中国公民自费出国旅游的管理，规范出国旅游，保障参游人员的合法权益，1997年7月1日国家旅游局和公安部联合发布了《中国公民自费出国旅游管理暂行办法》。为了进一步规范旅行社组织中国公民出国旅游活动，保障出国旅游者和出国旅游经营者的合法权益，更好地适应入世规则，维护中国旅游业的形象，2001年国务院第50次常务会议通过了《中国公民出国旅游管理办法》，自2002年7月1日起施行。此外，《中华人民共和国海关法》、《中华人民共和国出入境边防检查条例》等法律、法规也是规范管理我国旅游者出入境的重要法律制度。

1）中国旅游者的法律地位

旅游者的法律地位，是指旅游者在法律上所处的地位或位置（或者指旅游者享受权利、承担义务及得到法律保护的资格）。这个地位决定旅游者在特定情况下的权利和义务。在我国，公民一律平等地享有宪法和法律赋予的权利，享有平等的法律地位，其中包括旅游法律地位。公民在旅游活动中一旦以旅游者身份出现，便成为处于平等地位的旅游法律关系的主体，有同等权利参加旅游活动。旅游者在法律上的地位及其变化的结果均由法律决定，而不靠选择和协议来决定。

旅游者是旅游业赖以生存和发展的重要因素。国家应当重视和保护旅游者，从立法角度规定旅游者应享有的权利，采取措施为旅游者安全、舒适旅行提供方便，对于侵害旅游者合法权益的行为，依法作出处理；同时，旅游者也应利用法律保护自己的合法权益。正确认识旅游者法律地位，对于强化保护旅游者合法权益的法律意识、保护旅游者合法权益、增强市场竞争以及发展旅游业都具有重要意义。

2）旅行社经营出境游的管理

（1）出国旅游目的地审批规定

出国旅游目的地国家，由国务院旅游行政部门会同国务院有关部门提出，报国务院批准后，由国务院旅游行政部门公布。任何单位和个人不得组织中国公民到国务院旅游行政部门公布的出国旅游目的地国家以外的国家旅游；组织中国公民到国务院旅游行政部门公布的出国旅游目的地国家以外的国家进行涉及体育活动、文化活动等临时性专项旅游的，须经国务院旅游行政部门批准。

(2) 旅行社经营出国旅游业务的条件

旅行社经营出国旅游业务，应当具备下列条件：取得国际旅行社资格满1年；经营入境旅游业务有突出业绩；经营期间无重大违法行为和重大服务质量问题。

(3) 旅行社经营出国旅游业务的审批程序和原则

申请经营出国旅游业务的旅行社，应当向省、自治区、直辖市旅游行政部门提出申请。省、自治区、直辖市旅游行政部门应当自受理申请之日起30个工作日内，对符合条件的旅行社，经审查同意，报国务院旅游行政部门批准：经审查不同意的，应当书面通知申请人并说明理由。

国务院旅游行政部门批准旅行社经营出国旅游业务，应当符合旅游业发展规划及合理布局的要求。未经国务院旅游行政部门批准取得出国旅游业务经营资格的，任何单位和个人不得擅自经营或者以商务、考察、培训等方式变相经营出国旅游业务。国务院旅游行政部门应当将取得出国旅游业务经营资格的旅行社（以下简称组团社）名单予以公布，并通报国务院有关部门。

国务院旅游行政部门根据上年度全国入境旅游的业绩、出国旅游目的地的增加情况和出国旅游的发展趋势，在每年2月底以前确定本年度组织出国旅游的人数安排总量，并下达省、自治区、直辖市旅游行政部门。省、自治区、直辖市旅游行政部门根据本行政区域内各组团社上年度经营入境旅游的业绩、经营能力、服务质量，按照公平、公正、公开的原则，在每年3月底以前核定各组团社本年度组织出国旅游的人数安排。国务院旅游行政部门应对省、自治区、直辖市旅游行政部门核定组团社年度出国旅游人数安排及组团社公民出国旅游的情况进行监督。

(4) 旅游行政管理部门暂停或取消出国旅游业务经营资格的规定

组团社有下列情形之一的，旅游行政管理部门可以暂停其经营出国旅游业务；情节严重的，取消其出国旅游业务经营资格：

①入境旅游业绩下降的；

②因自身原因，在1年内未能正常开展出国旅游业务的；

③因出国旅游服务质量问题被投诉并经查实的；

④有逃汇、非法套汇行为的；

⑤以旅游名义弄虚作假，骗取护照、签证等出入境证件或者送他人出境的；

⑥国务院旅游行政部门认定的影响中国公民出国旅游秩序的其他行为。

10.1.2　中国旅游者出入境的有效证件及申请的办理

1) 中国旅游者出入境的有效证件

(1) 护照

中国公民出境旅游应申请办理普通护照。按照法律规定，申请应向户口所在地的市、县公安机关出入境管理部门提出，回答有关询问，履行下列手续：交验户口簿和其他户籍证明；提交出境申请表；提交所在单位对申请人出境的意见；提交旅游所需外汇的证明。办理探亲旅游，还应提交亲友邀请证明、亲友生活保证书，并出示公安机关出具的与亲属关系说明。公安机关发给护照时，还附发出境卡。护照由持证人保存、使用；不得毁损、涂改，严防遗失。遗失护照，应报告主管部门，在登报声明或挂失声明后申请补发。护照有效期5年，可申请延长；申请应在有效期满前提出；因情况变化，需变更护照或加注的，应提出申请，携带加注事项证明或说明材料到指定机关办理。

（2）旅行证

旅行证是中国旅游者出入境的主要证件，由中国驻外的外交代表机关、领事机关或外交部授权的其他驻外机关颁发。旅行证分为一年一次有效和两年多次有效两种，由持证人保存、使用。需变更或加注旅行证的记载事项，应提供变更材料、加注事项的证明或说明材料向颁证机关提出申请。

（3）出入境通行证

出入境通行证是一个国家颁发给不便或不必颁发护照的人前往特定区域，证明其身份的证件，与护照具有同等效力。我国出入境通行证有往来港澳通行证、台湾居民来往大陆通行证、大陆居民往来台湾通行证、港澳同胞来往内地通行证等种类，主要作为往来港澳台的区域性证件。出入中国边境的通行证件，由省级公安厅（局）及其授权的公安机关签发。证件在有效期内一次或多次出入境有效。

（4）签证

中国公民凭护照或其他有效证件出入境，无须办理签证。但若作为允许旅游者前往一个国家或中途经过或停留的证件，中国旅游者在经批准出境获得护照和出境登记卡后，应申办欲前往国的签证或入境许可证。按国际惯例，一般按护照种类发给相应签证，但也可发给高于或低于护照种类的签证。出国旅游应向驻华使、领馆办理签证申请；没有使、领馆，也没有其他使馆代办业务的，则需到办理该国签证机关的国家办理。出国旅游要提前办理签证；办好签证要特别注意有效期和停留期；需延长的，应向有关单位办理申请延长手续。

护照以及出入境证件持有人出现下列情形之一的，原发证机关或上级机关予以吊销和宣布作废：持证人因非法进入前往国或者非法居留被送回国内的；持护照、证件招摇撞骗的；从事危害国家安全、荣誉和利益活动的。若违反法律规定，持证人还将受到收缴证件、警告、拘留的处罚；情节严重的，追究刑事责任。

以案说法 10-1 私自涂改验讫章，留学生回国被罚

2011年11月，中国籍留学生王某从德国乘飞机返回北京，边检民警在查验其所持护照时，发现其中一对出入境验讫章有明显的涂改痕迹。王某承认，这是为了向其父母隐瞒他1月份私自回国见女友的经历，才涂改了验讫章。但他并不知道，这种行为已违反了我国出入境相关法律规定。边检部门依法对其作出收缴证件和罚款的处罚。近年来，北京边检总站查获了多起中国留学生涂改边检出入境验讫章日期的非法入境案件。

案例分析：

护照是重要的出入境证件，护照内的任何信息都不能涂改或损坏。出境入境人员所持护照中，只要有一项是伪造或者变造的，即被视为持用伪造的出境入境证件。情节严重的，将处以罚款或拘留。学生在留学期间，应严格遵守中国和留学所在国的法律、法规。

资料来源 佚名．私自涂改验讫章，留学生回国被罚［EB/OL］．（2011-12-03）［2014-01-07］．http：//news. carnoc. com/list/207/207062. html.

2）中国公民出入境申请的办理

中国公民因私出境，向户口所在地的市、县公安机关提出申请；中国公民因公务出境，由派遣部门向外交部或外交部授权的地方外事部门申请办理出境证件；海员因执行任务出境，由港务监督局或者港务监督局授权的港务监督办理出境证件。

定居国外的中国公民中短期回国探亲、访友、投资、经商、旅游的凭有效护照、旅行证或者其他有效证件入境。定居国外的中国公民要求回国定居的，应当在入境前向中华人民共和国驻外使馆、领馆或者外交部委托的其他驻外机构提出申请，也可以由本人或者经由国内亲属向拟定居地的县级以上地方人民政府侨务部门提出申请。入境定居或者工作的中国公民，入境后应按照户籍管理规定，办理常住户口登记；入境暂住的，应按照户口管理规定办理暂住登记。

因公出境的中国公民使用的护照由外交部或外交部授权的地方外事部门颁发；因私出境的中国公民使用的护照由公安部或公安部授权的地方公安机关颁发；海员证由港务监督局或港务监督局授权的港务监督颁发。中国公民在国外申请护照、证件，由中国驻外国的外交代表机关、领事机关或外交部授权的其他驻外机关颁发。公安部、外交部、港务监督局和原发证机关各自对其发出的或者其授权的机关发出的护照和证件有权吊销或宣布作废。

10.1.3 中国旅游者出入境的权利义务及其限制

1）中国旅游者出入境的权利义务

中国旅游者出入境的合法权益受中国法律保护，同时也受前往国法律的保护。当今世界上许多国家为发展旅游业，对旅游者在旅游活动中最关心的安全、服务质量、发生意外事故得到法律保障等问题通过立法建立相应法律制度，签订双边和多边协定规定外国旅游者应受到与本国国民同等的法律保护，并给予若干优惠，中国旅游者理应得到相关外国法律的保护。

中国旅游者持护照出入境无须办理签证；公安机关对于中国旅游者出境申请应在规定时间内答复；申请人有权查询规定时间没有审批结果的原因，受理部门应作出答复；申请人认为不批准出境不符合法律规定，可向上一级公安机关申诉，受理机关应作出处理和答复；旅游者本人保存、使用其护照，非经法定事由和特定机关，不受吊销、收缴和扣押；旅游者有权按规定缴纳有关费用。

中国公民出国旅游应申办有效证件及出境登记卡，并妥善保管护照等证件；在指定口岸或对外开放的口岸出入境，应向边检站出示中国护照或其他有效证件，填写出入境登记卡，接受各项检查，遵守中国及前往国国家法律，不得有危害祖国安全、荣誉和利益的行为。

2）中国旅游者出境限制

《出境入境管理法》第十二条规定，中国公民有下列情形之一的不准出境：

①未持有效出境入境证件或者拒绝、逃避接受边防检查的；

②被判处刑罚尚未执行完毕或者属于刑事案件被告人、犯罪嫌疑人的；

③有未了结的民事案件，人民法院决定不准出境的；

④因妨害国（边）境管理受到刑事处罚或者因非法出境、非法居留、非法就业被其他国家或者地区遣返，未满不准出境规定年限的；

⑤可能危害国家安全和利益，国务院有关主管部门决定不准出境的；

⑥法律、行政法规规定不准出境的其他情形。

3）法律责任

中国公民违反《出境入境管理法》，有下列行为之一的，处1 000元以上5 000元以下罚款；情节严重的，处5日以上10日以下拘留，可以并处2 000元以上1万元以下罚款：

①持用伪造、变造、骗取的出境入境证件出境入境的；

②冒用他人出境入境证件出境入境的；

③逃避出境入境边防检查的；

④以其他方式非法出境入境的。

10.1.4 边境旅游

边境旅游是出国旅游的一部分，指经批准和指定的旅游部门组织和接待本国公民及毗邻国家的公民，在双方政府商定的边境地区进行的旅游活动。其特点是：由特定部门组织；接待对象主要是两个邻近国家的公民；通常有双边协议，并在规定区域内进行；时间较短，不需要具备亲友提供的担保。

边境地区开办边境旅游业务，必须具备规定的条件：

①经国务院批准对外国人开放的边境市县；

②有国家正式批准对外开放的国家一、二类口岸，口岸联检设施基本齐全；

③有旅游行政管理部门批准可接待外国旅游者的旅行社；

④具备就近办理参游人员出、入境证件的条件；

⑤具备交通条件和接待设施；

⑥同对方国家边境地区旅游部门签订了意向性协议，做好可行性研究，拟订好实施方案，省、自治区旅游局征求外事、公安、海关等有关部门的意见，并报省、自治区人民政府审核后，由省、自治区人民政府转国家旅游局审批。

双方参游人员应持用本国有效护照或代替护照的有效国际旅游证件，或两国中央政府协议规定的有效证件。严禁公费参游，不准异地申办出境证件，严禁滞留不归或从事非法移民活动，严禁携带违禁物品出入境。旅游团成员如在境外滞留，有关承办旅行社须及时报告边防检查部门和颁发出境证件的公安机关，并承担有关遣返费用。

以案说法 10-2 误解签证有效期，法国旅客被遣返

2011年11月，一位法国旅客持有已经使用过一次的“一次有效”中国签证入境，被边检民警告知签证无效。经了解，该旅客因签证上标注“有效期至2011年12月25日”字样，就误以为只要在该日期之前就可以入境。边检民警向其解释：此中国签证的签发期为2011年9月25日，有效期至2011年12月25日，入境次数为“一次有效”，是指旅客在2011年9月25日至12月25日之间，可以一次入境中国。因其已经在2011年10月使用此签证入境中国一次，所以此签证是无效签证。无奈之下，该旅客只能乘机回国。

案例分析：

中国签证上写有签证次数，分为“一次有效”、“两次有效”和“多次有效”，同时还写有“签证签发日期”和“签证有效期至”字样。“一次有效”签证表示，在签发期和有效期之间，旅客可以持该签证一次入境中国，使用一次后，即为无效签证。如果想再次入境中国，需重新向中国驻当地使、领馆申请签证。

资料来源 佚名．误解签证有效期，法国旅客被遣返［EB/OL］．（2011-12-03）［2014-01-07］．http：//news. carnoc. com/list/207/207062. html.

10.2 外国旅游者出入境管理制度

10.2.1 外国旅游者出入境管理概述

自20世纪80年代以来，我国入境旅游一直持续快速增长。为了保护外国人包括外国旅游者在华的合法权益，确保国家主权和安全，我国制定了关于外国人出入境管理的一系列法律、法规，主要有1985年11月22日由第六届全国人民代表大会常务委员会第十三次会议通过并发布的《中华人民共和国外国人入境出境管理法》，该法对外国人入境、出境、居留和旅行等作出了具体规定。为了贯彻这部法律，公安部和外交部于1986年12月27日制定公布了《外国人入境出境管理法实施细则》。自2003年7月1日起，原《中华人民共和国外国人出入境管理法》废止，统一适用2012年第十一届全国人大常委会通过的《中华人民共和国出境入境管理法》。2013年5月，《中华人民共和国外国人入境出境管理条例》亦公开向社会征求意见。与中国公民出入境管理相同，其他适用的相关法律、法规还有《中华人民共和国海关法》、《中华人民共和国出入境边防检查条例》。

10.2.2 外国人入出境管理机关及其职责

中国政府在国外受理外国人入境、过境申请的机关，是中国的外交代表机关、领事机关和外交部授权的其他驻外机构。在国内受理外国人入境、过境、居留、旅行申请的机关，是公安部、公安部授权的地方公安机关和外交部、外交部授权的地方外事部门。受理外国人入境、过境、居留、旅行的机关有权拒发签证、证件；对已发出的签证、证件，有权吊销或者宣布作废。公安部或外交部在必要时，可以改变各自授权的机关作出的决定。对非法入境、非法居留的外国人，县级以上公安机关可以拘留审查、监视居住或者遣返出境。县级以上公安机关外事民警在执行任务时，有权查验外国人的护照和其他证件。外事民警查验时，应当出示自己的工作证件，有关组织或者个人有协助的责任。

10.2.3 外国旅游者入境有效证件

1）护照

护照是主权国家发给本国公民出入境和在国外旅行、居留的证件，以证明其国籍、身份及出国目的。护照载有“请各国军政机关对持照人予以通行的便利和必要的协助”字样，由公民所在国的外交或公安机关颁发。除外交护照外，还有公务护照、普通护照两种，各国视情况颁发。凡出入中国边境的外国旅游者应持有效护照，以便中国有关当局查验。

2）签证

一国外交、领事、公安机关或由上述机关授权的其他机关，根据外国人要求入境的申请，依照有关规定在其所持证件（护照等）上签注、盖印，表示准其出入本国国境或过境的手续。签证手续，实际上是一国实施有条件准许入境的措施。根据证件持有人是否享有外交特权和礼遇，分别给予外交、礼遇、公务或者普通签证；根据需要次数和时间限制，分为长期、短期签证，一般是一次出入境有效。有些国家为加强友好交往，在互惠原则的基础上，互免签证手续；也有许多双边条约，规定互免签证手续。旅游者办理护照后，应申请所去国和中途经过或停留国家在其有效证件上签证。

《中华人民共和国外国人入境出境管理条例》规定，根据外国人申请入境的事由，我国普通签证主要分为十二种类别，并以汉语拼音字母表示类别，以阿拉伯数字 1 表示长期、2 表示短期：

①C 字签证，发给入境从事跨境运输活动的外国航空器机组人员、列车乘务员、汽车驾驶员、船舶船员及随行的船员家属。

②D 字签证，发给来中国永久居留的人员。

③F 字签证，发给入境从事科学、教育、文化、卫生、体育等非商业性交流、访问活动的人员。

④G 字签证，发给经中国过境的人员。

⑤J1 字签证，发给境外常驻中国新闻机构的外国常驻记者；J2 字签证，发给来中国进行短期采访报道的外国记者。

⑥L 字签证，发给入境旅游观光的人员，以团体形式入境旅游的，可以签发团体 L 字签证。

⑦M 字签证，发给入境进行商业、贸易活动的人员。

⑧Q1 字签证，发给因家庭团聚申请入境居留的中国公民、具有永久居留资格的外国人的家庭成员，以及因寄养等原因需要在中国境内居留的人员；Q2 字签证，发给申请入境短期探望居住在中国境内的中国公民、具有永久居留资格的外国人的人员。

⑨R1 字签证，发给需要在中国境内居留的外国高层次人才和急需紧缺专门人才；R2 字签证，发给需要在中国境内停留的外国高层次人才和急需紧缺专门人才。

⑩S 字签证，发给入境处理婚姻、继承、收养等私人事务或者接受医疗服务的人员。

⑪X1 字签证，发给申请在中国境内的教育、培训机构长期学习的人员；X2 字签证，发给申请在中国境内的教育、培训机构短期学习的人员。

⑫Z1 字签证，发给申请在中国境内工作超过 90 天的人员；Z2 字签证，发给申请在中国境内工作不超过 90 天的人员。

J1 字、R1 字、R2 字、X1 字、Z1 字签证申请人的配偶、父母、未满 18 周岁的子女、配偶的父母可申请依附签证，以在主申请人签证类别字母后加注“-Y”形式表示。

旅游者申请签证，须口头答复被询问的有关情况，并履行相关手续；提供有效证件；填写签证申请表；交近期 2 寸半身正面免冠照片；交验中国旅游部门的接待证明（签证通知）；向法律规定的部门申请 L 字签证（L 字签证是发给来中国旅游观光的人员，其中 9 人以上来中国旅游的，发给团体旅游 L 字签证）。国家旅游局、省级旅游局及特定的旅行社，依法行使到我国境内旅游的签证通知权。中国政府驻外使、领馆和外交部授权的其他驻外机关、公安部及其授权的其他机关、外交部及其授权的其他机关是办理签证事宜的部门。经授权的地方公安机关作为口岸签证机关，按法律规定的事宜，对在外事、旅游活动中确需来华而来不及在中国驻外机关申办签证的外国人办理签证的，申办人一下飞机即可办理签证，这种方式俗称“落地签证”。

我国采取三种签证制度：通常情况下采取一次签证一次有效的方法，还有多次签证和免除签证。签证有一定格式的内容，包括签证有效期、有效次数、停留期、入出境口岸、偕行人员等。外国旅游者应在签证有效期内，按照指定的入境口岸、交通工具和线路通行，非经许可，中途不得停留。

旅游者领取签证、证件后，需要申请变更或延期，诸如有效期延长、增加偕行人员、增加不对外国人开放地点，法律是许可的，但应向证件发放机关申办，并办理下列手续：交验护照和签证、旅行证等证件；填写变更或延期申请表，并提供与延期或变更有关的证明；缴纳规定的费用。

3）旅行证

持有效证件的旅游者，可以前往我国规定对外开放的地区旅游，根据有关规定，此类地区称为甲类地区；已对外开放、控制开放的新增加开放地区为乙类地区；只准许去考察、进行技术交流、现场施工等公务活动的一般性对外开放地区为丙类地区；不对外国人开放的地区为丁类地区。外国人前往不对外国人开放的地区旅行，必须向当地公安机关申请旅行证件，由旅游者临时居留地或工作地的市、县公安局办理。申请人应交验护照或居留证件，提供旅行事由的有关证明，填写旅行申请表。外国人旅行证有效期最长为1年。如需延长有效期、增加不对外国人开放的地点、增加偕行人数，必须向公安局申请延期或变更。

我国法律规定对不办理外国人旅行证、未经批准前往不对外国人开放地的外国人，责令立即离开；情节严重的，处5日以上10日以下拘留。旅行社还可接受外国旅游者、华侨、港澳台同胞、外国华人的委托，代办中国入境、过境、居留、旅行等签证，代向海关办理申报、检验手续。

10.2.4 外国人在中国停留、居留与住宿所需证件

1）停留

外国人所持签证注明的停留期限不超过180日的，持证人凭护照和签证并按照签证注明的停留期限在中国境内停留。持C字、G字、L字、Z2字签证入境的外国人，因人道、不可抗力原因需要在签证停留期限届满后继续停留的，可以向停留地县级以上地方人民政府公安机关出入境管理机构申请延长停留期限。需要延长签证停留期限的，应当在签证注明的停留期限届满7日前向停留地县级以上地方人民政府公安机关出入境管理机构申请，按照要求提交申请事由的相关材料。经审查，延期理由合理、充分的，准予延长停留期限；不予延长停留期限的，应当按期离境。延长签证停留期限，累计不得超过签证原注明的停留期限。

2）居留

外国人在中国居留，必须持有中国政府主管机关签发的居留证件。居留证件的有效期

限，根据入境的事由确定。外国人居留证件，发给在中国居留180天以上的人员。对中国经济社会发展作出突出贡献或者符合其他在中国境内永久居留条件的外国人，经本人申请和公安部批准，取得永久居留资格。取得永久居留资格的外国人，凭永久居留证件在中国境内居留和工作，凭本人的护照和永久居留证件出境入境。因政治原因要求在中国政治避难的外国人，经中国政府主管机关批准，准许在中国居留。

根据外国人所持居留类签证类别、居留事由，居留证件分为以下类别，并以相应汉字进行标识：

①人才类居留证件，发给在中国境内居留的高层次人才和急需紧缺专门人才；

②工作类居留证件，发给在中国境内工作90日以上的人员；

③学习类居留证件，发给在中国境内学习180日以上的人员；

④记者类居留证件，发给在中国境内常驻的记者；

⑤团聚类居留证件，发给因家庭团聚需要在中国境内居留的中国公民、具有永久居留资格的外国人的家庭成员，以及因寄养等原因需要在中国境内居留的人员；

⑥依附类居留证件，发给在中国境内居留的外国人的配偶、父母、未满18周岁的子女和配偶的父母；

⑦其他类居留证件，发给因人道等原因需要在中国境内居留的人员。

外国人工作类居留证件的有效期最短为90日，最长为5年。非工作类居留证件的有效期最短为180日，最长为5年。

对不遵守中国法律的外国人，中国政府主管机关可以缩短其在中国停留的期限或者取消其在中国停留的资格。

3）住宿

外国人在中国境内旅馆住宿的，旅馆应当按照旅馆业治安管理的有关规定为其办理住宿登记，并向所在地公安机关报送外国人住宿登记信息。

外国人在旅馆以外的其他住所居住或者住宿的，应当在入住后24小时内由本人或者留宿人，向居住地的公安机关办理登记。

根据维护国家安全、公共安全的需要，公安机关、国家安全机关可以限制外国人、外国机构在某些地区设立居住或者办公场所；对已经设立的，可以限期迁离。

以案说法10-3 不明签证使用范围，外籍丈夫国门受阻

2011年10月，原籍为中国广东的谢女士，在其丹麦丈夫的陪伴下回国探亲、旅游，二人经香港从深圳入境，并在口岸签证机关为其丈夫办理了深圳特区旅游签证。根据我国出入境管理的相关法律规定，持用经济特区旅游签证的外国人，在签证规定停留期内，不得离开经济特区。由于对我国出入境法律、法规不了解，夫妻二人又一同来到北京旅游，超出了签证许可范围。当二人来到首都机场准备乘飞机回国时，被北京边检警方依法阻止出境。

案例分析：

经济特区签证是发放给从深圳或珠海入境旅游的外国人的专用签证，其持用人只能在规定特区范围内活动，并从该特区口岸出入境。如确有特殊情况需要离开特区，需向当地公安出入境管理部门申请加签，否则将会受到处罚。

资料来源　佚名．不明签证使用范围，外籍丈夫国门受阻［EB/OL］．（2011-12-03）［2014-01-07］. http：//news. carnoc. com/list/207/207062. html.

10.3　中国出入境边防检查制度

10.3.1　出入境边防检查管理概述

为维护中国主权、安全和社会秩序，便利一切离开、进入或者通过中国国（边）境的中国籍、外国籍和无国籍人和交通运输工具通行，我国早在 1952 年 7 月 29 日就经由中央人民政府政务院批准实施了《出入国境治安检查暂行条例》，1965 年 4 月 30 日国务院发布了《边防检查条例》。1995 年 9 月 1 日起我国开始施行《中华人民共和国出境入境边防检查条例》，前两个法规同时废止。

我国在对外开放的港口、航空港、车站和边境通道等口岸设立了出境、入境边防检查站，其工作由公安部主管。边防检查站的职责是：对出入境人员及其行李物品、交通运输工具及其载运的货物实施边防检查；按国家有关规定对出入境的交通运输工具进行监护；对口岸的限定区域进行警戒，维护出入境秩序；执行主管机关赋予的其他法律、行政法规规定的任务。边防检查人员必须依法执行公务；任何组织和个人不得妨碍边防检查人员依法执行公务。出入境人员和交通工具，必须经对外开放的口岸或经主管机关特许的地点通行，接受边防检查、监护和管理。

10.3.2　边防检查的主要内容

1）对出入国境人员的检查

出入境人员必须按照规定填写出境、入境登记卡，向边防检查站交验本人的有效护照或者其他出境、入境证件，经查验核准后，方可出入境。边防检查站对有下列情形之一的出入境人员，有权阻止其出入境：

①未持出境、入境证件的；

②持用无效出境、入境证件的；

③持用他人出境、入境证件的；

④持用伪造或者涂改的出境、入境证件的；

⑤拒绝接受边防检查的；

⑥未在限定口岸通行的；

⑦国务院公安部门、国家安全部门通知不准出境、入境的；

⑧法律、行政法规规定不准出境、入境的。

出境、入境人员有下列情形之一的，边防检查站有权限制其活动范围、进行调查或移送有关机关处理：

①有持用他人出境、入境证件嫌疑的；

②有持用伪造或者涂改的出境、入境证件嫌疑的；

③国务院公安部、国家安全部和省级公安机关、国家安全机关通知有犯罪嫌疑的；

④有危害国家安全、利益和社会秩序嫌疑的。

2）对运输工具及人员的检查

出入境的交通运输工具离抵口岸时，必须接受边防检查。对交通运输工具的入境检查，在最先抵达的口岸进行；出境检查，在最后离开的口岸进行。在特殊情况下，经主管机关批准，对交通运输工具的入境、出境检查，也可以在特许的地点进行。

边防检查站对处于下列情形之一的出境、入境交通运输工具，有权进行监护：

①离、抵口岸的火车、外国船舶和中国客船在出境检查后到出境前、入境后到入境检查前和检查期间；

②火车及其他机动车辆在国（边）界线距边防检查站较远的区域内行驶期间；

③外国船舶在中国内河航行期间；

④边防检查站认为有必要进行监护的其他情形。

出入境交通运输工具有下列情形之一的，边防检查站有权推迟或者阻止其出境、入境：

①离抵口岸时，未经边防检查站同意，擅自出境、入境的；

②拒绝接受边防检查、监护的；

③被认为载有危害国家安全、利益和社会秩序的人员或者物品的；

④被认为载有非法出境、入境人员的；

⑤拒不执行边防检查站依法作出的处罚或者处理决定的；

⑥未经批准擅自改变出境、入境口岸的。

3）对行李物品、货物的检查

边防检查站根据维护国家安全和社会秩序的需要，可以对出境、入境人员携带的行李物品和交通运输工具载运的货物进行重点检查。

出境、入境的人员和交通运输工具不得携带、载运法律、行政法规规定的危害国家安全和社会秩序的违禁物品；携带、载运违禁物品的，边防检查站应当扣留违禁物品，对携带人、载运违禁物品的交通运输工具负责人依照有关法律、行政法规的规定处理。

任何人不得非法携带属于国家秘密的文件、资料和其他物品出境；非法携带属于国家秘密的文件、资料和其他物品的，边防检查站应当予以收缴，对携带人依照有关法律、行政法规规定处理。

出境、入境的人员携带或者托运枪支、弹药，必须遵守有关法律、行政法规的规定，向边防检查站办理携带或者托运手续；未经许可，不得携带、托运枪支、弹药出境、入境。

10.4 中国出入境卫生检疫制度

10.4.1 卫生检疫制度概述

近年来，随着我国社会经济文化的快速健康发展和对外开放的进一步扩大，出入境旅游者逐年增多。为防止传染病由国外传入或由国内传出，保护人体健康，各国都制定了国境卫生检疫法。新中国成立以来，我国关于卫生检疫法律、法规的制定也在逐步完善。

法规速递 10-1

我国卫生检疫、动植物检疫法律、法规制定概况见表 10-1。

表 10-1 我国卫生检疫、动植物检疫法律、法规制定概况

《中华人民共和国国境卫生检疫条例》	1957 年
《中华人民共和国国境口岸传染病监测试行办法》	1980 年
《中华人民共和国国境口岸卫生监督办法》	1982 年
《中华人民共和国进出口动植物检疫条例》	1983 年
《中华人民共和国进出口动物及其产品检疫收费办法》 《中华人民共和国卫生检疫法》(以下简称《检疫法》)	1986 年

《检疫法》第二条规定:“在中华人民共和国国籍通航的港口、机场以及陆地边境和国界江河的口岸(以下简称国境口岸),设立国境卫生检疫机关,依照本法规定实施传染病检疫、检测和卫生监督。”这里所说的传染病,是指检疫传染病和监测传染病。检疫传染病,是指鼠疫、霍乱、黄热病以及国务院确定和公布的其他传染病;监测传染病,由国务院卫生行政部门确定和公布。

凡入境、出境的人员、交通工具、运输设备以及可能传染检疫传染病的行李、货物、邮包等物品,都应当接受检疫,经国境卫生检疫机关许可,方准入境或者出境。此外,在国外或者国内有检疫传染病流行的时候,国务院可以下令封锁有关的国境或者采取其他紧急措施。

10.4.2 卫生检疫制度的主要内容

1)检疫地点

入境的交通工具和人员,必须在最先到达的国境口岸的指定地点接受检疫。除引航员外,未经国境卫生检疫机关许可,任何人不准下交通工具,不准装卸行李、货物、邮包等物品。出境的交通工具和人员,必须在最后离开的国境口岸接受检疫。

2)人员的检疫

在国境口岸发现检疫传染病、疑似检疫传染病,或者有人非因意外伤害而死亡并死因不明的,国境口岸有关单位和交通工具的负责人,应当立即向国境卫生检疫机关报告,并申请临时检疫。

国境卫生检疫机关依据检疫医师的检疫结果,对未染有检疫传染病或者已实施卫生处理的交通工具,签发入境检疫证或者出境检疫证。

国境卫生检疫机关必须立即将检疫传染病染疫人隔离,隔离期限根据医学检查结果确定;对检疫传染病染疫嫌疑人,应当将其留验,留验期限根据该传染病潜伏期确定。因患检疫传染病而死亡的尸体,必须就近火化。

3)物品的检疫

①接受入境检疫的交通工具有下列情形之一的,应当实施消毒、灭鼠、除虫或经其他卫生处理:来自检疫传染病疫区的;被检疫传染病污染的;发现有与人类健康有关的啮齿动物或者病媒昆虫的。

②国境卫生检疫机关对来自疫区的、被检疫传染病污染的或者可能成为检疫传染病传播媒介的行李、货物、邮包等物品，应当进行卫生检查，实施消毒、灭鼠、除虫或经其他卫生处理。

③入境、出境的尸体、骸骨的托运人或者其他代理人，必须向国境卫生检疫机关申报，经卫生检查合格后发给入境、出境许可证，方可运进或者运出。

4）传染病的监测

①国境卫生检疫机关对入境、出境的人员及物品实施传染病监测，并采取必要的预防、控制措施。

②国境卫生检疫机关有权要求入境、出境的人员填写健康申明卡，并出示某种传染病的预防接种证书、健康证明或者其他有关证件。

③对患有监测传染病的人、来自国外监测传染病流行区的人或者与监测传染病人密切接触的人，国境卫生检疫机关应当区别情况，发给就诊方便卡，实施留验或者采取其他预防、控制措施，并及时通知当地卫生行政部门。各地医疗单位对持有就诊方便卡的人员，应当优先诊治。

10.4.3 卫生监督

根据《检疫法》规定，国境卫生检疫机关根据国家规定的卫生标准，对国境口岸卫生情况和停留在国境口岸的入、出境交通工具的卫生状况实施卫生监督：

①监督和指导有关人员对动物、病媒昆虫的检查和防除；

②检查和检验仪器、饮用水及其储存、供应、运输设施；

③监督从事食品、饮用水供应从业人员的健康状况，检查其健康证明书；

④监督和检查垃圾、废物、污水、粪便、压舱水的处理。

国境卫生检疫机关设立国境口岸卫生监督员，执行国境卫生检疫机关交给的任务。国境口岸卫生检疫员在执行任务时，有权对国境口岸和入、出境的交通工具进行卫生监督和技术指导，对卫生状况不良和可能引起传染病传播的因素提出改进意见，协同有关部门采取必要措施，进行卫生处理。

10.4.4 对出入境动植物的检疫

1）出入境动植物的检疫制度

检疫制度是国家制定的出入境动植物检疫的法律规范，主要包括：检疫审批制度、检疫报检制度、现场检疫制度、隔离检疫制度、调离检疫制度、检疫放行制度、废弃物处理制度、检疫监督制度、检疫收费制度。检疫措施是法律规定的强制性的行政措施，是为了农业生产安全和外贸信誉的需要而规定的手段和办法，有关单位和个人必须遵守和执行。《中华人民共和国进出境动植物检疫法》规定了多项检疫措施，如禁止入境措施、检疫处理措施、防疫消毒措施和紧急预防措施。1983 年，我国制定了《中华人民共和国进出口动物及其产品检疫收费办法》等。

2）入境动物的检疫程序

①接受报验和准备工作：查验入境动物检疫审批单、检疫证书、贸易合同、发票等单证，根据手续是否完备，确定是否接受报验。根据我国有关检疫规定、双边检疫卫生条件以及合同要求，制订检疫计划和工作方案，做好检疫前准备工作。

②现场检疫：输入的动物运达口岸时，检疫人员实施登机（车、船）检疫，查看有关单证，核对货证是否相符，观察动物健康状况，对运输工具、铺垫物、粪便及污染场地、物品进行消毒。

③隔离检疫：隔离期间每天观察动物健康状况，做好记录，监督日常防疫消毒，采样送样。

④实验室检验：各检验项目严格按有关操作规程进行操作。

⑤检疫出证和处理：根据现场检疫、隔离检疫和实验室检验的结果进行综合评定，得出正确的检疫结果。经检疫未发现应检疫病的，签发检疫放行通知单；发现应检疫病的，出具动物检疫证书，同时签发检疫处理通知单。对隔离场的动物、车辆、用具、场地、剩下的饲料作防疫消毒。

⑥总结归档工作：检疫工作完毕后，检疫人员应整理本批次检疫、检验过程中所有检验资料，撰写工作总结，将有关单证、资料归档。

对于检验不合格的动物产品海关应予以扣留，并就地销毁。

3）出境动植物检疫有效期

出境动植物检疫有效期是动植物检疫证书上注明的检疫日期至检疫物出境日期。动物检疫有效期为7天，动物产品检疫有效期为14天，植物产品检疫有效期为21天，辽宁、吉林、黑龙江、内蒙古、新疆五省区在冬季（11月1日至翌年2月底）检疫的，检疫有效期可适当延长，但最长不能超过35天。输入国家或者地区对动植物检疫证书签发日期的有效期限有特别规定的，按该国或地区的规定执行。

4）出境动物的检疫程序

出境动物的检疫程序为：报检、产地检疫、启运地和出境口岸检疫、出证、出境家畜的离境和押运。

（1）报检

当货主或者其代理人输出动物时，应提前向国家出入境检验检疫局或口岸出入境检验检疫机构申报，由国家出入境检验检疫局根据输入国的检疫要求确认，然后货主与输入国签约。货主或其代理人于动物出境前60天向出境口岸出入境检验检疫机构报检。

（2）产地检疫

出境动物检疫需要产地检疫的，可由动物所在地出入境检验检疫机构根据检疫条款检疫，符合检疫要求的出具产地检疫证书。必要时，离境口岸出入境检验检疫机构可派检疫人员到产地进行疫情调查。

（3）口岸检疫

产地检疫合格的动物，需要进行隔离检疫的，货主或其代理人须提供临时隔离检疫场，经口岸出入境检验检疫机构检查、批准签发出入境动物临时隔离场许可证后隔离待出境的动物。隔离检疫期间，由出境口岸出入境检验检疫机构派驻检疫人员负责驻场检疫的各项工作。其实验室的检疫工作与入境实验室检验工作相同。经检疫合格的动物，签发动物检疫证书。

（4）离境和押运

装运动物出境的运输工具、装运场地必须经口岸出入境检验检疫机构消毒处理。必要时，口岸出入境检验检疫机构派员随押运人员一起了解运输途中的有关情况。

以案说法 10-4 入境游客理应受检，带虫水果依法销毁

某外国游客携带一篓柑橘在进入我国时，海关按规定进行检疫，不允许携带柑橘入境。这名外国游客认为柑橘是自己及朋友食用的，海关不应予以扣留。而后，当地口岸动植物检疫站对之进行了例行检疫，发现柑橘中有世界性检疫害虫地中海果蝇，便通知这名外国游客，将柑橘就地销毁。

案例分析：

根据有关动植物检疫的法律，在我国边境口岸设立的口岸动植物检疫站，代表国家对入出境的动物、动物产品、植物、植物产品及运载动植物的交通工具等执行检疫检查。中外游客都应主动接受动植物检疫，并按有关规定入出境。本案例中，某外国游客的柑橘带有的地中海果蝇属世界性检疫害虫，能够危害几乎所有水果及部分蔬菜品种，一旦进入我国，将给农业、果业带来损失。根据我国政府对外国旅游者进行动植物检疫制度，海关及动植物检疫机构的做法是符合法律规定的，而且是非常必要的。

资料来源　袁海洲，史广峰．旅游法规案例精选与解析［M］．北京：中国旅游出版社，2004.

本章小结

本章阐述了外国人入出境管理制度，中国公民出入境管理制度，卫生检疫制度以及边防检查制度等的具体内容。旅游出入境管理法律、法规有关国家的主权、安全和社会秩序，尽管这些法律、法规并不是为旅游业的发展而特别制定的，但旅游行业必须无条件地遵守，特别是对那些经营入境旅游接待、出境旅游组团的国际旅行社来说，尤其具有实际意义。

主要概念

护照　旅行证　出入境通行证　签证　边防检查　卫生检疫制度　动植物检疫

选择题

1. 中国旅游者出入境的有效证件有(　　)。

A. 护照　　B. 旅行证　　C. 出入境通行证　　D. 边检证　　E. 签证

2. 根据《食品卫生法》，食品主要包括(　　)。

A. 原料食品　　B. 治疗性物品　　C. 成品食品　　D. 药物食品

3. 申请经营出国旅游业务的旅行社，应当向省、自治区、直辖市旅游行政部门提出申请。省、自治区、直辖市旅游行政部门应当自受理申请之日起(　　)个工作日内，对符合条件的旅行社，经审查同意，报国务院旅游行政部门批准；经审查不同意的，应当书面通知申请人并说明理由。

A. 30　　B. 60　　C. 90　　D. 120

判断题

1. 旅行社经营出国旅游业务，应当具备下列条件：取得国际旅行社资格满 2 年；经

营入境旅游业务有突出业绩；经营期间无违法行为和服务质量问题。（　　）

2. 我国法律规定对不办理外国人旅行证、未经批准前往不对外国人开放地的外国人，可以处警告或者500元以下罚款；情节严重的，并处限期出境。（　　）

3. 出境、入境的人员携带或者托运枪支、弹药，必须遵守有关法律、行政法规的规定，向边防检查站办理携带或者托运手续；未经许可，不得携带、托运枪支、弹药出境、入境。（　　）

4. 入境的交通工具和人员，必须在最先到达的国境口岸的指定地点接受检疫。除引航员和领队外，未经国境卫生检疫机关许可，任何人不准下交通工具，不准装卸行李、货物、邮包等物品。（　　）

简答题

1. 简述旅行社经营出国旅游业务的条件及审批程序和原则。
2. 如何办理中国公民出入境申请？

案例分析题

境外购物引祸端，相关法律应明白

某公司经理去南非考察旅游，乘坐航班由约翰内斯堡出发经香港转机抵达上海虹桥国际机场。入境时，未向海关申报任何物品，直接选走绿色通道。机场海关在对其行李进行检查时，发现在其随身携带的拉杆行李箱中有象牙1根、象牙手镯3只、象牙印章9枚、白腿大羚羊角2对。上述物品均属珍贵动物制品，被海关当场没收。本案例后被移送至上海海关走私犯罪侦察分局立案侦查。

请问：(1) 该经理的行为违反了哪些规定？应如何处理？

(2) 从本案例中可得到什么警示？

实训题

调查中国公民出入境旅游市场的相关资料，并在课堂上交流讨论。

第 11 章　旅游资源管理法律制度

知识结构图表

- 旅游资源管理法律制度
  - 旅游资源管理概述
    - 旅游资源的概念
    - 旅游资源的法律保护
  - 风景名胜区管理制度
    - 风景名胜区的概念
    - 风景名胜区的等级划分与设立
    - 风景名胜区的规划编制
    - 风景名胜区的保护、利用与管理
    - 风景名胜区旅游资源保护的法律责任
  - 文物保护制度
    - 文物的概念及范围
    - 文物保护机关及文物保护单位
    - 文物所有权
    - 馆藏文物和私人收藏文物管理
    - 文物出入境管理
    - 奖励与处罚
  - 相关旅游资源保护制度
    - 世界遗产的保护
    - 历史文化名城的保护
    - 自然保护区的保护
    - 环境的保护
  - 旅游区（点）质量等级评定
    - 旅游区（点）的含义
    - 评定的标准和范围
    - 质量等级与评定依据
    - 评定的组织和权限
    - 评定的程序

学习目标

通过本章学习，了解旅游资源的概念和我国对旅游资源保护的法律制度，重点掌握风景名胜区的设立、文物保护的范围、旅游区（点）质量等级的划分与评定。

案例导入

电影《无极》剧组在云南香格里拉碧沽天池拍摄，对当地自然景观造成破坏的情况，建设部督促云南有关方面进行了调查。具体负责调查的云南省迪庆藏族自治州行政监察局最终出具的调查结果表明：为拍摄《无极》，摄制组在碧沽天池修建了长约 100 米、宽约 4 米的砂石路面和长约 20 米的铺有木条道路，搭建了“海棠精舍”临时建筑物。

对《无极》剧组未履行相关的法定手续，在三江并流国家重点风景名胜区千湖山碧沽天池景区投资施工的行为，云南省建设厅上报给建设部的关于《无极》剧组影视拍摄破坏香格里拉生态环境处理意见的报告中称应给予通报批评，并责成当地有关部门，将《无极》剧组修建的简易栈道和搭建的拍摄道具台全部拆除，恢复自然生态环境。

迪庆藏族自治州、香格里拉县建设局作为风景名胜区主管部门，在事件中监管不力，负有不可推卸的责任，云南省建设厅要求其吸取教训，落实建设部《关于严格限制在风景名胜区内进行影视拍摄等活动的通知》要求，制定有效措施，加强对风景名胜资源的保护和管理工作。迪庆藏族自治州、香格里拉县以协议代替行政审批的相关协拍单位责任人被责令写出书面检查，并通报批评。

资料来源　佚名.《无极》剧组被罚 9 万元，香格里拉县分管副县长被免职［EB/OL］.（2006-08-12）［2014-01-07］. http：//society. people. com. cn/GB/1062/4695034. html.

11.1　旅游资源管理概述

11.1.1　旅游资源的概念

对于“旅游资源”一词，学术界有着不同的认识。通常认为旅游资源是指能激发人们的旅游动机，对旅游者产生吸引，能为旅游业所利用，产生经济效益和社会效益的自然景观和人文景观及民俗等。旅游资源可以分为自然旅游资源和人文旅游资源两大类。自然旅游资源，是指自然界中地理环境和生物所构成的吸引人们前往进行旅游活动的自然景观，它包括地貌、天文、气候、动植物等。人文旅游资源，是指反映古今人类政治、经济、文化、艺术和宗教等活动的人文景观和民俗等。

构成旅游资源要具备两个条件：一是对旅游者而言有游览价值，通过开发能够吸引旅游者前来观光旅游，获得精神享受；二是能够为旅游业利用，产生经济效益。

旅游资源具有独特性、地域性和社会性三个特点。独特性，是指自然界的景色丰富多彩，千差万别，人类社会的发展进程错综复杂，千变万化，在自然和社会交织的地球表面，可以看到许多引人入胜的独特景色，如名山、胜水、文化遗产、宗教圣地等。地域性，是指旅游资源具有一定的地域范围，有强烈的地方色彩。自然风光资源的形成是因当地的气候、地貌、水文、动植物相互制约、相互作用所形成的，具有明显的地域性；而人文景观、文化活动、风俗习惯、村镇民宅也有明显的地域差别。社会性，是指在旅游过程中，旅游者可以通过游览、考察、参观等形式陶冶情操、开阔眼界、赏心悦目、获取知识，并得到美的享受和精神乐趣。

旅游资源是构成旅游业的三大要素之一，也是发展旅游业的基础条件。对旅游资源进行科学的管理、开发、利用和保护，可以促进旅游业健康可持续地发展。

11.1.2　旅游资源的法律保护

为了使旅游资源得到有效的开发利用，旅游环境能得到良好的保护，各国政府甚至国际组织针对旅游业对旅游业发展中存在的旅游资源和环境方面的问题采取了种种措施，其中的一项重要措施就是制定关于旅游资源和环境保护方面的法律、法规。

联合国人类环境会议于1972年通过了《保护世界文化和自然遗产公约》，强调保护自然和文化遗产对整个人类的重要性，并从1985年开始分批公布世界遗产名录。1980年，世界旅游组织在《马尼拉宣言》中称："所有旅游资源都是人类文化遗产的构成部分，各国和整个国际社会都必须采取步骤加以保护。"要求各国和整个国际社会在旅游资源保护方面要承担国际义务。此外，经济合作与发展组织（OECD）、欧洲经济共同体（EEC）、世界旅游环境研究中心（WTTERC）、世界旅游理事会（WTTC）等组织在全球范围内也在旅游资源与环境的保护方面起了积极的作用。

中国政府十分重视对旅游资源的保护。早在1950年5月，中央人民政府就颁发了《古迹、珍贵文物、图书及稀有生物保护办法》，在人文旅游资源方面，要求对文物古迹"妥为保护，严禁破坏、损毁及散失"；在自然旅游资源方面，提出"珍贵化石及稀有生物，各地人民政府应妥为保护，严禁任意采捕"。1951年5月，又颁发了《关于地方文物名胜古迹的保护管理办法》，并从中央到地方成立了相应的文物保护机构。1961年3月，国务院根据十几年来文物保护工作的经验，制定了《文物保护管理暂行规定》，共18条，对文物保护管理权限、范围、机构、办法、出口、奖惩等都作了具体的规定。

改革开放以后，1982年1月，第五届人大常委会第25次会议批准了《中华人民共和国文物保护法》（后经过了1991年、2002年、2007年三次修订）。中国政府还积极支持并参加保护世界旅游资源和环境的国际行动，1985年，中国加入联合国《保护世界文化和自然遗产公约》，承担自己应尽的国际义务。同时，国家立法机关和行政机关制定了一系列法律、法规。在风景名胜区管理方面，1985年6月，国务院颁布了《风景名胜区管理暂行条例》（2006年9月6日国务院第149次常务会议通过了《风景名胜区条例》，自2006年12月1日起施行）。在历史文化名城方面，有《国务院批转国家建委等部门关于保护我国历史文化名城规划的请示的通知》、城乡建设环境保护部《关于加强历史文化名城规划工作的通知》等法律、法规。在野生动植物及其自然保护区管理方面，有《中华人民共和国自然保护区条例》、《中华人民共和国野生动物保护法》、《中华人民共和国森林法》等法律、法规。在园林管理方面，有《城市绿化园林管理条例》等法律、法规。在国家旅游度假区及其他旅游景点管理方面，有国务院《关于试办国家旅游度假区有关问题的通知》、国家旅游局《关于新开发旅游景点几项注意事项的通知》等。1999年，国家质量技术监督局发布了《旅游区（点）质量等级的划分与评定》等。除此之外，我国在其他相关法律、法规，如《中华人民共和国环境保护法》、《中华人民共和国水污染防治法》、《中华人民共和国大气污染防治法》等中也有关于旅游资源保护的内容。我国地方立法机构和人民政府也结合具体情况制定了一些地方性保护旅游资源的法规。以上法律、法规和国家标准的颁布、实施，为保护我国旅游资源提供了法律保障。

11.2 风景名胜区管理制度

11.2.1 风景名胜区的概念

1985年6月7日国务院发布了《风景名胜区管理暂行条例》。2006年9月6日国务院第149次常务会议通过《风景名胜区条例》，自2006年12月1日起施行。同时《风景名胜区管理暂行条例》废止。

《风景名胜区条例》第二条规定，风景名胜区是指具有观赏、文化或科学价值，自然景物、人文景物比较集中，环境优美，具有一定规模和范围，可供人们游览、休息或进行科学、文化活动的区域。风景名胜区必须具备三个条件：具有观赏、文化或科学价值，自然景物、人文景物比较集中，可供人们游览、休息或进行科学、文化活动。

国家对风景名胜区实行科学规划、统一管理、严格保护、永续利用的原则。

风景名胜区的管理基本规定是：风景名胜区所在地县级以上地方人民政府设置的风景名胜区管理机构，负责风景名胜区的保护、利用和统一管理工作。国务院建设主管部门负责全国风景名胜区的监督管理工作。国务院其他有关部门按照国务院规定的职责分工，负责风景名胜区的有关监督管理工作。省、自治区人民政府建设主管部门和直辖市人民政府风景名胜区主管部门，负责本行政区域内风景名胜区的监督管理工作。省、自治区、直辖市人民政府其他有关部门按照规定的职责分工，负责风景名胜区的有关监督管理工作。

11.2.2　风景名胜区的等级划分与设立

1）风景名胜区的等级划分

①国家级风景名胜区。自然景观和人文景观能够反映重要自然变化过程和重大历史文化发展过程，基本处于自然状态或者保持历史原貌，具有国家代表性的，可以申请设立国家级风景名胜区。

②省级风景名胜区。具有区域代表性的，可以申请设立省级风景名胜区。

风景名胜区分级的依据主要有两个：

第一，风景名胜区景物的观赏、文化和科学价值是划分风景名胜区等级的依据。通常风景名胜区内都有自然景观和人文景观，只有这些景物比较集中，并且具有很高的观赏、文化和科学价值，才能被评为较高级别的风景名胜区。

第二，风景名胜区的环境质量、规模大小、游览条件是划分风景名胜区等级的又一重要依据。风景名胜区内环境越优美，规模越大，越能提供优越的游览条件，才能被评为较高级别的风景名胜区。

2）风景名胜区的设立

设立风景名胜区，应当有利于保护和合理利用风景名胜资源。新设立的风景名胜区与自然保护区不得重合或者交叉；已设立的风景名胜区与自然保护区重合或者交叉的，风景名胜区规划与自然保护区规划应当相协调。

（1）申请设立风景名胜区应提交的材料

申请设立风景名胜区应当提交包含下列内容的有关材料：

①风景名胜资源的基本状况；

②拟设立风景名胜区的范围以及核心景区的范围；

③拟设立风景名胜区的性质和保护目标；

④拟设立风景名胜区的游览条件；

⑤与拟设立风景名胜区内的土地、森林等自然资源和房屋等财产的所有权人、使用权人协商的内容和结果。

（2）设立风景名胜区的审批机构

设立国家级风景名胜区，由省、自治区、直辖市人民政府提出申请，国务院建设主管部门会同国务院环境保护主管部门、林业主管部门、文物主管部门等有关部门组织论证，提出审查意见，报国务院批准公布。

(3) 风景名胜区的权益保护

风景名胜区内的土地、森林等自然资源和房屋等财产的所有权人、使用权人的合法权益受法律保护。

申请设立风景名胜区的人民政府应当在报请审批前，与风景名胜区内的土地、森林等自然资源和房屋等财产的所有权人、使用权人充分协商。

因设立风景名胜区对风景名胜区内的土地、森林等自然资源和房屋等财产的所有权人、使用权人造成损失的，应当依法给予补偿。

11.2.3 风景名胜区的规划编制

风景名胜区规划是保护培育、开发利用和经营管理风景名胜区，并发挥其多种功能作用的统筹部署和具体安排。经相应的人民政府审查批准后的风景名胜区规划，具有法律权威，必须严格执行。《风景名胜区条例》将风景名胜区规划分为总体规划和详细规划。

1）风景名胜区总体规划

风景名胜区总体规划的编制，应当体现人与自然和谐相处、区域协调发展和经济社会全面进步的要求，坚持保护优先、开发服从保护的原则，突出风景名胜资源的自然特性、文化内涵和地方特色。

风景名胜区总体规划应当包括下列内容：

①风景资源评价；

②生态资源保护措施、重大建设项目布局、开发利用强度；

③风景名胜区的功能结构和空间布局；

④禁止开发和限制开发的范围；

⑤风景名胜区的游客容量；

⑥有关专项规划。

风景名胜区应当自设立之日起 2 年内编制完成总体规划。总体规划的规划期一般为 20 年。风景名胜区总体规划的规划期届满前 2 年，规划的组织编制机关应当组织专家对规划进行评估，作出是否重新编制规划的决定。在新规划批准前，原规划继续有效。

2）风景名胜区详细规划

风景名胜区详细规划，应当符合风景名胜区总体规划。风景名胜区详细规划应当根据核心景区和其他景区的不同要求编制，确定基础设施、旅游设施、文化设施等建设项目的选址、布局与规模，并明确建设用地范围和规划设计条件。

国家级风景名胜区规划由省、自治区人民政府建设主管部门或者直辖市人民政府风景名胜区主管部门组织编制。省级风景名胜区规划由县级人民政府组织编制。

国家级风景名胜区的总体规划，由省、自治区、直辖市人民政府审查后，报国务院审批。国家级风景名胜区的详细规划，由省、自治区人民政府建设主管部门或者直辖市人民政府风景名胜区主管部门报国务院建设主管部门审批。

省级风景名胜区的总体规划，由省、自治区、直辖市人民政府审批，报国务院建设主管部门备案。省级风景名胜区的详细规划，由省、自治区人民政府建设主管部门或者直辖市人民政府风景名胜区主管部门审批。

11.2.4 风景名胜区的保护、利用与管理

1）风景名胜区的保护

风景名胜区内的景观和自然环境，应当根据可持续发展的原则，严格保护，不得破坏或者随意改变。风景名胜区管理机构应当建立健全风景名胜资源保护的各项管理制度。风景名胜区内的居民和游览者应当保护风景名胜区的景物、水体、林草植被、野生动物和各项设施。

①风景名胜区管理机构应当对风景名胜区内的重要景观进行调查、鉴定，并制定相应的保护措施。

②在风景名胜区内禁止进行下列活动：开山、采石、开矿、开荒、修坟立碑等破坏景观、植被和地形地貌的活动；修建储存爆炸性、易燃性、放射性、毒害性、腐蚀性物品的设施；在景物或者设施上刻划、涂污；乱扔垃圾。

③禁止违反风景名胜区规划，在风景名胜区内设立各类开发区和在核心景区内建设宾馆、招待所、培训中心、疗养院以及与风景名胜资源保护无关的其他建筑物；已经建设的，应当按照风景名胜区规划，逐步迁出。

④在国家级风景名胜区内修建缆车、索道等重大建设工程，项目的选址方案应当报国务院建设主管部门核准。

⑤在风景名胜区内进行下列活动，应当经风景名胜区管理机构审核后，依照有关法律、法规的规定报有关主管部门批准：设置、张贴商业广告；举办大型游乐等活动；改变水资源、水环境自然状态的活动；其他影响生态和景观的活动。

⑥风景名胜区内的建设项目应当符合风景名胜区规划，并与景观相协调，不得破坏景观、污染环境、妨碍游览。在风景名胜区内进行建设活动的，建设单位、施工单位应当制订污染防治和水土保持方案，并采取有效措施，保护好周围景物、水体、林草植被、野生动物资源和地形地貌。

⑦国家建立风景名胜区管理信息系统，对风景名胜区规划实施和资源保护情况进行动态监测。

国家级风景名胜区所在地的风景名胜区管理机构应当每年向国务院建设主管部门报送风景名胜区规划实施和土地、森林等自然资源保护的情况；国务院建设主管部门应当将土地、森林等自然资源保护的情况，及时抄送国务院有关部门。

2）风景名胜区的利用与管理

①风景名胜区管理机构应当根据风景名胜区的特点，保护民族民间传统文化，开展健康有益的游览观光和文化娱乐活动，普及历史文化和科学知识。

②风景名胜区管理机构应当根据风景名胜区规划，合理利用风景名胜资源，改善交通、服务设施和游览条件。风景名胜区管理机构应当在风景名胜区内设置风景名胜区标志和路标、安全警示等标牌。

③风景名胜区内宗教活动场所的管理，依照国家有关宗教活动场所管理的规定执行。风景名胜区内涉及自然资源保护、利用、管理和文物保护以及自然保护区管理的，还应当执行国家有关法律、法规的规定。

④国务院建设主管部门应当对国家级风景名胜区的规划实施情况、资源保护状况进行监督检查和评估。对发现的问题，应当及时纠正、处理。

⑤风景名胜区管理机构应当建立健全安全保障制度，加强安全管理，保障游览安全，并督促风景名胜区内的经营单位接受有关部门依据法律、法规进行的监督检查。禁止超过允许容量接纳游客和在没有安全保障的区域开展游览活动。

⑥进入风景名胜区的门票，由风景名胜区管理机构负责出售。门票价格依照有关价格的法律、法规的规定执行。风景名胜区内的交通、服务等项目，应当由风景名胜区管理机构依照有关法律、法规和风景名胜区规划，采用招标等公平竞争的方式确定经营者。风景名胜区管理机构应当与经营者签订合同，依法确定各自的权利义务。经营者应当缴纳风景名胜资源有偿使用费。

⑦风景名胜区的门票收入和风景名胜资源有偿使用费，实行收支两条线管理。风景名胜区的门票收入和风景名胜资源有偿使用费应当专门用于风景名胜资源的保护和管理以及风景名胜区内财产的所有权人、使用权人损失的补偿。具体管理办法，由国务院财政部门、价格主管部门会同国务院建设主管部门等有关部门制定。

⑧风景名胜区管理机构不得从事以营利为目的的经营活动，不得将规划、管理和监督等行政管理职能委托给企业或者个人行使。风景名胜区管理机构的工作人员，不得在风景名胜区内的企业兼职。

行业广角 11-1

介休市绵山风景区是山西省重点名胜风景区，属于太岳山国家森林公园和绵山自然保护区的管辖范围。1998 年，介休市授权民营企业“三佳煤化有限责任公司”（简称“三佳”公司）独资开发绵山景区。在开发过程中，介休市政府和“三佳”公司未经林业主管部门同意，未办理征用林地手续，违法占用国有、集体林地 34.44 公顷。这起事件经新华社曝光后，引起了国家林业局和山西省政府的高度重视，它们对这起案件进行了调查，并作出了处理意见。

2004 年 3 月，介休市政府向山西省政府作出深刻检查；“三佳”公司出资补办了占用林地手续，并补交林地占用费 76 万余元；两年内共植树 71 万株，培育花卉和种植草坪 160 余亩，引进新品种乔灌苗木 61 万株，出资绿化荒山 700 余亩，并在进山公路两侧栽植树木 10 万余株，景区植被基本得到恢复。有关责任人受到了党纪政纪处理。绵山风景开发建设工程部部长王建安受到党内警告处分，绵山风景处管理局局长陈贵龙受到行政记大过处分，原太岳山森林经营局绵山林场场长白启龙受到行政警告处分。

资料来源 王永霞，史先振. 山西省查处绵山景区等 17 起毁林占地案件［EB/OL］.（2004-05-09）［2014-01-08］. http://news.xinhuanet.com/newscenter/2004-05/09/content_1459203.htm.

11.2.5 风景名胜区旅游资源保护的法律责任

有下列行为之一的，由风景名胜区管理机构责令停止违法行为、恢复原状或者限期拆除，没收违法所得，并处 50 万元以上 100 万元以下的罚款：在风景名胜区内进行开山、采石、开矿等破坏景观、植被、地形地貌的活动的；在风景名胜区内修建储存爆炸性、易燃性、放射性、毒害性、腐蚀性物品的设施的；在核心景区内建设宾馆、招待所、培训中心、疗养院以及与风景名胜资源保护无关的其他建筑物的。

县级以上地方人民政府及其有关主管部门批准实施上述行为的，对直接负责的主管人员和其他直接责任人员依法给予降级或者撤职的处分；构成犯罪的，依法追究刑事责任。

在风景名胜区内从事禁止范围以外的建设活动，未经风景名胜区管理机构审核的，由风景名胜区管理机构责令停止建设、限期拆除，对个人处2万元以上5万元以下的罚款，对单位处20万元以上50万元以下的罚款。

个人在风景名胜区内进行开荒、修坟立碑等破坏景观、植被、地形地貌的活动的，由风景名胜区管理机构责令停止违法行为、限期恢复原状或者采取其他补救措施，没收违法所得，并处1 000元以上1万元以下的罚款。

在景物、设施上刻划、涂污或者在风景名胜区内乱扔垃圾的，由风景名胜区管理机构责令恢复原状或者采取其他补救措施，处50元的罚款；刻划、涂污或者以其他方式故意损坏国家保护的文物、名胜古迹的，按照治安管理处罚法的有关规定予以处罚；构成犯罪的，依法追究刑事责任。

未经风景名胜区管理机构审核，在风景名胜区内进行下列活动的，由风景名胜区管理机构责令停止违法行为、限期恢复原状或者采取其他补救措施，没收违法所得，并处5万元以上10万元以下的罚款；情节严重的，并处10万元以上20万元以下的罚款：设置、张贴商业广告的；举办大型游乐等活动的；改变水资源、水环境自然状态的活动的；其他影响生态和景观的活动。

11.3 文物保护制度

11.3.1 文物的概念及范围

文物是指人们在各个时期生产、生活和斗争中遗留下来的，具有历史、科学和艺术价值的遗物和遗迹。根据我国《文物保护法》的规定，下列具有历史、艺术、科学价值的文物受国家保护：

①具有历史、艺术、科学价值的古文化遗址、古墓葬、古建筑、石窟寺和石刻；

②与重大历史事件、革命运动和著名人物有关的，具有重要纪念意义、教育意义和史料价值的建筑物、遗址和纪念物；

③历史上各时代的珍贵艺术品、工艺美术品；

④重要的革命文献资料，以及具有历史、艺术、科学价值的手稿、古旧图书资料等；

⑤反映历史上各时代、各民族社会制度、社会生产、社会生活的代表性实物；

⑥具有科学价值的古脊椎动物化石和古人类化石。

11.3.2 文物保护机关及文物保护单位

1）文物保护机关及其职责

国家文化行政管理部门主管全国文物工作。地方各级人民政府保护本行政区域内的文物。各省、自治区、直辖市和文物较多的自治州、县、市可以设立文物保护管理机构，管理本行政区内的文物工作。

文物保护管理机关的职责：

①确定各级文物保护单位，划定必要的保护范围，作出标志说明，建立档案，区

别情况，分别设立专门的管理机构或专人负责管理。全国重点文物保护单位的保护范围和记录档案，由省、自治区、直辖市文化行政管理部门报国家文化行政管理部门备案。

②确定历史文化名城。保存文物特别丰富，具有重大历史价值和革命意义的城市，由国家文化行政管理部门会同城乡建设环境保护部门，报国务院核定公布为历史文化名城。

③如有特殊需要，在文物保护单位的保护范围内进行其他工程建设，必须经原公布的人民政府和上一级文化行政管理部门的同意；在全国重点文物保护单位范围内进行其他建设工程的，必须经省、自治区、直辖市人民政府和国家文化行政管理部门同意。

④各级人民政府制定城乡建设规划时，事先要由城乡规划部门会同文化行政管理部门商定对本行政区域内各级文物保护单位的保护措施，纳入规划。

⑤根据保护文物的实际需要，经省、自治区、直辖市人民政府批准，可在文物保护单位的周围划出一定的建设控制地带。在该地带内修建新建筑和构筑物，不得破坏文物保护单位的环境风貌。其设计方案须征得文化行政管理部门同意后，报城乡规划部门批准。

⑥因建设工程涉及文物保护单位的，应当事先会同文化行政管理部门确定保护措施，列入设计任务书。因建设工程特别需要而必须对文物保护单位进行迁移或者拆除的，应根据文物保护单位的级别，经该级人民政府和上一级文化行政管理部门同意。全国重点文物保护单位的迁移或者拆除，由省、自治区、直辖市人民政府报国务院决定。

⑦在对文物保护单位进行修缮、保养、迁移的时候，确保不改变文物的原状。

⑧文物保护单位如果必须作其他用途，应根据文物保护单位的级别，由当地文化行政管理部门报原公布的人民政府批准。全国重点文物保护单位如果必须作其他用途，应经省、自治区、直辖市人民政府同意，并报国务院批准。

2）文物保护单位的界定

《文物保护法》第三条规定："古文化遗址、古墓葬、古建筑、石窟寺、石刻、壁画、近代现代重要史迹和代表性建筑等不可移动文物，根据它们的历史、艺术、科学价值，可以分别确定为全国重点文物保护单位，省级文物保护单位，市、县级文物保护单位。"

一切机关、组织和个人都有依法保护文物的义务。国务院文物行政部门主管全国文物保护工作。地方各级人民政府负责本行政区域内的文物保护工作。县级以上地方人民政府承担文物保护工作的部门对本行政区域内的文物保护实施监督管理。县级以上人民政府有关行政部门在各自的职责范围内，负责有关的文物保护工作。

11.3.3 文物所有权

在中华人民共和国境内地下、内水和领海中遗存的一切文物，属于国家所有。古文化遗址、古墓葬、石窟寺属于国家所有。国家指定保护的纪念建筑物、古建筑、石刻等，除国家另有规定的以外，属于国家所有。国家机关、部队、全民所有制企业、事业组织收藏的文物，属于国家所有。

属于集体所有和私人所有的纪念建筑物、古建筑和传世文物，其所有权受国家法律的保护，但文物的所有者必须遵守国家有关保护管理文物的规定。

11.3.4　馆藏文物和私人收藏文物管理

1）馆藏文物

全民所有的博物馆、图书馆和其他单位收藏的文物，地方各级文化行政管理部门所管辖收藏的文物均属馆藏文物。

①全民所有的博物馆、图书馆和其他单位对收藏的文物必须区分文物等级、设置藏品档案、建立严格的管理制度，并向文化行政管理部门登记。

②地方各级文化行政管理部门应分别建立本行政区域内的馆藏文物档案。

③国家文化行政管理部门应建立一级文物藏品档案。

④所有馆藏文物禁止出卖。文物藏品的调拨、交换，必须报文化行政管理部门备案；一级文物藏品的调拨、交换，须经国家文化行政管理部门批准。未经批准，任何单位或个人不得调取文物。

2）私人收藏文物

私人收藏文物系指中华人民共和国公民自己合法收藏的文物。

①私人收藏的文物可由文化行政管理部门指定的单位收购，其他任何单位或者个人不得经营文物收购业务。

②私人收藏的文物，严禁倒卖牟利，严禁私自卖给外国人。

③银行、冶炼厂、造纸厂以及废旧物资回收部门，应与文化行政管理部门共同负责拣选出掺杂在金银器和废旧物资中的文物，除供银行研究所必需的历史货币可以由银行留用外，其余移交给文化行政管理部门处理。移交的文物须合理作价。

④公安、海关、工商行政管理部门依法没收的重要文物，应当移交给文化行政管理部门。

11.3.5　文物进出境管理

1）文物的出境管理

①文物出口和个人携带文物出境，必须事先向海关申报，经国家文化行政管理部门指定的省、自治区、直辖市文化行政管理部门进行鉴定，并发给出口许可证。

②文物出境必须从指定的口岸运出。经鉴定不能出境的文物，国家可以征购。

③具有重要历史、艺术、科学价值的文物，除经国务院批准运往国外展览的以外，一律禁止出境。

2）文物进境

文物临时进境，应当向海关申报，并报文物进出境审核机构审核、登记。

临时进境的文物复出境，必须经原审核、登记的文物进出境审核机构审核查验；经审核查验无误的，由国务院文物行政部门发给文物出境许可证，海关凭文物出境许可证放行。

11.3.6　奖励与处罚

1）奖励

有下列事迹的单位或个人，由国家给予适当的精神鼓励或者物质奖励：

①认真执行文物政策法令，保护文物成绩显著的；

②为保护文物与违法犯罪行为作坚决斗争的；

③将个人收藏的重要文物捐献给国家或者为文物保护事业作出捐赠的；

④发现文物及时上报或上交，使文物得到保护的；

⑤在考古发掘工作中作出重大贡献的；

⑥在文物保护科学技术上有重要发明创造或者其他重要贡献的；

⑦在文物面临破坏危险的时候，抢救文物有功的；

⑧长期从事文物工作有显著成绩的。

2）行政处罚

有下列行为的，给予行政处罚：

①在地下、内水、领海及其他场所中发现文物隐匿不报，不上交国家的，由公安部门给予警告或者罚款，并追缴其非法所得的文物；

②未经文化行政管理部门批准，私自经营文物购销活动的，由工商行政管理部门给予警告或者罚款，并可没收其非法所得或者非法经营的文物；

③将私人收藏的文物私自卖给外国人的，由工商行政管理部门罚款，并可没收其文物和非法所得。

3）刑事处罚

有下列行为的，依法追究刑事责任：

①贪污或者盗窃国家文物的；

②盗运珍贵文物出口或者进行文物投机倒把活动情节严重的；

③故意破坏国家保护的珍贵文物或者名胜古迹的；

④国家工作人员玩忽职守，造成珍贵文物损毁或者流失，情节严重的。

私自挖掘古文化遗址、古墓葬的，以盗窃论处。将私人收藏的珍贵文物私自卖给外国人的，以盗运珍贵文物出口论处。文物工作人员对所管理的文物监守自盗的，依法从重处罚。

以案说法 11-1

2012年10月中旬一天下午，桂某、杨某、潘某、陈某、金某经过事先商量，持锄头、铁铲、手电筒等工具前往德安县爱民乡柏树村付家垄盗掘一座古墓，五人挖开古墓后发现一些破损的瓷器，便将破损瓷器丢弃在犯罪现场后离去。2012年10月22日下午，被告人桂某、杨某、潘某、陈某四人再次开车前往同一古墓，用事先准备好的钝铲、铁锹等工具盗掘古墓，发现一些碳化的人骨。在确认没有值钱的财物后，四名被告人开车离开犯罪现场，随后被公安机关抓获。2012年11月16日，被告人金某到德安县公安局邹桥派出所投案自首，如实供述了自己的犯罪事实。经德安县文物管理所鉴定，被盗掘古墓为明代中晚期古墓，对墓葬的丧葬习俗、墓葬形制具有一定的研究价值。

一审法院认为，被告人桂某、杨某、潘某、陈某、金某结伙盗掘古墓葬，情节较轻，其行为均已构成盗掘古墓葬罪，公诉机关指控罪名成立。被告人金某犯罪后自动投案，并如实供述了自己的犯罪事实，系自首，可以从轻处罚。被告人桂某、杨某、潘某、陈某、全某自愿认罪，均可酌情从轻处罚。

资料来源 陈芳，简正波．德安五村民盗掘古墓，挖出明代人骨领刑罚（2013-05-02）[2014-01-08]．http：//www. chinacourt. org/article/detail/2013/05/id/953555. shtml.

11.4 相关旅游资源保护制度

11.4.1 世界遗产的保护

世界遗产是指前代所遗留的，对人类生存和发展具有特殊价值而为国际社会特别加以保护的自然和文化遗产。

1972 年 11 月，联合国教科文组织在巴黎举行的第 17 届会议上通过了《保护世界文化和自然遗产公约》（简称《公约》），该《公约》于 1975 年 12 月生效。我国于 1985 年加入该《公约》。《公约》的宗旨是为集体保护具有突出的普遍价值的文化和自然遗产，建立一个根据现代科学方法制定的永久性有效制度。

《公约》将世界遗产分为文化遗产和自然遗产。为有效保护世界遗产，《公约》规定，保护世界遗产主要是有关国家的责任。在尊重遗产所在国的主权，不使所在国规定的财产权受到损失的前提下，承认这类遗产是世界遗产的一部分，整个国际社会有责任合作予以保护。依照该《公约》，在联合国教科文组织内建立一个政府间的“世界遗产委员会”，并根据各缔约国的申请编制《世界遗产目录》，对列入目录的世界遗产由国际社会提供援助并安排保护、恢复等工作；缔约国对于提交保护的遗产负有鉴定、保护、保存、陈列以及传与后代的义务。

11.4.2 历史文化名城的保护

历史文化名城是指地面或地下历史文物和革命文物比较集中，体现了中华民族悠久历史、光荣革命传统与光辉灿烂文化，对发展我国的旅游业和社会主义精神文明建设具有重要意义的城市。历史文化名城多为我国古代政治、经济、文化的中心，或是近代革命运动和发生重大历史事件的重要城市。

《文物保护法》第十四条规定：“保存文物特别丰富并且具有重大历史价值或革命纪念意义的城市，由国务院核定公布为历史文化名城。”目前国务院已审批的历史文化名城的城市共有 123 个。

根据我国法律、法规的规定，中央及地方政府要充分认识保护历史文化名城的重要性和紧迫性，从国家和民族的长远利益出发，对历史文化名城必须加强保护和管理；在合理开发利用旅游资源和城市现代化建设中，要注意保护城市的文物古迹和环境风貌，注意城市布局的合理和协调；旅游设施的建设要纳入城市的统一规划，对集中反映历史文化的老城区要采取保护措施，不能因新建设使其受到损害或任意迁动位置；对历史文化名城的保护、建设工作要贯彻“保护为主，抢救第一”的方针。

11.4.3 自然保护区的保护

自然保护区是指对有代表性的自然生态系统、珍稀濒危野生动植物的天然集中分布区和有特殊意义的自然遗迹等保护对象所在的陆地水系或者海域，依法划出一定面积予以特殊保护和管理的区域。划定自然保护区，依法对其实行保护和管理，是我国保护自然环境和自然资源的一项重要工作。

根据我国《自然保护区条例》的规定，符合下列条件之一者，应当建立自然保护区：

①典型的自然地理区域，包括有代表性的自然生态系统区域以及已经遭受破坏但经保护能够恢复的同类自然生态系统区域。

②珍稀、濒危野生动植物物种的天然集中分布区域。

③具有特殊保护价值的海域、海岸、岛屿、湿地、内陆、水域、森林、草原和荒漠。

④具有重大科学文化价值的地质构造、著名溶洞、化石分布区、冰川、火山、温泉等自然遗迹。

⑤经国务院或者省级人民政府批准，需要予以特殊保护的其他自然区域。

我国的自然保护区分为国家级自然保护区和地方级自然保护区。自然保护区的设立，以自然保护为主，在不影响自然保护区的自然环境和自然资源的前提下，组织开展参观、旅游等活动。外国人进入国家级自然保护区，接待单位应事先报经国务院有关自然保护区行政主管部门批准；进入地方级自然保护区，接待单位应事先报经省级人民政府自然保护区行政主管部门批准；进入保护区的外国人，应遵守我国的有关法律、法规。

自然保护区分为核心区、缓冲区和实验区，不同地带采用不同保护方法。核心区是自然保护区内保存完好的天然状态的生态系统以及珍稀、濒危动植物的集中区，通常禁止任何单位和个人进入，也不允许进入从事科学研究活动；缓冲区，是在核心区外围划定的一定面积的区域，只准进入从事科学研究、观测活动，禁止在其中开展旅游和生产经营活动；实验区，是指在缓冲区的外围区域划定的区域，可以进入从事科学实验、教学实习、参观考察、旅游以及驯化、繁殖珍稀濒危野生动植物等活动。在实验区内经批准开展旅游、参观活动，应服从自然保护区管理机构的管理。

长白山自然保护区、鼎湖山自然保护区、卧龙自然保护区、武夷山自然保护区、梵净山自然保护区，是我国首批被列入联合国教科文组织“人与生物圈”计划的5个自然保护区。

11.4.4 环境的保护

环境是指影响人类生存和发展的各种天然的和经过人工改造的自然因素的总体，包括大气、水、海洋、土地、矿藏、森林、野生生物、自然遗迹、人文遗迹、自然保护区、城市和乡村。

环境保护法是调整因保护和改善生活环境和生态环境，防治污染和其他公害而产生的各种社会关系的法律规范的总称。生活环境是指人们居住和生活的场所，生态环境是指生活环境以外的各种自然条件。环境保护法重点保护的环境包括自然保护区、生态环境与农业环境、海洋环境、城市和乡村生活环境。保护环境与发展旅游业关系十分密切，环境的恶化，资源的枯竭，最终将导致延缓甚至破坏旅游业的发展，因此，二者在保护客体的许多方面是一致的。一方面，环境保护法要求人类在符合客观生态规律的前提下合理地开发、利用旅游资源；旅游法律、法规要求在保护的前提下开发旅游资源，二者相互配合，共同承担着社会主义物质文明和精神文明建设的重任。另一方面，二者各有侧重，环境保护法以协调人与环境的关系，保护人类所必需的生存环境为己任；旅游法律、法规则以开发旅游资源、发展旅游业、繁荣社会、振兴经济为宗旨。

11.5 旅游区（点）质量等级评定

11.5.1 旅游区（点）的含义

旅游区（点）是指经县级以上行政管理部门批准成立，有统一管理机构，范围明确，具有参观、游览、度假、康乐、求知等功能，并提供相应旅游服务设施的独立单位，主要包括旅游景区、景点、主题公园、度假区、保护区、风景区、森林公园、动物园、植物园、博物馆、美术馆等。

11.5.2 评定的标准和范围

旅游区（点）质量等级评定，依据中华人民共和国国家标准《旅游景区质量等级的划分与评定》（GB/T17775-2003）进行。

凡在中国境内，正式开业接待旅游者1年以上的旅游区（点），包括旅游景区、景点、主题公园、游乐园、度假区、自然保护区、风景名胜区、森林公园、动物园、植物园、文博院馆等，均可申请参加质量等级评定。

11.5.3 质量等级与评定依据

旅游区（点）质量等级从高到低依次为AAAAA、AAAA、AAA、AA、A级（5A、4A、3A、2A、1A级）旅游区（点）。AAAAA代表了世界级旅游品质和中国旅游精品景区的标杆，比AAAA景区更注重人性化和细节化，以游客为中心。2013年1月16日，国家旅游局在北京召开新批5A级旅游景区整改意见反馈会，并为新批5A级旅游景区颁发证书和标牌，5A级旅游景区从145家增加到153家。

旅游景区质量等级的标牌、证书由全国旅游景区质量登记评定机构统一规定。

旅游区（点）质量的评定，依据“服务质量与环境质量评价体系”、“景观质量评价体系”的评价得分，并参考“游客意见评价体系”的得分数。

11.5.4 评定的组织和权限

《旅游景区质量等级评定管理办法》自2005年8月5日起施行。该办法规定，国家旅游局组织设立全国旅游景区质量等级评定委员会。全国旅游景区质量等级评定委员会负责全国旅游景区质量等级评定工作的组织和管理，省级旅游行政管理部门组织设立本地区旅游景区质量等级评定委员会，并由省级旅游景区质量等级评定委员会进行相应的旅游景区质量等级评定工作的组织和管理。

3A、2A、1A级旅游景区由各省级旅游景区质量等级评定委员会负责评定，省级旅游景区质量等级评定委员会可以向条件成熟的地市级旅游景区质量等级评定机构再行委托。4A、5A级旅游景区由省级旅游景区质量等级评定委员会推荐，全国旅游景区质量等级评定委员会组织评定，5A级旅游景区从4A级旅游景区中产生。被公告为4A级旅游景区1年以上的可申报5A级旅游景区。

法规速递 11-1

《旅游景区质量等级的划分与评定》（修订）（GB/T17775-2003）代替《旅游景区质量等级的划分与评定》（GB/T 17775-1999），主要修改如下：

（1）在划分等级中增加了AAAAA级旅游景区。新增的AAAAA级主要从细节、景区的文化性和特色性等方面作出更高要求。

(2) 对原 AAAAA 级旅游景区的划分条件均进行了修订，强化以人为本的服务宗旨，AAAA 级旅游景区增加细节性、文化性和特色性要求。

(3) 细化了关于资源吸引力和市场影响力方面的划分条件。

11.5.5 评定的程序

各级旅游景区的质量等级评定工作按照“创建、申请、评定、公告”的程序进行。

参加创建质量等级的旅游景区要按照国家标准和评定细则的要求，制订创建计划，明确责任目标，落实各项创建措施。

旅游景区在创建计划完成后，进行自检。自检结果达到相应等级标准和细则规定的旅游景区，填写《旅游景区质量等级评定报告书》，并向当地旅游景区质量等级评定机构提出评定申请。经当地旅游景区质量等级评定机构审核同意，向上一级旅游景区质量等级评定机构推荐参加相应质量等级的正式评定。

现场评定工作由负责评定的旅游景区质量等级评定机构委派评定小组承担。评定小组采取现场检查、资料审核、抽样调查等方式进行现场评定工作。

现场评定符合标准的旅游景区，由负责评定的旅游景区质量等级评定机构批准其质量等级，并向社会公告。

行业广角 11-2

各级旅游景区质量等级评定机构对所评旅游景区要进行监督检查和复核。监督检查采取重点抽查、定期明查和不定期暗访以及社会调查、听取游客意见反馈等方式进行。全面复核至少每 3 年进行一次。经复核达不到要求的，或被游客进行重大投诉经调查情况属实的景区，按以下方法作出处理：

1. 由相应质量等级评定委员会根据具体情况，作出签发警告通知书、通报批评、降低或取消等级的处理。对于取消或降低等级的景区，需由相应的评定机构对外公告。

2. 旅游景区接到警告通知书、通报批评、降低或取消等级的通知后，须认真整改，并在规定期限内将整改情况上报相应的等级评定机构。

3. 凡被降低、取消质量等级的旅游景区，自降低或取消等级之日起 1 年内，不得重新申请新的资质等级。

行业动态 11-1

国家旅游局2012 年5 月14 日通报，按照《旅游景区质量等级的划分与评定》国家标准和细则要求，国家5A 级景区暗访组已对全国24 个5A 级景区进行了暗访，对13 个景区提出整改意见。其中对湖南两家5A 级旅游景区进行通报批评，要求限期整改，如不达标，将面临降级处理。国家旅游局将陆续组织暗访组暗访复核上述 13 家景区整改工作。复核不达标的景区，将视情况进行通报批评乃至“摘牌”。

本章小结

本章从旅游资源的概念着手，介绍了旅游资源的定义和分类、旅游资源与其他资源的区别，以及有关旅游资源的法律规定。

主要概念

旅游资源　风景名胜区　文物　自然保护区　世界遗产　历史文化名城　旅游景区等级评定

选择题

1. 珍贵文物分为(　　)。

A. 一级、二级、三级

B. 甲级、乙级、丙级

C. A 级、AA 级、AAA 级、AAAA 级

D. 初级、中级、高级、特级

2. 文物收藏单位不可以通过(　　)方式取得文物。

A. 购买　　B. 接受捐赠　　C. 依法交换　　D. 非法侵占

3. 各级旅游景区的质量等级评定工作按照(　　)的程序进行。

A. 创建、评定、申请、公告　　B. 申请、评定、创建、公告

C. 创建、申请、评定、公告　　D. 申请、创建、评定、公告

判断题

1. 旅游景区质量等级划分为五级，从高到低依次为 5A、4A、3A、2A、1A 级旅游景区。(　　)

2. 一切机关、组织和个人都有依法保护文物的义务。(　　)

3. 地下埋葬的文物，单位或个人可以自行发掘。(　　)

4. 文物收藏单位可以通过购买的方式取得文物。(　　)

简答题

1. 旅游资源的含义是什么？

2. 旅游景区质量等级评定的范围和依据是什么？

3. 世界遗产的含义是什么？

4. 我国文物保护单位分为哪三个级别？

5. 风景名胜区的含义是什么？

讨论题

1. 试讨论如何保护、开发和利用风景名胜旅游资源。

2. 试举例说明旅游景点质量等级划分的意义。

案例分析题

被告人李某未经申报，携带分装在两个行李箱中的一批古生物化石，准备从北京首都

机场海关出境。海关关员当场将李某查获。经鉴定，李某携带的古生物化石中有1件古脊椎动物化石视同国家二级文物，1件古脊椎动物化石视同国家三级文物。

（1）请结合相关法规对本案例被告人的行为进行评述。

（2）结合本案例和相关法规，分析有关部门对此应如何进行处理。

实训题

请同学们分组调查家乡著名风景名胜区的保护情况。

第12章　旅游投诉法规制度

知识结构图表

- 旅游投诉法规制度
  - 旅游纠纷概述 → 旅游纠纷的含义；旅游纠纷的分类；旅游纠纷解决的途径
  - 旅游投诉管辖 → 旅游投诉概述；旅游投诉的管辖
  - 旅游投诉的受理与处理 → 旅游投诉的受理；旅游投诉的处理；旅游投诉状

学习目标

通过本章学习，了解旅游投诉管理机构及其相关职责，理解旅游纠纷、旅游投诉、旅游投诉管辖的概念，掌握旅游纠纷解决的途径、我国旅游投诉管辖制度、旅游投诉的受理条件、旅游投诉的受理程序以及处理程序，并能对旅游投诉进行实际处理。

案例导入

2010年3月，西安市民王先生看到一则标价为1 980元的“泰国七日游经典版”旅游广告，比较符合自己的心理价位，决定报名出游。3月22日王先生来到西安某旅行社交齐旅游款项，签订了出境旅游合同。合同写明一条：游客每人所交团费1 980元，其中机票1 400元、各种杂费580元，其他项目由游客自愿消费。王先生觉得签了合同又写得如此详细，可以放心旅游了，但旅途中才发现旅行社安排的游览景点都是“走马观花”，而且未经游客同意增加了诸如泰式按摩、森林骑大象、鱼翅燕窝等多个自费项目。王先生理解旅行社的做法，他想旅游离不开消费，旅行社一般都会安排一些消费、购物之类的项目，既然是自费的，只要自己不掏腰包就行了。但在一个岛上游览时，导游要求王先生及其他游客每人交纳500元费用观看“蓝色生死恋”，否则不许离开此岛。王先生跟导游讲自己带的钱不够，不想参加，却没想到导游态度强硬，还说这是旅行社的规定，迫于无奈王先生掏了500元观看了一场色情表演。旅游行程结束后，王先生向陕西省旅游局提出投诉，要求旅行社退还参加自费项目的500元，并赔偿损失1倍的费用。

问题：(1) 旅游者在旅游活动中发生纠纷，有权向哪些部门投诉？

(2) 陕西省旅游局是否对本案有权管辖?

(3) 旅游者可以就哪些事项向旅游投诉处理机构投诉?

(4) 旅行社擅自增加自费项目应当承担什么法律责任?

案例分析:

为了争取客源，旅行社不时想出各种揽客的招数，通过零、负团费的低报价招徕旅游者，再通过增加各种自费项目来赚取差价、赢得利润就是手段之一。本案旅行社不是靠诚信经营、提高服务质量赢得发展，而是以较低的团费招徕旅游者，却在行程中违反约定擅自增加自费项目来补贴差价，使得旅游者的合法权益受损，这种做法显然是违法的。

一般来说，当旅游者与旅行社之间发生纠纷时，可先沟通协商解决；协商不成时可以拿起手中的法律武器去维权，向旅游行政管理部门、旅游质量监督管理机构或者旅游执法机构投诉就是其中途径之一。随着我国旅游市场的逐渐规范化，各地旅游局均设立了质量监督管理所，专门受理旅游者的投诉请求。如果旅游者认为自己的合法权益受到侵害时，可以向旅游合同签订地或者被投诉人所在地县级以上地方旅游投诉处理机构进行投诉，特殊情况下还可以向损害行为发生地旅游投诉处理机构投诉。本案中王先生向旅游合同签订地的陕西省旅游投诉处理机构进行投诉是合法的。

《旅游投诉处理办法》中明确规定了旅游者可以就哪些事项进行投诉，主要包括：认为旅游经营者违反合同约定的；因旅游经营者的责任致使投诉人人身、财产受到损害的；因不可抗力、意外事故致使旅游合同不能履行或者不能完全履行，投诉人与被投诉人发生争议的；其他损害旅游者合法权益的，例如强迫消费、坑骗游客等。本案中王先生认为旅行社违反合同约定擅自增加自费项目而提起诉讼是符合规定的。

西安市某旅行社违反合同约定，擅自增加自费项目，致使旅游消费者王先生产生了经济损失，经陕西省旅游局调解，由旅行社退还王先生参加自费项目的500元，并增加赔偿其受到的损失500元，共计人民币1 000元。同时，由于旅行社涉嫌胁迫旅游者参加需要另行付费的游览项目，陕西省旅游局依法对该旅行社处以10万元的罚款，其委派的导游人员也被罚款1万元。

资料来源　王志雄．旅游法规案例教程［M］．北京：北京大学出版社，2012.

12.1　旅游纠纷概述

12.1.1　旅游纠纷的含义

旅游纠纷，泛指在旅游过程中，旅游关系的当事人所发生的矛盾和冲突。旅游行业是新兴的行业，旅游立法并不成熟，对旅游法律关系的概念如果真正要抽象、定型还需要进一步的理论研究。从这个意义上讲，旅游纠纷是一个笼统的概念。2009年5月1日《旅行社条例》实施，对旅游投诉立法提出新的要求。为了维护旅游者和旅游经营者的合法权益，依法公正处理旅游投诉，依据《消费者权益保护法》、《旅行社条例》、《导游人员管理条例》和《中国公民出国旅游管理办法》等法律、法规，2010年1月4日国家旅游局通过了《旅游投诉处理办法》，自2010年7月1日起施行，该办法针对旅游纠纷问题的处理作出了相关的规定。2013年4月25日新出台的《中华人民共和国旅游法》中第八章对旅游纠纷处理作了专门规定。

12.1.2　旅游纠纷的分类

在实践中，常见的旅游纠纷主要有以下三类：

①旅游企业和旅游者之间或旅游企业之间发生的纠纷。此类纠纷的特点是：发生纠纷主体的法律地位平等；发生的原因多为违约或侵权，且违约是主要原因；在性质上，此类纠纷属私法范畴。

②旅游管理部门与旅游企业或旅游者之间的纠纷。此类纠纷的特点是：发生纠纷主体的法律地位是不平等的；纠纷的性质大多为行政性争议。

③客源发生国和旅游接待国之间或者客源发生国企业和旅游接待国企业之间的纠纷。此类纠纷显然具有涉外因素。涉及国家间争议的，其性质属公法范畴；涉及国家间企业争议的，则可能涉及私法范畴。

12.1.3　旅游纠纷解决的途径

法规速递12-1　关于旅游纠纷处理的规定

《中华人民共和国旅游法》第八章关于旅游纠纷处理的规定如下：

第九十一条　县级以上人民政府应当指定或者设立统一的旅游投诉受理机构。受理机构接到投诉，应当及时进行处理或者移交有关部门处理，并告知投诉者。

第九十二条　旅游者与旅游经营者发生纠纷，可以通过下列途径解决：

（一）双方协商；

（二）向消费者协会、旅游投诉受理机构或者有关调解组织申请调解；

（三）根据与旅游经营者达成的仲裁协议提请仲裁机构仲裁；

（四）向人民法院提起诉讼。

第九十三条　消费者协会、旅游投诉受理机构和有关调解组织在双方自愿的基础上，依法对旅游者与旅游经营者之间的纠纷进行调解。

第九十四条　旅游者与旅游经营者发生纠纷，旅游者一方人数众多并有共同请求的，可以推选代表人参加协商、调解、仲裁、诉讼活动。

1）协商

协商是争议各方当事人在自愿、互谅的基础上，依照法律规定或者合同约定，直接进行谈判、磋商，相互作出一定让步，自行达成协议以解决纠纷的方法。在民间也把协商叫做“私了”。其最大的特点是无需第三者介入，完全依靠当事人自行解决纠纷。优点为手续简单、方式灵活、便利经济，而且和解不会伤害争议各方的感情，有利于双方合作关系的进一步发展，适用于涉及标的不大、案情比较简单的争议。由于协商具有上述优越性，旅游者在和旅游经营者发生纠纷后，也往往会通过协商的方式来解决争议。

就性质而言，协商属于当事人自力救济的一种方式，在通过协商的方式解决纠纷的过程中，应当贯彻以下原则：

（1）自愿原则

协议必须是基于争议各方的自愿而达成的，任何一方均有权拒绝协商或终止协商，而根据法律或合同规定的其他办法来解决争议。

(2) 平等互利、协商一致的原则

在协商过程中，应坚持各方地位平等，在充分协商、平衡利益、意思表示一致的基础上达成协议。任何一方不得采取胁迫、欺诈、诱骗等手段使对方勉强或被迫接受自己的片面要求。当然，这并不意味着协商的结果对双方是绝对公平的，即使协商的结果对一方更有利，只要协议是双方当事人真实的意思表示，该协商结果就符合平等互利、协商一致的要求。

(3) 合法原则

经协商而达成的协议必须符合法律的规定，不得损害国家利益、社会利益（公序良俗）和第三方的利益；否则，协商所达成的协议就是无效的。

因为协商是以自愿为基础解决纠纷的方式，协商在解决旅游纠纷的问题上也存在一定的局限性：在争议各方利益分歧严重时，协商往往难以通过；协商的结果在相当程度上取决于协商各方讨价还价的力量和实际需要，力量较弱的一方的利益常得不到应有的维护；双方达成协议后，如一方故意毁约，协商的结果也不能申请强制执行。

2）调解

协商与调解是同一性质友好解决纠纷的方法，其共同特点是，纠纷当事人在相互谅解的基础上达成解决纠纷的协议。调解和协商都是当事人在自愿的基础上，经过充分的磋商达成协议，因此在调解过程中也应当贯彻自愿、平等互利、合法的原则。与协商方式不同的是，调解在第三方的主持下进行，协商则无需第三方的介入。

调解是指在第三方主持下，通过第三方的劝说、引导，使争议各方在互谅互让的基础上达成协议，使纠纷得以解决的方式。根据主持调解的第三方身份不同，调解可以分为民间调解、行政调解、仲裁调解和法庭调解。在这几种类型的调解中，行政调解、仲裁调解和法庭调解是在专门机关的主持下达成的调解，属于行政程序、仲裁程序和诉讼程序的组成部分，而且因此达成的调解结果可以得到强制执行，而民间调解的结果没有强制执行的效力，它的实现有赖于双方的自愿与诚信，因此与协商比较类似。

民间调解是在不具备专门调解职能的单位或个人主持下进行的调解，就性质而言属于私力救济范围。调解的单位或个人是争议各方都信赖的，有较大的灵活性和中立性，能够比较超脱和公正，不致因某种利害关系偏袒一方而损害另一方合法权益。由于调解人的调解工作涉及双方利益，而且要符合法律、法规的规定，因此选择的调解人一般应具备下列条件：办事公道、为人正派；与双方当事人没有利害关系，愿意为双方出谋划策解决纠纷；懂政策、懂法律，有责任心。在调解过程中，调解人应当在查清事实的基础上，说服劝导争议各方，进而提出解决争议的合理方案，并做好双方当事人的工作，促使他们互谅互让，自愿达成调解协议，使纠纷得以公平合理地解决。

在实践中，如果旅游企业能针对具体情况通过协商和调解而成功解决旅游纠纷，则能化被动局面为主动局面，借此建立良好的企业形象。

3）仲裁

所谓仲裁，亦称公断，是指由双方当事人将其争议交付第三者居中评断是非并作出裁决，该裁决对双方当事人均具有拘束力。仲裁和诉讼虽然同是对当事人之间的权利争议进行处理，但诉讼是国家审判机关对案件进行审理，显示了国家权力的权威性；而仲裁机关是社会团体，它的公信力来自于法律的认可、惯例的承认以及仲裁机构的专业性。为了避免对同一案件进行重复审理，法律规定，当事人在诉讼和仲裁的选择上采取“或裁或审”的原则，即提起仲裁的案件，当事人不能向人民法院提起诉讼。

（1）仲裁协议和裁决的效力

确定一个案件是否能够提起仲裁，重要的前提条件是当事人之间是否存在仲裁协议。仲裁协议是当事人表示将双方的纠纷提交仲裁机构进行裁决的书面协议。因为仲裁建立在自愿的基础之上，如果当事人没有仲裁协议或者仲裁协议无效，相关纠纷的当事人就只能选择向人民法院提起诉讼来解决纠纷当事人之间的争议。

仲裁协议既可以订立为一份独立的合同，亦可以作为合同的一个条款而存在；双方当事人既可以在纠纷发生前预先订立仲裁协议，也可以在纠纷发生后再行订立仲裁协议，而且仲裁协议有独立的效力。当双方当事人在合同中约定，双方的合同纠纷应提交给某一仲裁机构仲裁时，即使该合同被认定为无效或被撤销，仲裁协议仍然有效。

当事人依仲裁协议向仲裁机构申请仲裁，仲裁机构依照有关法律，对案件进行仲裁。仲裁实行“一裁终局”制度，即仲裁裁决一经作出，即行生效，当事人不得就同一纠纷再次申请仲裁或者向人民法院起诉。生效的仲裁裁决，可以向人民法院申请强制执行。

（2）外国仲裁裁决的承认和执行

国外仲裁机构的裁决，需要中华人民共和国承认和执行的，应当由当事人直接向被执行人住所地或其财产所在地的中级人民法院申请，人民法院应当依照我国缔结和参加的国际条约，或按互惠原则办理

总体来讲，我国对外国仲裁裁决的承认与执行是以《纽约公约》的规定为依据的。在加入该公约时，我国政府声明：我国政府只承认和执行在缔约国领土内作出的仲裁裁决，并且只承认和执行对属于契约和非契约性商事法律关系争议作出的仲裁裁决。

在国际旅游纠纷的仲裁解决过程中，遵守国际公约，适用国际惯例，是我国走向国际市场、参与国际竞争的必然要求。在这一过程中，国内的公民、企业以及国外的公民、企业的利益都将得到最大限度的保护。

4）诉讼

诉讼是指人民法院和案件当事人在其他诉讼参与人配合下，为解决纠纷依法定程序进行的全部活动。诉讼是解决旅游纠纷的最终办法。

（1）民事诉讼

民事诉讼是人民法院行使国家审判权审理民事案件，当事人及其他诉讼参与人为解决民事纠纷、保护合法权益而进行的全部活动，以及由此而产生的各种关系。旅游者和旅游经营者是具有平等地位的民事主体，发生在双方之间的纠纷属于民事纠纷，在纠纷发生后，旅游者可以直接向人民法院提起民事诉讼，要求旅游经营者承担民事责任。旅游者提起民事诉讼应具备下列法定条件：原告必须是与本案有直接利害关系的旅游者；起诉必须有明确的被告；起诉必须有具体的诉讼请求、事实和理由；起诉的案件必须属于人民法院受理民事诉讼的范围和受诉人民法院管辖。

（2）行政诉讼

在旅游纠纷发生之后，若旅游者和旅游经营者首先向行政机关请求处理，但在认为行

政机关的处理方式不正确，或应处理而未处理的，旅游者或旅游经营者也可以向人民法院提起诉讼。此时，当事人所针对的是行政机关的具体行政行为，因此所提起的诉讼是行政诉讼而非民事诉讼。

行政诉讼是指当公民、法人和其他组织认为行政机关的具体行政行为侵犯了其合法权益，依法向人民法院提起诉讼，由人民法院对案件进行裁决的诉讼行为。根据法律规定，当事人只能对行政机关的具体行政行为提起诉讼，我国《行政诉讼法》第十一条明确了人民法院受理案件的范围：

①对拘留、罚款、吊销许可证和执照、责令停产停业、没收财物等行政处罚不服的；

②对限制人身自由或者对财产的查封、扣押、冻结等行政强制措施不服的；

③认为行政机关侵犯法律规定的经营自主权的；

④认为符合法定条件申请行政机关颁发许可证和执照，行政机关拒绝颁发或者不予答复的；

⑤申请行政机关履行保护人身权、财产权的法定职责，行政机关拒绝履行或不予答复的；

⑥认为行政机关没有依法发给抚恤金的；

⑦认为行政机关违法要求履行义务的；

⑧认为行政机关侵犯其人身权、财产权的。

由此可见，对行政机关的处理决定，旅游者和旅游经营者都可以向人民法院提起行政诉讼，要求纠正行政机关的行为。但应当注意，该诉讼应当在法定的期间内提出；否则，行政机关的处理决定即产生法律效力。

(3) 外国法院的判决和执行

旅游主体以及旅游所涉及的地点、事件皆有可能发生在中国境外。如果当事人依法在国外提起诉讼，外国法院依法对案件进行判决，该判决在中国境内获得人民法院的承认和执行，应符合我国法律的规定。申请执行的外国法院判决必须是具有法律效力的终审判决，而且该判决不得违反中国法律的基本准则或违反中国的国家利益，经过外国法院委托，人民法院依中国签订的双边条约或共同参加的国际公约或按互惠原则执行外国法院的判决。

12.2 旅游投诉管辖

12.2.1 旅游投诉概述

1) 旅游投诉的概念

《旅游投诉处理办法》第二条规定，旅游投诉，是指旅游者认为旅游经营者损害其合法权益，请求旅游行政管理部门、旅游质量监督管理机构或者旅游执法机构（以下统称“旅游投诉处理机构”），对双方发生的民事争议进行处理的行为。

2) 旅游投诉的特征

(1) 投诉人是与本案有直接利害关系的旅游者

有直接利害关系的旅游者，指旅游经营者或者旅游辅助服务者的行为直接导致其合法人身、财产权益受到损害而依法行使相应请求权的旅游者。这里的“旅游经营者”是指以自己的名义经营旅游业务，向公众提供旅游服务的人；“旅游辅助服务者”是指与旅游经营者存在合同关系，协助旅游经营者履行旅游合同业务，实际提供交通、游览、住宿、餐饮、娱乐等旅游服务的人。在社会生活中，人们的合法权益一旦受到损害，就有可能向有关部门投诉，以保护自己的合法权益，但这些投诉并非都是旅游投诉。只有当投诉的主体——不论是投诉人（旅游者、海外旅行商、国内旅游经营者）还是被投诉人（旅游经营者或有关服务单位）参与了旅游活动，并且投诉案件发生在旅游活动过程中，才能称之为旅游投诉，这是旅游投诉与其他各种投诉活动的重要区别。

（2）投诉人的合法权益受到了损害

这是旅游投诉的重要条件，也是旅游投诉的重要特征。如果被投诉人没有给投诉人造成任何损害，那么，这种投诉则因不具备投诉的客观条件而不能成立；如果被投诉人损害的不是投诉人的合法权益，而是非法利益，则这种投诉也不受保护。因此，只有当被投诉人损害了投诉人的合法权益时，这种投诉才应该受理，才能称之为旅游投诉。这里所讲的损害，既包括财产损害，也包括人身损害。财产损害既包括直接造成投诉人现有财产的损坏、灭失或减少，也包括妨碍投诉人现有财产的增加；人身损害既包括损害投诉人的生命健康权、姓名权、肖像权、名誉权、荣誉权等人身权利，也包括不尊重投诉人的人格尊严、服务态度恶劣，造成投诉人精神上的痛苦等。

（3）投诉人的人身、财产权益损害与被投诉人（旅游经营者或者旅游辅助服务者）的违约或者损害行为之间有因果关系

在旅游活动中，旅游者、海外旅行商或国内旅游经营者的合法权益受到损害，往往是由多种原因造成的，有些损害是由于旅游经营者或有关服务单位的过错造成的，有些损害则是由旅游者、海外旅行商、国内旅游经营者自身的过错造成的，还有些损害是由于不可抗力的原因造成的。对于前一种情况，可以投诉；对后两种情况则不应投诉。因为根据我国有关法律规定，损害的发生是因致害人的过错造成的，致害人才承担责任，即对一般侵权损害适用过错责任原则，只有被投诉人主观上有过错即故意损害投诉人的合法权益或因过失造成投诉人合法权益受到损害的，投诉人才能提出投诉。

（4）投诉所涉及的纠纷应当发生在旅游活动中，双方的争议属于民事争议

旅游投诉处理机构在处理旅游投诉中，发现被投诉人或者其从业人员有违法或犯罪行为的，应当按照法律、法规和规章的规定，作出行政处罚、向有关行政管理部门提出行政处罚建议或者移送司法机关。

（5）旅游投诉受理机关是旅游投诉处理机构，其处理投诉的行为，是旅游行政管理部门的行政调解行为

旅游投诉处理机构受理投诉后，应当积极安排当事双方进行调解，提出调解方案，促成双方达成调解协议。调解不成的，或者调解书生效后没有执行的，投诉人可以按照国家法律、法规的规定，向仲裁机构申请仲裁或者向人民法院提起诉讼。

3）旅游投诉处理机构

旅游投诉处理机构是受理并处理旅游投诉案件的旅游行政管理部门、旅游质量监督管理机构或者旅游执法机构，但在实践中通常由旅游行政管理部门的一个内部工作机构，具体负责旅游投诉工作，代表设置它的旅游行政管理部门处理投诉案件，作出投诉受理与处

理决定，这个机构就是旅游质量监督管理所（简称质监所）。《旅游法》第九十一条规定：“县级以上人民政府应当指定或者设立统一的旅游投诉受理机构。受理机构接到投诉，应当及时进行处理或移交有关部门处理，并告知投诉者。”国家旅游局《旅游投诉处理办法》对旅游投诉处理机关的设置、职责和管辖作了进一步明确规定。

（1）旅游投诉处理机构的设置

《旅游投诉处理办法》第三条规定：“旅游投诉处理机构应当在其职责范围内处理旅游投诉。地方各级旅游行政主管部门应当在本级人民政府的领导下，建立、健全相关行政管理部门共同处理旅游投诉的工作机制。”这一规定明确了我国旅游投诉的处理机构是地方各级旅游行政管理机关的内设机构，代表旅游行政管理机关处理旅游投诉案件。依据《旅游投诉管理办法》，我国的旅游投诉处理机构分为国家旅游投诉处理机构和地方旅游投诉处理机构。

（2）旅游投诉处理机构的职责

不同的旅游投诉处理机构，其职责也不相同。

国家旅游投诉处理机构的职责：

①制定全国旅游投诉管理方面的规章制度并组织实施；

③指导、监督、检查地方旅游行政管理部门的旅游投诉管理工作；

③对收到的投诉，可以直接组织调查并作出处理，也可以转送有关部门处理；

④受理对省、自治区、直辖市旅游行政管理部门作出的投诉处理决定不服的复议申请；

⑤表彰或者通报地方旅游投诉处理工作，组织交流投诉管理工作的经验与信息；

⑥管理旅游投诉的其他事项。

地方旅游投诉管理机构的职责：

①贯彻执行国家旅游投诉的规章制度；

②受理本辖区内的旅游投诉；

③受理对下一级旅游投诉管理机关作出的投诉处理决定不服的复议申请；

④协助上一级旅游投诉管理机关调查涉及本辖区的旅游投诉；

⑤向上一级旅游投诉管理机关报告本辖区的重大旅游投诉的调查处理情况；

⑥建立、健全本辖区内的旅游投诉管理工作的表彰或通报制度；

⑦管理本辖区内旅游投诉的其他事项。

12.2.2 旅游投诉的管辖

1）旅游投诉管辖的含义

（1）旅游投诉管辖的概念

旅游投诉管辖，是指各级旅游投诉处理机构和同级旅游投诉处理机构之间，受理旅游投诉案件的分工和权限。

（2）确定旅游投诉管辖的原则

①效率原则。

效率是行政管理的最高价值，因此，旅游投诉管理的确定，应当便于旅游行政管理部门迅速、及时发现并制裁违法行为，既要使投诉方便、及时，也要使日常的旅游行政管理的有关情况能及时反馈。

②兼顾旅游行政管理部门的分工与案件性质的原则。

我国旅游行政管理部门按层级组成，不同级别的机关职责不同，层次越高，其职能中的决策、综合、协调、指导和监督的内容就越多；反之，其职能中的执行内容就越多，处理具体案件和其他事务的任务就越重。据此，地方各级旅游投诉处理机构要处理较多的旅游纠纷，国家旅游投诉处理机构也要处理一些重要的、影响大的、性质恶劣的案件。

③原则性与灵活性相结合的原则。

确定旅游投诉处理机构，既要明确实施主体，也要给旅游投诉处理机构在管理上一定的灵活性，使管辖能适应各种情况的变化。

2）我国旅游投诉管辖制度

（1）级别管辖

所谓级别管辖，是指旅游投诉处理机构内部上下级之间关于对旅游投诉案件处理的权限范围的划分。它实质上是一种内部分工问题，不同级别的旅游投诉处理机构，职权范围不同。依照《旅游投诉处理办法》第六条规定，上级旅游投诉处理机构有权处理下级旅游投诉处理机构管辖的投诉案件。我国的旅游投诉管理机构分为国家旅游投诉处理机构和地方旅游投诉处理机构两级，地方旅游投诉处理机构通常又分为省（含自治区、直辖市）、市、县三级。在权限划分上，国家旅游投诉处理机构管辖全国范围内有重大影响或者地方旅游投诉处理机构处理确有困难的旅游投诉案件；地方旅游投诉处理机构管辖本辖区内的旅游投诉案件。

（2）地域管辖

所谓地域管辖，是指不同地区的旅游投诉处理机构对旅游投诉案件处理权限的划分。地域管辖是由旅游活动的地区流动性和损害行为与损害结果发生的非同步性决定的，确立这类管辖有利于快速、便利、准确地处理旅游投诉案件。国家旅游局《旅游投诉处理办法》第五条规定，旅游投诉由旅游合同签订地或者被投诉人所在地县级以上地方旅游投诉处理机构管辖。需要立即制止、纠正被投诉人的损害行为的，应当由损害行为发生地旅游投诉处理机构管辖。因此，确立了旅游投诉案件地区管辖的三个标准：

①被投诉者所在地。被投诉者所在地就是被投诉者的住所地或主要活动场所。《民法通则》规定："公民以他的户籍所在地的居住地为住所，经常居住地与住所不一致的，经常居住地视为住所。"

②损害行为发生地。损害行为发生地就是被投诉者实施损害投诉者的人身、财产或其他合法权益行为的地方。将损害行为发生地的旅游投诉处理机构赋予管辖权，有利于及时调查取证，作出正确处理。

③旅游合同签订地。旅游合同签订地就是被投诉者与投诉者签订旅游合同的地方。旅游活动中，一些旅行社为了招揽游客及旅游者经验不足等原因造成合同履行过程中发生了许多纠纷，因此，将旅游合同签订地的旅游投诉处理机关赋予管辖权，为旅游者及时提出投诉，方便源头处理提供了便利。

上述三个投诉管理标准无主次、先后之分，投诉者可根据自身情况，灵活自主地作出选择，无论投诉者选择的是被投诉人所在地、损害行为发生地，还是旅游合同签订地，该地区的旅游投诉处理机构都有权管辖。为避免在跨地区的旅游投诉中，各旅游投诉受理机关相互推诿或争夺管辖权，《旅游投诉处理办法》第七条明确规定："发生管辖争议的，旅游投诉处理机构可以协商确定，或者报请共同的上级旅游投诉处理机构指定管辖。"

（3）移送管辖与指定管辖

移送管辖是指旅游投诉处理机构受理投诉后，发现该投诉案件本投诉机构无权管辖，依据法律、法规等规定将其移送至有管辖权的旅游投诉处理机构处理。受移送的机构，认为受移送的案件依照规定不属其管辖的，应当报请上级旅游投诉处理机构指定管辖，不得再行移送案件。

指定管辖是指上级旅游投诉处理机构以决定方式指定下一级旅游投诉处理机构对某一案件行使管辖权。指定管辖实际上是赋予旅游投诉处理机构在受理投诉案件上一定的自由裁量权，以适应各种错综复杂的情况，有利于解决重复管辖和管辖空白等问题。

根据我国旅游业的实际情况，《旅游投诉处理办法》第七条规定：发生管辖争议的，旅游投诉处理机构可以协商确定，或者报请共同的上级旅游投诉处理机构指定管辖。该规定有三层含义：

①投诉人已向有管辖权的旅游投诉处理机构提出投诉，受理机构不能互相推诿，也不能固守管辖权各不相让。旅游投诉处理机构本着互相协作的精神，从维护国家旅游声誉出发，根据尽量方便投诉者与被投诉者双方，并且有利于受理机构调查取证，查明核实案情的原则，协商确定一个管辖机构。

②几方对案件发生争议，无法确定管辖权归属的，由几方的共同上级旅游投诉处理机构指定管辖。

③投诉者直接向有管辖权的上级旅游投诉处理机构提出投诉，而该上级旅游投诉处理机构认为不应该由自己管辖，可以指定其认为有管辖权的机构管辖。

12.3 旅游投诉的受理与处理

12.3.1 旅游投诉的受理

1）旅游投诉的受理的概念

旅游投诉的受理是指有管辖权的旅游投诉处理机构，接到旅游投诉者的投诉状或者口头投诉，经审查认为符合受理条件，予以立案的行政行为。旅游投诉受理具有如下特征：

①受理不是裁判，不要求对案情依法作出判断和决定。旅游投诉处理机构主要审查受理的案件是否符合旅游投诉案件的受理范围，并属于受理机关的管辖范围，以及该投诉是否符合受理条件。

②受理与否的决定是旅游投诉处理机构所做出的具体行政行为：投诉者如果认为不予受理的决定侵犯了自己的权利，可以向上级旅游行政管理机关申请复议，也可以向人民法院提起行政诉讼。

2）旅游投诉的受理条件

旅游投诉的受理条件是指旅游投诉处理机构受理旅游投诉案件时应当具备的基本条件。根据《旅游投诉处理办法》第十条规定，旅游投诉应当符合下列条件：

（1）投诉人与投诉事项有直接利害关系

旅游投诉者必须是与本案投诉事项有关的旅游者、海外旅行商、国内旅游经营者和有关从业人员，且与投诉案件有直接的财产关系或人身关系，通常情况下表现为旅游投诉者在财产上或人身上受到了损害，向旅游投诉处理机构提出投诉。根据《旅游投诉处理办法》规定，旅游投诉处理机构对超过旅游合同结束之日 90 天的投诉事项不予受理。投诉者与投诉案件没有直接利害关系的，则不具备投诉的条件，旅游投诉处理机构对其投诉不予受理。

（2）有明确的被投诉人，具体的投诉请求、事实和理由

旅游投诉必须有明确的投诉对象即指明被投诉者，对投诉者而言权益已经受到了损害，其旅游投诉行为是一种维护权益的行为。这种维权行为主要表现为恢复被侵害了的权益或权益被侵害后的补偿，不论是恢复被侵害了的权益还是权益被侵害后的补偿，通常都需要致害人实施一定的行为，即致害人通过积极的行为才能实现，这是由债权行为的性质决定的。从一定意义上说，致害人与受害人之间的关系是一种债的关系，在债的关系中债权人的权益得以实现必须依靠债务人的积极行为。因此，没有明确的被投诉者，投诉者的权益就难以实现，其投诉也就毫无意义。投诉请求是投诉者向投诉受理机关提出的、要求被投诉人履行有关义务的请求，这是投诉受理机关处理投诉案件的重要条件，它在一定程度上可以反映出投诉者受损害的内容、范围和程度，没有投诉请求则会使得旅游投诉受理机关难以作出处理。事实根据是投诉受理机关处理案件的客观依据，也是正确解决纠纷的基础。在解决旅游投诉案件中要求投诉者提供的情况必须真实、可靠，不得编造事实，旅游受理机关要深入实际、调查研究、查明事实真相，作出正确的处理。

（3）该投诉必须属于所规定的范围

《旅游投诉处理办法》第八条明确规定，投诉人可以就下列事项向旅游投诉处理机构投诉：

①认为旅游经营者违反合同约定的；

②因旅游经营者的责任致使投诉人人身、财产受到损害的；

③因不可抗力、意外事故致使旅游合同不能履行或者不能完全履行，投诉人与被投诉人发生争议的；

④其他损害旅游者合法权益的。

（4）旅游投诉不予受理的情形

①人民法院、仲裁机构、其他行政管理部门或者社会调解机构已经受理或处理的；

②旅游投诉处理机构已经作出处理，且没有新情况、新理由的；

③不属于旅游投诉处理机构职责范围或者管辖范围的；

④超过旅游合同结束之日 90 天的；

⑤不符合本办法第十条规定的旅游投诉条件的；

⑥本办法规定情形之外的其他经济纠纷。

3）旅游投诉的受理程序

旅游投诉的受理程序是指旅游投诉处理机构接受投诉者的投诉，依法立案审查的工作顺序。它仅包括接受投诉、立案审查等内容，不包括处理程序，它是整个投诉处理过程的

第一阶段。根据《旅游投诉处理办法》，投诉受理程序包括以下几个方面：

（1）投诉者提出投诉请求

它是指投诉者通过投诉状或口头投诉等方式向旅游投诉处理机构提出投诉的意思表示。这是受理投诉者投诉的第一程序。旅游投诉一般应当采取书面形式，一式两份，并载明下列事项：

①投诉人的姓名、性别、国籍、通讯地址、邮政编码、联系电话及投诉日期；

②被投诉人的名称、所在地；

③投诉的要求、理由及相关的事实根据。

投诉事项比较简单的，投诉人可以口头投诉，由旅游投诉处理机构进行记录或者登记，并告知被投诉人；对于不符合受理条件的投诉，旅游投诉处理机构可以口头告知投诉人不予受理及其理由，并进行记录或者登记。

投诉人委托代理人进行投诉活动的，应当向旅游投诉处理机构提交授权委托书，并载明委托权限。

《旅游法》第九十四条规定，旅游者与旅游经营者发生纠纷，旅游者一方人数众多并有共同请求的，可以推选代表人参加协商、调解、仲裁、诉讼活动。《旅游投诉处理办法》规定，共同投诉是指投诉人4人以上，以同一事由投诉同一被投诉人的。共同投诉可以由投诉人推选1至3名代表进行投诉。代表人参加旅游投诉处理机构投诉过程的行为，对全体投诉人发生效力，但代表人变更、放弃投诉请求或者进行和解，应当经全体投诉人同意。

（2）审查

它是指旅游投诉处理机构对投诉者提出的投诉状和口头投诉进行的审核与调查。这是决定是否受理投诉的关键环节。审查的主要内容是投诉者的投诉是否符合投诉条件，对符合条件的要及时受理，不符合条件的则不予受理。它要求旅游投诉处理机构及其工作人员要深入实际，调查研究，在查明全部事实的基础上作出是否受理的决定，不得马马虎虎，主观臆断，草率行事。如果被投诉者直接接到旅游投诉的，应当自行调查核实，与投诉者协商解决纠纷，不能协商解决的，应及时将投诉移送投诉处理机构，由投诉管理机关审查处理。

（3）决定是否受理

根据《旅游投诉处理办法》的规定，旅游投诉处理机构接到投诉，应当在5个工作日内作出以下处理：

①投诉符合本办法的，予以受理；

②投诉不符合本办法的，应当向投诉人送达《旅游投诉不予受理通知书》，告知不予受理的理由；

③依照有关法律、法规和本办法规定，本机构无管辖权的，应当以《旅游投诉转办通知书》或者《旅游投诉转办函》，将投诉材料转交有管辖权的旅游投诉处理机构或者其他有关行政管理部门，并书面告知投诉人。

以案说法 12-1　超过诉讼时效，投诉无效

2010年6月，吴某等10名游客参加了某旅行社组织的赴湖南张家界五日游的活动。

到达景区后，旅行社没有立即着手组织游客旅游，而是由导游带领他们去了多家土特产品商店购物。之后游览时，由于时间仓促，导游带领大家走马观花，甚至遗漏了几个重要景点。后来住宿时，也没有按照合同约定住进三星级宾馆，而是住进了二星级宾馆。回到当地后，吴某等人由于工作繁忙，直到2011年5月才向当地旅游行政管理部门投诉，但旅游行政管理部门以投诉超过法定时效为由，决定不予受理。

12.3.2　旅游投诉的处理

1）旅游投诉的处理的概念

旅游投诉的处理是指旅游投诉处理机构受理投诉后，在查明事实的基础上，依据有关法律、法规判定投诉双方的责任，并作出处理决定的行政行为。它与旅游投诉的受理不同，它要求对旅游投诉受理的案件查明事实并作出处理决定，是旅游投诉处理机构受理旅游投诉行为的继续。

2）旅游投诉处理的程序

旅游投诉处理的程序是指旅游投诉管理机关受理投诉者的投诉，依法立案、审查并作出处理的工作顺序。它是整个投诉处理过程的第二阶段。根据《旅游投诉处理办法》，投诉处理程序包括以下几方面内容：

（1）立案通知送达被投诉人

《旅游法》第九十一条规定，县级以上人民政府应当指定或者设立统一的旅游投诉受理机构。受理机构接到投诉，应当及时进行处理或者移交有关部门处理，并告知投诉者。

《旅游投诉处理办法》第十七条规定，旅游投诉处理机构处理旅游投诉，应当立案办理，填写《旅游投诉立案表》，并附有关投诉材料，在受理投诉之日起5个工作日内，将《旅游投诉受理通知书》和投诉书副本送达被投诉人。对于事实清楚、应当即时制止或者纠正被投诉人损害行为的，可以不填写《旅游投诉立案表》和向被投诉人送达《旅游投诉受理通知书》，但应当对处理情况进行记录存档。

（2）被投诉人作出书面答复

根据《旅游投诉处理办法》的规定，被投诉人应当在接到通知之日起10日内作出书面答复，提出答辩的事实、理由和证据。书面答复的内容应当载明下列事项：

①被投诉的事由；

②调查核实的过程；

③基本事实与证据；

④责任及处理意见。

（3）旅游投诉处理机构审查核实

旅游投诉管理机关要对被投诉者的书面答复进行复查，查明被投诉者的书面答复是否属实，证明是否充分，以利于分清责任，作出处理。旅游投诉处理机构认为有必要收集新的证据，可以根据有关法律、法规的规定，自行收集或者召集有关当事人进行调查。需要委托其他旅游投诉处理机构协助调查、取证的，应当出具《旅游投诉调查取证委托书》，受委托的旅游投诉处理机构应当予以协助。对专门性事项需要鉴定或者检测的，可以由当事人双方约定的鉴定或者检测部门鉴定。没有约定的，当事人一方可以自行向法定鉴定或者检测机构申请鉴定或检测。鉴定、检测费用按照双方约定承担。没有约定的，由鉴定、检测申请方先行承担；达成调解协议后，按调解协议承担。鉴定、检测时间不计入投诉处理时间。

（4）旅游投诉处理机构作出处理决定

在投诉处理过程中，投诉人与被投诉人自行和解的，应当将和解结果告知旅游投诉处理机构；旅游投诉处理机构在核实后应当予以记录并由双方当事人、投诉处理人员签名或者盖章。

依据《旅游投诉处理办法》第二十五至第二十九条的规定，旅游投诉处理机构应当在受理旅游投诉之日起60日内，作出以下处理：

①双方达成调解协议的，应当制作《旅游投诉调解书》，载明投诉请求、查明的事实、处理过程和调解结果，由当事人双方签字并加盖旅游投诉处理机构印章。

②调解不成的，终止调解，旅游投诉处理机构应当向双方当事人出具《旅游投诉终止调解书》。调解不成的，或者调解书生效后没有执行的，投诉人可以按照国家法律、法规的规定，向仲裁机构申请仲裁或者向人民法院提起诉讼。

在下列情形下，经旅游投诉处理机构调解，投诉人与旅行社不能达成调解协议的，旅游投诉处理机构应当作出划拨旅行社质量保证金赔偿的决定，或向旅游行政管理部门提出划拨旅行社质量保证金的建议：

①旅行社因解散、破产或者其他原因造成旅游者预交旅游费用损失的；

②因旅行社中止履行旅游合同义务、造成旅游者滞留，而实际发生了交通、食宿或返程等必要及合理费用的。

旅游投诉处理机构应当每季度公布旅游者的投诉信息，使用统一规范的旅游投诉处理信息系统，为受理的投诉制作档案并妥善保管相关资料。

图12–1通过流程图的形式说明了旅游投诉解决流程，包含受理程序和处理程序两部分。

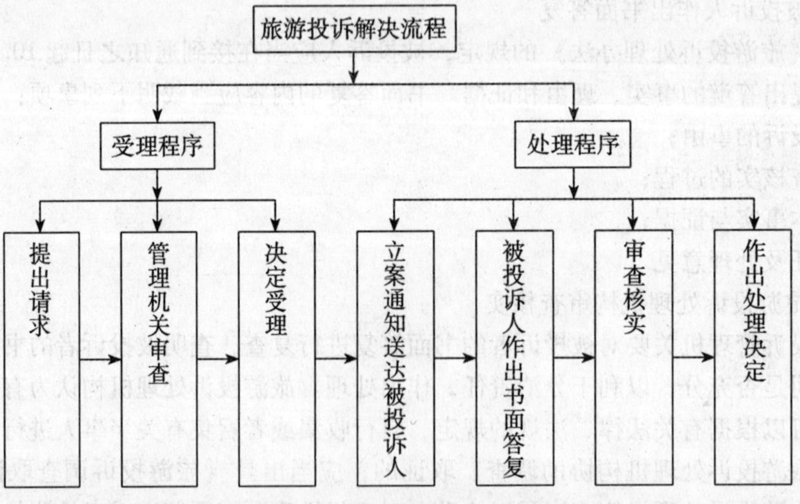

图12–1 旅游投诉解决流程

12.3.3　旅游投诉状

1）旅游投诉状的概念

投诉状，是旅游投诉者在其旅游合法权益遭受侵害或与他人发生旅游纠纷时，向旅游行政管理部门投诉，陈明事实和理由，要求旅游投诉处理机构依法解决旅游纠纷，维护其合法权益的一种书状。投诉状应当采用书面形式；确有困难的，可以口诉，由旅游投诉处理机构记入笔录，并由本人签字。

投诉状既是投诉者维护其合法权益的工具，也是旅游投诉处理机构受理投诉的根据，还是被投诉人答辩的依据，在投诉中有着重要的地位和作用。向旅游投诉处理机构投诉是一种严肃的法律行为，因而制作投诉状必须严肃、认真，符合规定的要求。

2）旅游投诉状的基本内容

投诉状应当符合《旅游投诉处理办法》规定的格式和要求，记明以下事项。

（1）投诉者的基本情况

一般来说，一个人的基本情况主要包括姓名、性别、国籍、通讯地址、邮政编码、联系电话及投诉日期等。在投诉书中注明这些基本情况，主要是为了旅游投诉处理机构在受理和处理投诉过程中沟通信息、交换意见的方便。

（2）被投诉者的基本情况

被投诉者的基本情况包括单位名称或姓名、所在地。旅游投诉必须有明确的投诉对象即指明被投诉者。因为对投诉者而言，权益已受到了损害，其旅游投诉行为是一种维护权益的行为。这种维权行为主要表现为恢复被侵害了的权益或权益被侵害后的补偿，不论是恢复被侵害了的权益还是权益被侵害后的补偿，通常都需要致害人实施一定的行为，即致害人通过积极的行为才能实现，这是由债权行为的性质决定的。也就是说，致害人与受害人之间的关系是一种债的关系，在债的关系中债权人的权益得以实现必须依靠债务人的积极行为。因此，没有明确的被投诉者，投诉者的权益就难以实现，其投诉也就毫无意义。

（3）投诉请求、事实根据和理由

投诉请求是投诉者向投诉处理机构提出的、要求被投诉人履行有关义务的请求。这是投诉受理机构处理投诉案件的重要条件。它在一定程度上可以反映出投诉者受损害的内容、范围和程度，没有投诉请求则会使得旅游投诉受理机构难以处理；同时投诉者提出投诉请求必须具体、明确，不得模糊、宽泛。事实根据是投诉受理机关处理案件中要求投诉者提供的情况必须真实、可靠，不得编造事实。旅游投诉受理机关要深入实际，调查研究，查明事实真相，作出正确的处理。

3）旅游投诉状实例

投诉状

××省××市旅游局旅游质量管理监督所：

我们是重庆的游客。2010年4月27日参加了某旅行社组织的旅游。在旅游的过程中，导游小姐一再叮嘱大家不要在其他珠宝店购物，她极力推荐“D珠宝工艺店”的珠宝。她向汪某等旅游者介绍说，这家珠宝商店是国营商店，是旅游局指定的定点商店，在这个店购物完全可以放心。汪某等旅游者在导游小姐的引导下来到“D珠宝工艺店”，珠宝店售货员热情接待，并不断强调，在此购买珠宝绝不会有假，此店承诺“假一罚十”。在导游和售货员的一再怂恿和推荐下，汪某花2 000元购买了一款“天然马鞍形缅甸翡翠玉”。旅游回来后，汪某打算将购买的缅甸玉赠送给女友，当时心里又不踏实，于是到珠宝质量监督检测部门进行鉴定。经专家鉴定，汪某所购缅甸玉石系假货，所谓的“天然缅甸翡翠玉”，其实为“染色石英岩”，价值不足百元。

导游和珠宝店工作人员明知珠宝有假而故意诱骗游客购买是一种欺骗行为，他们这种欺骗行为严重违反了《消费者权益保护法》、《旅行社条例》、《导游人员管理条例》等法律、法规。因此我们请求质监所在对以上事件进行调查和处理的同时，对某旅行社和“D珠宝工艺店”作出相应的行政处罚，并赔偿我们的经济损失。《消费者权益保护法》第四十九条规定：“经营者提供商品或者服务有欺诈行为的，应当按照消费者的要求增加赔偿其受到的损失，增加赔偿的金额为消费者购买商品的价款或者接受服务的费用的一倍。”我们要求“D珠宝工艺店”赔偿4 000元。希望质监所能仔细调查，尽快给我们一个明确的回答，还我们一个公道。

投诉人：汪××等四人（重庆市某公司职员，联系方式：…）

被投诉人：某旅行社和“D珠宝工艺店”

投诉事由：某旅行社和“D珠宝工艺店”恶意串通哄骗游客高价购物

附：购货发票、参观优惠券、车票

2010年5月10日

本章小结

本章介绍了旅游纠纷、旅游投诉和旅游投诉管辖的概念，着重强调旅游纠纷解决的途径、旅游投诉的特征、旅游投诉管理机关的设置及职责；分析了我国旅游投诉管理制度、旅游投诉的受理及旅游投诉处理的程序；最后介绍了在实践中如何写投诉状并且进行旅游投诉。

主要概念

旅游纠纷　旅游投诉　投诉管辖　协商　调解　仲裁　诉讼　投诉受理　投诉处理

选择题

1. 有权受理旅游投诉案件的机关是(　　)。

A. 旅游协会　　B. 工商行政管理部门

C. 旅游经营单位　　D. 旅游行政管理部门

2. 旅游纠纷解决的途径有(　　)。

A. 协商　　B. 调解　　C. 诉讼　　D. 仲裁

3. 我国《旅游投诉处理办法》对旅游投诉案件中的管辖较为灵活，旅游者可根据实际情况将投诉的地点选择在(　　)。

A. 旅游者住所地　　B. 旅游合同签订地

C. 被投诉者所在地　　D. 损害行为发生地

判断题

1. 调解和协商都是当事人在自愿的基础上，经过充分的磋商达成协议。与调解方式不同的是，协商是在第三方的主持下进行的，调解则无需第三方的介入。（ ）

2. 所谓仲裁，亦称公断，是指由双方当事人将其争议交付第三者居中评断是非并作出裁决，该裁决对双方当事人均具有拘束力。（ ）

3. 被投诉人应当在接到通知之日起3日内作出书面答复，提出答辩的事实、理由和证据。（ ）

4. 旅游投诉的受理程序是指旅游投诉处理机构接受投诉者的投诉，依法立案审查的工作顺序。它包括接受投诉、立案审查等内容，还包括处理程序。（ ）

简答题

1. 旅游纠纷解决的途径有哪些？
2. 旅游投诉的特征是什么？
3. 我国旅游投诉管辖制度有哪些？
4. 简述旅游投诉的受理条件。
5. 简述旅游投诉处理的程序。

讨论题

1. 对旅游投诉的调解为何要坚持自愿原则？
2. 比较旅游投诉与民事诉讼、行政复议及行政诉讼的差异。

案例分析题

1. 2011年10月，杨某一家三口参加了上海某旅行社组织的“新马泰港澳”7日游。期间，杨某在新加坡购买了一些天然绿宝石。回沪后，杨某将所购宝石送至上海珠宝鉴定中心进行鉴定，发现其所购绿宝石为人工培育品，并非店家所称的天然宝石，遂要求上海该旅行社给予其经济赔偿。在与旅行社协商未果的情况下，杨某向上海市旅游质监所提出投诉。上海市旅游质监所在调查取证时，发现在杨某所提供的由其本人签字认可的“天然绿宝石”发票及质量保证书中，明确写明该宝石为“天然培育绿宝石”，而且发票上还介绍了该宝石的制作过程。显然，杨某在购买绿宝石时并未仔细阅读质量保证书就签上了自己的姓名。上海市旅游质监所经过综合考虑，认为杨某的投诉请求缺乏必要的证据，对此案拒绝受理。

试分析：

（1）上海市旅游质监部门是否会支持杨某的赔偿请求？

（2）作为游客，杨某的投诉事件给我们带来哪些启示？

2. 2010年4月中旬，北京游客陈女上到云南旅游，在一个景区附近，花了3000元买下两根“白金项链”，回去后收藏起来。两个半月后，陈女士拿出项链给别人看时大吃一惊，白金项链已完全变成了铁锈链。经鉴定，该项链是纯铁制品。陈女士顿觉上当，气愤之余找来好朋友李某，向其诉说了受骗经过，并表示要将此事向云南省旅游局投诉。但李某说，现在已经过了两个半月了，显然已超过了旅游投诉时效，恐怕云南省旅游投诉管理机关不会受理此事。陈女士不甘心，抱着试试看的心理立即写信给云南省旅游局，说明受骗经过并将两条"白金项链"一并寄去。云南省旅游局接到信件后，立即责令当地旅游投诉管理机关对该事件进行调查。经过调查，陈女士投诉内容属实。

试分析：

(1)《旅游投诉处理办法》对旅游投诉时效有何具体要求？

(2) 本案例中，陈女士的投诉是否超过了时效？

实训题

假如你是旅游投诉管理机关的工作人员，在接到旅游者对某家旅行社的投诉后，如何对投诉案件作出正确处理？

附 录

《中华人民共和国旅游法》

《中华人民共和国旅游法》已由中华人民共和国第十二届全国人民代表大会常务委员会第二次会议于2013年4月25日通过，现予公布，自2013年10月1日起施行。

第一章 总则

第一条 为保障旅游者和旅游经营者的合法权益，规范旅游市场秩序，保护和合理利用旅游资源，促进旅游业持续健康发展，制定本法。

第二条 在中华人民共和国境内的和在中华人民共和国境内组织到境外的游览、度假、休闲等形式的旅游活动以及为旅游活动提供相关服务的经营活动，适用本法。

第三条 国家发展旅游事业，完善旅游公共服务，依法保护旅游者在旅游活动中的权利。

第四条 旅游业发展应当遵循社会效益、经济效益和生态效益相统一的原则。国家鼓励各类市场主体在有效保护旅游资源的前提下，依法合理利用旅游资源。利用公共资源建设的游览场所应当体现公益性质。

第五条 国家倡导健康、文明、环保的旅游方式，支持和鼓励各类社会机构开展旅游公益宣传，对促进旅游业发展作出突出贡献的单位和个人给予奖励。

第六条 国家建立健全旅游服务标准和市场规则，禁止行业垄断和地区垄断。旅游经营者应当诚信经营，公平竞争，承担社会责任，为旅游者提供安全、健康、卫生、方便的旅游服务。

第七条 国务院建立健全旅游综合协调机制，对旅游业发展进行综合协调。

县级以上地方人民政府应当加强对旅游工作的组织和领导，明确相关部门或者机构，对本行政区域的旅游业发展和监督管理进行统筹协调。

第八条 依法成立的旅游行业组织，实行自律管理。

第二章 旅游者

第九条 旅游者有权自主选择旅游产品和服务，有权拒绝旅游经营者的强制交易行为。

旅游者有权知悉其购买的旅游产品和服务的真实情况。

旅游者有权要求旅游经营者按照约定提供产品和服务。

第十条 旅游者的人格尊严、民族风俗习惯和宗教信仰应当得到尊重。

第十一条 残疾人、老年人、未成年人等旅游者在旅游活动中依照法律、法规和有关规定享受便利和优惠。

第十二条 旅游者在人身、财产安全遇有危险时，有请求救助和保护的权利。

旅游者人身、财产受到侵害的，有依法获得赔偿的权利。

第十三条 旅游者在旅游活动中应当遵守社会公共秩序和社会公德，尊重当地的风俗习惯、文化传统和宗教信仰，爱护旅游资源，保护生态环境，遵守旅游文明行为规范。

第十四条 旅游者在旅游活动中或者在解决纠纷时，不得损害当地居民的合法权益，不得干扰他人的旅游活动，不得损害旅游经营者和旅游从业人员的合法权益。

第十五条　旅游者购买、接受旅游服务时，应当向旅游经营者如实告知与旅游活动相关的个人健康信息，遵守旅游活动中的安全警示规定。

旅游者对国家应对重大突发事件暂时限制旅游活动的措施以及有关部门、机构或者旅游经营者采取的安全防范和应急处置措施，应当予以配合。

旅游者违反安全警示规定，或者对国家应对重大突发事件暂时限制旅游活动的措施、安全防范和应急处置措施不予配合的，依法承担相应责任。

第十六条　出境旅游者不得在境外非法滞留，随团出境的旅游者不得擅自分团、脱团。

第三章　旅游规划和促进

第十七条　国务院和县级以上地方人民政府应当将旅游业发展纳入国民经济和社会发展规划。

国务院和省、自治区、直辖市人民政府以及旅游资源丰富的设区的市和县级人民政府，应当按照国民经济和社会发展规划的要求，组织编制旅游发展规划。对跨行政区域且适宜进行整体利用的旅游资源进行利用时，应当由上级人民政府组织编制或者由相关地方人民政府协商编制统一的旅游发展规划。

第十八条　旅游发展规划应当包括旅游业发展的总体要求和发展目标，旅游资源保护和利用的要求和措施，以及旅游产品开发、旅游服务质量提升、旅游文化建设、旅游形象推广、旅游基础设施和公共服务设施建设的要求和促进措施等内容。

根据旅游发展规划，县级以上地方人民政府可以编制重点旅游资源开发利用的专项规划，对特定区域内的旅游项目、设施和服务功能配套提出专门要求。

第十九条　旅游发展规划应当与土地利用总体规划、城乡规划、环境保护规划以及其他自然资源和文物等人文资源的保护和利用规划相衔接。

第二十条　各级人民政府编制土地利用总体规划、城乡规划，应当充分考虑相关旅游项目、设施的空间布局和建设用地要求。规划和建设交通、通信、供水、供电、环保等基础设施和公共服务设施，应当兼顾旅游业发展的需要。

第二十一条　对自然资源和文物等人文资源进行旅游利用，必须严格遵守有关法律、法规的规定，符合资源、生态保护和文物安全的要求，尊重和维护当地传统文化和习俗，维护资源的区域整体性、文化代表性和地域特殊性，并考虑军事设施保护的需要。有关主管部门应当加强对资源保护和旅游利用状况的监督检查。

第二十二条　各级人民政府应当组织对本级政府编制的旅游发展规划的执行情况进行评估，并向社会公布。

第二十三条　国务院和县级以上地方人民政府应当制定并组织实施有利于旅游业持续健康发展的产业政策，推进旅游休闲体系建设，采取措施推动区域旅游合作，鼓励跨区域旅游线路和产品开发，促进旅游与工业、农业、商业、文化、卫生、体育、科教等领域的融合，扶持少数民族地区、革命老区、边远地区和贫困地区旅游业发展。

第二十四条　国务院和县级以上地方人民政府应当根据实际情况安排资金，加强旅游基础设施建设、旅游公共服务和旅游形象推广。

第二十五条　国家制定并实施旅游形象推广战略。国务院旅游主管部门统筹组织国家旅游形象的境外推广工作，建立旅游形象推广机构和网络，开展旅游国际合作与交流。

县级以上地方人民政府统筹组织本地的旅游形象推广工作。

第二十六条　国务院旅游主管部门和县级以上地方人民政府应当根据需要建立旅游公共信息和咨询平台，无偿向旅游者提供旅游景区、线路、交通、气象、住宿、安全、医疗急救等必要信息和咨询服务。设区的市和县级人民政府有关部门应当根据需要在交通枢纽、商业中心和旅游者集中场所设置旅游咨询中心，在景区和通往主要景区的道路设置旅游指示标识。

旅游资源丰富的设区的市和县级人民政府可以根据本地的实际情况，建立旅游客运专线或者游客中转站，为旅游者在城市及周边旅游提供服务。

第二十七条 国家鼓励和支持发展旅游职业教育和培训，提高旅游从业人员素质。

第四章 旅游经营

第二十八条 设立旅行社，招徕、组织、接待旅游者，为其提供旅游服务，应当具备下列条件，取得旅游主管部门的许可，依法办理工商登记：

（一）有固定的经营场所；

（二）有必要的营业设施；

（三）有符合规定的注册资本；

（四）有必要的经营管理人员和导游；

（五）法律、行政法规规定的其他条件。

第二十九条 旅行社可以经营下列业务：

（一）境内旅游；

（二）出境旅游；

（三）边境旅游；

（四）入境旅游；

（五）其他旅游业务。

旅行社经营前款第二项和第三项业务，应当取得相应的业务经营许可，具体条件由国务院规定。

第三十条 旅行社不得出租、出借旅行社业务经营许可证，或者以其他形式非法转让旅行社业务经营许可。

第三十一条 旅行社应当按照规定交纳旅游服务质量保证金，用于旅游者权益损害赔偿和垫付旅游者人身安全遇有危险时紧急救助的费用。

第三十二条 旅行社为招徕、组织旅游者发布信息，必须真实、准确，不得进行虚假宣传，误导旅游者。

第三十三条 旅行社及其从业人员组织、接待旅游者，不得安排参观或者参与违反我国法律、法规和社会公德的项目或者活动。

第三十四条 旅行社组织旅游活动应当向合格的供应商订购产品和服务。

第三十五条 旅行社不得以不合理的低价组织旅游活动，诱骗旅游者，并通过安排购物或者另行付费旅游项目获取回扣等不正当利益。

旅行社组织、接待旅游者，不得指定具体购物场所，不得安排另行付费旅游项目。但是，经双方协商一致或者旅游者要求，且不影响其他旅游者行程安排的除外。

发生违反前两款规定情形的，旅游者有权在旅游行程结束后三十日内，要求旅行社为其办理退货并先行垫付退货货款，或者退还另行付费旅游项目的费用。

第三十六条 旅行社组织团队出境旅游或者组织、接待团队入境旅游，应当按照规定安排领队或者导游全程陪同。

第三十七条 参加导游资格考试成绩合格，与旅行社订立劳动合同或者在相关旅游行业组织注册的人员，可以申请取得导游证。

第三十八条 旅行社应当与其聘用的导游依法订立劳动合同，支付劳动报酬，缴纳社会保险费用。

旅行社临时聘用导游为旅游者提供服务的，应当全额向导游支付本法第六十条第三款规定的导游服务费用。

旅行社安排导游为团队旅游提供服务的，不得要求导游垫付或者向导游收取任何费用。

第三十九条 取得导游证，具有相应的学历、语言能力和旅游从业经历，并与旅行社订立劳动合同的人员，可以申请取得领队证。

第四十条　导游和领队为旅游者提供服务必须接受旅行社委派，不得私自承揽导游和领队业务。

第四十一条　导游和领队从事业务活动，应当佩戴导游证、领队证，遵守职业道德，尊重旅游者的风俗习惯和宗教信仰，应当向旅游者告知和解释旅游文明行为规范，引导旅游者健康、文明旅游，劝阻旅游者违反社会公德的行为。

导游和领队应当严格执行旅游行程安排，不得擅自变更旅游行程或者中止服务活动，不得向旅游者索取小费，不得诱导、欺骗、强迫或者变相强迫旅游者购物或者参加另行付费旅游项目。

第四十二条　景区开放应当具备下列条件，并听取旅游主管部门的意见：

（一）有必要的旅游配套服务和辅助设施；

（二）有必要的安全设施及制度，经过安全风险评估，满足安全条件；

（三）有必要的环境保护设施和生态保护措施；

（四）法律、行政法规规定的其他条件。

第四十三条　利用公共资源建设的景区的门票以及景区内的游览场所、交通工具等另行收费项目，实行政府定价或者政府指导价，严格控制价格上涨。拟收费或者提高价格的，应当举行听证会，征求旅游者、经营者和有关方面的意见，论证其必要性、可行性。

利用公共资源建设的景区，不得通过增加另行收费项目等方式变相涨价；另行收费项目已收回投资成本的，应当相应降低价格或者取消收费。

公益性的城市公园、博物馆、纪念馆等，除重点文物保护单位和珍贵文物收藏单位外，应当逐步免费开放。

第四十四条　景区应当在醒目位置公示门票价格、另行收费项目的价格及团体收费价格。景区提高门票价格应当提前六个月公布。

将不同景区的门票或者同一景区内不同游览场所的门票合并出售的，合并后的价格不得高于各单项门票的价格之和，且旅游者有权选择购买其中的单项票。

景区内的核心游览项目因故暂停向旅游者开放或者停止提供服务的，应当公示并相应减少收费。

第四十五条　景区接待旅游者不得超过景区主管部门核定的最大承载量。景区应当公布景区主管部门核定的最大承载量，制定和实施旅游者流量控制方案，并可以采取门票预约等方式，对景区接待旅游者的数量进行控制。

旅游者数量可能达到最大承载量时，景区应当提前公告并同时向当地人民政府报告，景区和当地人民政府应当及时采取疏导、分流等措施。

第四十六条　城镇和乡村居民利用自有住宅或者其他条件依法从事旅游经营，其管理办法由省、自治区、直辖市制定。

第四十七条　经营高空、高速、水上、潜水、探险等高风险旅游项目，应当按照国家有关规定取得经营许可。

第四十八条　通过网络经营旅行社业务的，应当依法取得旅行社业务经营许可，并在其网站主页的显著位置标明其业务经营许可证信息。

发布旅游经营信息的网站，应当保证其信息真实、准确。

第四十九条　为旅游者提供交通、住宿、餐饮、娱乐等服务的经营者，应当符合法律、法规规定的要求，按照合同约定履行义务。

第五十条　旅游经营者应当保证其提供的商品和服务符合保障人身、财产安全的要求。

旅游经营者取得相关质量标准等级的，其设施和服务不得低于相应标准；未取得质量标准等级的，不得使用相关质量等级的称谓和标识。

第五十一条　旅游经营者销售、购买商品或者服务，不得给予或者收受贿赂。

第五十二条　旅游经营者对其在经营活动中知悉的旅游者个人信息，应当予以保密。

第五十三条　从事道路旅游客运的经营者应当遵守道路客运安全管理的各项制度，并在车辆显著位置明示道路旅游客运专用标识，在车厢内显著位置公示经营者和驾驶人信息、道路运输管理机构监督电话等事项。

第五十四条　景区、住宿经营者将其部分经营项目或者场地交由他人从事住宿、餐饮、购物、游览、娱乐、旅游交通等经营的，应当对实际经营者的经营行为给旅游者造成的损害承担连带责任。

第五十五条　旅游经营者组织、接待出入境旅游，发现旅游者从事违法活动或者有违反本法第十六条规定情形的，应当及时向公安机关、旅游主管部门或者我国驻外机构报告。

第五十六条　国家根据旅游活动的风险程度，对旅行社、住宿、旅游交通以及本法第四十七条规定的高风险旅游项目等经营者实施责任保险制度。

第五章　旅游服务合同

第五十七条　旅行社组织和安排旅游活动，应当与旅游者订立合同。

第五十八条　包价旅游合同应当采用书面形式，包括下列内容：

（一）旅行社、旅游者的基本信息；

（二）旅游行程安排；

（三）旅游团成团的最低人数；

（四）交通、住宿、餐饮等旅游服务安排和标准；

（五）游览、娱乐等项目的具体内容和时间；

（六）自由活动时间安排；

（七）旅游费用及其交纳的期限和方式；

（八）违约责任和解决纠纷的方式；

（九）法律、法规规定和双方约定的其他事项。

订立包价旅游合同时，旅行社应当向旅游者详细说明前款第二项至第八项所载内容。

第五十九条　旅行社应当在旅游行程开始前向旅游者提供旅游行程单。旅游行程单是包价旅游合同的组成部分。

第六十条　旅行社委托其他旅行社代理销售包价旅游产品并与旅游者订立包价旅游合同的，应当在包价旅游合同中载明委托社和代理社的基本信息。

旅行社依照本法规定将包价旅游合同中的接待业务委托给地接社履行的，应当在包价旅游合同中载明地接社的基本信息。

安排导游为旅游者提供服务的，应当在包价旅游合同中载明导游服务费用。

第六十一条　旅行社应当提示参加团队旅游的旅游者按照规定投保人身意外伤害保险。

第六十二条　订立包价旅游合同时，旅行社应当向旅游者告知下列事项：

（一）旅游者不适合参加旅游活动的情形；

（二）旅游活动中的安全注意事项；

（三）旅行社依法可以减免责任的信息；

（四）旅游者应当注意的旅游目的地相关法律、法规和风俗习惯、宗教禁忌，依照中国法律不宜参加的活动等；

（五）法律、法规规定的其他应当告知的事项。

在包价旅游合同履行中，遇有前款规定事项的，旅行社也应当告知旅游者。

第六十三条　旅行社招徕旅游者组团旅游，因未达到约定人数不能出团的，组团社可以解除合同。但是，境内旅游应当至少提前七日通知旅游者，出境旅游应当至少提前三十日通知旅游者。

因未达到约定人数不能出团的，组团社经征得旅游者书面同意，可以委托其他旅行社履行合同。组团社对旅游者承担责任，受委托的旅行社对组团社承担责任。旅游者不同意的，可以解除合同。

因未达到约定的成团人数解除合同的，组团社应当向旅游者退还已收取的全部费用。

第六十四条　旅游行程开始前，旅游者可以将包价旅游合同中自身的权利义务转让给第三人，旅行社没有正当理由的不得拒绝，因此增加的费用由旅游者和第三人承担。

第六十五条　旅游行程结束前，旅游者解除合同的，组团社应当在扣除必要的费用后，将余款退还旅游者。

第六十六条　旅游者有下列情形之一的，旅行社可以解除合同：

（一）患有传染病等疾病，可能危害其他旅游者健康和安全的；

（二）携带危害公共安全的物品且不同意交有关部门处理的；

（三）从事违法或者违反社会公德的活动的；

（四）从事严重影响其他旅游者权益的活动，且不听劝阻、不能制止的；

（五）法律规定的其他情形。

因前款规定情形解除合同的，组团社应当在扣除必要的费用后，将余款退还旅游者；给旅行社造成损失的，旅游者应当依法承担赔偿责任。

第六十七条　因不可抗力或者旅行社、履行辅助人已尽合理注意义务仍不能避免的事件，影响旅游行程的，按照下列情形处理：

（一）合同不能继续履行的，旅行社和旅游者均可以解除合同。合同不能完全履行的，旅行社经向旅游者作出说明，可以在合理范围内变更合同；旅游者不同意变更的，可以解除合同。

（二）合同解除的，组团社应当在扣除已向地接社或者履行辅助人支付且不可退还的费用后，将余款退还旅游者；合同变更的，因此增加的费用由旅游者承担，减少的费用退还旅游者。

（三）危及旅游者人身、财产安全的，旅行社应当采取相应的安全措施，因此支出的费用，由旅行社与旅游者分担。

（四）造成旅游者滞留的，旅行社应当采取相应的安置措施。因此增加的食宿费用，由旅游者承担；增加的返程费用，由旅行社与旅游者分担。

第六十八条　旅游行程中解除合同的，旅行社应当协助旅游者返回出发地或者旅游者指定的合理地点。由于旅行社或者履行辅助人的原因导致合同解除的，返程费用由旅行社承担。

第六十九条　旅行社应当按照包价旅游合同的约定履行义务，不得擅自变更旅游行程安排。

经旅游者同意，旅行社将包价旅游合同中的接待业务委托给其他具有相应资质的地接社履行的，应当与地接社订立书面委托合同，约定双方的权利和义务，向地接社提供与旅游者订立的包价旅游合同的副本，并向地接社支付不低于接待和服务成本的费用。地接社应当按照包价旅游合同和委托合同提供服务。

第七十条　旅行社不履行包价旅游合同义务或者履行合同义务不符合约定的，应当依法承担继续履行、采取补救措施或者赔偿损失等违约责任；造成旅游者人身损害、财产损失的，应当依法承担赔偿责任。旅行社具备履行条件，经旅游者要求仍拒绝履行合同，造成旅游者人身损害、滞留等严重后果的，旅游者还可以要求旅行社支付旅游费用一倍以上三倍以下的赔偿金。

由于旅游者自身原因导致包价旅游合同不能履行或者不能按照约定履行，或者造成旅游者人身损害、财产损失的，旅行社不承担责任。

在旅游者自行安排活动期间，旅行社未尽到安全提示、救助义务的，应当对旅游者的人身损害、财产损失承担相应责任。

第七十一条　由于地接社、履行辅助人的原因导致违约的，由组团社承担责任；组团社承担责任后可以向地接社、履行辅助人追偿。

由于地接社、履行辅助人的原因造成旅游者人身损害、财产损失的，旅游者可以要求地接社、履行辅助人承担赔偿责任，也可以要求组团社承担赔偿责任；组团社承担责任后可以向地接社、履行辅助人追偿。但是，由于公共交通经营者的原因造成旅游者人身损害、财产损失的，由公共交通经营者依法承担赔偿责任，旅行社应当协助旅游者向公共交通经营者索赔。

第七十二条　旅游者在旅游活动中或者在解决纠纷时，损害旅行社、履行辅助人、旅游从业人员或者其他旅游者的合法权益的，依法承担赔偿责任。

第七十三条　旅行社根据旅游者的具体要求安排旅游行程，与旅游者订立包价旅游合同的，旅游者请求变更旅游行程安排，因此增加的费用由旅游者承担，减少的费用退还旅游者。

第七十四条　旅行社接受旅游者的委托，为其代订交通、住宿、餐饮、游览、娱乐等旅游服务，收取代办费用的，应当亲自处理委托事务。因旅行社的过错给旅游者造成损失的，旅行社应当承担赔偿责任。

第七十五条　旅行社接受旅游者的委托，为其提供旅游行程设计、旅游信息咨询等服务的，应当保证设计合理、可行，信息及时、准确。

第六章　旅游安全

第七十六条　县级以上人民政府统一负责旅游安全工作。县级以上人民政府有关部门依照法律、法规履行旅游安全监管职责。

第七十七条　国家建立旅游目的地安全风险提示制度。旅游目的地安全风险提示的级别划分和实施程序，由国务院旅游主管部门会同有关部门制定。

县级以上人民政府及其有关部门应当将旅游安全作为突发事件监测和评估的重要内容。

第七十八条　县级以上人民政府应当依法将旅游应急管理纳入政府应急管理体系，制定应急预案，建立旅游突发事件应对机制。

突发事件发生后，当地人民政府及其有关部门和机构应当采取措施开展救援，并协助旅游者返回出发地或者旅游者指定的合理地点。

第七十九条　旅游经营者应当严格执行安全生产管理和消防安全管理的法律、法规和国家标准、行业标准，具备相应的安全生产条件，制定旅游者安全保护制度和应急预案。

旅游经营者应当对直接为旅游者提供服务的从业人员开展经常性应急救助技能培训，对提供的产品和服务进行安全检验、监测和评估，采取必要措施防止危害发生。

旅游经营者组织、接待老年人、未成年人、残疾人等旅游者，应当采取相应的安全保障措施。

第八十条　旅游经营者应当就旅游活动中的下列事项，以明示的方式事先向旅游者作出说明或者警示：

（一）正确使用相关设施、设备的方法；

（二）必要的安全防范和应急措施；

（三）未向旅游者开放的经营、服务场所和设施、设备；

（四）不适宜参加相关活动的群体；

（五）可能危及旅游者人身、财产安全的其他情形。

第八十一条　突发事件或者旅游安全事故发生后，旅游经营者应当立即采取必要的救助和处置措施，依法履行报告义务，并对旅游者作出妥善安排。

第八十二条　旅游者在人身、财产安全遇有危险时，有权请求旅游经营者、当地政府和相关机构进行及时救助。

中国出境旅游者在境外陷于困境时，有权请求我国驻当地机构在其职责范围内给予协助和保护。

第七章　旅游监督管理

第八十三条　县级以上人民政府旅游主管部门和有关部门依照本法和有关法律、法规的规定，在各自职责范围内对旅游市场实施监督管理。

县级以上人民政府应当组织旅游主管部门、有关主管部门和工商行政管理、产品质量监督、交通等执法部门对相关旅游经营行为实施监督检查。

第八十四条　旅游主管部门履行监督管理职责，不得违反法律、行政法规的规定向监督管理对象收取费用。

旅游主管部门及其工作人员不得参与任何形式的旅游经营活动。

第八十五条　县级以上人民政府旅游主管部门有权对下列事项实施监督检查：

（一）经营旅行社业务以及从事导游、领队服务是否取得经营、执业许可；

（二）旅行社的经营行为；

（三）导游和领队等旅游从业人员的服务行为；

（四）法律、法规规定的其他事项。

旅游主管部门依照前款规定实施监督检查，可以对涉嫌违法的合同、票据、账簿以及其他资料进行查阅、复制。

第八十六条　旅游主管部门和有关部门依法实施监督检查，其监督检查人员不得少于二人，并应当出示合法证件。监督检查人员少于二人或者未出示合法证件的，被检查单位和个人有权拒绝。

监督检查人员对在监督检查中知悉的被检查单位的商业秘密和个人信息应当依法保密

第八十七条　对依法实施的监督检查，有关单位和个人应当配合，如实说明情况并提供文件、资料，不得拒绝、阻碍和隐瞒。

第八十八条　县级以上人民政府旅游主管部门和有关部门，在履行监督检查职责中或者在处理举报、投诉时，发现违反本法规定行为的，应当依法及时作出处理；对不属于本部门职责范围的事项，应当及时书面通知并移交有关部门查处。

第八十九条　县级以上地方人民政府建立旅游违法行为查处信息的共享机制，对需要跨部门、跨地区联合查处的违法行为，应当进行督办。

第九十条　依法成立的旅游行业组织依照法律、行政法规和章程的规定，制定行业经营规范和服务标准，对其会员的经营行为和服务质量进行自律管理，组织开展职业道德教育和业务培训，提高从业人员素质。

旅游主管部门和有关部门应当按照各自职责，及时向社会公布监督检查的情况。

第八章　旅游纠纷处理

第九十一条　县级以上人民政府应当指定或者设立统一的旅游投诉受理机构。受理机构接到投诉，应当及时进行处理或者移交有关部门处理，并告知投诉者。

第九十二条　旅游者与旅游经营者发生纠纷，可以通过下列途径解决：

（一）双方协商；

（二）向消费者协会、旅游投诉受理机构或者有关调解组织申请调解；

（三）根据与旅游经营者达成的仲裁协议提请仲裁机构仲裁；

（四）向人民法院提起诉讼。

第九十三条　旅游者与旅游经营者发生纠纷，旅游者一方人数众多并有共同请求的，可以推选代表人参加协商、调解、仲裁、诉讼活动。

第九十四条　消费者协会、旅游投诉受理机构和有关调解组织在双方自愿的基础上，依法对旅游者与旅游经营者之间的纠纷进行调解。

第九章　法律责任

第九十五条　违反本法规定，未经许可经营旅行社业务的，由旅游主管部门或者工商行政管理部门责令改正，没收违法所得，并处一万元以上十万元以下罚款；违法所得十万元以上的，并处违法所得一倍以上五倍以下罚款；对有关责任人员，处二千元以上二万元以下罚款。

旅行社违反本法规定，未经许可经营本法第二十九条第一款第二项、第三项业务，或者出租、出借旅行社业务经营许可证，或者以其他方式非法转让旅行社业务经营许可的，除依照前款规定处罚外，并责令停业整顿；情节严重的，吊销旅行社业务经营许可证；对直接负责的主管人员，处二千元以上二万元以下罚款。

第九十六条　旅行社违反本法规定，有下列行为之一的，由旅游主管部门责令改正，没收违法所得，并处五千元以上五万元以下罚款；情节严重的，责令停业整顿或者吊销旅行社业务经营许可证；对直接负责的主管人员和其他直接责任人员，处二千元以上二万元以下罚款：

（一）未按照规定为出境或者入境团队旅游安排领队或者导游全程陪同的；

（二）安排未取得导游证或者领队证的人员提供导游或者领队服务的；

（三）未向临时聘用的导游支付导游服务费用的；

（四）要求导游垫付或者向导游收取费用的。

第九十七条旅行社违反本法规定，有下列行为之一的，由旅游主管部门或者有关部门责令改正，没收违法所得，并处五千元以上五万元以下罚款；违法所得五万元以上的，并处违法所得一倍以上五倍以下罚款；情节严重的，责令停业整顿或者吊销旅行社业务经营许可证；对直接负责的主管人员和其他直接责任人员，处二千元以上二万元以下罚款：

（一）进行虚假宣传，误导旅游者的；

（二）向不合格的供应商订购产品和服务的；

（三）未按照规定投保旅行社责任保险的。

第九十八条　旅行社违反本法第三十五条规定的，由旅游主管部门责令改正，没收违法所得，责令停业整顿，并处三万元以上三十万元以下罚款；违法所得三十万元以上的，并处违法所得一倍以上五倍以下罚款；情节严重的，吊销旅行社业务经营许可证；对直接负责的主管人员和其他直接责任人员，没收违法所得，处二千元以上二万元以下罚款，并暂扣或者吊销导游证、领队证。

第九十九条　旅行社未履行本法第五十五条规定的报告义务的，由旅游主管部门处五千元以上五万元以下罚款；情节严重的，责令停业整顿或者吊销旅行社业务经营许可证；对直接负责的主管人员和其他直接责任人员，处二千元以上二万元以下罚款，并暂扣或者吊销导游证、领队证。

第一百条　旅行社违反本法规定，有下列行为之一的，由旅游主管部门责令改正，处三万元以上三十万元以下罚款，并责令停业整顿；造成旅游者滞留等严重后果的，吊销旅行社业务经营许可证；对直接负责的主管人员和其他直接责任人员，处二千元以上二万元以下罚款，并暂扣或者吊销导游证、领队证：

（一）在旅游行程中擅自变更旅游行程安排，严重损害旅游者权益的；

（二）拒绝履行合同的；

（三）未征得旅游者书面同意，委托其他旅行社履行包价旅游合同的。

第一百零一条　旅行社违反本法规定，安排旅游者参观或者参与违反我国法律、法规和社会公德的项目或者活动的，由旅游主管部门责令改正，没收违法所得，责令停业整顿，并处二万元以上二十万元以下罚款；情节严重的，吊销旅行社业务经营许可证；对直接负责的主管人员和其他直接责任人员，处二千元以上二万元以下罚款，并暂扣或者吊销导游证、领队证。

第一百零二条　违反本法规定，未取得导游证或者领队证从事导游、领队活动的，由旅游主管部门责令改正，没收违法所得，并处一千元以上一万元以下罚款，予以公告。

导游、领队违反本法规定，私自承揽业务的，由旅游主管部门责令改正，没收违法所得，处一千元以上一万元以下罚款，并暂扣或者吊销导游证、领队证。

导游、领队违反本法规定，向旅游者索取小费的，由旅游主管部门责令退还，处一千元以上一万元以下罚款；情节严重的，并暂扣或者吊销导游证、领队证。

第一百零三条　违反本法规定被吊销导游证、领队证的导游、领队和受到吊销旅行社业务经营许可证处罚的旅行社的有关管理人员，自处罚之日起未逾三年的，不得重新申请导游证、领队证或者从事旅行社业务。

第一百零四条　旅游经营者违反本法规定，给予或者收受贿赂的，由工商行政管理部门依照有关法律、法规的规定处罚；情节严重的，并由旅游主管部门吊销旅行社业务经营许可证。

第一百零五条　景区不符合本法规定的开放条件而接待旅游者的，由景区主管部门责令停业整顿直至符合开放条件，并处二万元以上二十万元以下罚款。

景区在旅游者数量可能达到最大承载量时，未依照本法规定公告或者未向当地人民政府报告，未及时采取疏导、分流等措施，或者超过最大承载量接待旅游者的，由景区主管部门责令改正，情节严重的，责令停业整顿一个月至六个月。

第一百零六条　景区违反本法规定，擅自提高门票或者另行收费项目的价格，或者有其他价格违法行为的，由有关主管部门依照有关法律、法规的规定处罚。

第一百零七条　旅游经营者违反有关安全生产管理和消防安全管理的法律、法规或者国家标准、行业标准的，由有关主管部门依照有关法律、法规的规定处罚。

第一百零八条　对违反本法规定的旅游经营者及其从业人员，旅游主管部门和有关部门应当记入信用档案，向社会公布。

第一百零九条　旅游主管部门和有关部门的工作人员在履行监督管理职责中，滥用职权、玩忽职守、徇私舞弊，尚不构成犯罪的，依法给予处分。

第一百一十条　违反本法规定，构成犯罪的，依法追究刑事责任

第十章　附则

第一百一十一条　本法下列用语的含义：

（一）旅游经营者，是指旅行社、景区以及为旅游者提供交通、住宿、餐饮、购物、娱乐等服务的经营者。

（二）景区，是指为旅游者提供游览服务、有明确的管理界限的场所或者区域。

（三）包价旅游合同，是指旅行社预先安排行程，提供或者通过履行辅助人提供交通、住宿、餐饮、游览、导游或者领队等两项以上旅游服务，旅游者以总价支付旅游费用的合同。

（四）组团社，是指与旅游者订立包价旅游合同的旅行社。

（五）地接社，是指接受组团社委托，在目的地接待旅游者的旅行社。

（六）履行辅助人，是指与旅行社存在合同关系，协助其履行包价旅游合同义务，实际提供相关服务的法人或者自然人。

第一百一十二条　本法自2013年10月1日起施行。

主要参考文献

[1] 国务院法制办公室．新编中华人民共和国常用法律法规全书［M］．北京：中国法制出版社，2013.

[2] 张元奎，周崴．旅游法实用教程［M］．北京：旅游教育出版社，2013.

[3] 王志雄．旅游法规案例教程［M］．北京：北京大学出版社，2012.

[4] 孙子文．旅游法规教程［M］．4 版．大连：东北财经大学出版社，2011.

[5] 韩力军．旅游政策与法规［M］．2 版．武汉：华中科技大学出版社，2010.

[6] 李海峰．旅游政策与法规［M］．2 版．北京：科学出版社，2010.

[7] 张元奎．旅游饭店法规实务［M］．北京：旅游教育出版社，2010.

[8] 国家旅游局旅游质量监督管理所．旅游服务案例分析［M］．北京：中国旅游出版社，2007.

[9] 黄恢月．旅游饭店纠纷实务解析［M］．北京：中国旅游出版社，2007.

[10] 库那耶．旅游业法律与案例［M］．6 版．张凌云译．北京：旅游教育出版社，2006.

[11] 刘敢生，胡夏冰．饭店经营法律问题解析——守法与盈利［M］．北京：旅游教育出版社，2006.

[12] 杨富斌．旅游法案例教程［M］．北京：知识产权出版社，2006.

[13] 韩玉灵．旅游法教程［M］．2 版．北京：旅游教育出版社，2005.

[14] 杰夫瑞思 J P，布朗 B. 饭店法通论［M］．刘敢生，译．北京：中国旅游出版社，2003.